특수아 상담

강진령 저

COUNSELING CHILDREN WITH SPECIAL NEEDS

학지사

머리말

스승과 함께 길을 걷던 제자가 스승에게 묻는다. "스승님, 깨달음은 언제, 어디에서 얻나요?" 스승이 답한다. "'지금 여기'에서지!" 제자가 흠칫 놀란 표정으로 되묻는다. "그런데 저는 왜 깨달음을 얻지 못하죠?" 스승이 말한다. "지금 여기, 존재 상태에서 보고 있지 않기 때문이지!" 진정으로 바라보는 건 관심의 표현이다. 관심의 표현은 사랑의 행위다. 사랑하는 사람은 그냥 지나치지 않는다. 우리는 때로 타인의 삶을 가정하면서, 무엇이 그들에게 최선인지 생각한다. 이런 가정은 항상 실제와 일치하는 것은 아니다. 우리는 때로 특수한 요구가 있는 아동·청소년(특수아)의 초미의 관심사가 장애 해소 방법을 찾는 것이라고 가정한다. 그러나 이들의 문제해결 목록에는 장애 해소보다는 개인적·사회적·직업적 목표 성취가 더 상위에 있을 수 있다(Hershey, 1997).

이 책은 특수아가 장애로 인해 불편을 느끼면서도, 사랑과 희망을 잃지 않고, 꿈을 실현하기 위해 노력할 수 있도록 돕기 위해 집필되었다. 우리에게는 이들이 어떤 잠재력을 지니고 있고, 궁극적으로 어떤 능력을 발휘할지 잘 모른다는 겸손이 필요하다. 탯줄을 목에 감고 태어나는 바람에, 태어날 때부터 뇌성마비였던 알렉상드르 졸리앙(Alexandre Jollien, 1975~현재). 스위스의 철학자·사상가인 그는 자신의 저서 『약자의 찬가(Éloge de la faiblesse)』(1999)에서 소회를 밝혔다. "사람이 약하다고 해서 꼭 짐이 되는 건 아닙니다. 누구나 약한 면은 있습니다. 이를 온전히 받아들인다면, 약함은 우정을 낳고, 삶을 풍요롭게 만듭니다." 이 책은 프랑스 아마존 철학 부문에서 16주 연속 베스트셀러였다. 유럽의 100만 독자는 그의 글을 읽고, 그의 이야기를 듣고 싶어 한다.

고통은 때로 사람을 강하게 만든다. 삶의 질곡桎梏(속박하여 자유를 가질 수 없는 고통의 상태)에서 사람들은 그것을 배운다. 행복한 사람은 삶의 의미를 묻지 않는다. 이들은 현실을 탓하느라 지금 누릴 순간의 행복을 놓치지 않는다. 가능성possibilities과 실제성^{practicalities}을 염두에 두고, 특수아를 포함한 아동·청소년을 더 잘 이해하고 사랑하기 위한 바람을 글로 엮은 것이 이 책이다. 가능성 측면에서 이 책은 이들이 얼마나 장엄한 존재이고, 가치 있는 일을 성취할 수 있는지 독자들이 깨닫도록 돕고자 한다. 실제성 측면에서 이 책은 이들이 직면한 현실을 이해하고, 이들의 목표 성취를 돕는 과정에서 관계자들이 촉진적 역할을 할 수 있도록 돕고자 한다.

이 책은 흥미롭고 가치 있는 특수아 상담에 관한 지식과 경험을 공유하려는 정염^{情炎} burning passion의 산물이다. 나는 이 책을 통해 특수한 요구가 있는 아동·청소년을 비롯하여 우리 사회 구성원들의 행복한 상생 방법, 그리고 더불어 성장하는 방법을 독자들과 공유하고자 한다. 또 이 책이 삶의 순간순간을 행복하게 누리는 일이 개인의 가장 창조적인 행위임을 독자들이 깨닫게 하는 데 도움이 되기를 소망한다. 끝으로, 이 책이 나오기까지 도와주신 모든 분께 감사드린다. 모쪼록 이 책이 자기를 찾아 떠난 독자의 여정에 따뜻한 동반자가 되기 바란다.

2023년 8월
저자

차례

PART 3 특수아 지원체제와의 협력 375

PART 1

특수아 상담의 이해

특수아 상담

Counseling Children
with Special Needs

Chapter
1

특수아 상담의 기초

☑ 학습목표

1. 특수아 상담의 정의 및 주요 개념을 이해·설명할 수 있다.
2. 특수아의 정의, 범주, 특징을 이해·설명할 수 있다.
3. 장애의 정의와 모형을 이해·설명할 수 있다.
4. 장애인의 정의와 이들에 대한 편견, 그리고 장애 진단과 낙인효과를 이해하여 학생지도에 참작할 수 있다.
5. 특수아를 위한 교육체제를 이해·설명할 수 있다.
6. 특수아 상담자의 역할, 태도, 자질, 역량, 임무를 이해·설명할 수 있다.

역사적으로 장애는 장애인과 비장애인을 구분 짓는 준거가 되어, 차별과 소외의 빌미가 되곤 했다. 장애가 있는 사람들 대부분은 자기 의사와 관계없이 신체적·경제적 약자로 사회적 소수집단으로 분류되곤 했다. 이러한 현상은 불과 얼마 전까지만 해도 거의 모든 사회의 규범이었고, 일반인 대부분은 이에 대해 이의 제기는커녕 의문조차 가지지 않았다.

그러나 이러한 기조에도 변화가 생기기 시작했다. 사회적 평등과 소수집단의 권리에 관심이 높아지면서, 장애가 있는 사람들의 권리와 복지에 대한 관심도 높아졌다. 이러한 시대적 분위기에 편승하여 사회에서 장애인을 대하는 태도가 전보다는 나아졌다. 또한 특수교육대상자의 수 역시 매년 증가하고 있다. 2022년 4월 기준, 우리나라의 교육과정별 특수교육대상자 현황은 표 1-1과 같다.

표 1-1. 교육과정별 특수교육대상자 현황

구분	특수학교	일반학교		특수교육 지원센터	계
		특수학급	일반학급		
□ 장애영아	105	–	–	254	359
□ 유치원	999	5,291	1,958	–	8,248
□ 초등학교	9,355	30,964	8,129	–	48,448
□ 중학교	6,162	11,317	3,983	–	21,462
□ 고등학교	6,251	10,172	3,444	–	19,867
□ 전공과	5,107	204	–	–	5,311
계	27,979	57,948	17,514	254	103,695

주. 단위=명
출처: 교육부. (2022). 2022 특수교육통계: 2022년 특수교육 주요 현황. p. 3.

표 1-1에 제시된 바와 같이, 전체 학생의 약 27%는 특수학교, 약 73%는 일반학교에 재학중이다. 또 일반학교 학생의 약 77%는 특수학급, 약 23%는 일반학급에서 교육을 받고 있는 것으로 나타났다. 최근 5년간의 조사 결과를 살펴보면, 특수교육대상자는 매년 증가하고 있다. 좀 더 세부적인 내용은 표 1-2와 같다.

표 1-2. 연도별 특수교육대상자 배치 현황

연도	특수학교 · 특수 교육지원센터	일반학교	전체
2018	26,337 (29.0)	64,443 (71.0)	90,780 (100)
2019	26,459 (28.5)	66,499 (71.5)	92,958 (100)
2020	26,615 (27.9)	68,805 (72.1)	95,420 (100)
2021	27,288 (27.8)	70,866 (72.2)	98,154 (100)
2022	28,233 (27.2)	75,462 (72.8)	103,695 (100)

주. 단위＝명, %
출처: 교육부. (2022). 특수교육통계: 연도별 특수교육대상자 배치 현황. p. 4.

게다가 유치원, 초등학교, 중학교 장애학생 대부분은 상급학교로 진학하고 있고, 고등학교 졸업생의 절반 이상이 상급학교로 진학하고 있는 것으로 나타났다. 이 중 상당수는 특수학교 전공과로 진학하고 있는 것으로 조사되었다. 이에 관한 세부내용은 표 1-3과 같다.

표 1-3. 장애학생 진학 현황

구분		졸업자 수	진학자 수				진학률 (%)
			특수학교	일반학교		소계	
				특수학급	일반학급		
특수학교	유치원	433	363	43	7	413	95.3
	초등학교	1,410	1,385	13	2	1,400	99.3
	중학교	1,756	1,724	18	1	1,743	99.3
일반학교	유치원	2,061	231	1,510	257	1,998	96.9
	초등학교	4,473	625	3,330	531	4,456	99.6
	중학교	3,580	243	3,088	233	3,564	99.6
구분		졸업자 수	진학자 수				진학률 (%)
			전공과	전문대학	대학교	소계	
특수학교	고등학교	2,167	1,234	12	61	1,307	60.3
	전공과	2,517	–	20	9	29	1.2

일반학교	고등학교	3,497	1,179	311	305	1,795	51.3
	전공과	99	–	–	2	2	2.0

주. 단위＝명, %
출처. 교육부. (2022). 2022 특수교육통계: 졸업생 진로 현황. p. 58, 59, 61, 105, 106, 108.

표 1-1~1-3에 제시된 것처럼, 특수교육대상자(이하 '특수아')의 배치와 진학률은 상당히 높은 수준을 유지하고 있다. 그럼에도 특수아를 비롯한 장애인의 안녕과 복지를 위해 개선할 점은 여전히 사회 곳곳에 남아 있다. 시급히 좀 더 개선되어야 할 사항으로는 의도적 배제/배척, 건물/시설 내·외 이동·소통에서의 직간접적 차별, 과보호 규정과 정책, 시설과 업무조정 실패, 배타적 자격기준, 분리정책, 그리고 서비스, 프로그램, 수당, 취업 등에서의 불이익 등 다수가 있다.

지금까지의 인구통계자료, 여론조사, 연구에 의하면, 특수아를 포함한 장애인은 여전히 사회에서 불평등한 상태에 있고, 사회·직업·경제·교육 분야에서 심각한 정도의 불이익을 받고 있다. 따라서 이 장에서는 특수아와 이들을 위한 상담에 대한 이해의 폭을 넓히는 한편, 이들을 돕기 위한 방안 모색을 위해 ① 특수아 상담, ② 특수아 이해, ③ 장애, ④ 특수아를 위한 교육체제, ⑤ 특수아 상담자에 관해 살펴보기로 한다.

특수아 상담

특수아 상담이란 무엇인가? 장애가 있는 특수아에 대한 상담은 가능한가? 비장애아동·청소년 대상의 상담과 차이는 없는가? 종전에는 일반인 또는 심지어 상담전문가와 특수교육 전문가들조차 특수아 대상의 상담 효과성에 대해 의심스러워했다. 이러한 의심의 기저에는 상담은 지적 능력과 의사소통 능력을 갖춘 사람을 대상으로 한다는 통념通念이 자리하고 있다. 특수아를 위한 상담의 어려움과 한계에도 불구하고, 상담을 통해 특수아의 삶에 진정한 변화를 일으키는 잠재력은 생각보다 훨씬 크다. 상담자는 개별학생을 의미 있는 방식으로 도울 수 있을 뿐 아니라, 다수의 특수아에게 영향을 미치는 프로그램 수행을 통해 영향력을 발휘할 수 있다. 그렇다면 특수아 상담은 어떻게 정의할 수 있는가?

특수아 상담의 정의

특수아 상담^{counseling children with special needs}은 전문적 교육·훈련을 받은 사람(상담자)이 도움이 필요한 특수아(내담자)의 관계(상담관계, 동맹관계, 작업관계)를 기반으로, 사고·감정·행동 변화를 위해 수행하는 심리적 조력 활동이다('장애학생상담'으로도 불림). 이 활동에서는 장애가 있는 아동·청소년의 문제해결, 사회기술 습득, 적응력 향상 등을 도모(어떤 일을 위해 대책과 방법을 마련함)함으로써, 독립적인 삶을 영위할 수 있도록 돕는다. 이 정의에 의하면, 특수아 상담의 3요소는 ① 상담자, ② 특수아 내담자, ③ 상담관계로 구성된다. 특수아 상담은 개인, 집단, 가족을 대상으로 수행될 수 있다. 또 학생과 학부모를 위한 심리교육을 통해 학생의 성장과 발달(학업, 개인·사회성, 진로), 학교생활 적응, 진로계획 등에 관한 다양한 정보를 제공하는 한편, 이들의 성장과 발달의 촉진을 도모한다.

특수아 상담의 목적

특수아 상담의 목적은 특수아의 잠재력과 가능성 극대화를 돕는 것이다. 특수아 상담에서 특수아는 일반학생들이 흔히 겪는 발달상의 문제 외에도, 장애로 인한 고통 및/또는 기능이상이라는 특수한 상황과 관련된 쟁점을 다룬다. 이에 특수아 상담은 장애가 있는 아동·청소년이 자신의 일상생활 적응을 비롯한 당면한 생활과제를 다루고, 나아가 새로운 사회기술 습득, 진로탐색과 의사결정, 성장·발달을 위한 쟁점을 논의 또는 학습할 수 있는 장이다. 즉, 특수아 상담에서는 특수아의 개인적인 사안뿐 아니라, 부모 또는 형제/자매와의 관계, 그리고 학교·사회생활과 관련된 주제 등을 다룬다.

특수아 상담의 목표. 특수아 상담에서는 실현 가능하고 측정 가능한 목표를 행동적 용어로 구체적으로 진술한다. 예를 들면, 특수아의 호소내용에 따라 수업시간에 10분 또는 20분 더 앉아 있기, 수업준비물 확인 후 챙겨가기, 공격행동을 하루에 10회에서 5회로 줄이기, 일주일에 1명의 새로운 친구 사귀기 등이 있다. 이처럼 특수아 상담의 목표는 학생, 학부모, 교사, 상담자 모두가 성취 여부를 알 수 있는 객관적이고 행동적인 형태로 설정한다. 만일 학생이 직접 표현할 수 없는 상황이라면, 학부모, 교사, 상담자가 합의하여 결정한다.

그러나 상담목표가 행동적·가시적·객관적인 형태로 명시되어야 한다고 해서 상담의 접근방법을 행동치료와 관련된 것으로 국한해야 한다는 것은 아니다. 다만 어떤 접근방법을 적용하더라도, 상담목표는 성취 여부를 알 수 있는 형태로 진술되어야 한다는 것이다. 구체적으로 진술된 상담목표는 특수아와 상담자는 물론이고, 다른 이해당사자(학부모, 교사, 학교행정가, 지원기관 등)도 학생의 문제에 대해 변화 가능성을 체감할 수 있고, 추후의 상담에도 적극 참여할 수 있게 된다는 이점이 있다. 그러면 특수아 상담에는 어떤 특징이 있는가?

특수아 상담의 특징

특수아 상담의 특징은 다음 여섯 가지로 정리할 수 있다.

첫째, 특수아 상담은 다학문적^{multidisciplinary} 통합서비스로 시행된다는 특징이 있다. 특수아는 장애학생과 영재를 포함한 이질집단의 성격을 띤다. 즉, 특수아는 대부분 학령 전 유아, 초등학생, 중학생, 고등학생으로, 장애 등의 특수상황에 있고, 발달과정에 있으며, 가정환경(부모, 형제자매 등)과 학교환경(교사, 또래학생 등)의 영향을 받는다. 특수아 상담은 특수아의 이런 독특한 상황으로 인해 다양한 분야 전문가들의 다학문적 통합서비스를 필요로 한다.

둘째, 특수아 상담은 ① 치료, ② 유지, ③ 예방에 중점을 둔다는 특징이 있다. 치료^{remedy}는 특수아가 장애로 인한 지체/결핍을 보완하는 한편, 정상 발달에 근접하도록 돕는 활동이다. 이 활동은 결여된 능력 향상을 촉진하여 정상 발달을 돕는다. 유지^{maintenance}는 증상 재발을 방지하고, 또래아동들의 정상적인 지적·정서·사회성·언어·행동 발달에 근접하는 수준으로의 발달을 돕는 활동이다. 표준발달곡선을 유지하지 못하면, 일정시간이 지나더라도 발달 지체 또는 지연될 수 있기 때문이다. 이에 비해 예방^{prevention}은 특수아의 장애 또는 문제가 발달과정에서 발생할 수 있는 2차 문제, 또 다른 지체/지연, 결핍, 부적응 등이 발생하지 않도록 돕는 접근으로, 특수아 상담의 발달적·예방적 접근이 여기에 속한다.

셋째, 특수아 상담은 때로 외부 전문가의 치료와 병행한다는 특징이 있다. 이는 특정 장애로 진단받은 아동·청소년이 전문의로부터 약물치료를 받으며 상담에 참여하는 것이 그 예다. 이 경우, 전문의는 특수아에게 약물처방을 통해 증상 완화를 돕는다. 반면, 상담자는 특수아의 사고, 정서, 행동 측면에서 긍정적인 변화를 돕는다.

넷째, 특수아 상담은 언어를 비롯한 다양한 접근법을 사용한다는 특징이 있다. 특수아 중에는 영재를 제외하면, 언어사용이 제한된 아동·청소년이 있기 때문이다. 다양한 장애를 지닌 특수아와의 치료적 의사소통에는 언어 외에도 음악, 미술, 놀이, 독서, 영화 등 다양한 접근법이 사용된다.

다섯째, 특수아 상담은 특수아의 부모교육과 자문을 병행한다. 특수아의 대부분은 장애로 인해 어려서부터 부모 또는 보호자의 보살핌을 받는다. 이에 특수아의 상황을 누구보다 잘 알고 있는 부모 또는 보호자의 협력이 필수로 요구된다.

여섯째, 특수아 상담은 특수아 개인·가족·사회 기능과 관련된 주제를 포괄적으로 다룬다는 특징이 있다. 이러한 주제는 특수아 상담의 잠재적 목표가 된다. 특수아의 기능 영역에 따른 특수아 상담의 잠재적 목표는 표 1-4와 같다.

표 1-4. 특수아의 기능 영역에 따른 특수아 상담의 잠재적 목표

영역	내용
☐ 개인	○ 증상 완화, 지적·정서·사회기능 손상 완화, 사회적응력 향상, 학업수행력 증가
☐ 가족	○ 특수아로 인한 가족의 역기능 감소, 가족/형제자매 관계 증진, 생활스트레스 감소, 생활의 질 향상, 주관적 안녕감 증진, 가족원의 지지 증가, 특수아 돌봄에 대한 부담감 완화
☐ 사회	○ 학교활동 참여의 양적·질적 증가, 출석, 지각/조퇴 감소, 일탈행동 감소, 특별한 감독의 필요성 감소, 물질사용 감소, 신체·정신건강 증진 등

표 1-4에 제시된 세 영역의 기능은 종종 혼재되어 나타난다. 이러한 점에서 특수아 상담에서는 흔히 이 세 기능과 관련된 쟁점을 모두 다룬다.

특수아 상담의 원리

상담은 일반적으로 상담자와 내담자, 그리고 두 사람의 관계를 기반으로 이루어진다. 특수아 상담도 예외가 아니다. 특수아 상담에서 상담자는 신뢰관계를 기반으로 특수아의 변화를 돕는다. 상담자와의 신뢰관계를 기반으로, 특수아는 기꺼이 삶의 변화와 새로운 방향을 모색하게 된다. 특수아 상담에서는 학생의 장애에만 초점을 맞추기보다, 문제에 대한 환경적 요인을 탐색한다. 특수아 상담의 원리는 일반상담의 원리에 기초하는데, 그 내용은 글상자 1-1과 같다.

글상자 1-1. 특수아 상담의 원리

1. 특수아 문제의 종류와 심각도^{intensity}를 고려하여 개별적인 방법으로 접근한다.
2. 다수 영역 전문가들의 종합적인 사정 결과에 기초한다.
3. 필요한 경우, 특수교육과 병행 · 통합해서 이루어진다.
4. 상담목표에 따라 다양하고 체계화된 프로그램을 활용한다.
5. 부모, 가족, 학교, 지역사회와의 연계가 필요하다.
6. 특수 영역에 관한 전문지식과 경험을 갖춘 전문가가 담당한다.

특수아 상담에서 상담자가 범하기 쉬운 실수는 글상자 1-2와 같다.

글상자 1-2. 특수아 상담에서 상담자가 범하기 쉬운 실수

1. 특수아의 핵심 쟁점에 관한 탐색 누락(예 특수아는 성에 관한 관심이 적다는 믿음 때문에 성
   문제, 이성교제 같은 쟁점을 간과함)
2. 타당한 근거 없이 특수아의 모든 개인적인 문제를 장애로 인한 것으로 가정함
3. 장애에 관한 언급 회피 ☛ 필요한 경우, 학생에게 장애의 특성에 관해 묻는 것이 적절함
4. 의존성과 '환자' 역할 부추기기
5. 학생을 구제/구원해 주고 싶은 역전이
6. 학생의 능력에 대한 기대수준 낮추기

글상자 1-2에 제시된 실수를 예방하려면, 학생에게 장애와 그 특성에 대해 직접 물어봐야 한다. 동일한 장애로 진단을 받더라도 특수아마다 조건이 매우 다를 수 있기 때문이다. 이는 장애로 인해 자주 발생하는 확산 현상을 예방할 수 있다. 확산^{diffusion} 현상은 장애가 직접 관련 없는 측면까지 영향을 준다고 믿는 경향성이다. 휠체어를 사용하는 학생은 인지수준이 낮다고 여기는 것이 그 예다.

학생의 장애에 관해 대화하는 경우, 상담자는 장애가 마치 학생의 주요 특징인 것 같은 인상을 주지 않도록 해야 한다. 그렇다고 해서 장애를 금기시해야 할 사안처럼 여기는 것 역시 바람직하지 않다. 사람들은 종종 이 같은 행동으로 불편감을 해소하고자 한다. 장애에 관한 언급을 주저 또는 회피하는 것은 종종 예기치 않은 사회적 장벽을 만들어 낸다. 특수아와의 효과적인 대화를 위한 지침은 글상자 1-3과 같다.

글상자 1-3. 특수아와의 효과적인 대화를 위한 지침

> 1. 동정 섞인 표현을 피하고, 장애는 단순히 하나의 특징에 불과한 것으로 여긴다.
> 2. 정상/비정상 또는 결함 같은 용어 사용을 삼가고, 전형적/비전형적이라는 말을 사용한다.
> 3. 완곡어법을 피함으로써 생색내는 것처럼 들리지 않게 한다(핸디캡을 극복할 수 있는 handicapable, 다른 능력을 지닌differently abled, 신체적으로 도전받는physically challenged, 특별한special 등).
> 4. 장애에 따라 사람을 분류하는 것 같은 언어를 사용하지 않는다.

특수아 상담의 접근방법

특수아 상담은 목적·대상·방법에 따라 ① 예방적 접근, ② 발달적 접근, ③ 치료적 접근으로 나뉜다.

예방적 접근. 첫째, 예방적 접근은 인지·정서·행동의 측면에서 향후 발생 가능한 문제를 예측하여 공감과 이해를 바탕으로 특수아의 필요를 사전에 충족시켜 주는 방법이다. 이 접근은 특수아의 긍정적 발달을 도모하는 한편, 교육적 성장 촉진을 위한 학교현장의 물리적·심리적 환경 조성에 중점을 둔다. 이를 위해 상담자는 교사·부모와의 협력을 통해 특수아에 대한 요구조사와 수시면담을 통해 이들의 요구를 사전에 파악한다.

발달적 접근. 둘째, 발달적 접근은 특수아의 학업발달, 개인·사회성 발달, 진로발달 촉진에 중점을 두는 접근방법이다. 이 접근에서는 특수아의 성장·발달 촉진, 독립적 생활능력 향상, 자기실현 성취 촉진을 도모한다. 이를 위해 상담자는 특수아의 ① 학업발달(학습동기·방법·전략, 공부기술, 학업성취 등), ② 개인발달(자아탄력성, 자기상, 자기개념, 자존감, 도덕성 등), ③ 사회성발달(사회기술, 의사소통기술, 자기주장, 리더십 등), ④ 진로발달(진로의식·탐색·의사결정, 진로장벽 해소, 진로자본 확대 등) 촉진을 위한 종합 프로그램comprehensive programs을 개발·적용한다. 발달적 접근은 종종 집단형태(대집단·교실 생활교육)로 운영한다.

치료적 접근. 셋째, 치료적 접근은 특수아의 증상 감소, 적응행동 증가 등의 목표성취를 위해 상담이론을 적용하여 전문적 도움을 제공하는 방법이다. 이 접근은 종종 특수아에게 수용하기 어려웠던 감정 인식·표현 기회를 제공하고, 정서적 지지와 격려 등을 통해 감정을 정리함으로써, 자신에게 합당한 의사결정과 문제해결을 돕는다. 치료적 접근은 상담자의 시간과 노력, 그리고 전문적 개입이 요구된다. 이 접근에서는 때로 상담의 성과를 극대화하기 위해 집단상담을 병행한다.

특수아 상담의 형태

특수아 상담의 대표적인 형태로는 ① 개인상담과 ② 집단상담이 있다. 어떤 형태의 상담으로 진행할 것인지는 특수아의 연령, 지적·정서적 특성, 행동 양상, 상담 동기와 목표, 의사소통 능력 등을 고려한다.

개인상담. 개인상담individual counseling은 개별면담을 통해 개인의 문제해결을 돕는 형태다. 개인상담에서는 단순히 정보나 지식 제공보다는 상담이론에 기반을 두고, 특수아의 감정, 사고, 행동, 태도, 동기 등에 대해 적극적 경청을 통한 변화 촉진에 중점을 둔다. 특수아 상담은 내담자의 특수성으로 인해 대부분 개인상담의 형태로 이루어진다. 즉, 특수아의 지적 능력, 의사소통 능력, 또는 심리적·행동적 곤란 또는 한계 등으로 인해 집단형태의 상담 진행이 어렵기 때문이다. 예를 들어, 특수아 또는 그 부모는 종종 성장배경, 약자/실패자라는 의식, 장애 또는 진단명으로 인한 낙인효과 등과 관련된 의식으로, 여러 사람 앞에 자신을 노출 또는 개방하기를 주저하거나 꺼릴 수 있기 때문이다. 특수아에 대한 개인상담의 전략은 글상자 1-4와 같다.

글상자 1-4. 특수아에 대한 개인상담의 전략

1. 아동에 관한 실제적이고 구체적인 내용을 다룬다.
2. 최근에 아동에게 일어났던 의미 있는 자료에 초점을 맞춘다.
3. 사건/생활사보다는 중요한 타인과의 관계에서 비롯된 아동의 감정에 초점을 맞춘다.
4. 과거 또는 미래보다는 '지금 여기'에서 아동의 감정과 행동에 초점을 맞춘다.
5. 아동의 긍정적인 말과 행동, 그리고 자기탐색 행동에 대해 적극 격려한다.
6. 필요한 경우, 자기표현훈련, 이완훈련, 정서안정훈련을 수행한다.
7. 상담 초기에 아동과 함께 상담목표를 정하고, 상담성과를 비교·검토한다.
8. 상담관계와 일상생활의 차이점을 검토하고, 현실적인 행동전략을 협의한다.

집단상담. 집단상담group counseling은 참여자 개인의 문제를 다른 참여자들과의 상호작용을 통해 해결해 나가는 상담의 형태다. 집단은 보통 5~8명으로 구성되지만, 참여자의 발달연령, 지적수준, 목적 등에 따라 크기가 결정된다(강진령, 2019). 특수아는 집단상담 참여를 통해 자신만이 장애로 인해 어려움을 겪는 것이 아님을 알게 되고

('보편성'), 다른 또래들과의 상호작용으로 사회기술을 익힐 수 있으며, 서로 이해·지지·격려함으로써 성장의 발판을 마련할 수 있다. 이러한 경험을 통해 특수아는 자신감과 자부심을 얻을 수 있게 된다. 또 타인의 감정과 생각을 공유하고, 타인의 의견을 수렴하며, 대인관계와 사회적 활동 참여에 대한 관심의 폭을 넓혀 나갈 수 있다.

특수아 상담의 과정과 절차

특수아 상담에서는 교육과 상담이 가미된 심리교육 서비스가 요구된다. 특수아 교육은 이들에 대한 배치placement에서 시작된다. 특수아, 즉 장애아와 영재는 각각 장애 또는 영재성 정도에 따라 통합에서 분리 형태의 교육장면에 배치된다. 이에 관해 도식으로 나타내면, 그림 1-1과 1-2와 같다.

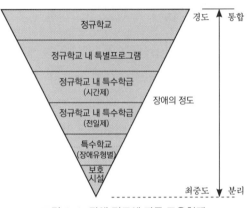

그림 1-1. 장애 정도에 따른 교육형태
출처: 김영숙, 윤여홍. (2009). p. 23.

특수아 상담의 과정과 절차는 일반 상담과 크게 다르지 않다. 다만, 수용성·표현성 언어능력을 갖춘 일반학생 상담과는 다른 측면에서의 노력이 요구된다. 특수아 상담은 대체로 ① 시작, ② 중간, ③ 종결 단계 순으로 진행된다.

시작단계. 첫째, 특수아 상담은 상담자의 구조화로 시작한다. 구조화 structuring는 상담자가 상담의 틀(상담 과정과 절차, 규범/규칙과 한계, 상담시간·장소·비용 등)에 관해 내담자(특

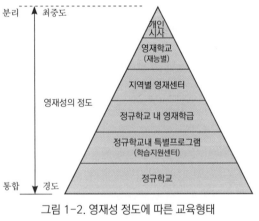

그림 1-2. 영재성 정도에 따른 교육형태
출처: 김영숙, 윤여홍. (2009). p. 23.

수아) 또는 부모에게 설명해 주는 기술이다. 이 기술은 상담의 실천적 정의(상담을 통해 무엇을 얻을 수 있는가?), 상담관계, 역할(목표성취를 위한 상담자와 내담자의 역할), 학생의 권리, 상담자 윤리에 관한 설명으로, 상담과정과 절차에 관한 교육이다.

구조화는 상담관계를 사회적 관계와 분리시킴으로써, 상담자의 개인적 욕구가 상담과정에 영향을 미치지 못하게 하는 기능을 한다. 구조화의 내용은 특수아와 호소문제에 따라 다르다. 구조화 내용을 선별할 수 있으려면, 상담자는 특수아 또는 부모의 호소문제와 역동을 정확하게 이해해야 한다. 효과적인 구조화를 위해 상담자는 상담이론, 인간발달, 이상심리 등 이론적 지식뿐 아니라, 실천적 지식과 임상경험을 갖춰야 한다.

시작단계에서는 특수아와의 신뢰관계('라포') 형성과 호소문제와 관련된 정보를 수집한다. 라포^{rapport}는 내담자의 관점에서 상담자가 자신을 도울 수 있는 전문적 역량을 갖추고 있다는 신뢰감이 형성된 상태다. 이는 상담자와 내담자 사이에 치료동맹이 형성되었음을 나타낸다. 상담관계는 학생의 사회적 관계를 일시적으로 조정함으로써, 삶의 변화를 위한 재구조화 작업의 기초가 된다.

특수아가 상담자에게 마음을 터놓거나 사적인 이야기를 털어놓는 것은 쉽지 않다. 학생이 자기개방을 하지 않는다면, 상담은 이루어질 수 없다. 특수아에게 진정 도움이 되는 관계 형성에는 다수의 요인(특수아에 대한 왜곡된 인식, 고정관념, 편견 등)이 복잡한 양상으로 작용한다. 이 과정에서 특수아의 진정한 어려움을 헤아려 주는 일은 중요하지만 연민, 고정관념, 주관적 불편감, 온정주의 등이 수반된 행동방식은 관계 형성을 저해한다.

진정한 도움은 동정과는 거리가 멀다. 도움은 연민^{sympathy}이 아니라, 공감^{empathy}에서 비롯되어야 한다. 진정한 도움은 공감, 즉 상대의 어려움을 헤아려 주고, 기대를 낮추지 않은 상태에서 지원수준을 높이는 것이다. 또 학생의 이야기에 귀 기울이고, 격려를 아끼지 않으며, 주위의 장벽 제거에 앞장서는 것이다. 특수아가 도움이 되었다고 인식한 목록은 글상자 1-5와 같다(Middleton, 1999, p. 29).

글상자 1-5. 특수아가 도움이 된다고 인식한 목록

1. 자신을 한 개인으로 인식하고, 지지해 주며, 유머감각 활용하기
2. 자신의 말에 경청하고, 장애에 대해 당황하지 않기
3. 장애에 관해 말할 기회 제공하기
4. 장애인이 할 수 있는/없는 것을 가정하기보다 솔직하게 이야기할 기회 제공하기
5. 성취에 대해 지지·격려해 주기
6. 함부로 통제하지 않고, 종교적/이념적 믿음을 강요하지 않기
7. 사회·관계기술 향상을 돕고, 다른 또래들(장애인·비장애인 포함)과 만날 기회 제공하기

> 8. 자신의 걱정을 하찮은 것으로 여기지 않고, 솔직하게 대해 주기
> 9. 신뢰할 만한 존재감으로 편안한 느낌으로 대하고, 장애에 대해 농담하지 않기
> 10. 자신이 행복하지 않을 때가 언제인지 알아주기
> 11. 자신과 이야기해 보지 않은 채, 단순히 정보만 믿고 행동하지 않기
> 12. 자신을 동정·기만·모욕하지 않고, 지키지 못할 약속은 하지 않기

시작단계에서 상담자는 특수아와의 신뢰관계를 토대로 특수아의 문제를 확인하고, 진단평가와 원인분석을 한다.

중간단계. 둘째, 중간단계에서는 특수아와 부모의 호소내용에 따라 상담목표를 수립하고, 목표성취를 위한 상담방법을 선정하여 실행에 옮긴다(강진령, 2022). 이 단계에서 상담자는 ① 특수아, ② 부모·가족, ③ 교사, ④ 환경을 고려해야 하는데, 그 내용은 표 1-5와 같다.

표 1-5. 특수아 상담에 앞서 상담자가 고려해야 할 요소

요소	내용
1. 특수아	○ 특수아에게 어떤 직접적인 도움을 제공할 것인가?
2. 부모·가족	○ 특수아를 어떻게 양육·지지/지원하도록 도울 것인가?
3. 교사	○ 특수아를 어떻게 가르치고 지도하도록 도울 것인가?
4. 환경	○ 특수아의 잠재력 개발을 위한 물리적·심리적·사회적 환경을 어떻게 조성해 줄 것인가?

종결단계. 셋째, 종결단계에서는 상담방법의 처치 성과, 즉 상담의 목표성취 여부 또는 정도를 평가한다. 추후상담은 평가결과에 따라 결정한다. 특수아 상담성과에 관해 더 많은 경험적 연구가 수행되어, 좀 더 풍부한 지식이 축적될 필요가 있다. 향후 더 많은 경험적 자료를 필요로 하는 쟁점은 글상자 1-6과 같다.

글상자 1-6. 특수아 상담의 성과에 관한 연구가 필요한 쟁점

> 1. 장애유형별 특수아의 결핍 보완, 지체 회복, 문제해결의 가능성은 어떻게 다른가?
> 2. 특수아는 정상 발달이 가능한가?
> 3. 어떤 목표를 설정·성취할 수 있는가?
> 4. 일반상담과 비교할 때, 특수아 상담자에게 요구되는 자질과 역량은 무엇인가?

5. 특수아를 위한 효과적인 상담이론 또는 조력방법은 무엇인가?

6. 상담에 적합한 특수아는 누구이고, 적합하지 않은 특수아는 누구인가?

7. 상담을 위한 최적의 물리적 환경은 어떻게 조성되어야 하는가?

8. 상담효과는 얼마나 지속적인가?

특수아 이해

특수아는 누구인가? 사람들은 너무 쉽게 장애인이 자신과 다르다고 생각한다("휠체어를 타는 아이들은 왠지 행복해 보여요. 뭔가 특별하다는 느낌이 든다고나 할까요."). 이는 언뜻 특수아에 대해 긍정적인 태도를 반영하는 말처럼 들리지만, 또 다른 형태의 편견일 수 있다. 이러한 의도치 않은 편견이나 왜곡 없이 특수아와 소통하려면, 이들에 대해 오해를 조장하는 요인을 이해할 필요가 있다. 특수아에 대한 올바른 이해를 저해하는 요인에는 사람들의 사고방식에 깊이 뿌리내린 문화적 편견이 기저하고 있다. 이러한 요인의 이해는 세 가지 측면에서 중요한데, 그 이유는 글상자 1-7과 같다.

글상자 1-7. 특수아 이해의 중요성

1. 특수아에 대한 편견 같은 부정적 요인을 피할 수 있다.

2. 특수아가 성장할 수 있는 환경에 대한 인식이 높아진다.

3. 현실적이고 긍정적인 자성예언self-fulfilling prophecy을 높인다.

특수아에게 필요한 진정한 도움을 제공하려면, 이들에 대한 올바른 이해가 필요하다. 그렇다면 여기서 특수아란 누구를 말하는가?

특수아의 정의

특수아children with special needs는 심각한 장애에 한정되지 않고, 준장애(경미한 장애) 아동과 영재아를 비롯하여 전반적인 발달에 필요한, 특수한 교육서비스가 필요한 모든 아동·청소년을 가리킨다. 이들은 신체 속성 또는 학습능력이 비장애학생과 달라 개별화된 특수교육 프로그램 및 관련 서비스를 필요로 한다(Heward, 2018). 종전에는 특수아 대신 '예외적인 아동exceptional children'이라는 말을 사용했다. 그러나 이 말은 일반아동과는 다른, 즉 분리의 필요성을 함의한다는 점에서 더 이상 사용하지 않는다.

특수아는 신체, 정서, 행동, 지능 등의 장해^{disturbance}로 인해 일반 학교 또는 학급에서 교육효과를 기대하기 힘든 학생을 가리킨다. 즉, 정신적 특성, 감각능력, 의사소통 능력, 행동 · 정서 발달 또는 신체적 특성에 있어서 평균적/전형적인 아동과는 다른 아동이다(Kirk et al., 2009). 오늘날 국가 차원에서 특수학교 또는 일반학교에 특수학급을 마련하고, 장애 특성에 맞는 교육과정에 따라 특수아를 위한 교육을 수행하고 있다. 이러한 임무를 충실히 수행하기 위해 상담자는 특수아의 욕구를 이해할 필요가 있다. 이들의 일반적인 욕구는 글상자 1-8과 같다.

글상자 1-8. 특수아의 일반적인 욕구

> 1. 사랑 · 존중받고자 하는 욕구가 있다.
> 2. 자신이 가치 있고 능력 있는 사람임을 인정받고 싶어 한다.
> 3. 자신의 문제 또는 약점에 직면하기를 두려워하거나 회피하고 싶어 한다.
> 4. 특정 사건 또는 관계와 관련된 부정적인 자기개념 또는 감정 노출을 꺼린다.
> 5. 불확실하거나 실패 가능성에 대한 두려움과 공포를 느낀다.
> 6. 잠재력을 개발하여 열악한 환경에서 벗어나 사회 일원으로서의 성장욕구가 있다.
> 7. 자신의 행동에 문제가 있음은 알고 있지만, 나름 최선이었다고 믿으며, 이를 이해받고 싶어 한다.
> 8. 자율성과 책임감 있게 자신의 문제를 스스로 해결해 나가고 싶어 한다.
> 9. 타인들로부터 특수아로 주목받기보다는 남들과 동등한 사람으로 대우받기를 원한다.

특수아의 범주

특수아는 교육현장에서 일반학생과 다른, 특별한 교육적 조치가 필요한 아동 · 청소년이다. 이 범주에는 ① 법정장애아동과 ② 준장애아동이 속해 있다. 법정장애아동은 법이 정한 장애아동, 즉 일반학교의 교실에서 채워질 수 없는 특수한 요구와 교육적 조치가 필요한 아동을 가리킨다. 이 범주에는 경미한 상태에서부터 고도의 장애가 있는 아동과 영재아가 포함된다. 이에 비해, 준장애아동은 법에서 정하지는 않았지만, 특수교육적 조치와 관련된 서비스가 필요한 아동이다. 즉, 법정장애아동 범주에는 속하지 않고, 다만 일상과업 수행에 어려움이 있는 아동을 가리킨다.

법정장애아동과 준장애아동은 둘 다 특수교육이 필요하다는 공통점이 있다. 오늘날 이 범주에 속하는 아동 · 청소년은 특수학교, 일반학교, 또는 특수학급에 배치되어 교육을 받는다. 국내에서는 1977년 시 · 청각장애인을 비롯한 심신장애인 교육을 위해 「특수교육진흥법」이 제정되었다. 그러나 2008년 5월에 이 법은 「장애인 등에 대한 특수교육법」으로 대체되었다. 특수교육의 형태로는 특수교육기관으로서의 기숙사 특수학교, 통학제 특수학교, 일반학교의 특수학급, 그리고 통학이 어려운 장애학생을 위한 가정방문교사나 병원 내 학교 · 학급이 있다.

특수아의 특징

특수아 상담의 성과를 극대화하기 위해서는 이들의 특성에 대한 이해가 선행되어야 한다. 특수아 상담에서 고려해야 할 특수아의 특징은 다음 여섯 가지로 요약 · 정리할 수 있다.

첫째, 특수아는 성인에 비해 상담에 대한 인식(상담이 무엇인지, 상담에서 상담자와 자신이 어떤 역할을 해야 하는지, 상담을 통해 어떤 도움을 받을 수 있는지 등)이 낮다. 이런 이유로 아동은 상담에서 자신의 역할 수행을 어려워할 수 있다. 따라서 상담자는 성인 내담자에 비해 더 주도적이고, 직접적이며, 지시적인 촉진자 및 교육자 역할을 담당해야 한다.

둘째, 특수아는 인지발달 과정에 있다는 점에서 성인과는 달리 논리적 · 추상적 사고에 한계가 있다. 이로써 아동은 자신의 사고, 감정, 행동에 대한 인식을 어려워한다. 게다가 자기뿐 아니라 타인(또래, 부모, 교사 등)의 행동에 담긴 의도, 기대, 믿음, 정서 상태를 정확하게 파악하지 못할 수 있다. 이로써 자신과 관련된 특정 사건 또는 상황을 자기중심적으로 묘사할 수 있다.

셋째, 특수아는 성인에 비해 자신이 처한 환경과 문제 인식의 범위가 극히 제한적이다. 또 주변 상황의 개선, 통제 등의 환경적 요소를 극복할 능력이 제한적이어서, 아동 스스로 현실적인 대처를 해 나가기 어렵다는 특징이 있다.

넷째, 특수아는 성인보다 주의집중 시간이 짧고, 욕구좌절에 대한 인내력이 약하고 미성숙하여 주변 환경의 영향을 크게 받는다. 예를 들어, 몸이 피곤하거나, 부모 또는 교사에게 야단 맞거나, 상담 후에 특별 행사가 있는 경우, 상담에 집중하기 어려워한다.

다섯째, 특수아는 자발적 동기에 의해서보다 부모나 교사의 의뢰 또는 권고로 상담에 참여하게 되는 경향이 있다. 이러한 점에서 상담에 대한 아동의 동기수준이 높지 않을 수 있다. 이에 상담자는 아동이 상담에 관심을 가지고 적극 참여할 수 있도록 도와야 할 것이다.

여섯째, 특수아는 사회기술의 한계로, 낯선 성인(상담자)과의 대면과 대화에 큰 부담을 느낄 수 있다. 상담에 대한 부담은 특수아에게 언어보다는 비언어행동(몸짓, 표정, 시선, 자세 등)에 의존하게 하고, 상담이 상담자의 지시나 질문에 수동적으로 답하는 형식으로 흘러가게 할 수 있다. 또 어떤 이야기를 어떻게 해야 할지 막막해져서 불안이 더 커질 수 있다. 특수아 상담에서 종종 발생하는 긴 침묵은 아동이 상담자가 화가 났거나, 자신이 무언가 잘못한 것으로 오해하게 되는 원인이 되기도 한다.

따라서 상담자는 특수아의 인지 · 정서적 특성을 깊이 인식하여 상담을 수행한다. 상담의 성과를 높이려면, 상담자는 상담에서 솔직하게 자신의 이야기를 할 수 있도록 편안하고 안전한 분위기를 조성하는 한편, 구조화를 통해 특수아가 상담에서 어떤 이야기를 나눌 수 있는지 등에 대해 안내한다. 또 아동의 이야기를 정확히 공감적으로 이해한다. 특수아 상담에서 상담자에게 필요한 기본 지침은 글상자 1-9와 같다.

글상자 1-9. 특수아와의 상호작용에 필요한 기본 지침

1. 보조기구(의사소통판, 지팡이, 휠체어 등)를 개인적 소유물로 인정한다.
2. 학생이 부모 또는 보조교사와 함께 있어도 학생에게 직접 이야기한다.
3. 학생에게 다른 사람의 도움이 필요한지를 묻고, 학생의 요구에 응한다.
4. 안내견을 동반한 경우, 안내견의 효과를 인식하고, 그 효과를 인정한다.
5. 휠체어에 앉은 학생과 대화할 때, 대화가 길어지면 앉아서 이야기한다.
6. 시각장애학생을 대할 때, 먼저 인사하고 안내한다.
7. 청각장애학생을 대할 때, 학생이 상담자의 표정을 잘 볼 수 있도록 한다.
8. 학생의 말을 이해하지 못한 경우, 다시 말해 달라고 요청한다.
9. 의사소통장애학생의 경우, 학생이 자기 속도에 맞춰 말할 수 있도록 충분한 시간을 준다.

특수아 상담은 성인 상담과는 달리 아동의 인지, 정서, 또는 행동의 한계로 원활한 대화가 쉽지 않을 수 있고, 대화만으로 상담시간을 채우기 어려울 수 있다. 이에 특수아 상담은 조직화 · 체계화된 상담 프로그램의 도입 · 적용이 요구된다. 이로써, 상담자는 아동이 자신의 생각이나 감정을 말뿐 아니라, 다양한 매체(행동, 신체동작, 놀이, 그림, 공작, 글, 음악, 인형 등)를 통해 적극 표현할 수 있도록 돕는다.

장애

특수아 이해는 장애의 이해에서 시작된다. 이에 여기서는 ① 장애의 정의, ② 장애인의 정의, ③ 장애 모형, ④ 장애인에 대한 편견, ⑤ 진단과 낙인효과에 관해 알아보기로 한다.

장애의 정의

장애障礙는 신체나 정신에 기능적으로 문제가 있어서 제 기능을 하지 못하는 상태를 일컫는 말이다. 세계보건기구(WHO)에 따르면, 장애는 3개 차원의 장애, 즉 ① 기능장애impairment(1차 장애), ② 능력장애disability(2차 장애), ③ 사회장애handicap(3차 장애)로 구분된다. 각 차원의 장애에 관한 설명은 표 1-6과 같다.

표 1-6. 장애의 세 가지 차원

수준	내용
□ 1차 장애/ '기능장애'	○ 신체의 특정 부위 또는 기관의 기능(읽기, 보기, 걷기, 듣기 등의 감각기능)이 생물학적 수준에서 일시적/영구적으로 훼손된 상태(예 시각장애visual impairment, 청각장애hearing impairment)
□ 2차 장애/ '능력장애'	○ 1차 장애로 인한 능력 약화 또는 소실 상태('무능력')
□ 3차 장애/ '사회장애'	○ 1, 2차 장애의 통합형태와 사회적·환경적 장해가 통합되어 사회적으로 정상적인 생활을 하기 힘든 상태

표 1-6은 기능손상(1차 장애)이 개인의 능력 저하/소실(2차 장애)을 초래하여, 사회생활에 불리한 요소(사회환경의 열악함, 사회의 이해 부족으로 인한 불편, 부자유, 불이익)로 작용(3차 장애)하는 과정을 설명한 것이다. 특히, 2차 장애(능력장애)는 의료, 교육, 훈련, 재활 등의 지원이 요구된다. 예를 들어, 특수아가 장애로 인해 사회적 편견, 이동 제한, 또는 분리 및 분리교육을 받게 되는 것이다. 그러나 신체기능의 문제가 반드시 능력 부족으로 이어지는 것은 아니다. 그렇다면 장애인이란 어떤 사람을 가리키는가?

장애인의 정의

2022년 개정된 「장애인복지법」에 의하면, 장애인은 신체장애(외부 신체기능 또는 내부 기관의 장해 등) 또는 정신장애(발달장애 또는 정신질환으로 인한 장해)로 오랫동안 일상 생활이나 사회생활에서 상당한 제약을 받는 자다. 특히, 「장애인복지법 시행령」에 규정된 법정장애인은 글상자 1-10과 같다.

글상자 1-10. 법정장애인의 범주

1. 지체장애인	5. 언어장애인	9. 신장장애인	13. 안면장애인
2. 뇌병변장애인	6. 지적장애인	10. 심장장애인	14. 장루·요루장애인
3. 시각장애인	7. 자폐성장애인	11. 호흡기장애인	15. 뇌전증 장애인
4. 청각장애인	8. 정신장애인	12. 간장애인	

글상자 1-10에 제시된 법정장애인의 범주에서 뇌병변장애인에는 뇌성마비, 외상성 뇌손상, 뇌졸중 등이 포함된다. 그리고 간장애인에는 만성 간기능부전, 장루·요루장애인에는 배변/배뇨 기능 이상이 있는 장애인이 포함된다.

장애 모형

역사적으로, 사람들은 장애를 ① 도덕모형, ② 의료모형, ③ 사회모형('소수자 모형')을 통해 조망해 왔다. 이 모형을 통해 정신건강 전문가들은 장애인 내담자/환자의 문제 원인과 요구를 파악했고('개념화'), 해결방안('치료계획')을 수립했다. 각 모형은 문제의 원인, 장애의 책임소재, 가능한 해결방안에 대해 서로 다른 견해를 표방하고 있다.

도덕모형. 첫째, 도덕모형moral model은 가장 오래된 것으로, 이 모형에서는 장애를 죄에 대한 징벌 또는 믿음을 시험하기 위한 것으로 간주한다. 특수아 자신, 그리고 특수아의 장애에 대해 책임감을 느끼는 부모를 비롯한 가족원들은 죄책감이 들 수 있다. 다른 한편으로, 특수아의 장애는 종교적 신앙심에 대한 시험으로 인식되기도 한다. 이에 도덕모형을 선호하는 가족에 대해서는 장애를 죄 또는 신앙심에 대한 시험으로 해석하는 근거를 밝히는 데 중점을 둔다. 종교적 지지는 특수아와 가족원들에게 위로를 제공하기도 한다. 도덕모형을 적용하는 상담의 목표는 대체로 죄책감 감소, 경험에의 의미 부여, 종교 공동체로부터의 지원 유도, 문제해결 방법 고안 등으로 설정한다. 이 모형은 여전히 사용되고 있지만, 의료모형에 비해 덜 일반적이고, 덜 지배적이다.

의료모형. 둘째, 의료모형medical model은 장애를 전적으로 개인의 내적 요인(기능 결함)에 의한 것으로 간주한다. 이 모형에서는 문제해결을 위해 개인이 정상적인 상태에 가까워질 수 있도록 도움을 제공해야 한다고 본다. 그러나 이 모형에서도 장애는 본질적으로 개인에게 존재하는 문제라고 보고, 삶의 기회를 누리기 위해서는 이를 교정해야 한다고 본다. 이는 특수아가 흔히 겪는 어려움에 대한 전통적인 설명방식이다.

의료모형에 의하면, 장애가 있는 아동과 성인의 삶이 일반인과 다른 것은 장애 때문이 아니라, 이들에게 제공되는 '도움' 때문이다. 장애인 대부분은 당연시되는 일반적인 역할과 관련된 경험을 하지 않는다. 이들이 누구인지는 장애로 결정된다. 즉, 장애로 인해 발생하는 문제를 해결하기 위해 제공되는 서비스와 치료가 이들 삶의 초점이 된다(Snow, 2007).

사회모형. 셋째, 사회모형social model은 장애를 본질적으로 사회구성개념으로 규정하는 한편, 부정적인 사회적 태도와 일상생활 영역에서의 다양한 제약으로 인해 장애가 발생한다고 본다('소수자 모형minority model'으로도 불림). 또 사회가 '정상normal'과 '비정상abnormal'을 규정·구분한다고 본다. 이 모형에서 정상이란 다양한 범위에서 다수의 정상적인 것을 포함하는 상태를 말한다. 사회모형에서는 장애인의 문제가 장애 자체보다는 사회·정치·경제 측면의 문제로 인해 발생한다고 본다. 따라서 이러한 문제를 해결하려면 전반적인 설계, 비장애인 대상의 장애인에 관한 교육, 장애인에 대한 공정한 기회 제공을 보장하는 법령 제정과 실행 등에 중점을 두어야 한다고 본다(Olkin, 1999).

장애는 인간 경험의 자연스러운 부분이다. 즉, 장애가 꼭 삶의 질을 낮추는 것은 아니라는 것이다. 그러나 일반적으로 사회적 태도는 내재적으로 다양성을 인정하기보다 장애인을 구분하여 '우리' 대 '그들'로 나누게 한다. 이러한 태도는 예상되는 차이를 이해·조정하기 위해 환경 변화의 필요성을 인식하기보다 '그들'을 '우리'처럼 고치려는 노력에 집중한다. 그러면 학습장애아동이 더 잘 읽을 수 있도록 돕는 노력을 그만두어야 하는가? 물론 그렇지는 않다. 이는 오히려 학교현장에서 특수아의 참여를 저해하거나 학습 기회를 제한하는 장벽을 제거할 필요가 있음을 의미한다. 즉, 사회모델은 특수아의 자기역량 강화와 자기옹호self-advocacy를 강조한다.

장애인에 대한 편견

상담자는 특수아가 자신의 능력에 따라 무사히 학교교육을 마칠 수 있도록 돕는 일에 앞장서야 한다. 이를 위해 특수아의 장애로 인한 불편함에 주의를 기울이는 한편, 상담자 자신 역시 장애에 대한 편견으로부터 자유롭지 않음을 인식할 필요가 있다. 장애인에 대한 일반인의 편견은 글상자 1-11과 같다.

글상자 1-11. 장애인에 대한 일반인의 편견

---

1. 장애인은 대부분 휠체어 신세를 진다. 🖐 그렇지 않다. ☞ 미국의 경우, 4,900만 명의 장애인 중 휠체어, 목발, 또는 보행기를 사용하는 사람은 단 10%에 불과하고, 대부분은 심혈관계, 시각, 발달, 그리고 눈에 잘 띄지 않는 장애(천식, 학습장애, 간질 등)가 있다.
2. 장애인은 국민의 세금을 축내는 사람들이다. 🖐 꼭 그런 것은 아니다. ☞ 장애를 가진 노동연령 인구의 대다수가 일하지 않고 있는 것은 사실이지만, 이들 중 대부분은 일하기를 원하고 있으나, 차별 때문에 일자리를 얻지 못하고 있다.
3. 장애인이 겪는 가장 큰 장벽은 신체적인 것이다. 🖐 그렇지 않다. ☞ 오히려 부정적 편견과 고정관념이 가장 큰 장애이고, 가장 바꾸기 어려운 요소다.

장애에 대한 전형적인 편견으로는 한 가지 장애가 있으면 다른 장애도 있는 것처럼 여기는 것이다('일반화'). 예를 들어, 휠체어를 사용하는 학생을 지능과 언어표현 수준이 낮다고 여기는 것이다. 이러한 편견은 종종 특수아를 판단하거나 이들을 위한 의사결정에 영향을 미친다. 비교적 흔한 예로는 청각장애학생을 대하는 것처럼, 시각장애학생에게 큰 소리로 말하는 것이다.

장애에 대한 편견은 전문가도 예외가 아니다. 심지어 상담자, 교사, 의사의 장애에 대한 태도가 일반인과 크게 다르지 않거나, 오히려 더 좋지 않은 경우도 있다(Olkin, 1999, p. 70). 이런 선입견 때문에 장애는 개인의 결정적인 특징처럼 여겨지기도 한다. 이는 인상형성impression formation에 영향을 주어 종종 전반적인 평가로 일반화된다. 목발을 사용하던 학생이 휠체어를 사용하자, 사람들의 태도 변화를 체감했다고 한다("사람들에게는 휠체어를 사용하면 무능력한 사람, 두 발로 서면 유능한 사람이라는 편견이 있어요."). 이에 미국심리학회(APA, 2001a)는 장애에 대한 편견을 제거하기 위한 지침을 발표했는데, 그 내용은 글상자 1-12와 같다.

글상자 1-12. 장애에 대한 편견 제거를 위한 APA 지침

1. 장애보다 사람을 강조하는 말을 사용할 것!(예 '장애학생disabled student'보다는 '장애가 있는 학생student with a disability'이라는 용어를 사용할 것)
2. 특수아의 성취에 대해 '초인적' '비범한' 같은 말을 사용함으로써, 장애를 과장하지 말 것! ☛ 특수아 대부분은 비장애학생과 비슷한 범위의 기술을 지니고 있으므로, 이러한 언사는 불공평한 기대를 초래할 수 있음
3. '피해자' '희생자' 같은 말을 사용하지 말 것! ☛ 이런 말은 연민을 불러일으키고, 기능이상 또는 마비 상태를 연상시킴
4. 특수아에게 장애가 아니라, 이들의 기술, 성격, 다른 개인적 자질에 반응할 것! ☛ 관련 서적 참조 또는 전문가의 자문을 구함으로써, 장애에 관한 이해를 높일 것!

진단과 낙인효과

특수아가 진단명을 받는 것은 자기인식에 강한 영향을 줄 수 있다. 진단명이 주위 사람들에게 낙인효과로 작용하는 경우에는 더더욱 그렇다. 진단diagnosis은 특수아에게 양날의 칼로 작용할 수 있다. 의료서비스 또는 특수교육의 혜택을 받는 데 도움이 될 수 있지만, 개인에 대한 인식과 평가에는 해가 될 수 있다. 이에 진단명은 개인을 규정하거나, 성격·요구·능력 묘사에 사용되지 않아야 한다. 이러한 점에서 특수아에 대한 진단명 사용은 엄격히 제한되어야 한다(Snow, 2007, p. 1).

반면, 진단을 학생의 상태 이해를 위한 수단으로만 사용하고 진단에 대해 어떤 가정도 하지 않는다면, 진단은 유용하게 활용될 수 있다. 진단을 긍정적으로 사용한다면, 진단은 특수아의 문제 이해에 도움을 주고, 효과적인 개입의 바탕이 된다. 특수아는 진단명으로 인해 위축되어서는 안 된다. 이에 상담자는 진단명이 지닌 영향력을 고려하여 부정적인 영향력을 줄이기 위해 노력해야 한다. 이에 상담자는 의도적으로 학생의 진단명은 잠시 내려두고, 그의 호소내용에 귀를 기울여야 한다. 즉, 장애를 학생 이해를 위한 하나의 요인으로 이해한다. 만일 그렇지 않고 특수아의 장래가 장애에 의해 결정되는 것은 불공평한 일이다(Snow, 2007, p. 2).

특수아를 위한 교육체제

학생에게 장애가 있다고 해서 반드시 특수교육이 필요한 것은 아니다. 학생을 위한 특별히 고안된 교수방법이 일반학급에서 제공될 수 있다면, 일반학급 배치가 우선시된다. 특수아를 위한 교육체제는 크게 ① 특수교육, ② 통합교육, ③ 특수학급으로 구분할 수 있다.

특수교육

첫째, 특수교육^{special education}이란 장애로 인해 일반 학교 또는 학급에서 교육 효과를 기대할 수 없는 학생의 개별화된 요구에 맞는 교과과정과 관련 서비스를 제공하는 제도를 말한다. 이 제도의 수혜 대상은 개별적으로 계획된 교수학습 프로그램이 필요한 아동이다. 아동의 개별화교육계획^{individualized education plan}(IEP)에 따라 일반학급 교사, 특수교사, 심리학자, 사회복지전문가, 언어병리사, 상담사, 물리치료사 등이 교육 관련 서비스를 제공한다. 또 특수아 가족과 협력하는 간학문팀이 특수아의 학습에 일차책임을 진다.

특수교육의 목표는 특수아의 독립적 생활의 성취다. 독립적 생활이란 개인이 속한 환경에서 자력으로 행동하고 적응하는 것을 말한다. 특수교육대상자는 「장애인 등에 관한 특수교육법」 제15조에 의거, 교육장 또는 교육감이 특수교육이 필요한 사람으로 진단ㆍ평가된 사람을 가리킨다. 이 법률에 의한 특수교육대상자는 ① 시각장애, ② 청각장애, ③ 지적장애, ④ 지체장애, ⑤ 정서ㆍ행동장애, ⑥ 자폐성장애(이와 관련된 장애 포함), ⑦ 의사소통장애, ⑧ 학습장애, ⑨ 건강장애, ⑩ 발달지체, ⑪ 그 밖에 2개 이상의 장애가 있는 경우 등 대통령령으로 정하는 장애가 있는 사람이다.

통합교육

둘째, 통합교육^{inclusive education}이란 법정장애아동을 일반학교에 배치하여 비장애아동들과 함께 수학하게 하는 교육체제를 말한다. 이는 장애아동도 일반교육 환경에 소속될 동등한 자격과 권리가 있다는 의식에 기초한다. 통합교육은 특수아를 단지 비장애학생들과 같은 학급에 수용하는 것만으로는 실효를 거둘 수 없다. 양질의 보조공학 기기의 사용을 통해 장애를 보완하기 위한 조치가 선행되어야 한다.

교육부(2022) 특수교육통계 자료에 의하면, 특수교육대상학생 중, 일반학교에서 통합교육을 받은 학생 수는 2004년 57.1%, 2008년 67.3%, 2015년 70.4%, 2022년 72.8%로 꾸준히 증가했다. 이로 인해, 일반학교에서 특수아 지도를 위한 교사의 역할은 점점 더 커지고 있다. 최근의 통합교육은 완전통합^{full inclusion}(장애아동이 장애의 유형/정도와 상관없이 일반학급에서 하루 종일 일반또래와 함께 특수교육 및 관련 서비스를 제공받는 방식)으로 바뀌고 있다. 이 방식은 일반학교의 재구조화와 교육의 질적 운영을 전제로 한 것이다.

특수학급

셋째, 특수학급^{special classes}이란 특수교육대상자의 통합교육을 위해 일반학교에 설치한 학급을 말한다. 이 학급의 운영은 학생의 능력에 따라 전일제, 시간제, 특별지도, 순회교육 등으로 나뉜다. 현재 국내에서 보편적으로 운영되는 유형은 시간제 통합교육의 특수학급 형태다. 특수학급의 성공적인 운영을 위해서는 교직원은 물론, 학생에 대한 장애 이해를 위한 사전교육, 적합한 공간과 위치를 고려한 교실 배치, 공정한 학생 선정과 판정을 위한 준비와 교육계획 수립 등이 선행되어야 한다.

특수아 상담자

특수아 상담자는 특수아의 담임교사, 부모/보호자, 특수교사, 보건교사, 의사 등으로부터 정보를 수집하고, 필요한 경우 사회복지사로부터 특수아 가정의 경제적 상황을 확인하는 등 다양한 분야 전문가들의 협력을 기반으로 본연의 업무를 수행한다. 또 이들을 특수아 상담에 대한 사례평가회의에의 참여를 요청하여 학생의 문제를 규정하고, 개입 영역과 방법을 협의하여 각자의 역할을 분담한다. 특수아 상담자는 이러한 일련의 과정을 조정·관리한다(제15장 참조). 여기서는 특수아 상담자의 ① 역할, ② 태도, ③ 역량, ④ 임무에 관해 살펴보기로 한다.

특수아 상담자의 역할

상담자는 특수아의 욕구 발견을 돕는 역할을 한다. 이를 위해 상담자는 특수아의 내적 자원과 성공 경험의 발견을 격려하며 문제해결을 돕는다. 특수아 상담에서 상담자는 신뢰관계를 형성함으로써, 특수아에게 안정감을 주고, 용기를 북돋아 주며, 필요하다면 전문적 조언과 제안을 적절히 활용한다. 특수아 상담에서 상담자가 수행해야 할 과업과 역할은 글상자 1-13과 같다.

글상자 1-13. 특수아 상담에서 상담자가 수행해야 할 과업과 역할

1. 특수아의 특수성을 이해하는 한편, 이와 관련된 사회적 · 학업적 · 행동적 문제를 이해한다.
2. 긍정적 자기개념 증진을 위한 상담을 수행한다.
3. 특수성에 대한 적응을 촉진한다.
4. 학교 밖 전문가 또는 기관의 서비스를 조정한다.
5. 부모 또는 교사가 특수아의 특성, 장점, 한계, 문제 등을 이해하도록 돕는다.
6. 특수아의 독립적인 생활력 증진을 돕는다.
7. 관심 있는 오락 또는 취미생활을 하도록 돕는다.
8. 의사소통 · 대인관계 · 사회 기술의 습득을 돕는다.
9. 특수아 부모를 면담 · 자문한다.
10. 특수아와 관련된 다수의 영역의 전문가와 기관에 관한 정보를 수집하고, 이들과의 네트워크 구축 및 연대를 강화한다.

특수아 상담자의 태도

특수아 상담자는 특수아를 가치 있는 존재로 수용할 수 있어야 한다. 이에 상담자는 장애와 장애인에 대한 자신의 관점을 점검해 보고, 편견에 근거한 가정은 없는지 살펴봐야 한다. 필요하다면, 특수아에 대한 편견, 선입견, 고정관념 등과 관련된 쟁점을 다룰 필요가 있다. 특수아 상담자에게 요구되는 태도로는 칼 로저스가 강조한 세 가지 태도적 자질attitudinal qualifications, 즉 ① 진실성 · 일치성, ② 무조건적 긍정적 존중, ③ 공감적 이해가 있다. 이는 학생에게 온전히 주의를 집중하고, 있는 그대로 존중 · 수용해 주며, 지금 여기에서 느껴지는 마음 상태를 정확하게 말과 행동으로 표현해 주는 것이다.

칼 로저스
(Carl Rogers,
1902~1987)

진실성 · 일치성. 첫째, 진실성genuineness · 일치성congruence은 행동과 감정, 행동과 사고, 사고와 감정이 일치하는 것으로, 상담자가 상담관계에서 역할 뒤로 숨지 않고 꾸밈없이 자기 모습 그대로 존재하는 것이다. 진실성 · 일치성이 높은 상담자는 내적 경

험과 외적 표현이 일치하고, 내담자와의 관계에서 지금 느껴지는 감정, 생각, 반응 그리고 태도를 개방적으로 표현한다. 상담자의 반응에서 진실성 혹은 일치성을 높이기 위해서는 민감성, 개방성, 자기자각이 필요하다.

무조건적 긍정적 존중. 둘째, 무조건적 긍정적 존중^{unconditional positive regard}은 내담자의 사고, 감정, 행동을 판단 없이 있는 그대로 받아들임으로써, 존중받아 마땅한 존재로 인정해 주는 태도를 말한다. 상담자가 내담자에게 이러한 태도를 보여 줄 때, 내담자는 안전하고 자유롭게 자신의 경험과 감정을 진술하게 탐색·표현할 수 있게 된다. 로저스는 이러한 태도를 상담자가 갖춰야 할 기본 조건의 하나로 보았다.

공감적 이해. 셋째, 공감적 이해^{empathic understanding}는 내담자의 입장에서 내담자가 경험하는 감정과 개인적인 중요한 의미를 감지하여 상담자가 이해한 것을 내담자에게 언어·비언어 행동으로 전달하는 것을 말한다. 이는 내담자의 내면에서 일어나고 있는 감정 변화에 매 순간 민감해지고, 그 세계에 대한 느낌을 공유하는 것이다. 즉, 공감은 상담자가 '마치 내담자인 것처럼'이라는 가정을 유지한 채, 내담자의 내적 준거틀 ^{internal frame of reference}에 근거하여 파악한 내담자의 내면세계를 그에게 되돌려 주는 것이다. 이 외에도, 특수아 상담자에게 필요한 심리적 자질은 글상자 1-14와 같다.

글상자 1-14. 특수아 상담자에게 필요한 심리적 자질

> 1. 특수아에 대한 선입견/편견 없는 공감적 이해와 긍정적 관심
> 2. 자신과 다른 문화 또는 생활방식을 지닌 타인에 대한 이해와 수용
> 3. 민감성·중립성·책임감이 있고, 특수아에 대한 반응적 태도
> 4. 건강한 정신, 낙관적인 태도, 정서적 안정성
> 5. 특수아를 적극 도울 수 있는 열정
> 6. 특수아 가족의 어려움을 이해하고, 이들의 정서를 존중하는 온유함
> 7. 특수아 상담을 기꺼이 지속해 나갈 수 있을 만큼의 인내와 끈기

특수아 상담자의 역량

특수아 상담자는 특수아에 관한 기본 지식과 이들의 특성을 제대로 이해하는 전문성을 지녀야 한다. 특수아에게는 자신의 장애와 관련된 전문적인 지식과 경험을 갖춘 상담전문가가 필요하다. 이런 전문가는 특수아뿐 아니라, 그의 부모와 가족을 도울 수 있다. 특수아 상담자는 특수아의 복잡한 삶과 특수아가 세상에서 겪는 어려움을

깊이 이해할 수 있어야 한다. 또 이들의 문제해결, 학교와 사회생활 적응, 가정에서의 역할 수행, 잠재력 개발 등을 효과적으로 도울 수 있어야 한다. 특수아 상담자가 갖추어야 할 전문적 역량의 구성요소는 글상자 1-15와 같다.

글상자 1-15. 특수아 상담자가 갖추어야 할 전문적 역량의 구성요소

1. 아동·청소년의 신체·인지·정서·행동·성격 등의 발달에 관한 지식
2. 상담이론과 실제에 관한 전문지식
3. 특수아 발달에 관한 지식과 경험
4. 특수아 상담 수행을 위한 임상수련과 사례 수퍼비전
5. 특수아와 그 부모를 위한 지원 서비스에 관한 정보

특수아 상담자의 임무

미국학교상담자협회^{American School Counselor Association}(이하 'ASCA')는 「학교상담자 역할 진술문」을 통해 상담자가 전교생(특수아 포함)의 잠재력 인식과 적절한 발달을 돕는 일에 헌신해야 함을 강조하면서 특수아를 위한 상담자의 임무를 글상자 1-16과 같이 제시했다(ASCA, 2004, para. 1).

글상자 1-16. 특수아를 위한 상담자의 임무

1. 학교상담 활동을 주도한다.
2. 학생에 부합되는 협력적 서비스를 제공한다.
3. 다른 교사들과 다학문팀^{multidisciplinary team}을 구성하여 학생의 요구를 평가·확인한다.
4. 기타 학생지원 전문 인력과 협력한다.
5. 개인 및 집단 상담서비스를 제공한다.
6. 학교와 지역사회에서 특수아 옹호에 앞장선다.
7. 특수아를 위한 조정/수정이 필요한 계획을 수립하고 실행을 돕는다.
8. 학년 진급, 대학 진학 등 학년 전환 시기에 도움을 제공한다.
9. 교직원과 학부모가 특수아의 요구 이해를 돕기 위해 자문·협력한다.
10. 학교와 지역사회에서 적절한 전문가를 의뢰한다.

글상자 1-16에 제시된 임무 외에, 상담자는 특수아의 학업, 진로, 개인·사회성 발달을 촉진하고, 학교생활의 질을 높이는 데 기여해야 한다. 이를 위한 상담자의 임무

로는 ① 진정한 통합교육 실현 촉진, ② 특수아에 대한 차별 해소, ③ 이해당사자의 요구 부응, ④ 적응유연성 발달 촉진이 있다.

진정한 통합교육 실현 촉진. 첫째, 특수아가 통합교육을 통해 진정한 통합이 이루어지도록 노력한다. 통합교육을 위한 법이 통과되었음에도, 특수아와 학부모들은 종종 진정한 통합교육의 실현을 체감하지 못하고 있을 수 있다. 통합^{inclusion}은 단순히 다른 것을 포함시키는 것 이상의 의미를 지니고 있다. 이에 상담자는 진정한 통합 옹호에 실질적인 역할을 담당하고, 실현방법을 적극 모색해야 한다. 또 일반교사에게 자문을 제공하고, 호의적인 사회환경 창출을 도우며, 통합교육을 저해하는 문제를 적극 해결해 나가야 한다.

특수아에 대한 차별 해소. 둘째, 학교환경에서 특수아의 권리보호, 즉 고의적이든 그렇지 않든 특수아에 대한 차별 해소를 위해 노력한다. 상담자는 장애로 인해 발생하는 학교의 복잡한 문제를 해결함으로써 특수아를 도울 수 있다. 일반학생에게는 큰 문제가 되지 않지만, 특수아에게 학교는 다양한 측면에서 적응하기 어려운 환경일 수 있다. 예를 들어, 신체장애학생이 다른 교실, 매점, 또는 운동장으로 이동할 때 어려움을 겪는 것이다. 또 겉으로 잘 드러나지 않는 학습장애학생들은 주위로부터 최선을 다하지 않는다는 비난을 받거나, 필요한 도움을 청하기 어려워하거나, 따돌림을 당하거나, 열심히 노력하는데도 저조한 학업성적으로 어려움을 겪기도 한다. ASCA(2004)는 특수아 상담에서 고려할 사항을 제시했는데, 그 내용은 글상자 1-17과 같다.

글상자 1-17. 특수아 상담 시 고려사항

1. 학생의 장애를 (그의 유일한 또는 가장 중요한 것이 아닌) 정체성을 규정하는 하나의 측면으로 받아들일 것
2. 학생의 제한점을 과잉 일반화하지 말 것
3. 편견과 평가절하에 저항할 수 있도록 자기인식을 도울 것
4. 모든 학생의 능력과 차이를 존중할 것
5. 학생이 타인의 도움을 받아들일 수 있도록 가르침으로써, 학습된 무기력에 빠지지 않도록 도울 것

이해당사자의 요구 부응. 셋째, 이해당사자의 요구에 부응해야 한다. 상담자는 학교 현장에서 특수아, 부모, 교사를 조력하는 독특한 위치에 있다. 이에 특수아에게 필요한 생활교육과 상담의 요구를 확인하여 이에 부응할 필요가 있다. 이 작업은 특수아 뿐 아니라, 이해당사자(학부모, 교사, 재정후원자 등)의 요구에도 같은 방식으로 수행되어야 한다. 그러나 상담자는 특수교육 전문가가 아니다. 그렇지만 학교사회의 사회·정서적 건전성에 관심이 있는 전문가라는 점에서 통합교육과정과 관계된 이해당사자의 이해를 도울 수 있는 최적의 위치에 있다.

이에 학생의 꿈과 희망에 귀 기울이고, 학교와 학부모 사이의 소통을 촉진시키며, 교사를 공감·격려하는 전문가 역할을 기꺼이 수행할 필요가 있다. 특히, 특수아의 입장에서 '학교환경에서 생활하는 것에 어려움은 없는가?' '복도를 통해 교실이나 화장실 출입은 용이한가?' 같은 생각을 해 볼 수 있다. 또한 도전적인 학생과 교실에서 생활해야 하는 교사의 어려움을 이해할 필요가 있다.

적응유연성 발달 촉진. 넷째, 학생의 적응유연성 발달을 위해 노력한다. 적응유연성 resilience이란 극복하기 힘든 역경, 정신적 외상, 위협 등에 적극 대처하여 시련을 극복하는 능력을 말한다('회복탄력성'으로도 불림). 적응유연성이 높은 학생은 지능, 학업성적, 개성, 신체적 매력 등과 상관없이 조건 없이 수용·지지해 주는 사람이 적어도 1명 이상 있다. 상담자는 학교에서 이 역할을 할 수 있는 자연스러운 위치에 있다. 학교현장에는 학생들이 도움이 필요할 때 도움을 요청할 수 있고, 학생과의 신뢰관계를 통해 격려와 용기를 줄 수 있는 성인이 필요하다. 한 학생은 학교생활에서 학습장애로 고통을 받았던 경험을 글상자 1-18과 같이 떠올리고 있다(Rodis et al., 2001, p. 197).

글상자 1-18. 학습장애로 고통을 받았던 학생의 회고담

> '가만히 좀 앉아 있어! 조용히 좀 해!'라는 선생님의 말씀을 수없이 들었던 기억이 나요. 선생님께서 무언가를 시키면 난 항상 다른 애들보다 느렸어요. 예를 들어, 모두 외투를 걸고 있을 때, 난 항상 다른 무언가에 의해 쉽게 산만해지곤 했어요. 이 산만함 때문에 난 지속적으로 꾸중을 들었고, 그때마다 죄책감이 들면서 많이 혼란스러웠어요. 난 학급분위기를 해칠 의도가 전혀 없었는데……, 이럴 때마다 내가 뭘 잘못했는지 잘 몰랐어요.

적응유연성 발달은 학생 개개인이 학교와 일상생활에서 성공과 성취할 필요성에 대해 인내와 희망 증진에 도움을 준다. 특히, 특수아에게는 적응유연성 발달의 중요성이 더 강조되어야 한다. 적응유연성은 이들에게 예상치 못한 어려움도 능히 이겨 낼 수 있다는 자신감을 불어넣어 주기 때문이다. 적응유연성은 학생들의 학업, 진로, 개인·사회성 발달 영역에서 능동적으로 성취·성공할 비계^{scaffolding}, 즉 발판을 마련해 준다. 적응유연성이 높은 사람의 특징은 글상자 1-19와 같다.

글상자 1-19. 적응유연성이 높은 사람의 특징

1. 역경/스트레스 상황에서 능동적으로 회복할 수 있다.
2. 해결하기 어려운 문제 상황에서도 미래에 대한 희망을 유지한다.
3. 문제를 회피하기보다 직면하고, 강점을 발휘하여 적극 해결한다.

적응유연성 증진 기반 성장을 위한 공식은 다음과 같다(Neil, 2006).

$$성장^{growth}(G) = 도전^{challenge}(C) + 지지^{support}(S)$$

적응유연성은 성장을 위한 기본 원리를 바탕으로 증진시킬 수 있다. 특수아의 적응유연성 증진을 위한 지침은 글상자 1-20과 같다.

글상자 1-20. 특수아의 적응유연성 증진을 위한 지침

1. 특수아가 생활 변화를 다룰 수 있도록 유연한 태도, 지식, 기술을 습득한다.
2. 생활의 모든 영역에서 긍정적인 성장은 도전에서 시작한다는 것을 이해한다.
3. 지지와 조력의 의미를 알고, 이를 특수아의 성장 강화를 위해 사용한다.

물론 장애의 유형은 환경의 영향에 앞서 학생의 역량에 직접적인 영향을 미친다. 그러므로 상담자는 특수아 상담에서 학생의 확대된 발달적 요구를 반영하여 삶에서 가능성을 성취하도록 도와야 할 것이다.

◆ 복습문제 ◆

🌱 다음 밑줄 친 부분에 알맞은 말을 쓰시오.

1. 특수아 상담에서 ____ 현상이란 장애가 직접 관련 없는 측면까지 영향을 준다고 믿는 경향성을 말한다. 휠체어를 타는 학생은 인지수준이 낮다고 여기는 것이 그 예다.

2. 특수아 상담의 접근방법에서 _____ 접근은 인지 · 정서 · 행동의 측면에서 향후 발생 가능한 문제를 예측하여 공감과 이해를 바탕으로 특수아의 필요를 사전에 충족시켜 주는 접근방법이다.

3. 특수아 상담의 시작단계에서는 특수아와의 _____와/과 특수아의 호소문제와 관련된 _____에 중점을 둔다.

4. _____아동은 법이 정한 장애아동, 즉 일반학교의 교실에서 채워질 수 없는 특수한 요구와 교육적 조치가 필요한 아동을 가리키는 반면, _____아동은 법에서 정하지는 않았지만, 특수교육적 조치와 관련된 서비스가 필요한 아동이다. 이 두 범주의 아동은 둘 다 _____을/를 필요로 한다는 공통점이 있다.

5. 1977년 시 · 청각장애인을 비롯한 심신장애인 교육을 위해 _____법이 제정되었으나, 2008년 5월 이 법은 _____법으로 대체되었다.

6. 장애의 세 가지 차원에서 신체의 특정부위 또는 기관의 기능(주로 읽기, 보기, 걷기, 듣기 등의 감각기능)이 생물학적 수준에서 일시적/영구적으로 훼손된 상태를 ____장애라고 한다. 이에 비해 1, 2차 장애의 통합형태와 사회적 · 환경적 장해가 통합되어 사회적으로 정상적인 생활을 하기 힘든 상태, 즉 3차 장애를 ____장애라고 한다.

7. 지체장애인을 비롯한 15개 범주에 속하는 장애인은 _____ 시행령에 규정된 법정장애인이다. 이 범주에서 뇌병변장애인으로는 _____, 외상성 뇌손상, _____이/가 포함된다.

8. 장애 모형 중 ____모형은 장애를 본질적으로 _____(으)로 규정하는 한편, 부정적인 사회적 태도와 일상생활 영역에서의 다양한 제약으로 인해 장애가 발생한다고 보며, _____ 모형으로도 불린다.

9. _____은/는 장애로 인해 일반 학교 또는 학급에서 교육 효과를 기대할 수 없는 학생의 개별화된 요구에 맞는 교과과정과 관련 서비스를 제공하는 제도를 말하고, _____은/는 법정장애아동을 일반학교에 배치하여 비장애아동들과 함께 수학하게 하는 교육체제를 말한다. 이에 비해, _____은/는 특수교육대상자의 통합교육을 위해 일반학교에 설치한 학급을 말한다.

10. _____(이)란 극복하기 힘든 역경, 정신적 외상, 위협 등에 적극적으로 대처하여 시련을 극복하는 능력을 말하는데, _____(으)로도 불린다.

◆ 소집단 활동 ◆

3일간의 소원

※ 헬렌 켈러(Helen A. Keller, 1880~1968)는 미국의 앨라배마주 터스컴비아(Tuscumbia)에서 태어났다. 생후 19개월이 되었을 무렵, 심한 병으로 시각과 청각을 모두 잃었다. 그녀의 부모는 보스턴 소재 퍼킨스 맹아학교 교사 앤 설리번(Anne Sullivan, 1866~1936)을 헬렌의 가정교사로 모셔 왔다(앤 설리번 역시 5세 때 트라코마에 걸려 왼쪽 눈이 저시력 상태여서 맹아학교를 다녔음). 1904년 헬렌은 설리번의 도움으로 명문 사립대 레드클리프대학교를 졸업했다.

1888년 헬렌 켈러와
앤 설리번의 모습

그 후, 헬렌은 시각장애인을 위한 모금운동을 벌이고, 제도 마련을 위해 정치인들을 설득하는 등, 일생을 장애인의 권리와 복지 및 옹호를 위해 헌신했다. 다음에 제시된 헬렌 켈러의 '3일간의 소원'을 읽고, 각자 소감을 나누어 보자. 그녀는 '딱 3일간만 세상을 볼 수 있으면 좋겠다.'는 소원을 빌면서 그 3일 동안 다음과 같이 살고 싶다고 말했다고 한다.

"첫째 날, 눈을 뜨는 순간 나는 날 평생 가르쳐 준 설리번 선생님을 먼저 찾아볼 거예요. 그분의 인자하신 모습, 끈질긴 집념, 사랑의 힘, 성실함 등의 모든 성품이 내 가슴 깊이 새겨져 있기 때문이지요. 그다음, 사랑하는 친구들을 볼래요. 그리고 산과 들을 산책하면서 바람에 날리는 잎사귀의 모습, 아름다운 꽃 색깔의 신비한 조화를 마음껏 보겠어요. 그러다가 저녁이 되면, 서쪽 하늘로 지는 노을을 보며 하루를 마무리할래요.

둘째 날, 복잡한 거리에서 지나가는 사람들을 볼래요. 그리고 메트로폴리탄 박물관에 진열된 유물들을 감상하며, 인류의 발자취를 더듬어 볼래요. 그런 다음, 미술관에 가서 레오나르도 다빈치, 렘브란트 등 세계적인 화가들의 그림을 보면서 예술의 신비를 감상하고 싶어요.

셋째 날, 마지막 날이네요. 먼동이 트는 햇살과 함께 일어나 바삐 출근하는 사람들의 모습을 보겠어요. 또 거미줄처럼 줄지어 달리는 자동차를 보면서 극장에 가고 싶어요.

거기서 오페라 가수들의 노래와 우아한 동작, 그리고 영화에서 상영되는 명배우들의 연기를 감상하겠어요. 그러다가 밤이 되면 아름다운 불빛 속에 즐비하게 늘어선 상점 안에 진열된 예쁘고 아름다운 상품들을 구경하다가 집으로 돌아오겠어요. 이렇게 시간을 보내다가 다시 나의 눈이 감길 때, 나는 3일간의 귀중한 경험과 기회를 주신 신께 감사기도를 드리겠어요."

소감

_____
_____
_____
_____
_____
_____
_____
_____
_____
_____
_____
_____
_____
_____

특수아 상담
Counseling Children
with Special Needs

Chapter
2

특수아 상담 관련 법률

☑ 학습목표

1. 특수아의 교육, 복지, 인권·옹호에 관한 각각의 법률을 이해·설명할 수 있다.
2. 미국의 특수아 관련 법률을 이해·설명할 수 있다.

특 수아 교육과 상담과 관련된 모든 법률은 "모든 국민은 능력에 따라 균등하게 교육을 받을 권리를 가진다."는 「대한민국 헌법」 제31조에 의거한다. 특수아를 위한 효과적인 상담과 지원을 위해서는 적어도 핵심 영역에 관한 법률에 대한 이해가 요구된다. 오늘날 공공장소에서 전동 휠체어를 타거나 일반학급에서 발달장애학생을 만나는 것은 그리 특이한 일은 아니다. 그러나 초·중등학교 교실이 항상 이런 모습이었던 건 아니다. 이런 모습이 평범한 일상이 되게 한 것은 장애인을 위한 교육, 복지, 인권, 옹호를 위한 법률의 연이은 제정 덕분이었다.

장애가 있는 아동은 오랫동안 교육받을 기회는커녕 권리조차 인정받지 못했다. 민주주의의 산실이라는 미국의 경우도 우리 상황과 크게 다르지 않았다. 「미국장애인법Americans with Disabilities Act(ADA)」이 발표된 1990년 이전까지만 해도 장애아는 기본 시민권조차 보호받지 못했다. 1988년 로웰 위커Lowell Weicker 상원의원은 「미국장애인법」 발의를 위한 미 의회 연설에서 글상자 2-1과 같이 말했다.

글상자 2-1. 로웰 위커 상원의원의 「미국장애인법」 발의를 위한 미 의회 연설문의 일부

> 뇌성마비가 있는 사람은 음식점 출입을 거절당합니다. 다른 손님을 거북하게 한다는 이유에서죠. 휠체어를 타야 하는 사람은 차도와 인도 사이의 도로 턱, 계단, 비좁은 통로 때문에 영화관, 경기장 등 공공건물에 들어가지 못합니다. 대부분의 시설에는 시각/청각 장애인을 위한 특별시설이 없습니다. 시민권을 위한 시민운동과 거부운동이 정점에 달한 시점에서도 지난 30년간 동물원과 공원에 흑인은 출입할 수 없었습니다. 워싱턴포스트지(WP)는 지난달 뉴저지 동물원에서 있었던 일을 보도했는데, 동물원은 다운증후군 아동이 침팬지를 화나게 할 수 있다는 이유로 입장을 거부했습니다.

조지 부시 전 미국 대통령은 「미국장애인법」 통과를 '노예해방'에 비유하기도 했다(ASCA, n.d.-b). 이 장의 목적은 법령과 그 정신에 대한 이해의 폭을 넓히는 것이다. 이 두 측면을 이해한다면, 상담자와 교육자는 특수아를 더 잘 도울 수 있을 뿐 아니라, 적합한 방식으로 옹호할 수 있게 될 것이다. 장애인 차별의 역사와 이를 저지하기 위한 법률은 다양하고 그 범위가 매우 넓다. 그러나 이 모든 법률을 상세히 살펴보는 것은 이 책의 범위를 넘어서는 일이다. 이에 이 장에서는 특수아를 위한 교육, 복지, 인권·옹호에 기여한 주요 법률을 살펴보기로 한다.

조지 부시
(George H. W. Bush,
1928~2018)

국내의 특수아 관련 법률

우리나라의 특수아 관련 법률로는 특수아 지원의 핵심 주제 및 관련 법률, 즉 ① 「장애인 등에 대한 특수교육법」(교육), ② 「장애아동 복지지원법」(복지), ③ 「장애인차별금지 및 권리구제 등에 관한 법률」(인권 · 옹호)이 있다.

특수아의 교육에 관한 법률

특수아의 교육에 관한 법률로는 「장애인 등에 대한 특수교육법」(이하 「특수교육법」)이 있다. 이 법은 2007년 장애인, 그리고 특수교육이 필요한 사람에게 교육기회와 양질의 환경을 제공하기 위해 제정 · 공포되었고, 이듬해 5월부터 시행되었다. 「특수교육법」은 국가와 지방자치단체(이하 '지자체')가 장애인과 특수교육대상자에게 고등학교까지 의무교육을 실시하고, 영유아기부터 장애 유형과 정도를 고려한 특수교육 및 관련 서비스 제공을 통해 자기실현과 사회통합 촉진을 목적으로 제정되었다.

「특수교육법」에 따르면, 특수교육대상자, 즉 특수아는 시각 · 청각 · 지적 · 지체 · 정서행동 · 자폐 · 의사소통 · 학습 · 건강 장애와 발달지체, 그리고 대통령령으로 정하는 장애가 있는 사람 중 특수교육이 필요한 사람으로 진단 · 평가된 사람이다. 이 법은 특수아를 위한 ① 교육기회 확대, ② 특수교육 전달체계 확립, ③ 특수교육의 질 제고, ④ 특수교육 복지지원 확대, ⑤ 특수아와 보호자의 권리보장에 중점을 둔다.

교육기회 확대

첫째, 「특수교육법」은 특수아의 교육기회 확대를 추구한다. 이를 위해 이 법에는 신설된 발달장애와 자폐성장애를 비롯하여 총 10개 장애, 즉 ① 시각장애, ② 청각장애, ③ 지체장애(종전에는 '지체부자유'였음), ④ 의사소통장애(종전에는 '언어장애'였음), ⑤ 정신지체, ⑥ 정서 · 행동장애[종전에는 '정서장애(정신장애)'였음], ⑦ 자폐성장애(관련 장애 포함), ⑧ 건강장애, ⑨ 학습장애, ⑩ 발달지체가 있는 사람에게 특수교육을 지원하도록 규정되어 있다. 이 규정에 의하면, 현재 장애가 없어도 장애 발생 가능성이 크거나 장애가 의심되는 사람은 특수교육의 혜택을 받을 수 있다.

「특수교육법」에는 장애가 있으면서 특수교육이 필요한 영유아, 아동, 대학생, 성인도 교육지원 대상에 포함하도록 명시되어 있다. 그리고 특수아의 교육기회 확대를 위한 무상·의무교육 연한을 만 0~18세로 늘렸다. 이뿐 아니라, 교육과정별로 영아기 과정과 전공과專攻科 과정을 무상교육으로 규정했고, 유치원 과정과 고등학교 과정을 의무교육으로 규정함으로써, 무상·의무교육 연한을 확대했다.

특수교육 전달체계 확립

둘째, 「특수교육법」은 특수교육 전달체계delivery system 확립을 추구한다. 이를 위해 이 법에서는 조기발견, 진단·평가, 선정·배치 확립을 위해 기존 법의 문제점을 적시함으로써, 제11조(특수교육지원센터의 설치·운영), 제14조(장애의 조기발견 등), 제15조(특수교육대상자의 선정), 제16조(특수교육대상자의 선정절차 및 교육지원 내용의 결정)에 제시된 진단·평가 절차를 근거로, 특수교육지원센터가 진단·평가 업무를 담당하도록 규정하고 있다.

또한 「특수교육법」에서는 진단·평가과정과 특수아 배치에 대한 부모/보호자의 의견수렴 보장을 위한 근거를 마련하는 한편, 교육지원 내용에 대한 최종 의견도 보호자에게 통지하도록 규정하고 있다. 그리고 각급 학교의 장이 진단·평가를 의뢰할 때에는 부모/보호자의 사전동의를 받게 하는 규정을 마련했다. 게다가 장애아의 고등교육 현실의 개선·보완을 위해 장애아 수가 10인 이상인 경우, 장애학생지원센터 설치를 의무화하는 한편, 9인 이하인 경우에는 지원부서 또는 전담직원을 배치하도록 했다.

특수교육의 질 제고

셋째, 「특수교육법」은 특수교육의 질 제고를 추구한다. 이를 위해 이 법에는 학급당 학생수 기준이 명시되어 있다. 이 기준의 적용대상은 일반학교의 특수학급과 특수학교의 학급으로 확대되었다. 또 각급 학교의 학급당 학생 수가 하향 조정되었다[① 유치원(1~4인은 1학급, 4인 이상은 2학급 이상), 초·중학교(1~6인은 1학급, 4인 이상은 2학급 이상), 고등학교(1~7인은 1학급, 7인 이상은 2학급 이상)]. 그리고 이 법에는 통합교육의 법률적 개념 정립을 위해 '통합교육'을 특수아가 일반학교에서 장애 유형과 정도에 따라 차별받지 않고, 또래와 함께 개인의 교육적 요구에 적합한 교육을 받는 것임이 명시되어 있다.

한편, 「특수교육법」에서는 개별화교육의 내실화를 위한 개별화교육 지원팀을 '보호자, 특수교육 교원, 일반교육 교원, 진로·직업교육 담당교원, 특수교육 관련 서비스 담당인력 등으로 구성해야 한다고 규정하고 있다. 또 진로·직업교육 관련 규정을 마련함으로써, 진로·직업교육의 내실화를 추구했다. 그리고 진로·직업교육을 특수 아의 학교에서 사회 등으로의 원활한 이동을 위해 관련기관의 협력을 통해 직업재활 훈련, 자립재활훈련 등을 실시할 것을 명시했다.

특수교육 복지지원 확대

넷째, 「특수교육법」은 특수교육 복지지원 확대를 추구한다. 이를 위해 이 법에는 가족, 치료, 보조인력, 학습보조기기와 보조공학기기, 통학 등 관련 서비스 지원을 위한 규 정이 마련되었다. 또한 유치원 종일반 지원을 위한 규정 마련을 통해 특수학교 유치 부, 유치원 과정만 운영하는 특수학교, 일반 유치원 등에서도 특수아로 선정된 영유 아를 대상으로 방과후 과정을 운영할 수 있는 법적 근거를 마련했다. 그리고 방과후 과정 담당인력을 학급당 1인 이상 추가로 배치할 수 있도록 규정했다.

「특수교육법」에서는 장애가 있는 대학생 지원을 위한 규정을 마련함으로써, 대학에 입학한 학생과 보호자가 서면으로 각종 지원 요청을 할 수 있도록 하는 한편, 대학의 장에게 물적(학습보조기기, 보조공학기기 등), 인적(교육보조인력 등), 취학 편의, 정보 접 근, 편의시설 설치 지원 등에 대해 2주 이내에 지원 여부 및 사유를 신청자에게 서면 통지하도록 규정했다. 이 규정을 통해 장애학생은 대학 입학에 앞서 필요한 교육지 원에 관한 사항을 대학과 협의할 수 있을 뿐 아니라, 대학이 충분한 교육지원을 할 발 판을 마련할 수 있게 했다.

특수아와 보호자의 권리보장

다섯째, 「특수교육법」은 특수아와 보호자의 권리보장을 추구한다. 이를 위해 이 법에 는 이들에 대한 차별행위가 구체적으로 명시되었는데, 그 내용을 요약·정리하면 글 상자 2-2와 같다.

글상자 2-2. 「특수교육법」에 명시된 특수아와 보호자에 대한 차별행위

1. 장애를 이유로 입학 지원 거부 또는 합격자의 입학 거부 행위
2. 특수교육 관련 서비스 제공에서의 차별(제28조 참조)
3. 수업참여 배제 및 교내외 활동에의 참여 배제

4. 보호자 참여에서의 차별(개별화교육지원팀에의 참여 등)
5. 장애를 이유로 대학의 입학전형 과정에서의 차별(별도의 면접, 신체검사 요구 등)

이 외에도 종전의 법률에서 규정했던 심사청구 대상을 확대하여 학생과 보호자가 교육현장으로부터 권리를 구제받을 수 있도록 법 조항을 개정했다.

특수아의 복지에 관한 법률

특수아의 복지에 관한 법률로는 「장애아동 복지지원법」(이하 「장애아동복지법」)이 있다. 이 법은 2011년에 제정되었고, 2021년 일부 내용이 개정되어 2022년에 시행되었다. 「장애아동복지법」은 국가와 지자체가 특수아의 특별한 복지적 욕구에 적합한 지원을 통합적으로 제공함으로써, 특수아가 안정된 가정생활 속에서 건강하게 성장하고 사회에 활발하게 참여할 수 있도록 하며, 특수아 가족의 부담을 줄여주기 위해 제정되었다. 「장애아동복지법」의 내용은 ① 특수아의 권리와 국가 및 지자체의 의무, ② 특수아 복지지원 전달체계(장애아동지원센터 설립), ③ 복지지원 신청과 복지지원 대상자 선정, ④ 복지지원 내용, ⑤ 복지지원 제공기관과 직무로 구분하여 살펴보기로 한다.

특수아의 권리와 국가 및 지자체의 의무

첫째, 「장애아동복지법」은 특수아의 권리 옹호를 추구한다. 이 법에서 규정하고 있는 특수아의 권리를 요약·정리하면 글상자 2-3과 같다(제4조 참조).

글상자 2-3. 「장애아동복지법」이 규정하는 특수아의 권리

1. 모든 형태의 학대, 유기, 착취, 감금, 폭력 등으로부터 보호받아야 한다.
2. 부모/보호자에 의해 양육되고, 안정된 가정환경에서 자라나야 한다.
3. 인성·정신·신체능력 개발의 극대화를 위해 교육을 받아야 한다
4. 최상의 건강상태 유지 및 행복한 일상생활을 위한 의료·복지 지원을 받아야 한다.
5. 휴식과 여가를 즐기고, 놀이와 문화예술 활동에의 참여기회가 제공되어야 한다.
6. 의사소통 능력, 자기결정 능력, 자기권리 옹호능력 향상을 위한 교육·훈련이 제공되어야 한다.

「장애아동복지법」은 특수아와 가족을 위한 복지지원 대책의 강구, 특수아를 위한 복지지원 사업의 연구·개발, 장애의 조기 발견을 위한 홍보, 복지지원 전달체계의 구축, 복지지원 이용권의 수급과 이용에 대한 관리·감독 등을 국가와 지방자치단체의 의무로 정해 보호 영역을 확대했다(제6조 참조).

특수아 복지지원 전달체계

둘째, 「장애아동복지법」은 특수아 복지지원 전달체계 확립을 추구한다. 이 법은 전국적으로 장애아동지원센터(이하 '센터')의 설립을 통해 특수아 복지지원이 통합적으로 이루어질 법적 근거가 되었다. 중앙센터는 장애아동의 복지지원에 관한 조사·연구, 지역센터에 대한 평가·운영지원, 장애아동의 복지지원 정책에 관한 정보·자료 제공, 장애아동의 장애유형별 지원 프로그램 개발, 가족지원업무 수행기관에 대한 운영지원과 평가, 지역센터와 복지지원을 제공하는 기관 등 복지지원 관련기관에 대한 정보 수집과 제공 등 특수아 지원에 관한 전반적인 체계 구축과 모니터링 역할을 한다(제8조 참조). 반면, 지역센터는 장애의 조기발견을 위한 홍보, 특수아의 복지지원사업 정보와 자료제공, 특수아와 가족에 대한 복지지원 기관의 연계, 특수아 사례관리, 특수아와 가족 지원을 위한 가족상담과 교육 실시 등 특수아 지원을 위한 서비스를 제공한다(제9조 참조).

복지지원 신청과 복지지원 대상자 선정

셋째, 「장애아동복지법」은 복지지원 신청과 대상자 선정을 위한 법적 근거를 마련했다. 이 법에 근거하여 특수아와 보호자는 시장, 군수, 구청장에게 법이 정하는 복지지원을 신청할 수 있다. 이 법에 의해 신청을 받은 시장, 군수, 구청장은 소득·재산, 장애 정도, 가구 특성 등을 고려하여 복지지원 대상자 여부를 심사하여 30일 이내에 선정 여부, 복지지원의 내용과 이용권 금액 등을 정하여 신청자에게 즉시 알려 주어야 한다. 복지지원은 개별 복지지원의 목적에 따라 특수아와 가족에게 현금 또는 현물(복지지원 이용권으로 제공할 수 있음)로 제공한다.

복지지원 내용

넷째, 「장애아동복지법」은 의료비, 보조기구, 발달재활 서비스, 보육, 가족, 돌봄 · 일시적인 휴식 서비스, 지역사회 전환서비스, 문화 · 예술 등의 지원을 추구한다. 이런 일련의 지원은 생애주기, 소득수준, 장애정도 등을 고려하여 차등적으로 적정한 서비스가 제공되도록 규정되어 있다.

복지지원 제공기관과 직무

다섯째, 「장애아동복지법」에 따르면, 복지지원 제공기관은 특수아의 연령과 장애유형에 적합한 프로그램을 계획 · 실시하도록 규정되어 있다. 또 복지지원 제공기관의 장이 시장, 군수, 구청장, 또는 지역센터로부터 복지지원 제공 의뢰를 받는 경우, 정당한 사유가 없는 한 지체 없이 복지지원을 제공해야 한다.

특수아의 인권 · 옹호에 관한 법률

특수아의 인권 · 옹호에 관한 법률로는 「장애인차별금지 및 권리구제 등에 관한 법률」(이하 「장애인차별금지법」)이 있다. 이 법은 2007년 제정되어 2008년부터 시행되었다. 「장애인차별금지법」은 모든 생활영역에서 장애를 이유로 한 차별을 금하고, 장애를 이유로 차별받은 사람의 권익을 구제함으로써, 장애인의 사회참여와 평등권 실현을 통해 인간으로서의 존엄과 가치 구현을 목적으로 제정되었다. 이 법의 주요 내용은 크게 ① 차별금지, ② 장애여성과 장애아동, ③ 장애인차별시정기구 및 권리구제, ④ 손해배상 및 입증책임의 측면으로 구성되어 있다.

차별금지

첫째, 「장애인차별금지법」은 장애를 이유로 한 차별을 금하고 있다. 이 법에서 금지하는 차별행위 사유가 되는 장애라 함은 신체적 · 정신적 손상 또는 기능상실이 장기간에 걸쳐 개인의 일상 또는 사회생활에 상당한 제약을 초래하는 상태를 말한다. 이법에서 금지하는 차별에 해당하는 경우는 글상자 2-4와 같다.

글상자 2-4. 「장애인차별금지법」에서 금지하는 차별에 해당하는 경우

1. 장애인을 정당한 사유 없이 제한, 배제, 분리, 거부 등에 의해 불리하게 대하는 경우
2. 형식상으로는 제한, 배제, 분리, 거부 등 불리하게 대하지 않지만, 정당한 사유 없이 장애를 고려하지 않는 기준을 적용함으로써 장애인에게 불리한 결과를 초래하는 경우
3. 정당한 사유 없이 장애인에 대해 정당한 편의제공을 거부하는 경우
4. 정당한 사유 없이 장애인에 대한 제한, 배제, 분리, 거부 등 불리한 대우를 표시 또는 조장하는 광고를 직접 행하거나, 그러한 광고를 허용·조장하는 경우
5. 장애인을 돕기 위한 목적으로 장애인을 대리 또는 동행하는 자에게 1~4번 항 행위를 하는 경우
6. 보조견, 장애인보조기구 등의 정당한 사용을 방해하거나 보조견, 장애인보조기구 등을 대상으로 4번 항에 따라 금지된 행위를 하는 경우

교육에서의 차별. 특히, 교육에서 장애아동의 입학 지원 및 입학 거부 금지, 전학 강요 및 거부 금지, 「특수교육법」 제11조의 준수 의무, 정당한 편의제공 요청 거절 금지, 모든 교내외 활동에서 장애아동의 참여 제한, 배제, 거부 금지 등 교육책임자에 대한 정당한 편의제공 의무 부과 등을 규정하고 있다. 정당한 편의제공 적용-대상 시설물의 단계적 범위 및 지원 등에 관한 사항, 보행 및 이동을 위한 정당한 편의 등과 관련해서는 시행령에 위임하고 있다.

고용에서의 차별. 고용에 대해서는 모집·채용·임금과 복리후생·교육·배치·승진·전보, 정년·퇴직·해고에서의 차별 금지, 노조 가입과 조합원의 권리와 활동에서의 차별 금지, 사용에 대한 정당한 편의제공 의무 부과, 장애인의 의사에 반한 직무배치 금지, 의학적 검사 금지 등을 규정하고 있다.

차별 여부의 판단조건. 장애인 차별 여부의 판단은 차별의 원인이 2개 이상이어야 하고, 그 주된 원인이 장애라고 인정되어야 한다는 조건에 부합되어야 한다. 이 조건에 부합하면, 그 행위는 「장애인차별금지법」에 따른 차별로 간주한다. 그러나 이 법을 적용하여 차별 여부를 판단하는 경우, 장애인의 성별, 장애 유형·정도·특성 등을 충분히 고려해야 한다. 또 국가와 지자체는 장애인, 그리고 관련자에 대한 모든 차별을 방지하는 한편, 차별받은 장애인의 권리를 구제할 책임이 있다. 또한 장애인 차별을 실질적으로 해소하기 위해 이 법에서 규정한 차별 시정에 대해 적극 조치해야 한다. 그리고 장애인 등에게 정당한 편의가 제공될 수 있도록 필요한 기술적·행정

적·재정적 지원을 해야 한다.

장애여성과 장애아동

둘째, 「장애인차별금지법」에는 장애여성, 장애아동, 정신장애를 이유로 한 차별을 금하도록 규정되어 있다. 이는 장애여성과 장애아동에 대한 이중차별 문제의 해결을 적극 제기하는 것일 뿐 아니라, 특별한 처우가 필요한 정신장애인에 대한 차별 금지를 별도로 규정하고 있다는 점에서 의의가 있다. 특히, 장애여성에 대한 정당한 편의 제공 의무 사업장의 범위, 그리고 법률에 명시되지 않은 기타 필요한 편의제공에 관한 내용은 시행령에 제시되어 있다.

장애인차별시정기구 및 권리구제

셋째, 「장애인차별금지법」에는 장애인 차별행위 조사와 구제를 '장애인 차별시정 소위원회'(인권위원회 산하에 설치됨)에서 담당하도록 규정되어 있다. 이 과업은 국가인권위원회에서 규정한 차별금지 조항과 「장애인차별금지법」에 제시된 차별의 판단기준에 근거하여 수행된다. 인권위원회는 차별행위에 대한 시정권고를 하고, 법무부장관은 권고를 받은 자가 정당한 사유 없이 권고를 불이행하는 경우, 시정명령을 발동하는 기능을 한다.

손해배상 및 입증책임

넷째, 「장애인차별금지법」은 손해 발생은 인정되나, 피해자가 재산상 손해를 입증할 수 없는 경우, 상대방 이익의 손해추정 규정을 통해 손해의 존재와 손해액을 피해자에게 입증하게 하여 피해자에게 입증 부담을 줄여 주었다. 이 경우, 변론 전체의 취지와 증거조사 결과에 기초하여 손해액을 인정하도록 한다. 이러한 입증책임의 배분은 장애인 당사자가 소송단계에서 불이익을 받지 않도록 하는 조치 역할을 한다.

미국의 특수아 관련 법률

오늘날 통합교육의 활성화를 위한 다양한 전문가의 역할이 어떻게 설정되었는지 이해하려면, 이정표가 되는 법률 제정의 추이를 살펴볼 필요가 있다. 미국의 경우, 제2차 세계대전 이후, 재활 분야의 성장과 시민권 운동이 결합되면서 교육 분야에서의 태도 변화가 주요 법률 제정을 끌어냈다. 장애인 보호를 위해 제정된 법률의 추이와 개요는 표 2-1과 같다.

표 2-1. 미국의 장애인 관련 법률 제정과정

판례/법률	연도	내용
1. 브라운(Brown) v. 토피카교육국	1954	○ 교육에서 인종차별로 촉발되어, 장애학생에게도 동등한 교육기회의 권리를 인정함으로써, 그 후의 법정 판례의 토대가 됨
2. 초 · 중등교육법	1966	○ 지자체 예산 지원을 통해 경제적 불이익 아동과 장애학생을 위한 프로그램을 제공하도록 한 법률
3. *PARC v. 펜실베이니아주	1972	○ 지적장애아에게 무상 공교육 보장을 위한 집단소송에 승소함으로써, 포괄적인 연방통치령 도출의 물꼬를 튼 판례 ☛ 장애아 부모들이 정보를 수집하고 조직화되면, 자녀의 교육수혜 기회를 높이고, 사회적 태도에 변화를 줄 수 있는 주도적인 위치에 설 수 있음을 알게 된 판례
4. 밀(Mill) v. 교육국	1972	○ 교육 평등 권리를 인정한 법률 ☛ 예산 부족은 서비스 제공 불가의 변명이 될 수 없음을 천명함
5. 재활법 제504조/ PL 93-112	1973	○ 누구도 장애를 이유로 연방기금으로 운영되는 활동 또는 프로그램에서 제외될 수 없음을 규정한 법률
6. 장애인교육법(IDEA)/ PL 94-142	1975 1990 1997 2004	○ 부모의 권리, 개별화교육계획 개발, 16세까지의 학생을 위한 전환계획과 서비스를 포함한 모든 장애아를 위한 법률 ☛ 장애학생에게 최소제한환경에서 무상 공교육을 보장하는 이정표적인 법률
7. 미국장애인법/ PL 101-336	1990	○ 고용, 교통수단에의 접근, 통신 분야에서 차별 없는 시민으로서 장애인의 권리에 관한 법률
8. 아동낙오방지법 (NCLB)	2002	○ 장애학생을 포함한 모든 학생의 연간 평가를 통해 매년 적절한 수준의 진보에 대한 책무성을 증가시킨 법률

주. * Pennsylvania Association for Retarded Citizens (펜실베이니아주 지체시민협회)

아동낙오방지법

첫째, 「아동낙오방지법^{No Child Left Behind Act}(NCLB)」은 2002년 조지 부시 전 미국 대통령에 의해 제정된 것으로, 주 차원의 시험을 통해 학생의 진척 정도를 평가함으로써, 학교의 책무성 강화와 모든 학생의 학업성취 증진을 목적으로 제정된 법이다. 이 법의 제정으로, 장애학생도 각 주에서 시행하는 평가에 참여하게 되었고, 평가 결과는 개별학교의 적절한 연간 진척^{adequate yearly progress}(AYP) 평가에 포함되었다. 이로써 장애학생은 매년 시험에 필요한 서비스와 지원을 받으며 평가에 참여할 수 있게 되었다.

조지 부시
(George W. Bush,
1946~현재)

이 법에 의거하여 미국의 장애학생은 일반학생과 마찬가지로 학년수준에 맞는 시험을 치르거나, 필요한 지원과 서비스를 받으면서 같은 시험을 보거나, 학년수준을 고려한 또는 대안적 기준이 적용된 평가를 받고 있다. 이에 각 주는 시험 저해요소(예 소음)를 줄이기 위해 환경 또는 시간을 조정하거나, 확대 글씨 시험지, 수화 통역 등 조정이 적용된 시험지를 제공하고 있다. 또 대리답안 작성, 수정된 답안지 제공, 다양한 반응방식 제공 등 조정범위를 정하고 있다. 만일 학생에게 조정된 시험방식이 허용되더라도 해당 학년의 시험을 치르기 어렵다면, 개별화교육지원팀은 시험 응시가 어려운 이유를 설명하고, 관찰 체크리스트, 부모면담, 특정 과정에 대한 사정, 포트폴리오 평가 등의 대안적 평가 방법을 제시한다. 단, 대안적 평가방법은 극심한 정도의 지적장애 학생들에게만 허용된다.

장애인교육법

둘째, 「장애인교육법^{Individuals with Disabilities Education Act}(IDEA)」은 미국의 장애학생 교육에서 이정표가 되는 법으로 꼽힌다. 이 법은 1975년에 제정된 「전장애아교육법^{Education for All Handicapped Children Act}(EHA)」인 공법^{Public Law}(PL) 94-142가 1990년 개정되면서 명명된 법률이다. 2004년 이 법은 「장애인교육개선법^{Individuals with Disabilities Education Improvement Act}」으로 개칭된 이래, 'IDEA 2004'로도 불리고 있다.

제정 배경

「장애인교육법」이 제정된 배경은 다음과 같다. 1975년 이전까지 장애아는 능력에 상관없이 한 교실에 배치되었고, 이들의 학교 입학은 거부 또는 배제되었다. 예를 들어, 캘리포니아주 법무부 산하의 1989 장애위원회의 보고에 의하면, 한 도시에서 모든 장애아는 능력에 상관없이 한 교실에 배치되었다. 뇌성마비가 있는 똑똑한 아동이 지적장애아와 같은 학급에 배치되었고, 발달장애아 역시 단지 신체장애가 있다는 이유로 같은 학급에 배치되었다. 이런 일들은 장애아에게 무상으로 적절한 공교육을 제공해야 하고, 교육은 학생 개개인의 요구에 부합되어야 하며, 최소제한환경least restrictive setting(LRS)을 제공해야 한다는 연방정부의 시행령이 통과된 지 8년 후에도 지속되었다.

오늘날 장애아에 대한 노골적인 차별은 흔한 일이 아니지만, 장애아는 일반아동에 비해 덜 중요하다는 인식은 여전히 남아 있다. 이런 인식은 '우리'와 '그들'을 구분하려는 태도에 기반을 두고 있다. 이는 장애아와 일반아동을 구분 짓는 태도의 절단선인 셈이다. 장애학생에게는 장애가 이상한 것이 아니고, 희한한 것도 아니며, 부당하게 부담을 주는 것이 아닌, 오히려 자연스럽게 여겨지고 심지어 환영받는 환경에서 공부할 권리가 있다(Rodis et al., 2001, p. 168).

법률 내용의 골자

「장애인교육법」에는 모든 장애아에게 적절한 교육을 제공하기 위한 원리가 명시되어 있다. 그 골자는 글상자 2-5와 같다.

글상자 2-5.「장애인교육법」에 명시된 장애아 교육을 위한 주요 원리

> 1. 교육 배치에서 장애아를 무조건 배제하지 말 것
> 2. 차별적 판별과 평가를 금할 것
> 3. 무상의 적절한 공교육을 제공할 것
> 4. 최소제한환경에 배치할 것
> 5. 적법절차에 의해 장애아와 부모의 권리를 보호할 것
> 6. 교육프로그램 결정 시, 부모의 참여하에 공동으로 결정할 것

「장애인교육법」이 공포된 이래, 미국은 점점 더 많은 장애아가 일반학급에서 교육

받고 있다('통합교육'). 통합교육은 아동이 초등학교에 입학한 순간부터 일반아동과 함께 학교교육에 참여하는 것이 낫다는 요구에서 비롯되었다. 즉, 장애아동을 일반아동과 분리하기보다 이들과 같은 공간(교실)에서 교육을 받도록 하려는 의도가 있다. 그러나 사람들은 때로 법 제정 이유와 법의 정신보다는 법적으로 어떤 것에 집중해야 하는지에 초점을 두는 잘못을 범한다. 이로 인해 발생 가능한 결과는 글상자 2-6과 같다.

글상자 2-6. 법 제정의 이유와 법의 정신 무시로 인해 발생 가능한 결과

1. 해 오던 대로 행하기
2. 책임완수를 서두를 뿐, 신중하지 못함
3. 지역교육지원청의 요구와 아동의 요구 사이에서 균형 맞추기에 급급함
4. 수행 이유에 대한 고려 없이 요구되는 것을 해야 한다고 강조함
5. 정보 부족으로 상대를 오해하며 일하게 됨
6. 충분히 혁신적이지 않음

미연방규정집 34

셋째, 「미연방규정집Code of Federal Regulation 34」에는 장애아에게 다음 5개 서비스, 즉 ① 무상의 적절한 공교육, ② 적절한(비차별적) 평가, ③ 최소제한환경 원칙, ④ 적법절차에 의한 보호, ⑤ 개별화교육계획을 제공하도록 규정하고 있다.

무상의 적절한 공교육

첫째, 장애아도 무상으로 적절한 공교육을 받을 수 있도록 규정되어 있다. 적절한 공교육appropriate public education이란 모든 장애아는 장애 유형 및 정도(중도, 최중도 장애가 있는 학생 포함)에 관계없이 21세까지(이전에 졸업하지 않는 한) 무상의 적절한 공교육을 받아야 한다는 조건이다('완전취학정책zero reject policy'으로도 불림). 이에 미국의 장애아에게는 개개인의 교육적 요구에 맞게 구성된 개별화교육 프로그램에 따라 개별화된 적절한 공교육이 제공될 수 있게 되었다.

또 공교육 내에 관련 서비스와 보충적 서비스가 제공될 수 있게 되었다. 말기 환자

또는 정신병동에 수용된 아동 역시 예외가 아니어서, 입원하거나 가정에서 공적 자금
으로 교육을 받을 자격이 있게 되었다. 「장애인교육법」에 따르면, 특정 상황에서 지
역교육지원청은 아동을 특화된 프로그램 또는 학교에 보내야 하고, 학교 밖 아동에게
는 순회교사를 파견해야 한다.

적절한(비차별적) 평가

둘째, 장애아가 적절한 평가를 받을 수 있도록 규정되어 있다. 적절한(비차별적) 평가
appropriate (nondiscriminatory) evaluation란 인종, 문화, 언어 등에 편견 없는 진단·평가 방법을 통
해 장애아가 판별절차에서부터 보호받을 수 있게 하는 조치를 말한다. 이 규정에 따
라 장애아가 배정된 학교는 학생의 장애 여부, 장애가 일반교육과정의 진행을 저해하
는지, 학생의 개별적 요구 충족을 위해 특수교육의 필요성 여부 결정을 위해 평가를
수행해야 한다. 단, 사전에 부모의 동의를 얻어야 한다. 평가에는 학생의 기능발달과
학업정보 수집을 목적으로 수행되어야 하고, 신뢰할 수 있는 평가도구와 전략이 사용
되어야 한다. 평가도구는 학생의 수준에 맞는 언어로 된 것이어야 하고, 문화적으로
편견이 없어야 하며('비차별적'), 장애가 의심되는 영역 측정을 위해 고안된 것이어야
한다.

예를 들어, 측정에는 지능검사를 통한 지적 능력 평가와 기타 심리학적 평가, 청력
검사, 말·언어평가, 작업치료 평가, 행동 프로파일, 부모면담이 포함될 수 있다. 이
때 일반아동 평가를 위해 개발된 표준화 검사는 장애학생 평가에는 타당도와 신뢰도
에 문제가 있을 수 있다. 그러므로 학교 팀은 장애학생의 요구를 평가하고, 요구를 충
족시킬 방법을 결정해야 한다. 만일 학교에 보조공학 전문가가 없다면, 학교 밖 대행
기관 또는 외부 전문가에게 의뢰해야 한다.

최소제한환경 원칙

셋째, 장애아가 최소제한환경에서 교육받을 수 있도록 규정되어 있다. 최소제한환경
least restrictive environment(LRE) 원칙은 학생의 교육을 위해 학생을 전형적인 일반학교 환경
에서의 배제를 최소화해야 한다는 기본 원칙이다. 이는 통합교육의 기본 원리의 하
나로, 전형적인 일반학교 환경으로부터 장애학생의 배제를 최소화해야 한다는 것이
핵심이다. 만일 적합한 사정/평가 없이 장애학생을 일반학생과 분리된 환경에 배치

하는 것은 이 원칙을 위반하는 것이다. 이 원칙에 의해, 학생들은 장애 유형과 심각도에 따라 일반학급, 특수학급, 또는 특수학교(예) 농·맹으로 특화된 서비스가 필요하고, 일반학급/특수학급에서는 제공되기 어려운 지원이 요구되는 학생)에 배치된다.

적법절차에 의한 보호

넷째, 장애아도 적법절차에 의해 보호받을 수 있도록 규정되어 있다. 적법절차에 의한 보호는 장애아의 판별·배치 과정에서 학생과 부모의 권리 보호를 위해 고안된 것이다. 적법절차$^{due\ process\ of\ law}$란 개인의 권리 보호를 위해 정해진 일련의 원칙을 말한다. 이 원칙의 골자는 부모가 학생의 판별·배치 과정에 참여·동의할 권리를 보장하는 것으로, 그 내용은 글상자 2-7과 같다(ASCA, 2008).

글상자 2-7. 장애학생 판별·배치 과정에의 참여·동의할 권리보장을 위한 원칙

1. 부모의 모국어로 문서화된 보호 절차에 관한 가정통신문을 보낸다.
2. 부모 동의서는 장애학생의 교육과 관련된 제반 검사와 활동의 시행 전에 도착하게 한다.
3. 부모는 학생의 장애 여부 또는 개별화교육계획(IEP) 내용을 결정할 때, 외부에서 실시된 교육평가 정보를 제공할 수 있다.
4. 부모에게는 팀의 구성원이 될 권리가 있다.
5. 부모는 아동의 교육 관련 기록을 열람할 수 있다.
6. 부모는 동의하지 않을 권리와 조정 또는 적법절차에 의한 심의를 요청할 권리가 있다.

장애학생 부모는 타당한 설명과 함께 예정된 평가에 관해 통보받아야 하고, 평가 시행 전에 동의서를 제출해야 한다. 부모는 팀의 필수 구성원으로, 학교 밖에서 시행된 평가 정보를 소개할 수 있고, 회의에 옹호자를 동반할 수 있으며, 자녀에 관한 모든 정보를 열람할 수 있다. 또 팀의 결정에 동의하지 않을 수 있고, 동의하지 않는 사항을 해결하기 위해 조정^{mediation} 또는 적법절차에 의한 심의를 요청할 수 있다.

개별화교육계획

다섯째, 장애학생에게 개별화교육계획 수립·적용의 기회가 제공될 수 있도록 규정되어 있다. 개별화교육계획$^{individualized\ education\ plan}$(이하 'IEP')은 학생의 현재 수행, 강점, 요구, 이듬해에 달성해야 할 측정 가능한 목표, 진척 촉진을 위한 서비스와 프로그램이 상세히 기술된 문서다. 이 문서는 개별화교육지원팀(이하 '지원팀')이 수행한 특수아에 대

한 평가, 부모·교사로부터 수집한 정보, 학생의 장애가 일반교육과정 이수에 미치는 영향의 심각도를 결정한 후에 작성되고, 학생의 진척 논의 및 새로운 목표 설정을 통해 매년 검토된다. 또 3년마다 재평가를 통해 진단이 업데이트되고, 필요한 경우 재고 또는 수정된다.

지원팀 구성. 개별화교육지원팀은 학생(16세 이상인 경우), 부모, 교사, 특수교사, 지역교육지원청 구성원, 관련 전문가로 구성된다. 이 외에도 필요에 따라 팀에는 상담교사, 심리학자, 교장, 작업/물리치료사, 언어치료사, 보조공학 전문가가 참여할 수 있다. 참여자는 교직원 중 한 사람일 수 있고, 부모의 요청으로 참여할 수 있다. 부모는 추후 참조할 수 있도록 회의에서 논의된 내용의 녹음에 대한 허가 요청을 할 수 있다. 지원팀은 IEP 회의개최 사실을 부모에게 통보하여, 부모가 참석할 수 있도록 해야 한다.

IEP의 내용. 개별화교육계획(IEP)은 학생에게 장애가 있다고 판별된 이후로 어떤 일이 있었는지가 기록된 자료로, 학년이 올라감에 따라 학생을 따라다니는 발달적 도구다. 이 문서에는 학생의 강점과 한계를 비롯해서 지원팀이 결정한 이듬해의 목표, 서비스 내용, 제공자, 빈도수, 시간, 기간 등이 기록된다. 목표는 학생이 이듬해에 달성해야 할 진척 정도를 추정하여 결정된다. 이때 학생의 장애가 일반 교과과정의 진척에 영향을 미치는 요소를 고려한다. 또 학생의 진척 정도의 측정방법, 그리고 관련 서비스와 보완을 위한 지원과 개입방법도 논의·결정된다. 만일 학교 당국이 IEP에 명시된 서비스와 지원을 제공하지 않는다면, 부모는 법적 해결을 위해 조치할 수 있다. IEP의 필수요소는 글상자 2-8과 같다.

글상자 2-8. 개별화교육계획(IEP)의 필수요소

1. 학생의 학업성취와 기능수행 수준(장애가 학생의 일반교육과정 참여와 진전에 미치는 영향 포함)
2. 측정 가능한 연간 목표
3. 학생의 진척 상황의 측정방법과 정기보고 제공방법
4. 연간 목표 성취를 위한 특수교육, 관련 서비스, 보충 보조, 서비스
5. 과외활동과 기타 비학업적 활동에서 일반학생들과 함께 참여하지 않는 정도
6. 학생의 기능·학업 성취에 필요한 조정(대안평가가 필요한 경우, 학생이 일반평가에 참여할 수 없는 사유와 대안 평가 선택의 적절성에 관한 설명)
7. 개별화교육계획 시행 예정일, 예상되는 서비스와 수정 빈도, 장소, 지속시간

> 8. 연령에 적합한 전환평가(훈련, 교육, 고용, 독립생활 기술 관련)에 근거한 적절한 · 측정 가
>   능한 중등교육 후 목표, 목표성취를 돕기 위한 전환 서비스(학습과정 포함)

특수아가 장애로 인한 행동문제로 처벌받게 되는 경우, 지원팀은 학생의 IEP를 검토하여, 품행문제가 장애로 인해 발생한 것인지, IEP 실행 결함으로 인한 것인지에 대한 결정을 위해 교사와 부모의 관찰을 통해 정보를 수집한다('결정절차'). 만일 학생의 문제행동이 장애로 인한 것이면, 지원팀은 기능행동사정을 실시한다. 기능행동사정 functional behavior assessment(FBA)은 특정 행동의 이유 또는 목적을 확인하기 위해 예측요인 (선행사건, 행동, 후속 결과)에 관한 정보를 수집·분석하는 조직화된 절차다('기능사정'이라고도 함).

「장애인교육법」에는 아동의 행동 때문에 배치를 달리하거나, 정학을 시켜야 하거나, 대안교육기관으로 보내야 하는 경우, 기능행동사정과 행동중재전략을 개발해야 한다고 명시되어 있다. 이에 지원팀은 기능행동사정 결과를 토대로 행동중재계획을 수립하거나, 행동수정을 위해 현재 나타내는 행동을 점검해야 한다. 행동중재계획 behavior intervention plan(BIP)은 학생에게 긍정적인 행동(예 수업에 늦지 않기, 급우를 방해하지 않고 조용히 수업에 참여하기, 말하기 전에 손들기)을 가르치기 위해 수행할 절차, 방법, 내용이다.

행동중재계획은 학생의 행동이 학습을 얼마나 방해하는지 설명하고, 가능한 원인을 규명하며, 행동을 다룰 수 있는 방법을 추천하고, 이를 긍정적인 행동으로 대처하며, 더 이상 장애로 인해 불이익을 받지 않도록 하기 위한 도구다. 행동중재전략의 예로는 학생에게 허용되지 않는 행동을 하고 있음을 알리기 위해 예방적 단서 제시하기, 신호 사용하기, 거리 조정 및 학생에게 다가가기, 행동조형 또는 기대행동에 가까워질 때 보상 제공하기 등이 있다(Jordan, 2006). 행동중재계획에는 보통 글상자 2-9에 제시된 요소가 포함된다.

글상자 2-9. 장애학생에게 긍정적 행동을 가르치기 위해 고안된 요소

> 1. 친사회적 행동의 빈도 증가를 위한 기술훈련
> 2. 문제행동 감소를 위한 학생의 환경 변화
> 3. 문제행동을 적절한 행동으로 대체하기 위한 전략
> 4. 부가적인 보조도구, 지원, 교육과정 수정
> 5. 진척/향상 정도 결정을 위한 계획

최근에는 어떤 교육환경이든지 간에 교사가 선행사건 요인(예 과제의 어려움)과 맥락요인(예 교실 좌석 배치)을 평가하여 학생의 행동에 대한 기능분석을 권장하고 있다. 기능행동사정(FBA) 절차는 글상자 2-10과 같다.

글상자 2-10. 기능행동사정(FBA) 절차

> 1. 특정 행동이 문제가 되는지 판별한다.
> 2. 행동이 발생하는 상황 또는 환경을 파악한다.
> 3. 학생의 장애와 장애 관련 행동에 대한 다양한 자료를 통해 정보를 수집한다.
> 4. 행동의 기능에 대해 가설을 세운다.
> 5. 학생의 기능적 요구를 충족하면서도 문제행동을 대체할 긍정적 행동을 판별한다.
> 6. 개별화교육계획의 일부로서 실행계획을 수립한다.
> 7. 변화를 평가한다.

IEP 절차. 개별화교육계획(IEP)의 절차는 장애학생이 학교생활에 어려움을 보여 교사 또는 부모가 사정을 요청하는 순간 시작된다. 학교에서 교사가 학생의 문제를 발견하는 경우, 교사는 일정 기간 다양한 방법을 적용해 보고, 학생의 성취도를 확인하기 위해 교수방법과 자료를 수정한다['중재반응(RTI)']. 이때, 교사는 학생의 조력전략 개발 및 학업 촉진방법 모색을 위해 상담교사와 협의한다.

만일 중재효과가 없고 학생에게 특정 장애가 있다고 추정된다면, 교사는 부모의 동의를 얻어, 외부전문가의 진단평가를 의뢰한다(부모 면담, 관찰, 발달력, 의료 정보, 심리교육적 진단, 말·언어검사, 지각운동검사, 사회·행동검사 등). 그 결과, 장애가 학생의 학습능력에 영향을 미칠 것으로 판단된다면, 학생을 위한 IEP를 개발한다. IEP 초안은 회의에서 논의·개정·수정·추가되는 잠정적인 문서로 검토된다. IEP 수립절차는 그림 2-1과 같다.

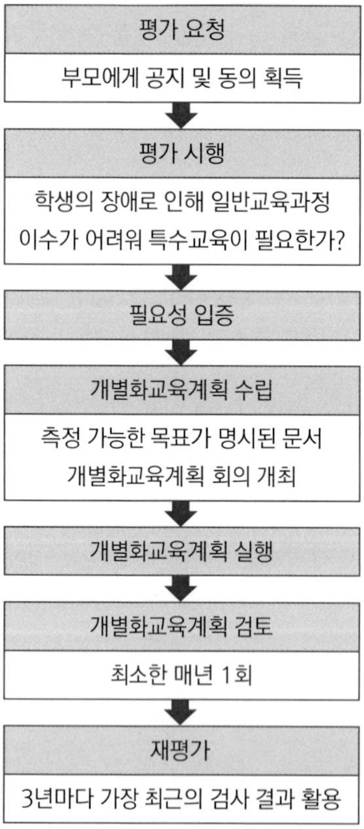

평가 요청
부모에게 공지 및 동의 획득

평가 시행
학생의 장애로 인해 일반교육과정 이수가 어려워 특수교육이 필요한가?

필요성 입증

개별화교육계획 수립
측정 가능한 목표가 명시된 문서 개별화교육계획 회의 개최

개별화교육계획 실행

개별화교육계획 검토
최소한 매년 1회

재평가
3년마다 가장 최근의 검사 결과 활용

그림 2-1. 개별화교육계획(IEP) 절차

◆ 복습문제 ◆

🌱 다음 밑줄 친 부분에 알맞은 말을 쓰시오.

1. 특수아의 교육에 관한 법률로는 _____법이 있다. 이 법은 2007년 장애인, 그리고 _____이/가 필요한 사람에게 교육기회와 양질의 환경을 제공하기 위해 제정 · 공포되었고, 이듬해 5월부터 시행되었다.

2. 특수교육법은 특수아의 교육기회 확대를 추구한다. 이를 위해 이 법에는 신설된 ____장애와 _____장애를 비롯하여 총 ____개 장애가 있는 사람에게 특수교육을 지원하도록 규정되어 있다.

3. 특수아의 복지에 관한 법률로는 _____법이 있다. 이 법은 국가와 _____이/가 특수아의 특별한 복지적 욕구에 적합한 지원을 통합적으로 제공함으로써, 특수아가 안정된 가정생활 속에서 건강하게 성장하고 사회에 활발하게 참여할 수 있도록 하며, 특수아 가족의 부담을 줄여 주기 위해 제정되었다.

4. 특수아의 인권 · 옹호에 관한 법률로는 _____ 등에 관한 법률이 있다. 이 법은 줄여서 _____법으로 불리는데, 모든 생활영역에서 장애를 이유로 한 차별을 금하고, 장애를 이유로 차별받은 사람의 권익을 구제함으로써, 장애인의 _____와/과 _____ 실현을 통해 인간으로서의 존엄과 가치 구현을 목적으로 제정되었다.

5. 미국의 _____법은 2002년 조지 부시 전 미국 대통령에 의해 제정된 것으로, 주 차원의 시험을 통해 학생의 진척 정도를 평가함으로써, 학교의 _____ 강화와 모든 학생의 _____ 증진을 목적으로 제정되었다.

6. 학생의 현재 수행, 강점, 요구, 이듬해에 달성해야 할 측정 가능한 목표, 진척 촉진을 위한 서비스와 프로그램이 상세히 기술된 문서를 _____(이)라고 한다. 이는 __년마다 재평가를 통해 진단이 업데이트되고, 필요한 경우 재고 또는 수정된다.

7. 미연방규정집 34에 의하면, 장애아도 개인의 권리 보호를 위해 정해진 일련의 법적 절차, 즉 _____에 의해 보호받을 수 있도록 규정되어 있다. 이 절차의 골자는 ____이/가 학생의 판별과 배치 과정에 참여하고 ____할 권리를 보장하는 것이다.

8. _____ 원칙은 학생의 교육을 위해 학생을 전형적인 일반학교 환경에서의 배제를 최소화해야 한다는 기본 원칙이다. 이는 ____교육의 기본 원리의 하나로, 전형적인 일반학교 환경으로부터 장애학생의 배제를 최소화해야 한다는 것이 핵심이다.

9. _____은/는 특정 행동의 이유 또는 목적을 확인하기 위해 예측요인(선행사건, 행동, 후속 결과)에 관한 정보를 수집·분석하는 조직화된 절차인 반면, _____은/는 학생에게 긍정적인 행동(예 수업에 늦지 않기, 급우를 방해하지 않고 조용한 수업참여, 말하기 전에 손들기)을 가르치기 위해 수행할 절차, 방법, 내용이다.

10. 인종, 문화, 언어 등에 편견 없는 진단·평가방법을 통해 장애아가 판별절차에서부터 보호받을 수 있게 하는 조치를 _____ 평가 또는 _____ 평가라고 한다.

◆ 소집단 활동 ◆

> 나의 생애 무비

※ 잠시 눈을 감고 당신의 생애가 영화로 제작되었다고 상상해 보자. 이 영화를 관람하기 위해 수많은 관객이 영화관에 운집해 있다. 당신의 삶의 과거, 현재, 미래를 생각하면서 다음의 질문에 답해 보자. 그런 다음, 소집단으로 나누어 서로의 소감을 나누어 보자.

☐ 첫 장면: _____
_____
_____

☐ 관객들을 미소짓게 만든 장면: _____
_____
_____

☐ 관객들을 눈물짓게 만든 장면: _____
_____
_____

☐ 엔딩 장면: _____
_____
_____

☐ 예상되는 관객들의 소감: _____
_____
_____

소감

특수아를 위한 학교 상담

☑ 개요

- ■ 특수아의 학업발달
- ■ 특수아의 개인 · 사회성 발달
- ■ 특수아의 진로발달
- ☐ 복습문제
- ☐ 소집단 활동

☑ 학습목표

1. 특수아의 학업발달에 관한 기본 개념과 방법을 이해 · 설명할 수 있다.
2. 특수아의 개인 · 사회성 발달에 관한 개념과 방법을 이해 · 설명할 수 있다.
3. 특수아의 진로발달에 관한 개념과 방법을 이해 · 설명할 수 있다.
4. 특수아의 학업, 개인 · 사회성, 진로 발달 촉진방안을 이해 · 적용할 수 있다.

교육제도는 사회의 중추적인 기능을 한다. 사람들은 교육제도가 사회에 긍정적으로 기여할 것으로 기대한다. 이러한 기대의 전제에는 높은 학업능력이 구성원으로 하여금 사회에 기여하는 시민이 되게 한다는 인식이 깔려 있다. 특수아를 위한 교육제도는 ① 교육기회로부터의 배제 → ② 분리교육^{segregated education} → ③ 통합교육 순으로 변천해 왔다. 이러한 추이는 오늘날 최소제한환경에서의 통합교육으로 이어졌다. 통합교육의 신조는 "나, 너, 우리는 한 소속 (I belong, you belong, we belong)"이다. 이를 추구하는 학교상담 프로그램은 이런 통합적 슬로건을 다양하고 유익한 활동으로 특수아에게 전달되어야 한다. 이는 특수아의 내적 · 외적 차이와 관계없이 모든 학생이 중요하고, 독특한 가치를 지니고 있음을 선언하는 것이다.

교육제도의 발달에도 불구하고, 특수아는 여전히 학교에서 끊임없이 도전적인 과제를 다루어야 하는, 고된 싸움에 직면해 있다. 일부 도전적인 과제는 장애에 기인하고, 다른 다수의 도전적인 과제는 학교환경의 물리적 · 사회적 · 심리적(사고방식) 장벽으로 인해 발생한다. 특수아가 일반학생에 비해 학업 중단, 안정적 취업 실패, 사회적 고립, 가족으로부터 독립 실패, 사회의 주변인으로서 살아갈 가능성이 더 크다는 사실은 특수아가 학교에서 어떤 경험을 하고 있는지 짐작케 한다. 통합교육에서 특수아는 학교 활동에 의미 있는 방식으로 참여할 수 있어야 한다. 상담교사는 특수아가 이러한 어려움으로 인해 또래들로부터 소외되지 않고 학교의 주류에 속하도록 도울 필요가 있다. 이는 특수아가 자기 삶에 영향을 미치는 의사결정을 스스로 할 수 있을 때 가능하다.

학교의 존재 이유 중 하나는 아동 · 청소년의 ① 학업발달, ② 개인 · 사회성 발달, ③ 진로발달을 돕는 것이다(ASCA, 2014). 이 세 영역에서 특수아의 발달 촉진을 위해서는 이들이 성공적인 학교생활을 돕는 포괄적인 학교상담 프로그램의 적용이 요구된다. 특수아는 장애로 인해 어려움을 겪기 때문에 이 세 영역의 발달에 필요한 확대된^{amplified} 조정이 필요하다. 조정이 필요한 이유는 특수아의 개인 내적 한계로 인한 것보다는 장애를 둘러싼 사회 환경에 의해 발생하는 요구가 많기 때문이다.

즉, 환경과 사회장벽으로 인해 특수아는 성 학대 피해율이 높고, 흥미와 취미생활을 위한 기회가 대폭 제한되어 자기옹호^{self-advocacy}의 필요성이 높기 때문이다. 특수아의 자기옹호 및 의사결정 기술의 개발을 돕기 위해서는 이러한 노력이 계속되어야 한다. 이에 이 장에서는 학교 상담의 관점에서 특수아의 ① 학업발달, ② 개인·사회성 발달, ③ 진로발달 촉진을 위한 학교환경 조성을 위한 방안에 관해 살펴보기로 한다.

특수아의 학업발달

특수아는 장애로 인해 어려움을 겪기 때문에 학업발달에 필요한 프로그램이 확대 운영되어야 한다. 이러한 서비스가 필요한 장애로는 ADHD, 학습장애, 정신건강 관련 장애, 지적장애, 외상성 뇌손상 등이 있다. 독립적인 삶과 자기실현을 위해 특수아에게는 학령기와 전 생애 동안 효과적인 학습에 필요한 태도·지식·기술 습득이 필요하다. 학교상담 프로그램을 통한 특수아의 학업발달 촉진을 위한 방안으로는 ① 학업기술 습득, ② 학업 자기개념 증진, ③ 보조공학기기 활용, ④ 적응유연성 증진이 있다.

학업기술 습득

첫째, 특수아의 학업기술 습득을 돕는다. 학업성적은 특수아에게 상당한 부담을 준다. 특수아는 시험에서 좋은 성적을 내야 하는 부담으로 스트레스를 겪는다. 이에 공부방법을 비롯한 학업기술 증진을 위한 학교상담 프로그램을 운영함으로써, 특수아의 학업기술 습득을 돕고 학업성적에 대한 부담감을 줄여줄 수 있다. 다른 한편으로, 수행평가에서 특수아를 어떻게 평가할 것인가에 관한 사안은 교사들에게 작잖은 부담으로 작용한다. 이러한 일련의 상황은 학생, 부모, 교사가 특수아를 잠재적 부담으로 여기게 하는 원인이 된다. 더욱이, 시험과목 중에는 일반학생과 특수아에 대한 공정한 평가에 이의가 제기될 수 있는 것들이 있다.

일반학생들과 마찬가지로, 특수아 역시 대학진학을 비롯한 고등교육 기회 선택을 위해 학업을 성공적으로 수행하여 학업을 마쳐야 한다. 통합교육이 소기의 목적을 달성하려면, 특수아는 자기변화 및/또는 조정을 통해 학습환경의 요구에 맞출 필요가 있다. 만일 장애가 특수아의 학습에 영향을 준다면, 학업기준이 조정될 필요가 있다. 이 작업에는 특수아의 다름을 인정하고, 이들의 학업 향상을 위해 최적의 교수전략을 수행할 교육전문가의 도움이 포함된다.

학업 자기개념 증진

둘째, 특수아의 학업 자기개념 증진을 도모한다. 학업 자기개념[academic self-concept]은 학교 공부에 대한 능력, 태도, 감정 등을 포함하는 자신에 대한 주관적인 견해다. 마음만 먹으면 어떤 것이든 잘 배울 수 있다고 생각하는 학생이 있는가 하면, 읽기는 잘 하지만, 수학은 잘 못한다고 생각하는 것이 그 예다. 학업 경쟁은 학생의 학업 자기효능감과 자존감에 영향을 주는 동시에 연쇄효과가 있다. 특히, 특수아에게는 종종 "다른 아이들은 다 할 수 있는데, 나만 못해!" 같은 생각이 들게 한다.

　특수아는 학교환경에서 일반학생이 겪는 어려움 외에, 장애와 관련된 어려움을 겪는다. 이들은 자신이 특수학급에 배치된 사실만으로도, 다른 일반학생보다 자신이 더 열등하다는 생각을 내면화할 수 있다. 이는 이들의 학업적 성공 또는 긍정적인 학업 자기개념 형성을 어렵게 한다. 학업 자기개념은 학습 참여에 대한 학생의 동기, 기대, 결과 등에 대한 예측을 가능하게 한다. 이에 학생에게는 비록 자신의 학습양식이 전형적인 또래와 다르더라도, 학업 자기개념과 자존감을 높일 수 있는 상담 프로그램이 요구된다. 특수아의 학업 자기개념 증진을 위한 학교상담 프로그램은 개인 및 소집단 형태는 물론 학급생활교육 또는 대집단 생활교육 활동을 통해 실행할 수 있다.

보조공학기기 활용

셋째, 보조공학기기 활용을 통해 특수아의 일반학교 교과과정 참여를 돕는다. 보조공학기기[assistive techniques device]란 공학 또는 전자기술을 활용하여 특수아의 기능수준 개선·유지·확대를 위한 도구, 장비, 또는 생산 시스템을 말한다(IDEA, PL 105-17 C.F.R. 300.5, 1997). 이러한 기기사용의 목적은 교육내용에의 접근과 활동에서의 독립성 증진이다. 특수아들에게 유용하게 사용될 수 있는 보조공학기기와 그 예는 표 3-1과 같다.

표 3-1. 보조공학기기의 종류

종류	예시
1. 첨단공학[high tech] 기기	○ 컴퓨터, 점자정보단말기[Braille information instrument](시각장애인들이 전자점자와 음성을 통해 문서 출력, 인터넷 등을 이용할 수 있게 제작된 휴대용 정보통신기기) 등

2. 일반공학medium tech 기기	○ 휠체어, 비디오 등
3. 기초공학low tech 기기	○ 식사 보조용품, 경사로 등
4. 주류공학mainstream tech 기기	○ 지체장애인을 위한 트랙볼trackball(볼이 위쪽에 달려 있어서 사용자가 볼을 굴리면 볼이 움직이는 방향으로 커서가 움직이는 마우스)
5. 특수공학specialized tech 기기	○ 특수 휠체어 등
6. 주문형 공학custumized tech 기기	○ 책상에 부착한 트랙볼
7. 무공학no tech 기기	○ 물리치료, 작업치료 등

보조공학기기의 활용 외에, 보편적 설계universal design는 다양한 능력, 크기, 요구가 있는 특수아에게 유용하다. 교실의 옷걸이 위치를 낮춤으로써, 키가 작은 학생 또는 휠체어를 사용하는 학생도 손이 잘 닿아 독립적으로 사용할 수 있게 하는 것이 그 예다. 또 다양한 크기와 높이의 의자가 있다면, 이동 또는 움직임에 제약이 있는 학생이 독립적으로 사용할 수 있다. 활동지가 큰 글자로 인쇄되어 있다면, 시각장애학생도 확대경이나 큰 활자로 된 별도의 인쇄물이 필요하지 않을 것이다. 더욱이, 보편적 설계는 장애에 대해 다른 학생들의 불필요한 관심을 끌지 않게 하는 효과가 있다.

적응유연성 증진

넷째, 특수아의 적응유연성 증진을 돕는다. 학업에서 좌절감을 겪는 특수아에게는 회복과 지속을 위한 기술이 요구된다. 이러한 기술 중 하나가 적응유연성이다. 적응유연성resilience이란 스트레스 상황 또는 역경에 적극 대처하여 시련을 견뎌내는 능력을 말한다. 생활사건은 동일하나, 성장과 좌절의 차이에는 위기를 극복하게 하는 적응유연성이 작용한다. 이는 역경 극복에 도움을 주는 강점에 집중하게 하고, 목표성취를 저해하는 요소들을 성공적으로 다루게 하는 개인의 능력이다. 높은 수준의 적응유연성은 특수아의 위기 극복에 도움을 준다.

학교와 사회에서 소외감을 느끼는 학생은 종종 스스로 요구사항을 충족시키거나, 엄격한 학교체제에 대해 무력감을 느끼며, 학습과정에서 멀어진다(Medina & Luna, 2004). 학습문제를 겪는 학생은 학교에서 위기집단에 속하게 되고, 다른 학생에 비해 더 높은 스트레스를 겪으며, 사회적 지원수준이 낮고, 적응력이 약하다(Wenz-Gross & Siperstein, 1998). 이들은 새로운 학습과 지시 이행에 더 큰 어려움을 겪는다. 특수아가 학교에서 실패를 더 많이 경험할수록, 학업 관련 문제는 점차 자기개념으로 내재화되고 부정적 자기개념을 형성하게 되어 심리적 문제(우울, 불안 등)를 유발한다. 이러한 상황에 있는 특수아에게는 학업뿐 아니라, 적응유연성을 높이는 중재방법을 적용한다. 특수아의 적응유연성을 높일 수 있는 방안의 예는 글상자 3-1과 같다.

글상자 3-1. 특수아의 적응유연성 증진방안

1. 낙관적으로 생각하기
2. 가까운 사람에게 감사 표현하기
3. 현실적인 목표와 기대 설정하기
4. 자신에게 문제해결과 의사결정 능력이 있다고 믿기
5. 실수, 곤경, 장애물 등을 피해야 할 대상이 아니라, 직면/극복해야 할 도전으로 인식하기
6. 자기방어보다는 성장을 촉진하는 적응전략을 실천하기
7. 강점과 재능뿐 아니라, 약점과 취약성 인식하기
8. 공감 기반의 만족스러운 대인관계기술 습득하기

적응유연성과 유사한 개념으로는 그릿이 있다. 그릿grit은 중국계 미국인 심리학자 앤젤라 더크워스가 창안한 개념으로, 성공·성취를 이루는 데 결정적인 역할을 하는 열정passion, 인내patience, 끈기perseverance를 의미한다. 이 개념의 핵심은 단순히 지능 또는 재능을 의미하지 않고, 열정과 끈기로 여러 해에 걸쳐 열심히 노력하는 것이다. 그릿은 평범한 지능 또는 재능을 가진 사람도 열정과 끈기로 노력하면, 최고의 성취를 이룰 수 있다는 의미를 담고 있다.

앤젤라 더크워스
(Angela Lee Duckworth,
1970~현재)

특수아의 개인·사회성 발달

특수아의 개인·사회성 발달은 의사소통과 대인관계기술 습득을 통해 촉진된다. 특히, 주의력결핍장애/주의력결핍 과잉행동장애, 학습장애, 정신건강 관련 장애, 인지장애(지적장애), 뇌손상이 있는 학생들에게는 더욱 그렇다. 자기개념(개인발달)과 사회적응(사회성 발달)에 관한 일련의 연구에 의하면, 적응adaptation은 장애정도와 상관이 없다.

특수아 개인 · 사회성 발달의 걸림돌

생애 초기의 특수아는 다른 아동과의 차이를 의식하지 않는다. 그러나 발달과정에서 점차 자신에 대한 부정적인 감정을 갖게 된다. 예컨대, 지체장애학생은 자신을 쳐다보는 타인의 시선을 경험하게 되고, 다른 아동이 부모에게 "쟤는 왜 저래요?"라고 묻는 광경을 목격하곤 한다. 또 일반아동이 쉽게 배우는 것을 자신은 그렇게 하지 못한다는 현실을 깨닫게 된다. 게다가 일부의 경우, 부모, 치료사, 의료 전문가들이 자신의 결함을 반복적으로 고치려 한다는 인식을 가지게 된다.

이러한 사회문화적 요인들은 종종 특수아가 자신의 강점과 자산을 인식하지 못하게 할 뿐 아니라, 자신을 가치 있는 존재로 인식하는 것을 더 어렵게 한다. 이로써 특수아는 높은 수준의 스트레스와 걱정, 학습된 무기력과 낮은 자존감, 외적 통제소재 사용, 부정적인 학교 경험, 분노조절기술 결여 등의 특징을 보인다(Baker, 2000).

특수아의 관계기술 습득과정은 학년이 올라갈수록 점차 복잡해진다. 다수의 특수아는 사회적 낙인으로 교내에서는 친구 사귀기가 쉽지 않고, 교외에서는 사회화 기회의 제한으로 또래들로부터 거부 또는 희생양이 되거나, 건전한 상호작용이 결여된 교우관계를 형성하기 쉽다(Baker & Donelly, 2001). 이런 이유로 특수아는 더 높은 사회기술을 필요로 한다. 사회적 상호작용에서 자기개념과 사회성은 씨줄(피륙 또는 그물을 짤 때 가로로 놓인 실)과 날줄(피륙 또는 그물을 짤 때 세로로 놓인 줄)처럼 작용한다. 이러한 점에서 특수아의 어려움은 더 복잡한 양상을 띤다.

더욱이, 자존감이 낮고, 또래관계에 어려움을 겪는 특수아는 학교가기를 싫어하게 된다('등교거부증'). 이러한 경향성은 사회에 적응하지 못하고, 자주 따돌림 또는 거부되는 아동에게서 두드러진다. 이에 상담교사는 통합학급 교사가 특수아의 사회적 통합 촉진을 위한 방안을 찾을 수 있도록 돕는다.

특수아 개인 · 사회성 발달의 촉진방안

학교상담 프로그램을 통한 특수아의 개인 · 사회성 발달 촉진을 위한 방안으로는 ① 교실에서의 통합 촉진, ② 안전한 학습환경 조성, ③ 자기인식 발달과 자아정체성 확립 촉진, ④ 자존감 발달 촉진, ⑤ 성 문제 해소 조력, ⑥ 자기결정 · 자기옹호 능력 신장, ⑦ 사회기술 증진 조력, ⑧ 위기극복 능력 배양이 있다.

교실에서의 통합 촉진. 첫째, 교실에서 특수아와 일반아동의 통합을 촉진한다. 아이들은 서로 다른 점을 잘 찾아낸다. 이는 자연스러운 발달과정이다. 이들은 신체와 행동의 특이성을 인식하고, 자신과 다르다고 생각되는 아동과의 관계 형성을 주저한다(Diamond, 1996). 또 장애에 관한 지식이 없어도 행동에서 다른 점을 인식하고는 특수아 대신 일반아동을 놀이친구로 택하기 시작한다(Swaim & Morgan, 2001). 예컨대, 이들은 흔히 지적장애가 있는 또래에게 부정적인 감정을 갖게 되고, 새로운 것을 잘 배우지 못하는 또래를 부정적인 시선으로 본다(Nowicki, 2006). 유아기는 장애에 대한 긍정적인 태도 형성에 중요한 시기다. 이 시기가 지나면, 장애에 대한 개인의 태도는 점차 부정적인 방향으로 변해 가기 때문이다. 이러한 점에서 초등학교는 특수아와 일반아동들의 관계형성을 돕기 위한 최적의 공간인 동시에 시기다. 통합학급의 잠재력은 글상자 3-2와 같다(Terpstra & Temura, 2008, p. 35).

글상자 3-2. 통합학급의 잠재력

> 아이들은 또래와의 상호작용과 놀이를 통해 사회기술을 습득한다. 또래와의 상호작용을 통해 사회적 역할 이해, 나눔, 의사소통, 특정 상황에 적절히 반응하는 기술을 습득한다. 통합교육 프로그램을 통해 특수아는 같은 나이의 모델이 될 수 있는, 정상적인 발달을 보이는 일반아동과 함께 배치됨으로써, 그들과 상호작용함으로써 사회적 적응행동을 습득하게 된다.

상호작용과 사회성 발달은 단지 특수아가 일반학급에 배치되었다고 해서 자연스럽게 이루어지는 것은 아니다(Terpstra & Trauma, 2008). 왜냐하면 일반아동은 자신과 비슷한 아이들과 어울리려는 경향이 있기 때문이다(Kemple, 2004). 이에 특수아와 일반아동들의 자연스러운 상호작용을 촉진할 수 있는 상담 프로그램의 적용이 요구된다.

안전한 학습환경 조성. 둘째, 특수아에게 안전한 학습환경을 조성한다. 안전하고 지지적인 학습환경은 특수아와 일반학생의 사회적 통합을 촉진한다. 교사가 학생의 차이점을 존중하는 방식은 학생이 자신의 집단에 누구를 포함할지에 대한 생각의 토대가 된다. 이에 상담교사는 교사들이 모든 학생은 가치 있는 존재라는 의식을 바탕으로 안전하고 지지적인 학습공동체를 일구어 나가도록 도와야 한다.

근접성과 관심 공유는 관계형성의 필수요소다. 이에 특수아와 일반학생을 한 집단에 편성해 줌으로써, 상호작용을 촉진할 수 있다. 학생들이 자연스럽게 어울릴 기회를 제공하는 것은 근접성과 상호작용을 촉진한다. 그러나 이는 미묘한 갈등을 초래할 수 있다는 점에서 주의가 요구된다. 안전한 학습환경 조성을 해치는 쟁점으로는 ① 괴롭힘과 사회적 거부, ② 지나친 관심 집중, ③ 연민의 감정이 있다.

□ **괴롭힘 · 사회적 거부.** 첫째, 특수아는 장애가 있다는 이유만으로 일반학생보다 더 자주 괴롭힘과 사회적 거부의 표적이 된다('편견에 의한 괴롭힘'). 괴롭힘과 사회적 거부의 폐해는 종종 특수아에게 오랫동안 마음의 상처를 남기고, 학교의 안전성과 면학 분위기를 크게 해친다. 피해학생은 정서문제(우울증, 자포자기, 자살사고/시도 등), 신체 증상(두통, 복통, 만성피로, 식욕저하, 수면곤란 등), 학업문제(등교거부, 무단결석, 학업성적 하락, 교우관계 형성 기피, 학업중단 등)를 겪기도 한다.

괴롭힘과 사회적 거부 문제 해결을 위한 최상의 중재방법은 예방이다. 예방 프로그램은 학생, 학교, 지역사회의 측면에서 고려해야 할 요소들로 구성되어야 한다. 이 프로그램에는 방관자^bystander(괴롭힘 사실을 알지만, 자신도 피해자가 될 것이 두려워 나서지 못하는 학생) 중재를 위한 활동도 포함되어야 한다. 괴롭힘 문제를 효과적으로 다룰 수 있는 또 다른 영역은 괴롭힘이 일어나고 있음을 알면서도 방임하는 학교 성인들의 인식 개선을 위한 프로그램을 운영하는 것이다. 또 타인존중, 분쟁해결, 자신감 증진을 위한 소통기술 배양을 위해 고안된 소집단 중재는 모든 학생이 지역사회에서 친사회적 관계에 필요한 기술 습득을 지원할 수 있다.

□ **지나친 관심 집중.** 둘째, 특수아가 학급의 일원이라는 소속감을 갖도록 돕는 것은 이들에 대한 지나친 관심 표현을 의미하지 않는다. 관심 집중은 오히려 특수아에게 불편감을 줄 수 있기 때문이다. 특수아가 환영받는 분위기 조성을 위해 교사가 과도하게 신경쓰는 것은 오히려 특수아를 불편하게 하고, 다른 학생들에게 자신들과 다르다는 느낌이 들게 할 수 있다. 특수아는 교사가 자신에게 과도하게 드러나지 않으면서도 적절하게 도움을 주기를 원한다(Gleeson, 2006). 장애에 대한 다른 학생들의 호기심을 적절히 다루는 것 역시 학생들 간의 조화를 이루는 방법이다. 특수아 부모가 전하는 예화는 글상자 3-3과 같다.

글상자 3-3. 특수아와 부모의 예화

> 한 학생의 어머니가 학교를 방문하여 다른 학생들에게 자녀가 겪고 있는 심각한 음식 알레르기에 관해 설명해 주었다. 점심시간이 되자, 이 학생들은 알레르기가 있는 학생에게 "이건 먹어도 되니?" "저건 먹을 수 있니?" "이건 어때?" 등의 질문을 퍼부었다.

글상자 3-3에 제시된 예화에서 아이들의 끝없이 이어지는 질문으로부터 특수아를 보호하는 것은 교사의 임무다. 또래들의 질문공세에 대처하는 방법은 아동들이 이해하고 받아들일 수 있는 방식으로 정보를 제공하는 것이다. 특수아에 관해 질문하는 아동과 교사가 나눈 대화의 예는 대화상자 3-1과 같다.

대화상자 3-1. 특수아에 관해 질문하는 아동과 교사의 대화 예

> **아동**: 선우는 언제 혼자 걸을 수 있어요?
> **교사**: 아직 확실히 모르겠구나. 선우는 우리가 걷는 방식으로 걷는 걸 배울 수 없을지도 몰라. 하지만 휠체어를 사용해서 스스로 돌아다니는 걸 배우고 있잖니? 선우는 휠체어를 잘 사용하는 법을 배우고 싶어 해. 그러니까 선우가 잘 연습할 수 있도록 함께 돕기로 하자.

□ **연민의 감정.** 셋째, 일반학생이 특수아를 돕게 하는 일은 신중해야 한다. 조력활동의 핵심 메시지는 다음 두 가지다(① "누구나 도움이 필요하다", ② "누구나 조력자가 될 수 있다"). 일반학생이 특수아를 돕고자 하는 마음이 있겠지만, 교실에서 특수아의 부모나 도우미가 되고 싶지는 않을 것이다. 만일 연민의 감정으로 특수아를 돕는다면, 이런 관계에서 우정이 싹트기는 쉽지 않다. 특수아는 언제나 '장애가 있는 연약한 아이'로 남겨지기 때문이다. 그러나 또래 간의 상호작용이 ① 도구적 지원[instrumental support], ② 보살핌[caring], ③ 합의된 도움[consensual helping]으로 인식된다면, 특수아를 위한 또래학생의 도움이 유용할 수 있다. 특수아를 위한 또래학생의 도움이 유용하게 되는 요소에 관한 설명은 표 3-2와 같다.

표 3-2. 특수아를 위한 또래아동의 도움이 유용하게 되는 요소

요소	설명
1. 도구적 지원	○ 특수아가 이동, 장비, 공유하는 활동에 또래와 함께 참여할 수 있는 능력을 키우도록 돕는 것
2. 보살핌	○ 안내, 시간, 관심 공유, 특수아가 홀로 있게 하지 않고, 특수아와 함께하면서 집단 내에서 지원하기
3. 합의된 도움	○ 도움 제공에 앞서, 특수아에게 도움이 필요한지 먼저 묻기

표 3-2에 제시된 요소와는 달리, 특수아에게 위협으로 인식되는 도움으로는 스스로 과제를 완수하려는 특수아의 능력 저해하기, 안전하지 않은 방식으로 도움을 제공

하여 특수아를 다치게 하기, 돕지 않아도 된다는 요구 무
시하기 등이 있다.

　누군가를 돕는 일은 일반학생에게만 필요한 것은 아니
다. 특수아 역시 다른 사람을 도울 기회가 필요하다('이타
심' '이타적 행동'). 누군가를 돕는 일은 특수아의 긍정적인
자아정체성 형성을 촉진하고, 교우관계의 상호성 이해에 도움을 준다. 교우관계 형성
과 유지는 상호성에 기초한다. 이는 특수아가 의존적 역할을 당연한 것으로 여기지
않고, 관계의 상호성^{reciprocity} 원리(보상을 주고받음)를 이해할 필요가 있음을 의미한다
(Middleton, 1999). 그렇지 않으면, 특수아와 일반학생 사이에 형성되는 관계는 일반학
생이 특수아의 도우미가 되는 것으로 쉽게 변질될 수 있기 때문이다.

　일반학생과 특수아 사이의 '조력자-피조력자' 관계의 과잉강조는 교우관계의 중요
한 척도인 '주고받기$^{give-and-take}$'의 균형을 무너뜨릴 수 있다. 도움 제공을 위한 접촉은
일반학생이 특수아에 대해 느끼는 초기의 낯섦 또는 공포심을 줄이거나, 향후 교우관
계를 위한 초석으로 작용한다. 그러나 일방적인 도움 제공은 교우관계의 근간이 되
기 어렵다. 친구 사이의 상호성은 우정을 진정한 것으로 만든다(Van der Klift & Kunc,
1994). 만일 일반학생이 특수아와의 관계를 이유로 칭찬을 받는다면, 이는 특수아와
친구가 되는 것은 대단한 일이고, 모든 사람은 동등하게 창조되지 않았음을 은연중에
암시하게 된다. 또 교사가 일반학생에게 특수아를 돕도록 요구하는 것은 호혜적 우정
$^{reciprocal friendship}$을 조력자-피조력자 관계로 변질시킬 수 있다(Staub, 1999).

자기인식 발달과 자아정체성 확립 촉진. 셋째, 특수아의 자기인식 발달과 자아정체성
확립을 돕는다. 자기인식$^{self-perception}$이란 자신의 행동을 관찰하고, 어떤 태도가 행동의
원인이 되었는지에 대한 결론을 내림으로써, 태도를 형성해 나가는 것을 말한다. 자
기인식은 세상을 주도적으로 다룰 수 있게 하고, 타인의 시선, 견해, 비난, 조롱, 비웃
음 등을 효율적으로 대처할 수 있는 원천이다. 이에 비해, 자아정체성$^{ego identity}$은 자신
이 누구인지를 일관되게 알아차리는 것이다. 자아정체성이 형성된 사람은 자신의 독
특성에 대한 인식이 안정적이어서, 행동·사고·감정의 변화에도 자신이 누구인지
일관되게 인식한다.

　청소년기의 자아정체감 형성은 매우 중요하다. 자신이 누구인지 스스로 정의하지 않
는다면, 세상이 대신 정의할 수 있기 때문이다. 더욱이, 특수아가 스스로 자아정체성을
확립하지 않는다면, 세상 사람들에 의해 이등 시민으로 인식될 가능성이 크다. 청소년

기는 개인의 주관적 세계에 관심을 가지기 시작하고, 정체성에 관해 질문하기 시작하는 시기다. 이에 자아정체성 확립을 위한 노력은 청소년기의 주요 특징으로 꼽힌다. 자아정체성은 4개 차원, 즉 ① 인간성(각 개인은 인간이라는 인식), ② 성별(남성 또는 여성이라는 인식), ③ 개별성(각 개인은 독특하다는 인식), ④ 계속성(시간의 경과에도 동일한 사람이라는 인식) 차원에서 개인의 견해, 이상, 기준, 행동, 사회적 역할로 드러난다.

자존감 발달 촉진. 넷째, 특수아의 자존감 발달을 촉진한다. 자존감$^{self-esteem}$은 자신을 존중하고 아끼는 마음이다('자기존중감' '자존심'으로도 불림). 이는 스스로 가치 있는 존재임을 인식하고, 자신의 노력에 따라 성취할 수 있다는 자기 확신이다. 높은 자존감은 타인의 가치 비하적인 말 또는 행동을 내면화하지 않고 자기주도적으로 행동할 수 있게 한다. 사람들은 흔히 장애 정도가 심할수록, 자존감이 낮을 것으로 가정한다. 그러나 연구에 의하면, 꼭 그렇지는 않다. 자존감과 장애의 관계에 관한 연구결과는 다음 세 가지(① 장애 vs. 자존감 수준, ② 장애 vs. 자존감 문제, ③ 환경요인 vs. 장애)로 요약된다(Altshuler et al., 2008; Miyahara & Piek, 2006).

☐ **장애 vs. 자존감 수준.** 첫째, 장애와 자존감 수준은 별개다. 예컨대, 지체장애학생은 사회적 고립에도 불구하고, 자존감은 낮지 않다(Altshuler et al., 2008). 그 이유는 사회적 평가절하에 직면하여 자기가치감$^{self-worth}$을 유지하는 방법을 발달시켰기 때문이다. 즉, 내적 특성에 가치를 두되, 신체특성에는 가치를 덜 두기 때문이다. 이는 사회의 외모중시풍토에 변혁이 필요함을 시사한다. 세상에 완벽한 것은 없고, 눈에 띄는 것과 잘 띄지 않는 차이만 있을 뿐, 누구나 장애가 있기 때문이다.

☐ **장애 vs. 자존감 문제.** 둘째, 장애는 자존감 문제를 심화시킬 수 있다. 이에 특수아의 자존감 문제는 과소평가되어서는 안 된다. 자기인식이 확고하더라도, 장애로 인한 열등감과 수치심은 학생에게 영향을 줄 수 있기 때문이다. 글상자 3-4는 한 학생이 교통사고로 다리 절단 수술을 받고 의족을 한 후, 기록한 경험담의 일부다.

글상자 3-4. 후천성 장애를 입은 학생의 글

　　내 몸이 다른 아이들과 달라졌다고 느끼게 된 것은 학교운동장에서 몸이 성한 사람의 눈에 내가 어떻게 비치는지를 깨달으면서부터였어요. 어느 날, 과장되게 절룩거리며 내 곁을 지나가는 아이가 있었어요. 그 아이는 절룩거리는 시늉을 하다가 어깨 너머로 날 힐끗 쳐다봤어요. 나는 아무런 생각없이 친구와 공던지기 놀이를 하고 있었어요. 그런데 그 아이는 몇 번 더 절룩거리는 시늉을 하다가 다시 날 쳐다봤어요. 그때서야 그 아이가 내 걸음걸이를 흉내내고 있다는 걸 깨달았어요. 친구가 던진 공을 손으로 꼭 잡았는데, 내 심장이 마구 뛰는 것이 느껴졌어요. 내가 정말 저렇게 보이나? 마치 한 마리 동물이 된 것처럼……? 갑자기 너무 창피해서 그 상황이 너무 힘들었어요. 그때의 심정을 어떤 말로 표현해야 할지 잘 몰랐기 때문인 것 같아요. 토할 것 같이 가슴에서 뭔가 격렬하게 소용돌이치는 느낌이 들었어요. 난 너무 못났고, 무가치하다는 생각도 들었어요. 그 생각이 잘못된 것이라는 걸 잘 알면서도 말이에요(Rapp, 2007, p. 77).

☐ **환경요인 vs. 자존감.** 셋째, 환경요인은 자존감에 영향을 줄 수 있다. 아동·청소년기에 경험하는 많은 문제는 외적 요인에 의한 것이다. 만일 특수아가 방과 후 활동 또는 사회적 기회로부터 배제된다면, 이는 학생의 자기가치감 하락의 원인이 될 수 있다. 특수아에게 진정한 자기수용은 결코 쉬운 일이 아니다. 이에 학교환경으로 인해 특수아가 스스로 자기가치가 덜하다는 메시지를 받지 않게 하는 도움이 필요하다. 눈에 잘 띄지 않는 장애가 있는 학생은 눈에 잘 띄는 학생에 비해 더 많은 정서문제를 겪기 때문이다(Blum, 2005).

예를 들어, 발디딜 틈 없이 가득 찬 엘리베이터를 3층에서 탄 사람이 2층 버튼을 누른다고 생각해 보자. 함께 탄 사람들은 "멀쩡해 보이는 사람이 한 층 정도는 충분히 걸어 내려갈 수 있지 않아?"라고 생각할 것이다. 사람들은 흔히 건강해 보이는 사람을 보면 당연히 건강할 것으로 기대한다. 그러나 그 기대에 미치지 못하면, 그 사람은 '결함'이라는 심리적 비용을 치르게 된다.

성 문제 해소 조력. 다섯째, 특수아의 성 문제 해소를 위한 교육 또는 상담 프로그램의 적용이 요구된다. 성^{sexuality}은 일반학생뿐 아니라 특수아에게도 정체성과 적응의 중요한 쟁점의 하나다. 사람들은 종종 특수아를 '영원한 아이'로 인식함으로써, 성에 대한 이들의 관심과 욕구가 마치 어린아이 수준에 머물러 있는 것으로 착각한다. 그러나 장애의 심각도에 관계 없이 특수아 역시 성에 대한 관심과 욕구가 있다. 성은 자기인식의 중요한 부분을 차지하고 있다는 점에서 특수아의 성 문제에 대한 관심이 요구된다.

이미 여러 연구에서 지적장애 또는 지체장애 학생의 성에 대한 관심은 일반학생 못지않다는 사실이 입증되었다. 심지어 만성질환 또는 치명적인 질병이 있는 특수아들조차 또래들 이상의 성행위를 한다(Greydanus et al., 2002). 그럼에도 불구하고 부모들은 이 사실을 잘 알지 못한다. 또 특수아는 일반학생에 비해 가정에서 성교육을 덜 받는 것으로 조사되었다(Cheng & Udry, 2002).

지체장애여학생은 외모를 강조하는 사회에서 어려움을 겪을 수 있다. 이는 때로 보상행동으로 나타난다(Falvo, 2005). 이들의 성적 적합성은 신체적 매력으로 평가될 수 있기 때문이다. 질병 또는 의료적 처치에 따른 매력이 없다고 느껴지는 신체적 특성은 이들의 자존감을 심각하게 위협한다. 이런 상황은 때로 여자 청소년이 자신의 여성스러움을 입증하기 위해 무분별한 시도를 하는 결과로 나타나기도 한다(Greydanus et al., 2002). 그릴리(Grealy, 1994)는 자서전에서 자신의 신체손상이 성적 선택에 미친 영향에 관해 피력했는데, 그 내용은 글상자 3-5와 같다.

글상자 3-5. 여자 청소년의 신체손상이 성적 선택에 미친 영향에 관한 고백

> 어쩌면 섹스는 구원일 거라는 생각이 들었다. 나와 섹스할 사람이 있기만 한다면, 그것은 내가 매력적이고 누군가가 나를 사랑할 수도 있다는 뜻일 테니까. 나는 나의 사랑할 수 있는 능력을 의심한 적은 없었지만, 돌아오지 않는 사랑이 될 것을 의심했다. 누군가에 대한 갈망과 그 누군가가 결코 없을 것이라는 두려움이 서로 차이를 알 수 없을 정도로 뒤섞였다(p. 206).

자기결정 · 자기옹호 능력 신장. 여섯째, 특수아의 자기결정과 자기옹호 능력 신장을 돕는다. 자기결정self-determination이란 개인이 삶의 주체자로서, 외부의 영향이나 간섭 없이 스스로 선택 · 결정 · 책임지는 것을 말한다. 이 능력의 핵심은 자신이 역량 있고 유능한 존재라는 믿음을 토대로, 자신의 강점과 약점 모두를 이해하는 것이다. 이 개념은 주로 진로발달 영역에서 사용되는 것으로, 직업 세계에서 개인의 미래와 관련된 결정을 내릴 수 있는 능력을 의미하기도 한다. 자기결정 기술과 태도에 기초한 행동은 삶에 대한 통제력을 갖게 하고, 사회에서 성공한 성인 역할을 하게 한다(Field et al., 1998). 높은 수준의 자기결정은 개인의 재정적 독립, 고용 가능성, 삶의 질을 높인다(Chambers et al., 2007). 특수아의 자기결정능력 증진을 위한 방안은 글상자 3-6과 같다.

글상자 3-6. 특수아의 자기결정능력 증진 방안

1. 선택에 직면한 학생에게 자신의 의견을 표현하도록 격려한다.
2. "우리를 빼고 우리를 논하지 말라!"는 장애인 권리장전을 준수한다.
3. 자기주장(자기옹호) 기술을 가르치고 격려한다.

이에 비해 자기옹호[self-advocacy]는 자신의 요구를 인식하여 충족하는 방법을 모색·발견하는 것이다. 이러한 능력은 자신의 미래상에 적합한 의사결정을 내리게 하고, 운명을 스스로 통제할 수 있다는 믿음을 갖게 한다. 일반적으로, 비장애 아동·청소년은 이러한 발달적 쟁점을 자연스럽게 직면하는 반면, 특수아는 이런 쟁점에 관한 자신의 권한이 축소된 것 같은 경험을 할 수 있다. 삶에 대한 자기통제감 약화는 어려서부터 늘 무엇을 해야 할지 '말해 주는' 어른이 곁에 있었거나, 또래지원이 없는 경우에 발생하는 전형적인 부작용이다(Matheson et al., 2007).

사회기술 증진 조력. 일곱째, 특수아의 사회기술 증진을 촉진한다. 사회기술[social skill]은 대인관계 형성과 의사소통을 수월하게 하는 사회적 역량이다('소셜스킬'로도 불림). 이는 주로 사회규칙 습득, 관계 형성, 언어·비언어 행동을 통해 발현된다. 미국의 경우, 각급 학교에서 사회적응을 위한 교과목으로 채택하고 있을 정도로, 사회기술을 중시하고 있다. 사회기술은 의사소통, 학습, 도움 요청, 욕구 충족, 타인과의 교류, 교우관계 형성, 자기보호, 조화로운 상호작용을 위한 도구다. 일반학생과 마찬가지로, 특수아 역시 또래집단에 속하고, 이들로부터 받아들여지고자 노력한다. 사회기술은 다양한 인성적 특질(신뢰성, 공손, 책임, 공정, 돌봄, 시민정신 등)로 구성된다. 이런 특질은 개인의 내적 도덕기준 확립에 도움을 주어, 사고와 행동에서 최선의 선택을 하게 하여 사회역량을 구축한다. 사회기술과 유사한 개념으로는 사회화가 있다.

☐ **사회화.** 사회화[socialization]란 사회생활에 필요한 가치, 규범, 지식 등을 내면화하는 과정을 말한다. 이는 사회기술의 학습과정이기도 하다. 이 기술의 결여는 사회적 어색함과 대인관계 형성과 유지의 실패를 초래하여 사회적 고립으로 이어질 수 있다. 이와 유사한 개념들로, 재사회화[resocialization](사회변화 과정에서 형성된 새로운 가치, 규범, 지식 등을 학습하는 과정), 탈사회화[desocialization](새로운 사회에의 적응을 위해 기존 사회에서 습득한 가치, 규범, 지식 등을 버리는 과정)가 있다.

☐ **대인관계기술.** 대인관계기술은 타인과의 상호작용을 위해 사용하는 일련의 행동이다(① 지배/복종, ② 사랑/증오, ③ 제휴/공격, ④ 통제/자율)(Leary, 1957). 긍정적인 대인관계 기술로는 설득, 적극적 경청, 위임, 책무 등이 있다. 특수아의 사회기술 결여는 종종 또래들과의 관계에서 심각한 문제를 초래한다. 이는 잠재적 교육과정(학교의 형식적 교육과정을 통하지 않고도 대인관계를 통해 자연스럽게 습득하는 사회기술과 규범) 학습에의 어려움으로 이어지는데, 그 예는 글상자 3-7과 같다(Myles, 2007, para 1).

글상자 3-7. 특수아의 사회기술 결여로 인한 문제 예시

1. 사람들이 의견을 물을 때, 항상 진실을 알고자 하는 것은 아니다. ☞ 새로 산 옷을 입고 온 친구에게 그 옷을 입으니까 더 뚱뚱해 보인다고 말해 줄 필요는 없다.
2. 선생님이 다른 학생을 꾸중하고 있을 때는 교과에 관한 질문을 하지 않는 것이 좋다. ☞ 선생님과 꾸중을 듣고 있는 학생의 화를 돋울 수 있다.
3. 가정에서는 괜찮지만, 친구 집에서는 괜찮지 않을 수 있다. ☞ 가정에서는 탁자 위에 발을 올려 놓고 있어도 되지만, 친구 집에서 그런 행동을 하면 친구의 가족이 당황해할 수 있다.
4. 교사에 대한 인사는 때와 장소를 가려서 할 필요가 있다. ☞ 화장실에서 소변보고 있는 교사에게 다가가 "안녕하세요, 선생님!"이라고 인사할 필요는 없다.

글상자 3-7에 제시된 예시를 고려할 때, 자폐스펙트럼장애(ASD)학생들에게 잠재적 교육과정을 직접 가르쳐야 한다는 사실을 교사와 상담교사가 인식하는 것은 중요하다. 그렇지 않으면, 이 학생들은 암묵적 규범을 무시함으로써, 또래들로부터의 배척 또는 성인들과 심각한 문제를 겪게 될 수 있다(Myles & Southwick, 1999). 더욱이, ASD 학생은 잠재적 교육과정(학교에서 의도하거나 계획을 세우진 않으나, 학교생활에서 은연중에 하게 되는 경험)을 학습하지 못해 법적 문제를 겪게 될 가능성이 20~25% 더 높다(Morrissey, 2008).

ASD 학생들에게 잠재적 교육과정을 알려 줄 수 있는 효과적인 방법으로는 잘 선별된 또래모델을 활용하는 방법이 있다(Myles & Southwick, 1999). 미국학교상담자협회(ASCA)는 1999년 역할진술문에 특수아에게 '교실환경에서 소집단 또는 개별적으로 사회기술훈련 제공을 학교상담자의 명백하고 고유한 책임임'을 명시한 바 있다. 그러나 2004년에는 이를 수정하여 개인상담, 집단상담을 비롯한 서비스는 전반적인 학교상담 활동의 일부임을 강조하는 포괄적인 역할 진술문을 발표한 바 있다(ASCA, 2008).

상담교사는 또래훈련 프로그램을 적용하여 특수아에게 의사소통 기술을 가르칠 필요가 있다. 이 프로그램에서 상담교사는 참여학생이 테크놀로지를 이해하고, 또래들과의 자연스러운 상호작용을 돕는 보조공학기기의 사용법을 충분히 숙련했는지 확인한다. 또래훈련 프로그램은 특수아의 의사소통 빈도와 범위 확장에 효과가 있음이 입증되었다(Lilienfeld & Alant, 2005). 그러나 사회기술을 갖추고 있다고 하더라도, 특수아는 종종 또래들로부터 배척된다. 장애로 인한 낙인이 완전히 사라지지 않기 때문이다.

그렇지만 이들은 다양한 기관과 연결된 사회집단 또는 자원봉사단체 등을 통해 학교 밖 친구를 구할 수 있다. 이에 상담교사는 지역사회 장애단체의 활동 또는 프로그램에 관한 정보를 수집하여 특수아 또는 부모에게 제공할 필요가 있다. 학교에서 통합환경에 대처해야 하는 자폐스펙트럼장애를 비롯한 발달장애학생들로 구성된 사회집단의 가치는 글상자 3-8과 같다(Calabro, 2005).

글상자 3-8. 발달장애학생들로 구성된 사회집단의 가치

> [통합교육은] 가다가 멈출 수 있는 길이 아니다. 우리는 아이들이 그 길을 끝까지 가기를 기다리고 있다. 다른 사람의 기준에 맞추는 것은 지치는 일이다. 이 아이들은 자기 자신이 되어, 잘되고 있는 것 또는 잘되고 있지 않은 것에 관해 이야기할 기회가 필요하다.

위기극복 능력 배양. 여덟째, 특수아의 위기극복 능력의 증진을 돕는다. 위기^{crisis}란 상태의 안정에 부정적으로 영향을 미치는 위협 또는 고통스러운 상태로, 갑작스러운 사건 또는 상황에 직면하여 정서적 충격으로 인해 적절히 대처하지 못하는 상태를 말한다. 특수아는 일반학생과 마찬가지로 종종 사회적 문제(일탈행동, 학업중단, 원치 않은 임신을 유발하는 성행위, 성학대 등)를 겪는다. 특수아가 흔히 겪는 위기 또는 고위험 문제로는 ① 청소년 비행, ② 학업중단, ③ 원치 않은 임신, ④ 성 학대 등이 있다. 이러한 문제는 장애 또는 장애에 대한 반응으로 인해 악화되곤 한다. 특수아는 일반학생들과 같은 수준의 포부를 갖지만, 사회장벽을 인식하면서 그 수준을 낮추게 된다(Blum, 2005).

특수아의 위기 또는 모험감수 태도 발달을 위한 조력방안은 다음 두 가지다. 첫째, 과잉보호하지 않는 것이다. 즉, 잠시 옆으로 물러나 특수아가 위기를 받아들이고 실수를 경험하도록 기꺼이 내버려 두는 것이다. 둘째, 특수아가 합리적인 위기를 수용하고, 원치 않는 결과를 효과적으로 다루는 법을 가르치는 것이다. 이는 특수아가 실패로 인식한 것을 재구성하는 법을 학습하도록 도움으로써 가능하다. 특수아의 위기극복을 돕기 위한 지침은 글상자 3-9와 같다.

글상자 3-9. 특수아의 위기 극복을 돕기 위한 지침

> 1. 실패를 재정의하도록 격려한다. ☛ 학생이 하고 싶은 일을 추구하는 것이 성공이고, 권리라는 사실을 강조한다.
> 2. 일어날 수 있는 최악의 결과와 이에 대해 어떻게 대처할 것인지 생각해 보게 한다.

3. 삶에서의 성공은 좋은 결과로 가는 과정에 약간의 나쁜 결과가 생길 수 있는 일종의 숫자게임이라고 설명해 준다. ☞ "나는 실패하지 않았다. 다만 성공하지 못한 1만 개의 방법을 발견했을 뿐이다."(발명가 토마스 에디슨) "나는 내 경력에서 9천번 이상의 슛을 성공하지 못했다. 경기에서 거의 300번 이상 졌다. 26번은 경기의 승패를 좌우하는 슛을 성공시키리라고 사람들이 기대했지만, 성공시키지 못했다. 내 인생은 실패의 연속이었다. 이것이 내가 성공한 이유다."(NBA 농구선수 마이클 조던)

글상자 3-9에 제시된 예에서처럼, 성공을 추구하는 과정에서 실패처럼 보이는 결과는 재앙이 아니라 약간의 부정적 결과에 불과하다는 시각은 위기/모험 감수 과정인 동시에 적응유연성의 핵심 요소다. 이러한 점에서 위기와 모험감수는 개인의 성장과 발달, 그리고 목표, 욕구, 꿈의 성취에 필수다. 실수하지 않으면, 아무것도 할 수 없다.

특수아의 진로발달

특수아의 진로발달에 대한 요구는 진로 인식, 취업 준비, 진로정보 수집, 진로목표 수립, 목표성취에 필요한 지식과 기술 습득 등 일반학생의 것과 크게 다르지 않다. 그러나 장애는 특수아의 취업과 사회참여를 심각하게 제한한다는 점에서 특수아의 진로발달 여건은 일반학생들의 것과는 큰 차이가 있다. 학교상담의 3개 영역 중, 특수아가 장차 장애인차별주의의 영향을 가장 크게 받을 수 있는 영역이라는 점에서 진로발달 영역의 요구는 대부분의 특수아에게 확대되어야 한다.

장애인차별주의^{ableism}란 장애인의 신체 또는 정신 능력에 근거한 차별 경향성을 말한다('에이블리즘' '정상신체중심주의'로도 불림). 장애가 없는 것이 더 좋고, 비장애인으로 활동하는 것이 더 낫다는 생각을 나타내는 말이다. 이는 장애인들이 '정상적으로' 특정 직업 또는 활동에 참여하지 못한다면, 그 일은 할 수 없을 것이라는 믿음을 갖도록 유도한다는 문제가 있다(Mpofu & Harley, 2006).

특수아 진로발달의 걸림돌

특수아는 종종 진로발달과 관련하여 복잡한 문제와 장벽에 직면한다. 이러한 이유로 특수아는 특정 직업에 대해 꿈꾸는 것조차 한계를 느껴 일찌감치 꿈을 접기도 한다.

게다가 이들은 관심을 확장할 수 있는 사회활동과 특별활동에의 참여 기회가 제한되어 있어, 활동을 통해 제공되는 진로발달 기회를 활용하지 못한다. 장애는 주변의 부정적 태도와 물리적 장벽에 직면하게 하고, 취업 장벽을 높여 고용전망을 어둡게 한다. 이는 다수의 장애인을 저임금 상태에 처하게 하고, 보험 혜택이 없는 직업을 갖게 하며, 상해 발생 가능성이 커지게 한다.

설령 취업했다고 하더라도 장애는 개인에게서 떨어지지 않는다. 장애는 직장에서 차별에 직면하게 할 뿐 아니라 퇴직, 해고 등의 원인이 되며, 직업적 성공 가능성을 떨어뜨린다(Mainzer et al., 2003; Stensrud, 2006). 장애는 장애인들을 취업경쟁에서 배제시키는 원인으로 작용하여, 장애인의 실업률을 높여 왔다. 이런 현실을 보여 주는 미국 장애인의 취업 현황은 글상자 3-10과 같다.

글상자 3-10. 미국 장애인의 취업 현황

> 1. 전체 장애인 중 절반 정도만 직업을 가지고 있다(Erickson & Bjelland, 2007).
> 2. 취업하지 않은 장애인 중 2/3 정도는 일하기를 원한다(Vaughan, 2007).
> 3. 장애인 편의시설 마련을 위한 고비용 부담으로, 고용주들은 장애인 고용을 꺼린다.
>   ☞ 그러나 실제로는 장애인 편의 증진을 위한 비용은 거의 없다(Erickson & Bjelland, 2007).

특수아의 진로발달을 촉진하려면, 직업세계에서 예상되는 장벽에 대한 현실적인 이해와 협력이 요구된다. 또한 특수아에게는 장애가 있다는 점에서 확대·조정된 진로발달이 필요하다. 특수아에게는 단순히 취업하여 직업에 적응하는 것 이상이 요구된다. 이러한 문제는 특수아의 진로발달 과정을 복잡하고 어렵게 하는 동시에, 상담교사가 특수아 지원과 학교상담 프로그램 설계 시 반드시 고려해야 할 사항이기도 하다.

특수아의 진로발달 촉진방안

학교상담 프로그램을 통한 특수아의 진로발달 촉진방안으로는 ① 진로 자기효능감 발달 촉진, ② 역할모델과 멘토링 활용, ③ 타당한 진단도구 사용, ④ 진로자기결정·진로자기옹호 능력 증진, ⑤ 잠재능력 개발, ⑥ 실수와 역경 극복 지원, ⑦ 흥미와 취미활동 독려, ⑧ 학교와 생활경험 연결이 있다.

진로 자기효능감 발달 촉진. 첫째, 특수아의 진로 자기효능감 발달을 촉진한다. 진로 자기효능감$^{career\ self-efficacy}$이란 직업, 진학, 여가활동 등의 선택, 결정, 적응, 과업 수행을 성공적으로 수행할 수 있다는 자신에 대한 믿음을 말한다. 진로자기개념^{career self-concept}이 진로/직업환경에 대한 해석과 경험을 통해 형성된 자신에 대한 총체적 자기지각이라면, 진로 자기효능감은 진로 관련 역량에 대한 자기지각이다. 진로자기상^{career self-image} 형성은 어릴 때 시작하여 형식적 · 잠재적 교육과정 활동 참여를 통해 공고해진다. 이에 상담교사는 학급생활교육 프로그램 또는 수업지도안을 개발 · 적용하여 학생들의 진로발달을 촉진할 필요가 있다.

그러나 특수아는 일반학생에 비해 긍정적인 진로자기개념 형성과 진로 자기효능감 증진에 어려움을 겪는다. 왜냐하면 이들은 이들의 직업선택 폭과 가능성이 과소평가된 사회와 문화에서 자라고 있기 때문이다. 특수아는 자신들에 대한 사회의 낮은 기대로 인해 낮은 진로자기개념을 형성하거나, 아예 진로자기개념을 형성하지 않기도 한다(Marshak et al., 2010). 따라서 의식적인 사고와 의도된 행동은 특수아의 긍정적인 진로자기개념 형성을 촉진할 수 있다. 나이 어린 특수아에게 "너는 커서 뭐가 되고 싶니?"라는 질문을 던지는 것만으로도 순간적으로 직업세계에 이들의 자리를 만들어 주는 메시지가 될 수 있다.

역할모델과 멘토링 활용. 둘째, 특수아의 진로발달을 위한 역할모델과 멘토링을 활용하는 것이다. 특수아의 진로발달을 저해하는 요소의 하나는 이들이 모방할 수 있는 성공적인 직업인으로서의 장애인 모델이 크게 부족하다는 것이다. 1995년부터 2006년까지 출판된 173권의 아동도서에서 장애 주제와 관련된 내용을 분석한 연구(Marshak et al., 2006)에 의하면, 전체 분석 대상 중 3%의 서적에서만 직업을 가진 장애인이 등장했다. 이에 상담교사는 교사들이 성공적인 직업인으로서의 장애인 사진을 교실에 게시하거나, 관련된 스토리가 담긴 책을 읽어 주거나, 지역사회의 강사를 초청하여 학생들이 강연을 듣게 하는 방법을 적극 권장할 필요가 있다. 전교생 대상의 진로발달 활동에서도 정기적으로 장애인에 관한 정보를 포함한다.

다른 사회적 소수집단과는 달리, 특수아는 부모, 형제자매, 친척들과 함께 성장하면서도 특정 소수집단으로서의 상태와 특성으로 인해 사회적 낙인 극복에 어려움을 겪는다. 만일 특수아가 자신의 장애를 인식했다면, 멘토링^{mentoring}을 권장할 수 있다. 멘토^{mentor}는 특수아가 사회적 · 전문적 네트워크로 첫발을 내딛는 통로 역할을 할 수 있다. 예를 들어, 장애가 있는 졸업생을 초청하여 강연을 하게 하는 것이다. 장애가 있는 졸업생들이 대학에 진학하거나 좋은 직장에 취직하는 것을 보는 것은 특수아들에게는 큰 감동이 되고, 진로포부를 갖게 하는 희망의 원천이 될 수 있다. 졸업생들이 어떻게 해서 꿈을 성취해 가고 있는지를 특수아가 듣는 것은 깊은 감동을 불러일으키는 희망의 메시지로 작용할 수 있다.

타당한 진단도구 사용. 셋째, 특수아의 능력, 흥미, 가치 등을 이해하기 위해 표준화된 검사를 사용한다. 진로계획에서 학생의 흥미를 파악하는 일은 중요하다. 그러나 이러한 도구는 때로 특수아를 부정확하게 묘사하여 진로계획 수립에 혼란을 초래할 수 있다. 흥미검사는 학생의 흥미 탐색을 위한 유용한 도구이지만, 특수아에게는 그렇지 않을 수 있다. 왜냐하면 특수아의 프로파일이 제한적인 흥미만을 나타낼 수 있기 때문이다. 이처럼 부정확한 검사결과를 산출하게 되는 이유는 다음 두 가지다. 하나는 활동 전반에 걸쳐 직접적인 참여가 제한됨을 의미하고, 다른 하나는 검사에 제시된 분야에 적합하지 않다고 가정함으로써, 특정한 진로흥미를 반영하는 문항에 진정성 있게 답하지 않을 것이기 때문이다.

표준화 검사의 가장 큰 문제는 특정 유형의 특수아 집단을 대상으로 표준화되지 않았다는 사실이다. 이 문제는 지능검사와 적성검사에서 확연히 드러난다. 예를 들어, 적성검사는 시간제한형 검사로, 제한된 시간 내에 얼마나 많은 문항을 완수했는지에 따라 점수가 부여된다. 만일 뇌성마비 같은 장애가 피검자의 운동기능을 저해한다면, 답안 작성은 지연될 것이고, 이는 검사결과에 영향을 미칠 것이다. 이런 현상은 지능 검사의 동작성 검사에서도 나타난다. 시간제한형 검사에서 장애학생의 동작성 지능 은 실제 수준보다 낮게 나타날 것이므로, 시간제한이 없는 검사가 더 적절할 것이다. 또 정서문제가 있는 학생은 검사자와의 낮은 관계성이 부적절한 대인관계로 이어져, 검사결과에 영향을 줄 수 있다.

검사도구 대부분은 피검자의 문해력, 지시사항, 추상적 개념 등의 이해력에 의존한다. 만일 피검자가 장애로 인해 검사수행에 필수적인 요건을 갖추고 있지 못하다면, 검사결과가 영향을 받게 되어 피검자의 정확한 능력을 산출하기 어렵다. 그러나 이런 한계가 있다고 해서 표준화된 검사를 전적으로 불신할 필요는 없다. 표준화 검사 결과는 얼마든지 특수아의 진로지도를 위한 보조자료로 활용할 수 있다. 대신, 효과 적인 진로상담을 위해서는 학생이 직접 밝히는 진로포부와 관심, 부모와 교사가 보고 하는 학생의 가치, 적성, 재능 등 다양한 범위의 특성이 고려될 필요가 있다.

진로자기결정 · 진로자기옹호 능력 증진. 넷째, 특수아의 진로자기결정과 진로자기옹 호 능력 증진을 촉진한다. 진로자기결정과 진로자기옹호는 특수아의 직업적 성공의 중요한 요소인 동시에, 진로계획을 위한 자원이다. 진로자기결정$^{career\ self-determination}$이란 진로결정과 관련하여 일차적 의사결정자로서 수행하는 개인의 행동과 태도를 말한다. 이에 비해, 진로자기옹호$^{career\ self-advocacy}$는 진로와 관련된 부당성에 대해 논리로 반박하거나 주변의 도움(예 옹호기관 또는 단체)을 통해 반박할 수 있는 기술이다. 이 기술은 장애인이 장애로 인해 부당한 대우를 받는 경우, 이를 그대로 수용하기보다 공정한 대우를 해 줄 것을 요청할 수 있는 중요한 역량이다.

이 두 가지는 장애인이 직업세계에서 역량을 갖춘 참여자로서의 활동에 필요한 기술이다. 장애가 있는 피고용인은 다른 비장애 근로자와 마찬가지로 독립적인 진로 관련 결정을 내리고, 자신의 행동에 대한 책임져야 한다. 또 고용주에게 자신의 장애와 관련된 요구를 명확하게 설명하고, 조정을 위해 고용주를 설득하며, 법에 명시된 권리를 단호하면서도 완곡하게 설명할 수 있어야 한다.

잠재능력 개발. 다섯째, 특수아의 잠재능력 발굴·강화를 돕는다. 특수아는 학교와 사회에서 종종 '부적절함'이라는 수렁으로 내몰리는 경험을 한다. 잠재역량의 발굴과 강화는 특수아의 자신감과 성취감 증진을 촉진한다. 이는 특수아가 새로운 도전에 용기를 내고, 어려운 과제 완수를 위한 동기유발을 촉진한다. 상담교사는 특수아가 향후 직면하게 될 역경과 장애물을 능히 극복 가능한 도전으로 인식할 수 있도록 지지와 격려를 통해 역량 개발을 촉진한다. 이는 개인상담, 집단상담, 교실생활교육을 통해 특수아의 강점, 재능, 성공 경험 등에 대한 피드백을 제공하고, 역량 개발을 도움으로써 가능하다.

실수와 역경 극복 지원. 여섯째, 특수아의 실수와 역경 극복을 지원한다. 실수에 대한 두려움은 특수아가 도전적인 과제를 회피하게 하여 학생의 성장과 발달을 저해할 수 있다. 이에 실수/실패는 학생에게 학습과정에서 자연스러운 일로 여겨질 필요가 있다. 이에 상담교사는 학생의 어려움에 공감하면서 성공을 위한 학생의 능력을 신뢰하고 있음을 반복적으로 전달할 필요가 있다. 이때, 학생이 '최선을 다해 더 열심히 해야 한다'가 아니라, '끝까지 인내해서 끈기 있게 도전하기'에 초점을 둔다("이걸 잘 터득할 수 있는 새로운 방법을 선생님과 함께 찾아보자."). 이는 창의적인 문제해결적 접근의 기본 원리다.

흥미와 취미활동 독려. 일곱째, 특수아의 흥미와 취미활동을 독려한다. 특수아의 관심과 취미 개발을 돕는 것은 개인적으로는 기쁨, 즐거움, 인정, 자존감을 높이고, 사회적으로는 교우관계를 형성할 기회를 제공한다. 교우관계는 두 사람의 관심사 공유에 기초한다. 적잖은 특수아가 장애 관련 치료를 받아야 한다는 점에서 또래학생에비해 여가시간이 적고, 다양한 활동에의 참여기회가 적을 수 있다. 이에 특수아에게취미활동 참여를 권장하여 사회적 상호작용의 기회를 늘리는 것은 아동의 개인·사회성 발달은 물론, 진로발달에도 도움을 준다. 이렇게 축적된 특정 영역에 대한 관심은 발달과정에서 직업적 관심으로 연결될 수 있다.

학교와 생활경험 연결.   여덟째, 특수아는 직업세계, 그리고 가정과 사회 공동체 생활에서 학업의 필요성을 이해해야 한다. 특수아의 대부분은 삶에서 경험의 폭이 제한적이다. 이에 특수아를 위한 학교 기반 방과 후 활동이 더 다양하게 마련될 필요가 있다. 특수아는 일반학생에 비해 학업중단의 비율이 훨씬 높다는 점을 고려할 때, 이들의 학업에 대한 동기수준을 높이기 위한 학업과 세상을 연결하는 상담 프로그램의 확대 운영될 필요가 있다.

특수아의 진로발달에 대한 태도

특수아 진로상담의 목표는 독립성 증진, 그리고 자원 제공을 통해 학생의 진로결정역량을 강화하는 것이다. 진로발달은 학생의 능력, 기능적 한계, 가치관, 관심/흥미,열망에 대한 합리적인 자기이해에 기초한다('확장적 현실주의'). 특수아의 진로발달에 도움이 되지 않는 교사의 관점은 다음 두 가지다. 하나는 특수아에 대한 기대가 낮고,이들의 취업이 의외라는 시각이다('비관적 관점'). 다른 하나는 장애가 학생의 가능성을 제한할 수 없다고 믿으며, 특수아의 능력 또는 제한에 대한 현실적 진단과 평가 결과를 고려하지 않는 것이다('비현실적 관점').

비관적 관점.   특수아의 진로발달에 대한 비관적인 관점에 의하면, 취업한 장애인은무언가 특별한 것을 해낸 영웅이다. 이러한 관점을 가진 교사는 특수아가 커서 뭐가되고 싶은지 꿈꾸고 탐색하는 것 같은 발달단계를 충분히 경험할 수 있도록 지지하거나 격려하지 않는다("이 학생들은 어떤 것도 할 수 있는 능력이 없어요."). 이러한 관점의결과는 특수아의 잠재력, 가능성, 선택에 대해 일찌감치 포기하는 것이다("이 학생은학습장애가 있잖아요. 대학에 갈 수 있는 학생이 아니에요. 고등학교를 졸업하자마자 차라리취업준비를 하는 게 훨씬 나을 거예요.").

  특수아의 진로발달에 대한 비관적 관점은 이들의 진로선택지에 대한 충분한 검토 또는 상상을 조기에 차단하고, 열망을 꿈꿀 자유조차 잃게 할 수 있다. 특수아는 자신에게 진로에 대한 가능성과 기대에 한계가 있음을 가정, 학교, 사회, 주변 사람을 통해 인식하게 된다. 이로 인해 다수의 특수아는 직업 선택의 가능성을 조기에 닫게 된다. 이로써 특수아는 더 이상 미래에 대해 꿈꾸지 않거나, 꿈의 실현을 위해 노력하기보다 조기에 꿈을 접는다(Mpofu & Harley, 2006). 이에 상담교사는 통합학급 생활교육을 통해 다양한 직업군에서 장애인이 일할 수 있음을 보여 줌으로써, 직업세계에 대한 인식을 도울 필요가 있다. 이는 특수아가 선택지를 조기에 포기하는 것을 막을 수 있다.

비현실적 관점. 특수아의 진로발달에 대해 비현실적인 관점을 가진 교사는 특수아에게 종종 다음과 같이 말한다("충분히 노력만 하면, 네가 원하는 것은 뭐든지 할 수 있어!"). 물론 특수아에게 미래에 대한 꿈을 키워 주고 용기를 북돋아 주는 것은 바람직하다. 그러나 학생의 장애와 관련된 실생활에서의 제한점과 직업세계에서 직면할 수 있는 사회적 · 환경적 도전을 간과하는 것은 특수아가 예상되는 어려움을 능히 헤쳐 나갈 수 있도록 효과적으로 대비시키지 못한다는 문제가 있다.

비현실적인 관점을 가진 교사는 특수아가 직업적 성공에 필요한 요소(예 직업재활 서비스, 자기옹호 기술훈련, 보조공학기기 등)에 관한 실질적인 정보, 전략, 서비스 발굴에 소극적이다. 이런 점에서 비현실적 관점은 비관적 관점과 마찬가지로 특수아의 역량을 크게 약화시킬 수 있다. 이에 상담교사는 학생이 무언가를 할 수 없다고 결론 내리기 전에, 적어도 시도해 볼 수 있도록 도와야 한다. 이러한 태도는 특수아의 잠재 능력을 발견하면서 감동 또는 놀라움을 느끼게 할 수 있다. 이것이 확장적 현실주의의 핵심이다.

확장적 현실주의. 확장적 현실주의expansive realism란 장애로 인한 진로장벽의 존재는 인정하되, 이 장벽을 뛰어넘거나 우회함으로써 특수아가 원하는 진로목표를 성취할 수 있다는 믿음을 가지고 노력하는 것을 말한다. 이러한 믿음과 노력은 종종 특수아에게 비현실적으로 보이던 진로가 실재가 되게 한다. 이에 확장적 현실주의에 입각한 특수아에 대한 진로지도의 슬로건은 "우선 꿈꾸게 하라! 그런 다음, 그 꿈이 현실적인지 알아보도록 도와라!"다. 확장적 현실주의에 기반을 둔 진로발달에는 모든 직업이 포함된다. 이러한 신조는 특수아 진로발달의 지도 원칙이며, 이 원칙의 실행을 위해 교사와 상담교사가 준수해야 할 지침은 글상자 3-11과 같다.

글상자 3-11. 특수아의 진로발달을 위한 지도 원칙

1. 학생의 진로에 대한 꿈을 존중한다.
2. 학생의 의견과 창의적 사고를 중시하고, 증거 없이 불가능하다고 단정하지 않는다.
3. 현실적이거나 마음을 끄는 대안적 목표수립을 돕지 않은 채, 꿈을 깨게 하지 않는다.
4. 학생이 필요로 하거나 관심 있어 하는 모든 진로정보를 제공한다.
5. 특정 직업에의 접근을 제한하는 규정이 있는지 조사한다.
6. 학생이 관심 있는 직업군을 발견하면, 학생과 동일한 장애가 있으면서 그 분야에 종사하는 직업인을 찾을 수 있도록 돕는다.
7. 가능하면, 같은 지역의 해당 직종 또는 전문 분야에서 멘토를 찾는다.
8. 직종 내에서 진로/직업군을 활용하여 다양한 가능성을 탐색한다.
9. 학생의 역량 평가를 위해 해당 직무를 수행할 수 있는지 일해 볼 기회를 제공한다.
10. 진로평가와 연계하여 개별화된 진로계획 개발을 돕는다.

새로운 꿈을 꾸도록 돕지 않은 상황에서 학생의 꿈을 깨게 하는 것은 교사 또는 상담교사의 책무성을 다하지 않는 것이다. 이는 오히려 학생에게 해를 입히는 일이다. 학생이 좌절로 인해 자신의 더 나은 미래에 대한 희망을 잃을 수 있기 때문이다. 다른 한편으로, 이는 학생의 미래에 무언가 의미 있는 일이 미래에 실현될 것의 부정에 대한 긍정이 될 수 있다.

◆ 복습문제 ◆

🌱 다음 밑줄 친 부분에 알맞은 말을 쓰시오.

1. 역사적으로, 특수아를 위한 교육제도는 ① 교육기회로부터의 배제, ② ＿＿＿교육, ③ ＿＿＿교육으로 변천해 왔다. 이러한 추이는 오늘날 ＿＿＿＿＿＿＿환경에서의 통합교육으로 이어졌다.

2. 공학 또는 전자기술을 활용하여 특수아의 기능수준 개선 · 유지 · 확대를 위해 고안된 도구, 장비, 또는 생산 시스템을 ＿＿＿＿＿＿＿＿＿(이)라고 한다. 이러한 기기의 사용 목적은 교육내용에의 접근과 활동에서 ＿＿＿＿＿을/를 증진하는 것이다.

3. 교사가 일반학생에게 특수아를 돕도록 요구하는 것은 ＿＿＿＿＿＿＿＿＿을/를 조력자-피조력자 관계로 변질시킬 수 있다.

4. ＿＿＿＿＿＿＿＿＿은/는 자신이 누구인지를 일관되게 알아차리는 것을 말하는데, ① ＿＿＿＿＿, ② 성별, ③ ＿＿＿＿＿, ④ 계속성 차원에서 개인의 견해, 이상, 기준, 행동, 사회적 역할로 드러난다.

5. ＿＿＿＿＿＿＿은/는 자신의 행동을 관찰하고, 어떤 태도가 행동의 원인이 되었는지에 대한 결론을 내림으로써, 태도를 형성해 나가는 것을 말한다. 이는 세상을 주도적으로 다룰 수 있게 하고, 타인의 시선, 견해, 조롱, 비웃음 등을 효율적으로 대처할 수 있는 원천이다.

6. 특수아의 ＿＿＿＿ 기술의 결여는 사회적 어색함과 대인관계 형성 · 유지 실패를 초래하여 사회적 고립으로 이어질 수 있다.

7. 특수아의 장애로 인한 진로장벽의 존재는 인정하되, 이 장벽을 뛰어넘거나 우회함으로써 특수아가 원하는 진로목표를 성취할 수 있다는 믿음을 가지고 노력하

는 것을 _____(이)라고 한다. 이는 종종 특수아들에게 비현실적으로 보이던 진로가 실재가 되게 한다.

8. _____(이)란 상태의 안정에 부정적으로 영향을 미치는 위협 또는 고통스러운 상태로, 갑작스러운 사건 또는 상황에 직면하여 정서적 충격으로 인해 적절히 대처하지 못하는 상태를 말한다. 특수아는 일반학생들과 같은 수준의 포부를 갖지만, 종종 _____을/를 인식하면서 그 수준을 낮추게 된다.

9. 특수아를 위한 또래학생의 도움이 유용하려면, 또래 간의 상호작용이 연민의 감정 대신, ① _____ 지원, ② 보살핌, ③ _____ 도움으로 인식되어야 한다.

10. _____(이)란 진로결정과 관련해서 일차적 의사결정자로서 수행하는 개인의 행동과 태도를 말한다. 이에 비해, _____(이)란 진로와 관련된 부당성에 대해 논리로 반박하거나 주변의 도움을 통해 반박하는 기술을 말한다.

◆ 소집단 활동 ◆

외톨이 사자 이야기

※ 다음은 일본의 나카노 히로카주의 동화, 「외톨이 사자는 친구가 없
대요」를 요약한 글이다. 소집단으로 나누어, 이 글을 읽고 난 소감
을 나누어 보자.

> 외로운 사자는 만나는 친구에 따라 자신의 갈기의 모양을 바꿔서 그 친구의 환심을
> 사고자 합니다. 고슴도치를 만나면, 고슴도치의 가시처럼 갈기를 세우고, 양을 만나면
> 양의 털처럼 갈기를 둥글게 말고, 사슴을 만나면, 갈기에 나뭇가지를 꽂아 사슴의 뿔
> 처럼 보이고자 합니다. 다른 동물들은 사자의 이런 괴상한 모습을 보고는 소스라치게
> 놀라 달아나, 사자는 다시금 외톨이가 된 자신의 모습에 한탄합니다. 그러던 중, 갑자
> 기 쏟아진 소나기에 사자 본래의 멋진 모습이 드러나자, 동물들은 사자의 멋진 모습에
> 감동하여 기꺼이 사자의 친구가 됩니다. 이 이야기는 자기 자신을 있는 그대로 보여
> 줄 때, 친구를 사귈 수 있다는 소박한 교훈이 담겨 있습니다.

소감

PART 2

장애별 특수아 상담

특수아 상담
Counseling Children
with Special Needs

신체장애학생 상담

☑ **학습목표**

1. 시각장애(맹, 저시력)의 정의를 비롯한 주요 개념을 이해 · 설명할 수 있다.
2. 청각장애(농, 난청)의 정의를 비롯한 주요 개념을 이해 · 설명할 수 있다.
3. 지체장애의 정의를 비롯한 주요 개념을 이해 · 설명할 수 있다.
4. 의사소통장애의 정의를 비롯한 주요 개념을 이해 · 설명할 수 있다.
5. 건강장애(소아암)의 정의를 비롯한 주요 개념을 이해 · 설명할 수 있다.
6. 발달장애(뇌성마비)의 정의를 비롯한 주요 개념을 이해 · 설명할 수 있다.
7. 신체장애의 중재방안을 이해 · 적용할 수 있다.

신체장애^{physical disability}란 민첩성 또는 체력에 제한이 있는 상태를 말한다(종전에는 낮잡아 '신체불구'로 불렸음). 「장애인복지법」에서는 신체장애를 외부 신체 기능 또는 내부기관의 장해^{disturbance}로 정의하고 있다. 장애란 일상생활 활동을 상당한 정도로 제한하는 신체적 또는 정신적 손상을 말한다. 이에 신체장애는 장애의 정의에서 신체적 손상을 특징으로 하는 장애를 일컫는다. 우리나라의 「특수교육법」에 명시된 신체장애로는 ① 시각장애, ② 청각장애, ③ 지체장애, ④ 의사소통장애, ⑤ 건강장애, ⑥ 발달지체가 있다. 따라서 이 장에서는 이 법에 근거한 신체장애(① 시각장애~⑤ 건강장애) 외에, 장애인의 인권과 존엄성을 고려하여 이미 수정되어 국제적으로 널리 사용되는 ⑥ 발달장애에 관해 살펴보기로 한다.

시각장애

> "교실에 선생님이나 다른 아이들이 있다는 것을 내가 알아차리는 데는 시간이 오래 걸릴 수도 있어요. 누군가 내게 다가왔을 때, 내가 누구냐고 물어볼 수도 있어요."

시각장애^{visual impairment}(VI)란 시각계 손상에 의해 시기능에 제한이 있는 상태를 말한다. 「장애인 등에 대한 특수교육법 시행령」에 의하면, 시각장애인은 시각계 손상이 심해, 시(視) 기능을 전혀 이용할 수 없거나, 보조공학기기의 지원을 받아야 시각적 과제를 수행할 수 있는 사람이다. 이 시행령에서는 시각장애인을 시각에 의한 학습이 곤란하여 광학기구 · 학습매체 등을 통해 학습하거나, 촉각 또는 청각을 학습의 주요 수단으로 사용하는 사람으로 규정하고 있다.

시각은 개인이 주변 환경으로부터 세상에 관한 정보를 수집 · 학습할 수 있는 매우 중요한 감각인 동시에, 교육장면에서 학생이 주로 의존하는 감각이다. 이에 시각장애 학생은 세상으로의 접근이 극히 가까운 환경 내에서 접할 수 있는 것만으로 한정된다. 이는 학생의 사회 · 정서 · 학업 · 진로 발달을 저해할 수 있다. 이러한 상황은 후천성 실명 학생에 비해 선천성 맹 아동에게서 더 현저하다.

분류

시각장애는 시력과 시야의 제한 정도에 따라 ① 맹, ② 저시력으로 구분된다. 미국 역시 시력과 시야를 기준으로 시각장애를 법적 맹, 그리고 저시력으로 구분한다.

맹. 맹들^{blindness}은 일상생활에서 활동에 필요한 충분한 시 기능이 결여된 상태다. 법적 맹$^{legal\ blindness}$은 두 눈 중 좋은 눈의 교정시력이 20/200(0.1) 이하 또는 20/200 이상이고, 시야가 20도 이하인 경우를 말한다. 맹이라도 전혀 보이지 않는 사람이 있는 반면, 교정 후 제한적이지만, 기능적 시력을 갖춘 사람도 있다. 교육적 정의에 따르면, 시각 활용이 가능하지 않아, 청각과 촉각 등 다른 감각으로 학습하는 학생은 맹에 해당하는 것으로 간주한다.

저시력. 저시력$^{low\ vision}$은 안경, 콘택트렌즈, 또는 시술을 통해 시력을 교정해도, 보조공학기기 또는 보조기기의 사용이 요구될 정도의 심각한 시각적 제한이 있는 상태를 말한다('약시^{amblyopia}'로도 불림). 이 상태는 교정시력이 20/200(0.1) 이상 20/70(0.3) 이하인 경우다. 저시력 학생은 사람의 얼굴을 인식하기 어려울 수 있다. 비장애학생은 교실이 어디에 있는지, 담임교사와 급우가 누구인지, 수업시간에 필요한 책이 어떤 것인지 이내 알 수 있지만, 시각장애(맹 또는 저시력) 학생은 새로운 일과나 환경에 익숙해지는 데 훨씬 더 많은 시간이 걸린다.

원인과 유병률

맹의 원인은 다양하다. 그렇지만 약시에서 적절한 치료가 이루어지지 않아 지속적으로 악화되는 경우가 많다. 맹의 또 다른 원인으로는 사고(화상, 스포츠 활동 중 부상 등), 질병(당뇨), 선천적 이상, 비타민 A 결핍 등이 있다. 이에 비해, 저시력은 눈에 기질적 병변이 없는 시각손상, 백내장, 당뇨성 망막증, 녹내장, 시력저하, 트라코마^{trachoma} 등으로 인해 발생한다. 미국의 경우, 매년 약 25만 명의 아동이 시각장애로 진단된다고 한다.

중재방안

중재^{intervention}의 사전적 의미는 자신과 직접적인 관계가 없는 일에 끼어듦 또는 상대의 변화를 위해 영향력을 행사하는 행위다. 그러나 여기서는 교과교육 외의 영역(주로 행동수정)에서 주로 외현행동의 변화(문제행동 수정, 정적행동 조성)의 목표달성을 위해 특수아를 돕는 일련의 조력활동으로 정의한다. 이 정의를 학교상담에 적용하면, 중재는 상담교사가 도움이 필요한 특수아의 변화를 돕는 제반 과정을 의미한다. 이 과정에서 상담교사는 목표성취를 위해 특유의 중재기술(반영, 재진술, 명료화, 요약, 질문, 직면, 해석, 재구성, 정보제공, 즉시성, 자기개방, 제안 등)을 활용한다.

시각장애학생에 대한 중재에서는 이러한 일련의 중재기술을 활용하여 학생의 시각장애 발달력을 파악할 필요가 있다. 이는 학생의 독립성(독립적 생활기술), 이동성[방향정위 및 이동을 위한 보조기구(예) 지팡이, 안내견)], 사회적 기능 증진을 도울 지원, 조정, 보조공학기기의 판별에 도움이 되기 때문이다. 시각장애학생을 위한 중재방안으로는 ① 문해력 증진, ② 안전사고 예방조치, ③ 정서문제해결 조력, ④ 사회기술 습득 촉진, ⑤ 학업지원, ⑥ 개별화전환계획 수립 조력이 있다.

문해력 증진. 첫째, 문해력 증진을 돕는 일이다. 시각장애학생의 문해력(글을 읽고 이해하는 능력) 증진을 위해서는 특화된 교재(점자, 디지털 교재, 확대교재, 전자책 등), 광학기기, 컴퓨터 기기, 소프트웨어[스크린리더screen reader(시각장애인에게 화면 내용, 입력한 키보드 정보, 마우스 좌표 등을 음성으로 알려주는 프로그램)] 등이 활용될 수 있다. 시각장애학생은 독립성 또는 이동성의 한계로 또래들로부터 격리될 수 있다.

안전사고 예방조치. 둘째, 안전사고 예방을 위한 방안을 시행하는 것이다. 통합학급의 시각장애학생은 교실생활에 적응할 필요가 있다. 이에 교사는 시각장애학생이 부상을 당하지 않게 다른 학생들에게 교실과 복도 등에 놓여 있는 방해물을 치울 필요가 있음을 주지시켜야 한다. 또 시각장애학생과 어울릴 수 있는 방법에 관한 정보(예) 알아서 도움을 주는 것이 아니라, 어떤 도움이 필요한지 먼저 묻기)를 공유한다. 그리고 학급생활교육을 통해 시각장애학생과 함께 활동할 수 있는 다양한 방법에 관한 정보를 제공한다. 시각장애학생 상담 시 유의사항은 글상자 4-1과 같다.

글상자 4-1. 시각장애학생 상담 시 유의사항

1. 학생을 맞이할 때, 상담교사를 비롯해서 그 자리에 있는 모든 사람의 신분을 밝힌다.
   ☞ 학생이 손을 내밀지 않으면, 말로 환영의 뜻을 전한다.
2. 상담교사의 팔을 잡게 하고(단, 끌거나 밀지 말 것) 안내한다. ☞ 동시에 말로도 안내한다.
3. 정보를 제공할 최선의 방법을 모색한다. ☞ 시작할 때, 어떤 방법을 선호하는지 확인한다(확대 글씨, 점자, 오디오테이프 등).

4. 상담교사가 이동할 것인지, 대화가 끝났는지 등을 학생에게 말해 준다.
5. 자리를 권할 때는 언어적 단서를 제공한다. ☞ 학생의 손을 의자의 등받이에만 놓아 주
   면 더 이상의 도움은 필요하지 않다.

정서문제해결 조력. 셋째, 정서문제해결을 돕는다. 시각장애학생의 정서문제해결을 도와야 하는 이유는 다음 두 가지다.

하나는, 시각장애학생은 자신의 장애 또는 또래학생들과의 관계에서 경험하게 되는 사회적 고립 또는 거부/배척으로 인해 불안이나 우울을 겪을 수 있기 때문이다. 이들의 정서반응 또는 적절한 반응 중재에 대한 인식은 시각장애학생뿐 아니라, 다른 학생들을 위해서도 반드시 필요하다. 다른 하나는, 시각장애학생은 보조공학 및 테크놀로지를 사용함으로써, 또래학생들과 자신을 마치 다른 세상에 사는 사람으로 인식하게 하는 기기의 사용을 거부할 수 있기 때문이다. 이들은 또한 기기 또는 도구 사용법을 익히는 것과 관련된 학습의 어려움으로 인해 깊은 좌절감을 느낄 수도 있다.

사회기술 습득 촉진. 넷째, 사회기술의 습득을 촉진한다. 시각장애학생은 또래들로부터 사회적 거부/배척을 당함으로써 고립감을 느낄 수 있다. 이로 인해 이들은 또래들의 비공식적인 만남이나 활동에 대한 정보를 얻지 못할 수 있다. 게다가 또래들에게 어떻게 다가가고, 또 어떻게 보여야 하는지가 익숙하지 않아서 또래들과 잘 어울리지 못할 수 있다. 이에 상담교사는 개인상담, 집단상담, 학급생활지도 활동을 통해 시각장애 학생의 개인 또는 또래집단의 독특한 요구에 맞는 교육활동을 계획 · 적용할 수 있다. 특히, 담임교사는 시각장애학생이 학습환경 적응에 유용한 과제를 택할 수 있도록 세심하게 도울 필요가 있다.

학업지원. 다섯째, 학업지원을 위한 방안을 마련 · 시행한다. 시각장애학생을 위한 학업지원방안은 표 4-1과 같다.

표 4-1. 시각장애학생을 위한 학업지원방안

영역	지원방안
1. 수업 계획서	○ 점자, 확대자료, 한글파일, 음성 등의 대안매체로 변환한다.
2. 교실	○ 편의시설(유도블록, 조명시설 등), 기자재 등을 구비한다.
	○ 교실 출입문에 학년 · 반을 나타내는 점자표지판을 부착한다.

3. 좌석배치	○ 점자정보단말기, 점판, 확대경, 노트북 등의 지원공학기기를 사용하는 경우, 충분한 크기의 책상을 구비한다. ○ 저시력 학생의 경우, 학생에게 적합한 조도의 조명시설이 설치된 위치에 좌석을 배정하고, 필요한 경우 보조조명기구를 추가 설치한다. ○ 학생이 대필자 또는 안내견을 동반하는 경우, 보조인력의 좌석과 안내견을 위한 공간을 마련한다. ○ 학생의 의사를 최대한 존중하여, 맨 앞줄에 우선 할애한다.
4. 교재 및 교수 학습 기자재	○ 교재·자료의 텍스트 파일과 전자교재, 점자교재, 녹음교재, 또는 확대교재로 변환하여 제공한다. ○ 교실에 녹음설비, 확대모니터, 옵타콘optacon(점자가 아닌 일반 문자를 촉각으로 읽을 수 있도록 만든 기계) 등의 교수기자재를 비치하거나 학생이 개별적으로 소지하도록 허용한다.
5. 수업참여 및 과제	○ ppt 프로그램으로 발표자료를 제작하는 것에 어려움이 있을 수 있으므로, 발표자료 제작을 도우미 학생이 보조하거나 한글, 워드 등 학생이 쉽게 사용할 수 있는 프로그램으로 발표할 수 있도록 허용한다.
6. 시험 및 평가	○ 학생의 요구에 맞게 시험지를 점자자료, 확대자료, 디지털파일 형태로 제공하고, 보조공학기기(노트북, 점자정보단말기 등) 사용을 허용한다. ○ 시험시간을 1.5~2배로 연장해 주고, 별도의 독립된 시험장소에서 시험을 치를 수 있도록 한다. ○ 이러한 조건 제공이 어려운 경우, 대독자를 지원한다.

이 외에도, 시각장애학생을 위한 수업지원 시 고려할 사항은 글상자 4-2와 같다.

글상자 4-2. 시각장애학생을 위한 수업지원 시 고려사항

1. 수업자료를 스크린리더 소프트웨어와 호환이 가능한 전자파일 형태로 제공한다(호환이 가능한 파일형태로는 txt, hwp, word, ppt 파일이 있고, pdf 파일인 경우, 텍스트 추출이 가능하도록 제작된 것만 해당함).
2. ppt 파일은 스크린리더와 호환은 되지만, 학생이 스크린리더로 내용을 읽는 데에 불편함이 있고, 시간이 많이 소요되므로, 가능하면 txt, hwp, word 형태의 파일로 제공한다.
3. 수업노트에 그림 또는 도표가 있는 경우, 스크린리더로 인식이 되지 않으므로, 해당 내용에 대한 별도의 설명을 수업노트에 텍스트 형태로 추가하거나 수업시간에 부가적으로 설명해 준다.
4. 수업 중에 모든 판서 내용에 대해 구두로 설명해 줌으로써, 교사의 설명을 듣고 필기할 수 있도록 하고, 판서 내용과 동일한 내용의 자료를 제공한다.

5. 그림, 도식 등으로 판서를 하는 경우, 구두로 설명하는 것에 한계가 있으므로, 그림 또는 도식을 디지털 파일 형태로 작성하여 제공한다.

6. 수업 중에 판서 내용을 이해ㆍ기록하기가 곤란한 경우, 도우미 학생이 대필하는 것을 허용한다. 대필자가 필기하는 것은 자신이 아닌 다른 사람이 수업내용을 정리하여 기록하는 것이므로 스스로 학습하는 데 한계가 있을 수 있다. 이에 학생이 수업내용을 녹음하여 이후에 그 내용을 다시 들을 수 있도록 녹음을 허용한다.

7. 수업 중에 '이쪽' '저쪽' '이것' 또는 '저것' 등과 같은 지시대명사 사용을 지양하되, 그 내용에 대해 자세히 설명해 준다.

8. 토의 주제 또는 주요 내용을 사전에 텍스트 파일로 제공한다.

9. 토의 내용을 기록하여 토의를 마친 후, 그 결과를 열람할 기회를 제공한다.

개별화전환계획 수립 조력. 여섯째, 개별화전환계획의 수립과 시행을 돕는다. 개별화전환계획individualized transition plan(ITP)은 장애학생이 졸업 후 사회생활에 효과적으로 적응할 수 있도록 재학 중 중점을 두어야 할 사항을 문서로 작성한 계획서다. 이 계획서에는 취업을 비롯하여 개인ㆍ가정ㆍ지역사회ㆍ직업ㆍ여가생활, 중등학교 이후의 교육 등 제반 사항이 포함된다. 개별화전환계획은 학생이 직접 참여하여 자신의 선호도와 잠재력을 기초로, 분야별로 성과중심의 목표를 정하게 하는 것이 바람직하다.

학교교육의 목표는 사회에서의 독립성과 생산성을 높이는 것이다. 전환계획은 시각장애학생의 독립적인 생활기술과 지역사회 내에서의 방향 정위와 이동기술을 포함하여 수립되어야 한다. 중등학교 이후의 교육/훈련에서도 제공될 보조공학기기와 도구 사용에 필요한 교육은 이러한 목표 달성을 위한 방법이다. 시각장애학생은 자신의 장애로 인해 고용기회가 크게 제한된다. 이에 상담교사는 학생의 현실적인 진로탐색을 돕는 한편, 학교와 직업 현장이 연계된 실습, 도제실습, 중등학교 이후의 교육, 지역사회 파트너십 등을 통해 학생이 다양한 직업선택의 가능성을 탐색할 수 있도록 돕는다.

청각장애

청각장애hearing impairment(HI)란 한쪽 또는 양쪽 귀에 경도에서 중도까지 청각 기능에 이상이 있는 상태를 뜻한다.

분류

청각장애는 크게 농과 난청으로 분류된다.

농. 농^{deaf}이란 한쪽 또는 양쪽 귀의 듣는 능력을 완전히 상실한 상태를 말한다. 이 상태는 일시적 또는 영구적일 수 있고, 학생의 학교생활과 학업에 큰 영향을 미친다.

난청. 난청^{hearing loss}(HL)은 귀가 잘 들리지 않는 상태다. 이는 ① 전음성 난청, ② 감음신경성 난청, ③ 혼합성 난청, ④ 청각처리장애로 나뉜다.

첫째, 전음성 난청^{conductive hearing loss}(CHL)은 외이 또는 중이에 영향을 미쳐, 소리가 흐릿하게 들리기는 하지만, 구어 및 다른 소리를 듣는 능력은 떨어지는 상태를 말한다. 청각장애 발생의 주요 원인은 알레르기, 분비액, 감염된 귀지, 이물질로 인한 귀의 감염이다. 유아기·아동기·청소년기의 청각장애는 일시적인 청각 손실조차 개인의 언어, 사회화, 학습에 심각한 영향을 미칠 수 있다.

둘째, 감음신경성 난청^{sensorineural hearing loss}(SHL)은 내이부터 청신경, 대뇌피질 청각영역에 이르기까지 감음기관의 신경 손상으로 인해 발생하는 장애다. 난청의 심각도는 경도, 중등도, 중도('고도'), 최중도('최고도')로 구분된다. 감음신경성 난청은 주파수를 듣는 능력이 손상된 상태로, 큰소리에의 반복적 노출과 노화로 인해 발생한다. 이런 유형의 난청은 영구적이며, 구어 이해를 저해한다.

셋째, 혼합성 난청^{mixed hearing loss}(MHL)는 전음성 난청과 감음신경성 난청이 동시에 발생한 상태다. 이 장애는 중이와 외이 둘 다에 문제가 생긴다(Nichy, 2004).

넷째, 청각처리장애^{auditory processing disorder}(APD)는 단어와 소리 사이의 민감한 차이를 인식하지 못하는 상태다('단어농'으로도 불림). 특히, 주위가 시끄럽고 정보가 복잡하게 제시되는 경우, 언어이해는 어려워진다. 이 장애가 있는 학생은 정상 범위의 지적 능력을 지니고 있지만, 배경 소음이 있는 상황에서 교사의 지시를 따르거나 구어 정보를 듣는 데 어려움이 있다. 청각처리장애학생은 종종 학교에서 취약한 듣기기술, 성적 저하, 행동문제, 언어문제를 보인다. 청각처리장애는 아동기 난독증, 주의력결핍과잉행동장애(ADHD), 자폐스펙트럼장애(ASD), 언어 및 발달장애와 관련이 있다. 이러한 점에서 때로 청각에 이상이 없는 학생이 청각처리장애(APD)학생으로 분류되기도 한다(Ldonline, 2008).

원인

청각장애의 원인은 일반적으로 세 가지로 정리할 수 있는데, 이에 관한 설명은 표 4-2와 같다.

표 4-2. 청각장애의 원인

원인	설명
1. 귀 감염 또는 중이에 분비액이 고임	○ 아동기 청력손실의 가장 일반적인 원인임 ○ 소리가 불분명하게 들리거나 알아들을 수 없음 ○ 고막, 귀의 뼈/청력신경 손상, 반복감염은 영구적 청력장애를 유발함
2. 유전적 청력손실	○ 태어날 때 발생하며, 경도에서 최중도까지 나타남
3. 후천적 청력손실	○ 태어난 이후, 전형적으로 질병 또는 상해로 인해 발생함

중재방안

청각장애학생을 위한 중재방안으로는 ① 학업지원과 ② 심리상담이 있다.

학업지원. 첫째, 청각장애학생을 위한 학업지원방안은 표 4-3과 같다.

표 4-3. 청각장애학생을 위한 학업지원방안

영역	지원방안
1. 수업 계획서	○ 사전에 수업계획서에 관한 정보를 메일, 문자 등을 통해 학생에게 제공한다.
2. 교실	○ 방음시설을 구비하여 소음에 영향을 받지 않도록 한다. ○ 출입문에 수업 중 또는 마침을 알리는 표지판 또는 신호장치를 부착한다.
3. 좌석배치	○ 구화를 사용하는 학생을 위해 교사의 입술을 읽는 독화에 불편함이 없도록 장애물이 없는 환경을 조성하여 좌석을 배정한다(예 앞좌석 우선 배정, 원형 배치).
4. 교재 및 교수학습 기자재	○ 교재·자료의 텍스트 파일과 교사의 수업노트를 파일로 제공한다. ○ 교실에 문자 자막용 칠판, 빔 프로젝트, 보청기 시스템 등의 교수기자재를 구비한다. ○ FM 보청기를 사용하는 경우, 교사가 무선 마이크를 착용하고 수업한다.
5. 수업참여 및 과제	○ 구화가 어려운 학생의 경우, 발표할 때 옆에서 수어통역사 또는 도우미 학생이 내용을 읽어 주면서 발표할 수 있게 한다. ○ 발표과제를 서면과제로 대체한다.

6. 시험 및 평가	○ 듣기평가 같이 청각정보가 시험문제에 포함되어 있는 경우, 듣기를 대체 할 수 있는 문제 또는 기타 대체방안을 제공한다. ○ 수어를 사용하는 학생에게는 그가 언어능력 때문에 불이익을 당하지 않 도록 수어로 문제를 제시하거나 객관식 문제를 제공한다.

이 외에도, 시각장애학생을 위한 수업지원 시 고려할 사항은 글상자 4-3과 같다.

글상자 4-3. 청각장애학생을 위한 수업지원

1. 수업내용 전달의 제약을 고려하여 핵심개념/용어를 풀이한 자료를 제작하여 수업 전에 제공한다.
2. 구화가 가능한 학생에게는 학생을 정면으로 보고 정확한 발음과 입모양으로 설명해 준다.
3. 토의 시, 다른 학생들에게 청각장애학생을 정면으로 보고 정확한 발음과 입모양으로 발언하도록 권장한다.
4. 실험·실습 과정에 필요한 언어적 전달사항의 이해에 제약이 있으므로, 사전에 실험·실습 절차와 유의사항 등을 서면으로 제공한다.

심리상담. 둘째, 청각장애학생의 심리상담 시 유의사항은 글상자 4-4와 같다.

글상자 4-4. 청각장애학생 상담 시 유의할 점

1. 학생이 선호하는 의사소통 방식을 묻는다. ☛ 수화, 입술을 읽고 말하기, 잔향에 의존하는 등 학생마다 다를 수 있다.
2. 학생의 동반자가 아니라, 학생 본인에게 직접 이야기한다.
3. 큰 소리로 말하는 것이 소통에 도움이 안 된다는 사실을 기억한다.
4. 주의를 끌기 위해서는 학생의 이름을 부른다. ☛ 반응이 없으면, 학생의 팔/어깨를 가볍게 터치한다.
5. 모르면서 이해하는 척하지 않는다.
6. 대화 중에 수화 통역자를 개입시키지 않는다. ☛ 이들은 정보전달을 위한 사람일 뿐이다.
7. 눈을 맞추고, 상담교사의 입과 얼굴이 잘 보일 수 있게 한다.
8. 말로 소통하는 것이 어려운 경우, 필담(글로 대화하기)도 괜찮은지 묻는다.

지체장애

지체장애^{physical disability}란 골격·근육·신경 계통의 질환, 손상, 기능·발달 이상으로 신체의 이동과 움직임 등에 상당한 제한이 있는 상태를 말한다(국립특수교육원, 2009). 이 장애는 다방면에 걸쳐 발생하고, 선천적 또는 후천적인 원인으로 인해 신체기능이 손상되어, 일상생활 활동에 제약을 초래한다. 「장애인 등에 대한 특수교육법 시행령」 별표(특수교육대상자 선정기준)〈개정 2022. 6. 28.〉에서는 지체장애아를 '기능·형태상 장애가 있거나 몸통 지탱 또는 팔다리 움직임 등에 어려움이 있는 신체조건/상태로 인해 교육성취에 어려움이 있는 사람'으로 규정하고 있다.

분류

지체장애는 ① 팔다리 장애와 ② 몸통 장애로 구분된다. 손상 정도는 경미한 수준의 기능장해에서부터 영구적 기능손상(예 절단)까지를 포함한다. 오늘날 의료기술이 발달함에 따라, 과거에는 지체장애로 이어졌던 사고나 질병을 치료하여 장애를 방지하는 비율이 높아지고 있다. 지체장애는 다양한 범주로 나뉘고, 범주별 특성과 원인이 다양하다. 평균수명이 늘어나면서 노화로 인한 기능장해, 교통사고, 또는 안전사고로 인한 지체장애를 고려한다면, 지체장애에 노출될 가능성은 더 높아졌다. 전쟁, 자연재해, 인명 사고 외에, 제도 정비(예 지체장애인 등록제도)에 따라 노출되지 않았던 지체장애자들이 드러나면서 공식적인 지체장애 발생률은 높아질 수 있기 때문이다.

원인

지체장애의 발생원인은 ① 선천적 원인과 ② 후천적 원인으로 나뉜다. 선천적 원인으로는 선천성 기형, 소아마비, 근이양증(골격근이 점차 변성·위축·악화되어 가는 진행성·불치성·유전성 질환으로, '근이영양증'으로도 불림)을 비롯한 다양한 질환이 있다. 반면, 후천적 원인은 사고, 합병증, 또는 후유증이 있다. 예를 들면, 당뇨병 합병증으로 인한 절단, 혈관성 질환, 골수 질환 등으로 인한 절단이 있다. 지체장애는 그 자체의 증상보다는 지체장애를 유발하게 한 원인 질환의 종류에 따라 환자가 겪는 증상이나 징후가 달라진다.

만일 절단으로 인한 것이라면, 절단 부위 주변의 통증, 부종, 피부 질환이 발생할 수 있다. 그러나 이는 지체장애 증상이라기보다는 지체장애를 유발한 절단 때문에 생기는 증상 또는 징후다. 지체장애는 목발을 짚고 다니는 정도의 경도부터 휠체어가 필요한 중도('고도')까지 그 종류와 정도가 다양하다. 이 장애에는 하지 기능 장해로 인한 보행 제한뿐 아니라, 상지 기능 장해와 체간(몸통) 장애도 포함된다. 지체장애 학생은 장애를 정확히 평가하여 장애로 인해 손상된 기능을 보완하여 독립적으로 생활할 수 있도록 노력해야 한다.

중재방안

지체장애는 신체검진(관절가동범위, 근력검사, 감각검사 등)으로 정상에 미치지 못하는 기능수준 확인을 통해 진단된다. 또 보건복지부에서 마련한 지체장애 진단기준에 충족되는 경우, 지체장애인으로 등록될 수 있다. 진단은 주로 신체검진으로 이루어지며, 다양한 형태의 검사와 서식을 통해 장애등급이 정해지고, 지체장애인으로 등록된다. 지체장애학생 상담 시 유의할 점은 글상자 4-5와 같다.

글상자 4-5. 지체장애학생 상담 시 유의할 점

1. 학생의 허락 없이 휠체어, 목발, 지팡이 같은 도구를 만지거나 이동시키지 않는다.
   ☞ 이는 학생의 '사적 공간'의 일부로 간주된다.
2. 도움을 주기 전에 학생이 도움을 원하는지 묻는다. ☞ 학생이 제안을 수용하면, 어떻게 도우면 좋을지를 묻고, 그대로 따른다.
3. 학생의 동반자(부모/보호자)가 아니라, 학생에게 직접 이야기한다.
4. 눈높이를 맞춘 상태로 앉아서 편안하게 말한다.
5. 주차장 또는 교실에서 상담실까지 독자적으로 이동이 가능한지 확인한다.

지체장애학생을 위한 중재방안으로는 ① 자기주장훈련, ② 사회기술훈련, ③ 학업지원이 있다.

자기주장훈련. 첫째, 자기주장훈련self-assertiveness training은 대인관계에서 원활한 의사표현 (긍정적·부정적 주장)을 돕는 일련의 활동이다. 지체장애학생은 타인에게 '짐'이 되지 않도록 사회화되는 경향이 있다는 점에서 종종 자기주장기술이 결여되어 있다. 이들의 부모는 자녀를 잘 옹호하지만, 자녀는 이 기술을 습득하지 못하는 경우가 많다. 이에 지체장애학생은 자신의 요구 관철, 원치 않는 도움 거절, 실수나 차별로부터 자기권리 보호를 위해 목소리를 높일 필요가 있다. 이를 위해서는 잘 개발된 자기주장기술이 요구된다.

상담교사는 자기주장훈련을 통해 지체장애학생이 일생동안 자기옹호를 위해 사용할 의사표현기술의 습득을 도울 수 있다. 지체장애학생이 받는 서비스는 독립, 자기결정, 생산적 사회참여에 도움을 줄 때 가장 효과적이기 때문이다. 이에 상담교사는 고용과 교육 관련 도움을 제공하는 다양한 프로그램에 관한 정보를 잘 알고 있어야 한다.

자기주장기술은 학생의 자기결정에 필수다. 그 이유는 지체장애학생도 언젠가는 부모로부터 독립할 필요가 있기 때문이다. 청소년기의 자녀와 부모의 의견은 종종 큰 차이를 보인다. 이는 십대 자녀가 성인기로 진입하기 위한 성장통이다. 그러나 중요한 타인(부모)에게 신체적으로 의존해야 한다면, 이는 어려운 문제로 남게 된다. 지체장애학생이 매번 자동차에서 자녀의 휠체어를 내려 주고 실어 주는 부모에게 반기를 들기는 쉽지 않기 때문이다. 그러나 부모가 도움을 제공해 준다고 해서 모든 것을 부모의 뜻대로 할 필요는 없다. 이에 지체장애학생이 스스로 답해 볼 질문의 예는 글상자 4-6과 같다(Kriegsman et al., 1992, p. 121, 123).

글상자 4-6. 지체장애학생이 스스로 답해 볼 질문 예시

> 1. 자신의 목소리를 내고 있는가?
> 2. 목소리를 어떻게 내고 있는가?
> 3. 어떤 상황에서 목소리를 내고 있는가?
> 4. 어떤 사람에게 자신의 목소리를 낼 수 있고, 어떤 사람에게는 내지 못하는가?
> 5. 가정에서는 목소리를 낼 수 있지만, 가정 밖에서는 그렇지 못한가? 아니면, 그 반대인가?
> 6. 장애 관련 문제에 대해 자신의 목소리를 낼 수 있지만, 데이트 중에는 그렇지 못한가?

사회기술훈련. 둘째, 사회기술훈련social skill training은 사회생활에 필요한 기본 기술의 습득을 돕는 일련의 활동이다. 사회기술social skill은 대인관계와 사회적 의사소통을 수월하게 하는 사회적 역량이다. 이는 대인관계에서 긍정적·부정적 감정을 언어·비언어 행동으로 전달하는 필요한 수단이다. 지체장애학생은 일반학생들이 보통 경험하지 않는 독특한 상황을 다루기 위한 특수한 사회기술(예 타인 관찰, 사람들 앞에서 평정심 유지, 곧 경련이 날 것 같은 느낌, 휠체어에 탄 채 학교행사 참여 등) 학습이 필요하다. 이러한 특수 상황을 효과적으로 다룰 전략 개발을 돕는 활동을 특화된 사회기술훈련specified social skill training이라고 한다.

특화된 사회기술훈련은 역할연기$^{role\text{-}playing}$를 기반으로 한다. 지체장애학생의 사회기술은 집단상담을 통해서도 습득을 도울 수 있다. 집단상담은 또래학생들과 유대감을 가질 기회를 제공하고, 또래들이 공통적으로 겪을 수 있는 사회적 상황을 효과적으로 다룰 수 있는 방법에 관한 의견을 들을 수 있다는 이점이 있다. 지체장애학생에게 도움이 되는 사회기술의 예는 글상자 4-7과 같다.

글상자 4-7. 지체장애학생들에게 도움이 되는 사회기술의 예

---

1. 타인을 편안하게 대하는 기술
2. 사회적 낙인에 대처하는 방법
3. 장애인은 다르다는 고정관념에서 벗어나는 데 도움을 주는 주제에 관한 대화기술
4. 자신의 장애에 관해 일상적으로 언급하는 방법 ☛ 상호 간의 긴장감을 줄이고, 상호작용의 장벽을 허물게 한다.

학업지원. 셋째, 지체장애학생을 위한 학업지원방안을 요약 · 정리하면 표 4-4와 같다.

표 4-4. 지체장애학생 학업지원방안

영역	지원방안
1. 학교시설	○ 교실접근이 용이하게 경사로를 조성하고, 계단과 복도에 손잡이를 설치한다. ○ 휠체어를 사용하는 학생을 위해 출입문의 폭을 충분히 확보한다.
2. 교실	○ 휠체어를 사용하는 학생이 이동에 어려움을 겪지 않도록 책상을 배열한다.
3. 좌석 배치	○ 학생과 상의하여 교실 내외(예 화장실) 출입이 용이한 좌석을 배정한다. ○ 휠체어를 사용하는 경우, 휠체어를 탄 채로 이용할 수 있는 충분한 높이의 책상을 구비한다. ○ 노트북, 문자 확대기 등의 학습지원 보조공학기기 또는 보조도구를 사용하는 경우, 충분히 넓은 크기의 책상을 구비한다. ○ 보조인력의 도움을 받아 이동해야 하는 경우, 수업 중에도 보조인력과 함께 자리할 수 있도록 별도의 책상을 구비한다.
4. 교재 및 교수학습 기자재	○ 수업 전에 교재 · 자료의 텍스트 파일과 교사의 수업노트를 파일로 제공한다. ○ 상지(팔) 손상으로 인해 독서에 어려움이 있는 학생에게는 수업시작 전에 관련 자료를 PDF 파일 등으로 제작하여 제공한다.

	○ 대용 노트북, 독서보조대, 지지형 필기펜, 키가드, 키보드 등을 교실에서 사용할 수 있도록 허용한다.
5. 수업참여 및 과제	○ 발음이 명확하지 않은 학생이 발표하는 경우, 고급 오디오 부호화 Advanced Audio Codiong(AAC) 등의 대체 의사소통방식을 사용한다.
	○ 발표가 불가능한 학생은 발표과제를 서면과제로의 대체를 허용한다.
	○ 견학/체험과제의 경우, 해당 시설물의 접근성에 대한 정보를 사전에 제공한다.
6. 시험 및 평가	○ 손의 움직임에 제한이 있어 답안 작성이 어려운 경우, 대필자가 답안을 대신 작성할 수 있도록 허용한다.
	○ 장애로 인해 손보다 컴퓨터로 답안을 입력하는 것이 수월한 학생은 시험지를 디지털 파일 형태로 제공하고, 노트북을 사용할 수 있도록 허용한다.
	○ 시험시간을 1.5~2배로 연장해 주고, 별도의 시험장소에서 시험을 치를 수 있도록 한다.
	○ 휠체어를 사용하는 학생은 장시간 앉아 있으면 신체적으로 무리가 되므로, 다리를 올려놓을 수 있는 공간을 마련해 준다.
	○ 척수장애 등 체력에 문제가 있는 학생은 체력상태에 따라 평가시간 중에도 탄력적으로 휴식을 허용한다.

의사소통장애

"저는 정말 열심히 공부하고 싶어요. 그런데 내가 수업시간이나 쉬는 시간에 우리반 아이들과 이야기할 때, 내가 하는 말을 다른 아이들이 잘 이해하지 못하는 것 같아요. 그래서 내가 무슨 말을 하면, 다른 아이들이 '난 쟤가 무슨 말을 하는지 잘 모르겠어!'라면서 놀릴까 봐 겁나요."

의사소통장애communication disorder란 언어, 말, 의사소통에 결함이 있는 상태를 말한다. 여기서 언어language는 형태, 기능, 의사소통 규칙 중심의 관용적 방식으로의 기호 사용(구어, 수화, 문어, 그림 등)을 말한다. 또 말speech은 소리로 표현하는 것으로 조음, 유창성, 목소리, 공명의 질이 포함된다. 그리고 의사소통communication은 행동, 사고, 또는 타인의 태도에 영향을 미치는 언어/비언어 행동(의도적이든 의도적이지 않든)을 가리킨다. 이에 의사소통장애학생은 발음 오류에서부터 구강근육 기능 또는 언어 이해 곤란 같이 더 복잡한 문제에 이르기까지 다양한 어려움을 겪는다(Nichcy, 2008).

　DSM-5(APA, 2013)에 의하면, 말소리장애^{speech sound disorder}는 이해할 수 있는 말소리를 내는 데 어려움이 있거나, 적절한 어조, 크기, 양질의 목소리를 내거나, 말을 유창하게 하는 데 어려움이 특징인 신경발달장애다. 이에 비해, 언어장애^{language disorder}는 연령에 적절한 음성언어의 사용·이해에의 어려움이 특징인 신경발달장애다. 이로써 이 장애가 있는 학생은 교사의 지시사항 이해·이행, 구두로 전달되는 수업내용 이해, 또는 언어에 기반한 사회관계 형성에 어려움을 겪는다. 게다가 자신의 생각을 표현할 수 없어, 타인과의 소통에 어려움이 있다.

특징

의사소통장애는 여러 측면에서 학생의 학습에 부정적인 영향을 미친다. 이 장애가 있는 학생은 수업내용 이해에 어려움이 있고, 수업시간에 이루어지는 토론에 반응할 수 없어 참여하지 못한다. 또 수업의 중요한 내용을 쉽게 놓칠 뿐 아니라, 과제를 잘못 이해하는 일이 잦다. 읽기 이해^{reading comprehension} 곤란 문제 역시 읽기 관련 수업은 물론, 다른 교과학습에도 부정적인 영향을 미친다. 더욱이, 이 장애가 있는 학생의 이야기를 다른 학생들이 이해하기 어려워한다는 점에서 급우들과의 소통 또는 공동학습 수행은 크게 제한된다(Nichcy, 2008).

유병률과 경과

초등학교 1학년이 되기까지 약 5% 정도의 아동에게 특별한 이유 없이 의사소통장애가 발생한다. 이 장애가 있는 아동의 지능은 정상수준에 속하고, 정상적인 발달을 보이거나, 다른 장애(자폐, 뇌성마비/뇌병변장애, 다운증후군 등)를 동반한다(Ziegler et al., 2008). 청력소실과 농은 아동의 발달시기에 청각소실이 언어발달을 저해할 수 있다는 점에서 의사소통장애와 관련이 깊다.

　언어습득의 결정적 시기는 생애초기 몇 년이다(National Institute on Deafness and Other Communication Disorders, 2008). 일반아동은 연령에 따라 언어기술을 자연스럽게 습득해 간다. 3세 이전에 언어장애로 조기 판별된 아동은 시의적절한 개입을 통해 언어발달을 성공적으로 촉진시킬 필요가 있다(Ldonline, 2008). 그러나 의사소통장애 아동은 단어, 구문, 문장을 읽으면서도 그 뜻을 이해하지 못하거나, 정확하게 사용하는 방법을 이해하지 못한다는 특징이 있다.

중재방안

의사소통장애학생을 돕기 위해서는 언어병리학자를 비롯하여 학부모, 교사, 상담교사, 소아과 전문의, 학교심리학자의 협력에 기반한 팀 접근이 효과적이다(National Library of Medicine, 2009). 이 장애가 있는 학생은 자신의 기본 요구 표현을 어려워하고, 타인 역시 이들의 말을 이해하기 어렵다는 점에서 사회성 발달 저해와 학업문제를 야기한다. 또 말을 거의 할 수 없는 중도(고도) 장애 학생에게는 보완·대체 소통기구를 제공함으로써, 또래, 교사, 가족과의 상호작용을 도울 수 있다. 이처럼 기구 사용은 아동이 또래로부터의 격리를 최소화하고, 학급활동 참여를 촉진함으로써, 교육경험 증진에 유용하다. 의사소통장애학생 상담 시 유의할 점은 글상자 4-8과 같다.

글상자 4-8. 의사소통장애학생 상담 시 유의할 점

> 1. 학생이 말을 다 마친 다음에 말한다.
> 2. 소통에 시간이 많이 걸릴 수 있음을 고려하여 계획을 세운다. ☛ 서두르지 않는다.
> 3. 얼굴을 마주하고, 눈 맞춤을 유지한다.
> 4. 학생에게 직접 이야기한다.
> 5. 모르면서 이해하는 척하지 않는다.
> 6. 필요한 경우, 폐쇄형 질문('예/아니오'로 대답할 수 있게)을 사용한다
> 7. 반복해서 시범을 보이거나 이해했는지 확인한다. ☛ 언어장애가 지적장애를 가리키는 것이 아님을 기억한다.

의사소통장애학생은 학년 수준에 맞는 학업성취를 올리지 못하는 경우가 흔하다. 이들은 읽기, 이해 등 언어로 표현하는 것을 어려워할 뿐 아니라, 사회적 단서를 잘못 이해하곤 한다. 이에 상담교사는 언어병리학자, 학생, 교사와 함께 교실에서의 효과적인 소통방법을 개발할 수 있다. 또 학생은 또래들과의 대화연습을 통해 효과적으로 소통하는 법을 습득할 수 있다(Ldonline, 2008).

교사와 상담교사는 학생에게 지지와 격려를 아끼지 않음으로써, 편안하고 안전한 교실환경 조성 및 대화할 수 있는 기회를 제공함으로써, 의사소통 기술 발달을 돕는다. 이를 위해 교사는 교실에서 학생의 긴장완화를 위해 소집단 활동을 적극 활용한다. 또 학생이 잘 이해하지 못하는 단어를 사용하거나, 대화 중 새로운 단어 사용의 기회를 제공한다.

건강장애

건강장애^{health impairment}란 만성질환(심장장애, 신장장애, 간장애 등)으로 인해 3개월 이상의 장기 입원 또는 통원치료가 요구되어 교육지원을 지속적으로 받을 필요가 있는 장애를 말한다(국립특수교육원, 2009). 이 장애가 「장애인 등에 대한 특수교육법」의 특수교육대상자로 추가되면서 건강상의 문제로 학업을 계속할 수 없었던 학생들에게 교육 혜택이 주어질 수 있게 되었다. 대표적인 건강장애로는 암이 있다.

> "언젠가 우리 반 남자애들이 나보고 '뚱땡이'라고 놀렸어요. 저는 그때 너무 속상해서 많이 울었어요. 선생님이 엄마한테 전화했어요. 그래서 엄마는 선생님과 상의해서, 나와 함께 수업시간에 내가 먹는 약 때문에 내 몸이 왜 뚱뚱해졌는지에 대해 이야기하는 시간을 가졌어요. 그러자 우리 반 아이들이 나를 놀리지 않게 되었어요. 나한테 병이 있다고 우리 반 아이들과 다른 취급을 받기 싫어요. 내가 커서 선생님이 되면, 모든 아이를 똑같이 공평하게 대할 거예요. 학교수업 진도를 따라가기가 너무 힘들어요. 선생님은 저를 잘 이해해 주시고 도와주세요. 그래서 많이 도움이 되고, 이전보다 훨씬 좋고 마음도 많이 편해졌어요."

암의 종류

암은 비정상적인 세포의 빠른 성장으로 인해 유발되는 질병으로, ① 양성 종양과 ② 악성 종양으로 구분된다. 양성 종양^{benigh tumor}은 비교적 성장속도가 느리고 전이되지 않는 반면, 악성 종양^{malignant tumor}은 양성 종양에 비해 성장속도가 빠르고, 신체의 다른 장기로 전이될 수 있다. 암은 악성 종양을 가리킨다. 아동기에 흔히 발생하는 암의 유형으로는 백혈병^{leukemia}, 뇌종양^{brain tumor}, 림프종^{lymphoma}(림프조직에 생기는 원발성 악성종양), 빌름스 종양^{Wilms's tumor}(신장에 생기는 종양), 신경아세포종^{neuroblastoma}(교감신경계에 생기는 악성종양), 골종양^{bone tumor}(뼈에 생기는 종양), 망막아종^{Retinoblastoma}(눈에 생기는 악성종양) 등이 있다.

중재방안

암 투병 중인 학생을 위한 중재방안은 주로 학생의 ① 정서문제, ② 학교복귀, ③ 사회생활, ④ 학업결손에 집중된다.

정서문제. 첫째, 학생의 정서문제 해소를 돕는다. 그 이유는 암 치료가 학생의 외모를 변화시키고, 손상을 초래할 수 있다는 점에서 암 치료를 받는 학생의 신체상^{body} ^{image}과 관련된 정서문제가 종종 발생하기 때문이다. 불만족스러운 신체상은 학생에게 우울감이 들게 하는 한편, 학업수행력 저하를 초래할 수 있다. 또 학생은 암 치료로 인해 등교할 수 없게 되면서 또래와의 관계에 부정적 영향을 미치기 때문이다.

학교복귀. 둘째, 학생의 원활한 학교복귀를 돕는다. 암 치료를 받는 학생의 급우들은 암과 치료로 학생의 외모가 변한 이유에 대해 궁금해 할 수 있다. 암 치료를 받는 아동은 같은 반 급우들이 배척하지 않을까에 대한 염려로 불안해할 수 있다. 이에 담임교사와 학급은 치료과정에서 학생과 연락을 지속할 필요가 있다. 반 친구들은 채팅방을 만들어 병문안 카드를 업로드하거나, 학생의 휴대폰에 지지·격려하는 메시지를 보낼 수 있다. 치료를 받고 있는 학생 역시 학급 채팅방에 자신의 사진 또는 감사의 메시지를 업로드할 수 있다. 다른 한편으로, 상담교사는 담임교사, 보건교사와 협력하여 학생이 학교복귀에 앞서, 다른 학생들에게 암에 관해 설명해 주는 한편, 학생들의 질문에 답변해 주는 시간을 마련할 수 있다.

사회생활. 셋째, 학생의 원활한 사회생활을 돕는다. 그 이유는 암 투병 중인 학생은 감염에 극도로 민감하고, 감염 방지를 위해 힘든 시간을 보내게 되기 때문이다. 이런 이유로 학생은 사람들이 붐비는 곳(학교, PC방, 쇼핑몰, 마트, 영화관, 스타디움 등)을 피해야 한다. 사람들과의 격리는 학생의 사회생활에 영향을 준다. 게다가 치료시간은 또래친구들과 보낼 수 있는 시간을 앗아간다. 이는 학생이 또래집단으로부터 배제된 느낌이 들게 할 뿐 아니라, 때로 우울 및/또는 소외감을 느끼게 할 수 있기 때문이다.

학업결손. 넷째, 학생의 학업결손의 회복을 돕는다. 암 투병 중인 학생은 다른 학생에 비해 대체로 결석일수가 더 많다. 이로 인해 학생은 특수교육 서비스(가정순회 교육, 개인지도, 단축수업 외에도 상담교사, 언어치료사, 물리치료사, 보건교사의 처치)를 받을 자격이 주어진다. 암 치료는 학습장애, 지능검사 점수 하락, 기억력과 주의집중력 저하를 초래한다. 이로써 아동은 읽기, 쓰기, 수학, 구성·조직에 어려움을 겪게 될 수 있다. 이에 교사는 아동의 신체적 요구에 민감해야 하고, 학교의 일과를 여러 단계로 나누어 제시한다.

교사는 학생이 과제를 수행할 때 추가시간을 주는 등, 학생의 학업적 요구에 민감하게 대응한다. 만일 학생이 집중을 어려워하거나 쉽게 피로를 느낀다면, 교사는 조용한 환경에서 시험을 보도록 배려할 수 있도록 학교행정가와 협의할 필요가 있다. 또 수업시간에 수행된 학습활동을 가정에 보냄으로써, 학생이 자신의 처리속도에 맞춰 과제를 수행·완수할 수 있도록 한다. 또 방과 후나 주말에 교사 또는 개인교사를 통해 학생이 진도를 따라갈 수 있도록 돕게 한다.

발달장애

발달장애developmental disability는 발달이 평균으로부터 유의하게 일탈하여 신체와 정신영역에서 고도severe의 만성chronic(전 생애에 걸쳐 그 상태가 지속적으로 유지될)이 될 가능성이 큰 장애다(국립특수교육원, 2009). 이 개념은 미국 공법 88-164, 「1963 정신지체 시설·지역사회 정신건강센터 건축법Mental Retardation Facilities and Community Mental Health Centers Construction Act of 1963」에 처음 소개되었다. 이 법에서는 발달장애를 정신지체, 뇌성마비, 간질, 또는 18세 이전에 발생하는, 비교적 항구적으로 증상이 나타나는 신경학적 장애로 정의했다.

이는 1984년 미국 공법 98-527 「발달장애인법Developmental Disabilities Act of 1984」에서는 특정 장애명을 명시하지 않았고, 22세 이전에 발생하는 것으로 수정되었다. 또 발달장애 진단에 충족되려면, 일상생활에서 3개 이상의 기능에 명백한 제한이 나타나야 한다고 규정했다. 이 법에 의하면, 일상생활은 7개 영역(① 자기관리self-care, ② 수용성 및 표현성 언어receptive and expressive language, ③ 학습learning, ④ 이동mobility, ⑤ 자기지시self-direction, ⑥ 독립생활 능력capacity for independent living, ⑦ 경제적 자족economic sufficiency)이다.

그러나 이 법은 장애상태가 '고도'여야 한다는 의미가 명확하지 않아, 전문가에 따라 발달장애의 포함/배제 기준이 다르게 적용될 수 있다는 한계가 있다. 이에 발달장애는 특정 장애명으로보다는 장애 진단을 받은 사람에게 법률적, 행·재정적, 교육적으로 유리한 지원을 위한 용어로 이해할 필요가 있다. 대표적인 발달장애로는 뇌성마비가 있다.

"나는 음식을 잘 삼키지 못하고, 어떤 때는 침을 흘려서 친구 사귀기가 쉽지 않아요. 또 내가 잘 말을 못한다고 다른 아이들이 날 바보처럼 볼까 봐 걱정도 많이 되고요. 길 가던 사람들이 날 보고 손가락질하거나 웃거나, 때로 수군거리기는 걸 볼 때는 많이 속상하고 화도 나요. 내가 다른 아이들과 많이 다르다는 사실 때문에 아이들이 날 놀릴까 봐 불안하기도 하고요. 그래서 난 다른 애들과 다르지 않은 것처럼 보이려고 많이 노력해요."

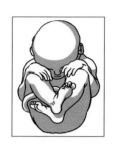

뇌성마비^{cerebral palsy}는 신경계 결함으로 인한 ① 근육 약화 또는 무기력, ② 불수의적 동작, ③ 신체 자세 불균형, ④ 경련이 특징이다. 이 장애는 특수학교 학생의 가장 큰 비율을 차지한다. 뇌성마비는 운동기능을 조절하는 뇌의 부위가 태아기 또는 유아기에 손상되어 발생하는데, 감각, 인지, 의사소통, 행동문제 또는 발작 증상이 나타난다. 단, 뇌손상은 단 한 차례 발생하므로, 이 문제가 진행성으로 악화되지는 않는다. 증상은 치료를 통해 호전될 수 있다. 치료를 통해 아동은 이전에는 사용하지 못했던 사지를 어느 정도 사용할 수 있게 되기도 하지만, 오히려 악화되는 경우도 있다.

특징

뇌성마비 아동이 성인기에 들어서면 근육이 굳을 수 있고, 이전의 기민성이 상실될 수도 있다. 뇌성마비는 통증, 근골격계 문제. 피로감, 방광과 대장 문제, 골밀도 감소, 발작, 경련, 구축, 구각운동 기능 손상, 시청각 장해 등과 같은 문제가 자주 발생한다. 특히, 경련 조절은 뇌성마비 학생을 쉽게 지치게 할 수 있다. 게다가, 구강운동 기능 문제로 인해 뇌성마비 학생은 구음장애(발성기관의 기능이상으로 말하기 어려운 상태)를 겪을 수 있다. 이는 안면 또는 구강 근육의 약화로 인한 것으로 단어 발음의 어눌함, 음식을 씹거나 삼키기 어려움, 우물거림, 억양 또는 어조 조절 곤란 등을 초래한다. 교사 또는 다른 학생들은 뇌성마비 학생의 말을 알아들을 수 없는 경우에 어떻게 해야 할지에 대한 안내가 필요할 수 있다(예 학생에게 다시 말해 달라고 요청하기, 학생의 생각을 방해 또는 중단시키지 않기 등).

분류

뇌성마비는 ① 신경운동형과 ② 심각도에 따라 분류된다.

신경운동형별 분류. 뇌성마비는 신경운동형, 즉 근긴장도^{muscle tone}에 따라 ① 경직형 ^{spasticity}, ② 불수의 운동형^{athetosis}('무정위운동형'으로도 불림), ③ 강직형^{rigidity}, ④ 진전형

tremor, ⑤ 운동실조형^{ataxia}, ⑥ 이완형^{atonia}, ⑦ 혼합형^{mixed}으로 분류된다. 신경운동형에 따른 뇌성마비의 유형에 대한 설명은 표 4-5와 같다.

표 4-5. 신경운동형에 따른 뇌성마비의 분류

분류	특징
1. 경직형	○ 가장 일반적인 유형으로, 대뇌피질의 운동 영역 손상이 주 원인이며, 근수축으로 인해 사지 근육이 뻣뻣하고 잘 움직여지지 않는 것이 특징임
2. 불수의 운동형	○ 드문 유형으로, 근긴장 저하와 함께 사지, 목, 안면 등을 뒤틀거나 꿈틀거리는, 무의미한 움직임(불수의 운동)의 반복이 특징임
3. 강직형	○ 근육의 신축성 상실로, 관절을 굽히거나 펼 때 운동저항이 심해 운동영역 전체가 뻣뻣하고, 언어·동작이 둔하며, 성장도 좋지 않고, 대체로 지능도 낮아 사회생활 적응이 곤란한 경우가 많은 것이 특징임
4. 진전형	○ 억제할 수 없는 규칙적인 리듬의 불수의 운동, 조절할 수 없는 진전으로, 사지가 흔들리며 근육에 율동적인 운동이 특징임 ○ 운동 조절이 어려워 대소변을 가리지 못하고, 심하게 말을 더듬기도 함
5. 운동실조형	○ 근육 협응이 잘 안 되어 정확한 운동이 불가능하고, 균형상실이 특징임
6. 이완형	○ 근긴장도가 매우 낮아 자세 조절이 어렵고, 체간과 목 근육의 동시 수축이 불충분하여 체간과 목의 조절이 어려움
7. 혼합형	○ 1~6 유형의 증상이 혼합되어 나타남

심각도별 분류. 뇌성마비는 증상의 심각도에 따라 ① 경도^{mild}('경증'이라고도 함), ② 중등도^{moderate}, ③ 고도^{severe}('중증'이라고도 함)로 나뉜다. 심각도에 따른 뇌성마비의 특징은 표 4-6과 같다.

표 4-6. 심각도에 따른 뇌성마비의 특징

심각도	특징
□ 경도	○ 보장구 없이 독립적으로 걸을 수 있고, 일상생활을 유지할 수 있는 경우
□ 중등도	○ 보장구나 보조기구를 사용하면 어느 정도 독립적으로 걸을 수 있고, 독립적으로 또는 최소한의 도움으로 일상생활을 유지할 수 있는 경우
□ 고도	○ 보장구를 사용해도 독립적인 보행이나 일상생활의 영위 가능성이 없어 개호인의 도움이 반드시 필요한 경우

원인

뇌성마비의 원인은 ① 출생 전, ② 출생 중, ③ 출생 후의 원인으로 나뉜다. 출생 전에는 임신부의 감염(톡소플라즈마증toxoplasmosis, 풍진rubella 등), 고혈압, 심폐기능장애, 독성물질과 X선 노출, 약물복용, 대사성 질환 등이 태아의 뇌를 손상시킬 수 있다. 출생 중의 원인으로는 허혈성 뇌증, 분만 사고로 인한 뇌출혈, 분만 중 감염에 의한 뇌염·뇌막염, 핵황달 등이 있다. 그리고 출생 후에는 조산, 뇌손상, 뇌혈관 질환, 뇌막염, 뇌염, 중독증, 뇌의 무산소증, 허혈ischemia(동맥 수축과 협착으로 혈액 유입 곤란으로 발생하는 혈행장해), 출혈 등이 원인이 될 수 있다.

중재방안

뇌성마비 학생에 대한 개입은 ① 편의제공, ② 자기효능감과 독립성 증진, ③ 교우관계, ④ 성정체성과 교육, ⑤ 통합학급, ⑥ 학교과업 완수에 중점을 둔다.

편의제공. 첫째, 학생에게 편의를 제공한다. 이 작업은 학교에서 교직원과 학생들에게 뇌성마비에 관한 정보제공에서 시작된다. 또한 보조기, 휠체어, 스쿠터 등을 비치함으로써, 뇌성마비 학생이 학교에서 이동하는 데 불편함이 없도록 한다. 그리고 안전한 교실 접근을 위해 접근성을 돕는 설비(경사로, 승강기 등)를 갖춘다. 이뿐 아니라, 수업이 종료되기 몇 분 정도 일찍 학생이 교실을 떠날 수 있도록 조치함으로써, 다른 학생의 이동이 없는 상태에서 안전하게 이동할 수 있도록 배려한다.

자기효능감과 독립성 증진. 둘째, 학생의 자기효능감과 독립성 증진을 돕는다. 뇌성마비 학생 상담은 학생의 독립성, 자율성, 자기효능감 증진을 목표로 설정할 수 있다. 일반적으로, 뇌성마비 학생의 자기효능감은 다른 학생에 비해 낮고, 부모와의 관계가 긴밀하면서도 부모가 과잉보호적인 편이다. 이에 타인의 보호에 익숙해진 뇌성마비 학생은 또래와의 관계 형성에 어려움을 보일 수 있다(Wiegerink et al., 2006). 따라서 학생의 연령에 따른 자녀와의 관계 조정의 필요성과 학생의 독립성 향상을 위해 부모와 상의한다. 여기서 독립성은 학생이 수업시간을 비롯하여 교내외에서의 교육활동에 보조 없이 책임 있는 참여능력을 갖추는 것이다. 동시에, 학생의 자존감과 자기효능감 증진을 위한 활동 또는 프로그램 개발 및 적용 역시 요구된다.

교우관계. 셋째, 학생의 교우관계 형성·유지를 돕는다. 뇌성마비 학생은 일반학생에 비해 사회적으로 덜 활동적이고, 친구의 수가 적으며, 친구들과 함께 보내는 시간이 적다(Wiegerink et al., 2006). 게다가 이들의 친구는 일반학생의 친구보다 덜 배려적이고 덜 신뢰할 만한 학생일 수 있다(Cunningham et al., 2007). 일반학생들은 뇌성마비 학생을 구어/언어, 운동기능, 또는 적절히 씹거나 삼키지 못해 침을 흘리는 문제 등으로 인해 '이상하다' 또는 '다르다'고 여기며, 다른 부류의 존재로 간주할 수 있다.

이런 점을 고려할 때, 뇌성마비에 대한 다른 학생들의 이해를 돕기 위한 교육이 필요하다. 즉, 운동기능장애가 있다는 것이 곧 지적장애를 의미하는 것이 아니고, 뇌성마비 학생이 사회집단의 구성원이 되거나 친구 사귀기를 꺼리는 게 아니라는 것을 설명해 줄 필요가 있다. 이러한 교육과 함께 뇌성마비 학생과 다른 학생들 간의 상호작용을 촉진하기 위한 프로그램을 개발·적용할 필요가 있다.

뇌성마비 학생은 괴롭힘 또는 또래들의 배척/거부로부터 자기 보호를 위해 자신의 행동을 숨기거나 비참여를 택하기도 한다. 이와는 반대로, 또래들과의 관계에서 적응을 위한 일환으로 오히려 더 전형적인 자기상$^{self-image}$를 부각시키려고 노력할 수 있다. 그런가 하면, 일부 학생은 자신의 신체상, 자기인식, 제한적인 자율성 관련 문제로 부정적인 감정을 겪고 있을 수 있다.

성정체성과 교육. 넷째, 학생의 성정체성에 관해 교육한다. 뇌성마비 학생은 대체로 성에 대한 지식이 빈약하고 생애 경험이 적다. 학생이 운동과 말하기에 문제가 있는 경우, 학생은 흔히 성 경험에 어려움을 겪는다(Wiegerink et al., 2006). 따라서 상담교사는 상담과정에서 뇌성마비 학생의 성정체성, 성교육, 성적 발달과 관련된 쟁점을 다룰 필요가 있다.

통합학급. 다섯째, 학생이 통합학급에 입급할 수 있도록 돕는다. 뇌성마비 학생은 일반학생과 함께할 수 있는 학급에 통합될 필요가 있다. 장애학생만으로 구성된 학급에서는 이들이 삶의 다양한 상황에서 장애인으로 생활하면서 겪게 될 역경을 극복하고 독립적·자율적 역할수행이 어려울 수 있기 때문이다(Sandstrom, 2007). 또 분리교육은 일반학생들이 어려서부터 뇌성마비 학생을 자신들과는 다른, 별개의 집단에 속하는 구성원이라는 인식을 조장할 수 있다. 통합교실 운영은 뇌성마비 학생의 독립성 증진을 위해 유용하다.

학교과업 완수. 여섯째, 학생의 학교과업 완수를 돕는다. 뇌성마비 학생은 학교에서 과업완수에 어려움을 겪는다. 그러나 개인적인 보조원이 있다면, 이들은 뇌성마비 학생의 독립성을 무력화하고, 교실에서 다른 학생과의 상호작용을 감소시킬 수 있다. 환경변화는 학생이 다른 학생과의 교류와 과제 집중에 도움을 줄 수 있다(Schenker et al., 2006). 또한 보조기구 사용을 통해 뇌성마비 학생의 과제완성과 다른 학생들과의 소통을 도울 수 있다. 책상 역시 학생이 문방용품(펜, 연필 등) 사용에 용이하도록 책상과 걸상은 학생의 키와 보조기를 고려하여 제작될 필요가 있다(Whidden, 2008). 이 외에도 교사는 학생이 과제를 완성하거나 시험을 보는 데 추가시간이 필요한지 고려할 필요가 있다.

◆ 복습문제 ◆

🌱 다음 밑줄 친 부분에 알맞은 말을 쓰시오.

1. 우리나라의 「특수교육법」에 명시된 신체장애로는 ① 시각장애, ② 청각장애, ③ ____ 장애, ④ _____ 장애, ⑤ 건강장애, ⑥ _____이/가 있다.

2. 시각계 손상에 의해 시기능에 제한이 있는 상태를 ____장애라고 한다. 이 장애는 시력과 시야의 제한 정도에 따라 __와/과 _____ 또는 ____(으)로 구분된다.

3. _____ 난청은 외이 또는 중이에 영향을 미쳐, 소리가 흐릿하게 들리기는 하지만 구어 및 다른 소리를 듣는 능력은 떨어지는 상태를 말하는 반면, _____장애는 단어와 소리 사이의 민감한 차이를 인식하지 못하는 상태로, _____(으)로도 불린다.

4. _____은/는 장애학생이 졸업 후 사회생활에 효과적으로 적응할 수 있도록 재학 중 중점을 두어야 할 사항을 문서로 작성한 계획서다. 이 계획서에는 ____을/를 비롯하여 개인 · 가정 · 지역사회 · 직업 · 여가생활, 중등학교 이후의 교육 등 제반 사항이 포함된다.

5. ____장애는 한쪽 또는 양쪽 귀에 경도에서 중도까지 청각 기능에 이상이 있는 상태를 뜻하는데, 보통 크게 __와/과 ____(으)로 분류된다.

6. DSM-5에 의하면, _____장애는 이해할 수 있는 말소리를 내는 데 어려움이 있거나, 적절한 어조, 크기, 양질의 목소리를 내거나, 말을 유창하게 하는 데 어려움이 특징인 신경발달장애다. 이에 비해, ____장애는 연령에 적절한 음성언어의 사용 · 이해에의 어려움이 특징인 신경발달장애다.

7. ____장애란 골격 · 근육 · 신경 계통의 질환, 손상, 기능 · 발달 이상으로 신체

의 이동과 움직임 등에 상당히 제한이 있는 상태를 말하는데, _____ 장애와 ____ 장애로 구분된다. _____법 시행령에서는 이 장애를 '기능 · 형태상 장애가 있거나 몸통 지탱 또는 팔다리 움직임 등에 어려움이 있는 신체조건/상태로 인해 교육성취에 어려움이 있는 사람'으로 규정하고 있다.

8. _____(이)란 사회생활에 필요한 기본 기술의 습득을 돕는 일련의 활동을 말한다. 일반학생들이 보통 경험하지 않는 독특한 상황을 효과적으로 다룰 전략개발을 돕는 활동을 _____(이)라고 한다.

9. 만성질환으로 인해 3개월 이상의 장기 입원 또는 통원치료가 요구되어 교육지원을 지속적으로 받을 필요가 있는 장애를 ____장애라고 한다. 이 장애에 속하는 암은 비교적 성장속도가 느리고 전이되지 않는 ____ 종양과 성장속도가 빠르고, 신체의 다른 장기로 전이될 수 있는 ____ 종양으로 구분된다.

10. ____장애는 발달이 평균으로부터 유의하게 일탈하여 신체와 정신영역에서 고도의 만성이 될 가능성이 큰 장애로, 대표적인 장애는 _____(이)다.

◆ 소집단 활동 ◆

신뢰형성 활동

※ 2인 1조로 나누어 한 사람은 시각장애인, 다른 한 사람은 청각장애인 역할을 맡는다. 시각장애인은 안대/눈가리개를 두르고, 청각장애인은 마스크를 착용한다. 다른 사람들은 긴 줄을 이용하여 두 사람이 함께 걸어갈 구불구불한 길을 만든다. 청각장애인은 시각장애인을 안내할 때, 절대 말을 하거나 손을 잡아끌거나 팔을 당기면 안 되고, 다만 어깨를 두드리는 신호만을 사용해야 한다(예 오른팔을 두드리면, 오른쪽으로 가시오. 왼팔을 두드리면, 왼쪽으로 가시오. 양 어깨를 두드리면, 앞으로 가시오. 등을 살짝 한 번 두드리면, 서시오.) 한 팀이 끝나면, 다른 팀이 이어서 한다. 활동을 모두 마치면, 각자 자신의 역할과 짝의 역할에 관해 잠시 생각해 보고, 메모지에 짧은 편지글을 적게 한다. 각자 받은 편지글을 큰 소리로 읽게 한 다음, 소감을 나눈다.

소감

특수아 상담
Counseling Children
with Special Needs

Chapter
5

지적장애학생 상담

☑ 학습목표

1. 지적장애의 정의와 관련 개념을 이해 · 설명할 수 있다.
2. 지적장애의 특징을 이해 · 설명할 수 있다.
3. 지적장애의 유병률과 원인을 이해 · 설명할 수 있다.
4. 지적장애의 진단과 사정방법을 이해 · 적용할 수 있다.
5. 지적장애의 중재방안을 이해 · 적용할 수 있다.

교육부에서 발표한 「특수교육통계」에 의하면, 2022년 특수교육대상학생 수는 총 10만 3,695명이고, 이중 지적장애아는 5만 3,718명으로, 전체 특수교육대상자 중 가장 높은 비율(51.8%)을 차지했다. 이들은 특수학교에 1만 4,420명, 일반학교의 특수학급에 3만 4,162명, 일반학급(전일제 통합학급)에 5,120명, 그리고 특수교육지원센터에 16명이 배치되어 있는 것으로 조사되었다.

지적장애는 지능과 적응력이 현저하게 낮은 아동을 일컫는 비교적 최근에 소개된 용어다(종전에는 낮잡아 '정신지체' '백치' '정신박약'으로 불렸음). 현재 사용되고 있는 이 용어는 2007년 10월 개정된 「장애인복지법」에 의거하여, 장애로 인한 용어에서 파생될 수 있는 사회적 제약 또는 편견을 최대한 배제하기 위해 개정된 것이다. 2009년 전 세계적으로 1억 3,000만여 명(전체 인구의 약 3%)의 지적장애자가 있는 것으로 추산되었다(김영숙, 윤여홍, 2009).

2007년 미국정신지체학회^{American Association on Mental Retardation}(AAMR)는 미국지적장애 · 발달장애학회^{American Association and Intellectual and Development Disabilities}(AAIDD)로 명칭을 변경함으로써, 앞서 언급한 의도를 반영했다. 우리나라 역시 「장애인복지법」에 이어 2016년 2월, 「장애인 등에 대한 특수교육법」(이하 「특수교육법」) 제15조에도 정신지체의 명칭은 '지적장애'로 변경하여 사용하고 있다. 이로써, 「특수교육법 시행령」에는 "지적 기능과 적응 행동상의 어려움이 함께 존재하여 교육적 성취에 어려움이 있는 사람"을 지적장애가 있는 특수교육대상자로 지정하고 있다. 이에 이 장에서는 지적장애의 ① 정의, ② 특징, ③ 유병률과 원인, ④ 진단과 사정, ⑤ 중재방안으로 나누어 살펴보기로 한다.

지적장애의 정의

지적장애^{intellectual disability}란 발달기('발육기')에 시작되며, 개념 · 사회 · 실행 영역에서 지적 및 적응 기능에 결함이 있는 상태를 말한다('지적발달장애^{intellectual developmental disorder}로도 불림). 이 장애의 명칭은 진단명이 개인의 가치에 대한 판단이 아니라, 개인의 상태에 관한 기술이어야 한다는 정신에 따라, 종전의 정신지체^{mental retardation}에서 대체된 것이다. 이는 지적장애로 진단된 개인의 사회적 낙인효과를 배제하기 위함이었다.

　DSM-5에서 이 장애는 '지적장애(지적발달장애)'로 불린다[DSM-5-TR(2022)에서는 '지적발달장애(지적장애)'로 진단명이 변경되었음]. 지적발달장애를 병기한 이유는 이 장애명이 세계보건기구^{World Health Organization}(WHO)에서 발간하는 국제질병분류체계^{International Classification of Diseases}(ICD)에 수록된 이래, 그동안 익숙하게 사용해 왔던 임상가들의 혼란을 최소화하기 위해서다. 오늘날 지적발달장애라는 용어는 심리학, 교육학, 의학, 간호학, 사회복지학 등 전문직, 학회, 학술지뿐 아니라, 일반 시민과 시민단체에서도 널리 사용되고 있다. 표준정규분포와 지능지수 분포도는 그림 5-1과 같다.

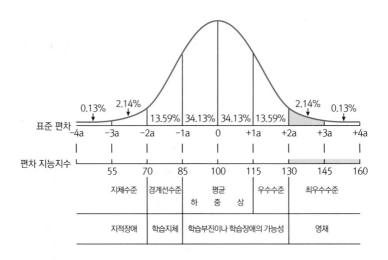

그림 5-1. 표준정규분포와 지능지수 분포도

지적장애의 특징

지적장애는 ① 손상이 발달기에 시작되고, ② 연령, 성별, 사회문화적 배경이 일치하는 또래에 비해 전반적인 정신능력, 즉 지적 기능(추론, 문제해결, 계획, 추상적 사고, 판단, 학업, 경험으로부터의 학습)에 결함이 있으며, ③ 일상의 적응기능에 손상이 있다는 특징이 있다(APA, 2013). 지적기능^{intellectual functioning}은 추론, 문제해결, 계획, 추상적 사고, 판단, 가르침과 경험을 통한 학습, 실질적인 이해를 포함한다. 이 기능은 언어 이해, 작업 기억력, 인지적 추론, 양적 추론, 추상적 사고, 인지적 효율성에 기초한다.

이에 비해 적응기능^{adaptive functioning}은 비슷한 연령과 사회문화적 배경을 가진 타인과 비교하여 독립성과 사회적 책임에 대한 공동체 기준에 얼마나 잘 부합하느냐와 연관이 있다. 적응기능은 ① 개념^{conceptual}, ② 사회^{social}, ③ 실행^{practical} 영역에서의 적응적 추론을 포함한다. 이 세 영역에서의 적응적 추론에 관한 내용은 표 5-1과 같다.

표 5-1. 적응기능 영역별 적응적 추론 내용

영역	내용
1. 개념	○ 학습(즉, 기억, 언어, 읽기, 쓰기, 수학적 추론, 실질적인 지식 획득, 문제해결, 새로운 상황에서의 판단 등)
2. 사회	○ 인지능력(타인의 생각이나 감정, 경험 등), 공감, 의사소통 기술, 친선 능력, 사회적 판단 등
3. 실행	○ 일상생활에서의 자기관리(학습과 개인적 관리, 직업적 책임의식, 금전 관리, 오락, 자기행동 관리, 학교 또는 직장에서의 업무 관리 등)

적응기능은 지적능력, 교육, 동기, 사회화, 성격특성, 취업기회, 문화경험, 일반적인 의학적 상태, 정신질환 등에 영향을 미칠 수 있다. 지적장애아의 ① 인지, ② 사회 · 정서, ③ 행동 특성은 다음과 같다.

인지적 특성

지적장애아는 인지능력과 학습특성에서 낮은 기억력, 더딘 학습속도, 주의산만, 습득한 학습내용의 전이 또는 일반화 능력 부족, 동기 결함이 있다(Heward, 2018). 이들의 인지적 특성은 ① 인지능력 · 학업성취, ② 언어능력의 측면으로 나뉜다.

인지능력 · 학업성취. 첫째, 지적장애아는 낮은 주의력과 기억력, 모방학습 또는 우발학습 능력에 결함이 있다. 또한 초인지(학습자가 자신의 과제수행과정을 점검 · 통제 · 조정하고, 문제를 능동적으로 해결하는 기능으로, '상위인지'로도 불림) 능력 역시 크게 부족하다는 점에서 학업에서 자신만의 학습전략 사용 또는 추상적/고차원적 사고능력 사용에 어려움이 있다.

언어능력. 둘째, 언어발달 지체 또는 일반아동이 보이는 전형적인 발달패턴을 보이지 않는다. 발달적으로 지체가 있다는 것은 경도 지적장애아의 언어 · 인지 발달이 일반 영유아의 발달과 유사한 패턴을 보인다는 뜻이다. 즉, 언어습득 속도가 느리고 기능수준이 낮지만, 발달순서와 단계는 일반 영유아와 유사하다. 반면, 차이/결핍이라는 관점에서 지적장애아의 인지발달 양상은 일반 영유아의 것과 질적으로 다르다.

사회 · 정서적 특성

지적장애아는 일반아동에 비해 사회기술 수준이 낮다. 이들은 일반아동에 비해 또래 또는 교사와의 관계형성과 유지능력이 떨어지고, 관계 형성을 저해하는 부적응 행동을 보이는 경우가 많다. 이러한 이유로 이들은 또래로부터 외면당하거나 고립되어, 사회기술을 습득할 기회를 놓치게 된다. 더욱이, 또래로부터의 거부는 부적 감정 표출 또는 억압의 원인이 되고, 또래와의 상호작용 방법의 무지는 결국 교우관계 형성 곤란으로 이어진다. 반면, 일반학교에 배치된 지적장애아는 특수학교에 배정된 아동보다 사회성이 더 높다(Zion & Jenvey, 2006). 이에 지적장애아가 어릴 적부터 일반아동과의 상호작용 기회를 더 자주 갖거나, 다양한 사회기술(대화 시작, 차례 지키기 등)을 습득할 기회가 주어진다면, 이들의 사회성 발달은 더 촉진될 것이다.

행동 특성

경도 지적장애아는 주의산만, 과잉행동, 불안장애, 외상후 스트레스장애(PTSD) 등 다양한 행동 특성을 보일 수 있다. 이러한 행동 특성은 대체로 장애 때문이거나, 물질의 영향, 또는 건강 관련 문제로 인한 것이다(Beime-Smith et al., 2006). 이는 지적장애아를 일반학교에 배정하는 등 통합교육을 위한 결정에 어려움을 줄 수 있다. 게다가 지적장애아는 행동 특성으로 인해 학업곤란을 겪을 수 있으므로, 이들의 문제행동에 대해 적절한 중재와 관리가 요구된다(Gumpel, 1994).

지적장애의 유병률과 원인

일반 인구에서 지적장애의 유병률[prevalence](전체 인구 중 특정 장애, 질병, 또는 심리신체적 상태를 지니고 있는 사람들의 비율)은 1% 정도다. 고도 지적장애 유병률은 1,000명당 6명 정도다(APA, 2013). 사람들은 흔히 지적장애아는 지적 기능의 한계로 배울 수 없다거나, 일반학생들과 함께 교육받을 수 없다고 생각한다. 그러나 지적장애아의 75~90%는 경도에 속한다. 즉, 이들의 대부분은 기본 학습능력이 있다는 것이다. 만일 사회성 또는 자조기술 교육을 적절하게 받는다면, 대부분의 지적장애아는 독립적인 생활능력을 갖출 수 있을 것이다. 지적장애의 발병 원인은 크게 ① 생물학적 원인, ② 심리 · 환경적 원인으로 나뉜다.

생물학적 원인

지적장애의 생물학적 원인으로는 ① 다운증후군, ② 프래더-윌리 증후군, ③ 페닐케톤뇨증, ④ 취약 X 증후군, ⑤ 테이삭스병, ⑥ 클라인펠터 증후군이 있다.

다운증후군. 첫째, 다운증후군^{Down syndrome}은 21번 염색체 이상(3개, 정상은 2개)으로 인해, 신체 · 지적 발달의 전반적 지체(지적장애, 신체기형, 전신기능 이상, 성장장애 등)를 유발하는 유전병이다. 이 질환은 가장 흔한 염색체 질환으로, 약 700~800명 중 1명 꼴로 나타난다. 또 특징적인 안면기형(머리가 작고, 둥글며, 납작한 얼굴, 코가 낮고, 눈꼬리가 올라가 있으며, 두 눈 사이가 넓음)으로 인해 서로 유사한 모습을 보인다. 이 증후군은 출생 전에 기형이 발생하고, 출생 후에도 여러 장기기능 이상이 나타나며, 일반인보다 수명이 짧다. 이에 생애 기간 동안 폭넓은 의료적 · 사회적 지원이 요구된다.

프래더-윌리 증후군. 둘째, 프래더-윌리 증후군^{Prader-Willi syndrome}은 15번 염색체 이상으로 인해 지적장애, 작은 키, 식욕과다, 비만, 성기능장애(성기발육부진) 등을 유발하는 유전병이다. 이 증후군이 있는 영아(1~3세)는 저성장으로 인해 '흐느적거리는 아기^{floppy baby}'로도 불린다. 또 발달과정에서 과도한 짜증, 충동성, 공격성, 고집, 자해 등의 행동 외에도 식욕과다로 생명을 위협하는 비만을 초래한다.

페닐케톤뇨증. 셋째, 페닐케톤뇨증^{phenylketonuria}(PKU)은 선천성 효소계 장애로 인해 단백질 대사장애를 유발하는 유전병이다. 이 질환은 단백질에 함유된 페닐알라닌 분해 효소 결핍으로 체내에 페닐알라닌이 축적되어 정상적인 두뇌 발달 저해, 연한 담갈색 피부와 모발, 경련 등을 유발한다. 국내 발병률은 1/53,000명 정도로 알려져 있다. 이 질환으로 인한 뇌손상과 지적장애를 방지하려면, 조기발견과 식이요법(고단백 식품에 많이 함유된 페닐알라닌 섭취 제한 등)을 통한 예방이 필요하다.

취약 X 증후군. 넷째, 취약 X 증후군^{Fragile X syndrome}은 23번 X 염색체 이상으로 발생하는 유전병이다('마틴-벨 증후군^{Martin-Bell syndrome}'으로도 불림). 이 질환은 지적장애와 신체변형(긴 얼굴, 돌출이마, 큰 귀, 주걱턱, 근긴장 저하^{hypotonia}, 평발 등)을 동반한다. 또 남아의 발생빈도가 높고, 청소년기 이후 고환이 비정상적으로 크게 발달하기도 한다. 이 질환이 있는 아동은 과잉행동, 주의력결핍, 자해 등의 행동을 보이거나, 상동증 stereotypy[(무의미하고 목적이 없으며 상황에 부합되지 않는) 특정 행위를 장시간 반복하는 증상]과 반향어echolalia(타인의 말을 의미도 모르면서 그대로 메아리처럼 따라하는 증상)를 나타내기도 한다.

테이삭스병. 다섯째, 테이삭스병Tay-Sachs disease은 유전자(헥소사미니데이즈hexosaminidase A)의 돌연변이로 신진대사와 내분비선에 치명적인 이상을 일으켜, 지적장애를 유발하는 유전병이다. 이 질환은 아슈케나지Ashkenazi(유대계) 사람들에게서 흔히 나타나며, 영아는 생후 수개월 동안은 정상적으로 발달하나, 이후 점차 둔화된다. 출산 전, 검사로 태아의 질환 유무를 확인할 수 있으나, 치료방법은 없는 것으로 알려져 있다.

클라인펠터 증후군. 여섯째, 클라인펠터 증후군Klinefelter's syndrome은 성염색체 비분리로 인해 남자가 X 염색체를 2개 이상 갖는 유전병이다. 이는 성염색체 핵형이 XXY, XXXY, XXXXY 등 비정상적인 형태여서, 생식능력이 불완전하다는 특징이 있다. 47/XXY형은 남자아기 1/500명 꼴로 발생할 정도로 성염색체 수 이상 중 가장 비율이 높다. 이에 비해, 48/XXXY형은 1/17,000~50,000명, 49/XXXXY형은 1/85,000~100,000명 꼴로 나타난다. 그러나 외형상으로는 정상적인 경우가 대부분이다.

심리 · 환경적 원인

지적장애는 대부분 생물학적 요인과 심리 · 환경적 요인이 유기적으로 연결되어 발생한다는 특징이 있다. 지적장애를 유발하는 심리 · 환경적 원인으로는 ① 환경오염, ② 부적절한 산전관리, ③ 태아기 기형, ④ 사고를 들 수 있다.

환경오염. 첫째, 환경오염으로는 대기오염, 수질오염 등으로 인한 중금속 독성물질 중독을 꼽을 수 있다. 유기체의 생명과 생존을 위협하는 심각한 환경오염은 지적장애 발생률 상승을 부추길 뿐 아니라, 삶의 질을 크게 떨어뜨린다.

부적절한 산전관리. 둘째, 임산부의 부적절한 산전관리로 인한 독소에의 노출은 선천성 기형 또는 저체중 출산의 원인이 된다. 이는 빈곤과 관련이 깊다. 예를 들어, 임신 중 태아발달의 결정적 시기에서의 건강문제와 영양부족은 태아의 지적능력 발달에 심각한 영향을 준다.

태아기 기형. 셋째, 임신 중 임산부의 음주는 태아기 기형, 즉 태아알코올증후군fetal alcohol syndrome(FAS, 임신부의 임신 중 음주로 인해 태아에게 신체 기형과 정신장애를 유발하는 선천성 질환)이 있는 태아를 출산할 위험이 있다. 또 임산부가 후천성면역결핍증(AIDS), 수두chicken pox, 성병, 매독, 결핵 등에 걸린 경우, 태아의 장애를 초래한다. 이 외에도 니코틴, 코카인, 마리화나, 납 중독 등은 태아의 발육을 지체할 뿐 아니라, 생명까지도 위태롭게 한다.

사고. 넷째, 사고(에 교통사고, 낙상)에 의한 외상성 뇌손상traumatic brain injury(TBI, 외상으로 인해 뇌에 손상을 입은 일반적인 상태)은 손상 부위 또는 정도에 따라 차이가 있지만, 대체로 신체기능(몸의 균형과 조화, 운동기능, 힘, 지구력), 인지기능(언어, 의사소통, 정보 진행, 기억 등), 정신기능(성격 변화, 심리부조화 등)에 영향을 미친다.

지적장애의 진단과 사정

지적장애의 진단은 임상평가, 지적기능, 적응기능에 대한 표준화된 검사결과에 근거하여 이루어진다. 지능검사는 개념적 기능의 근사치로, 실생활에서의 추론과 실행과제의 숙달 정도의 평가도구로는 불충분하다. 예컨대, 지능지수가 70 이상인 사람이 더 낮은 지능지수를 가진 사람과 비슷한 수준의 사회적 판단, 이해, 기타 적응기능에서의 심각한 결함이 있을 수 있다. 이에 지능검사의 결과 해석에는 엄정한 임상적 판단이 요구된다.

지적장애의 진단기준은 DSM-5(APA, 2013)에 상세히 제시되어 있다. 이 편람에는 임상가의 이해를 돕기 위해 국제질병분류체계 11판international classfication of diseases, 11th ed.(ICD-11)에서 사용되는 '지적발달장애'가 병기되어 있다[(DSM-5-TR)에서는 '지적발달장애(지적장애)'로 변경되었음]. DSM-5에 수록된 지적장애(지적발달장애)의 진단기준 요약은 글상자 5-1과 같다.

글상자 5-1. 지적장애(지적발달장애) 진단기준 요약

발달기에 시작되고, 개념·사회·실행 영역에서 지적기능과 적응기능에 결함이 있으며, 다음 세 가지 기준을 충족해야 한다.

A. 임상평가와 개별적으로 실시한 표준화된 지능검사로 확인된 지적기능(추론, 문제해결, 계획, 추상적 사고, 판단, 학업, 경험학습)에 결함이 있다.

> B. 적응기능의 결함으로 독립성과 사회적 책임의식에 필요한 발달적·사회문화적 표준을 충족하지 못한다. 즉, 지속적 지원 없이는 적응 결함으로 인해 다양한 환경(가정, 학교, 직장, 지역사회)에서 1개 이상의 일상활동(의사소통, 사회참여, 독립적 생활) 기능에 제약이 있다.
> C. 지적 결함과 적응기능 결함은 발달기에 시작된다.
>
> 현재의 심각도(경도^{mild}, 중등도^{moderate}, 고도^{severe}, 최고도^{profound})를 명시한다.

글상자 5-1에 제시된 지적장애 진단기준에서 장해가 발달기에 시작되어야 한다는 조건이 명시된 이유는 외상성 뇌손상 또는 알츠하이머병으로 인한 치매와 구분하기 위해서다. 지적장애의 심각도는 개념·사회·실행 영역에서의 적응기능에 기초하여 판별된다. 종전과는 달리, 지능지수(IQ)에 기초하지 않는 이유는 필요한 지원의 정도가 적응기능에 의해 결정되기 때문이다. 미국정신지체협회(2002)는 개인의 (지적) 결함에 초점을 둔 분류체계보다는 지적장애자가 필요로 하는 지원의 정도에 따라 4개 수준을 제안했는데, 그 내용은 표 5-2와 같다.

표 5-2. 지적장애자가 필요로 하는 지원 정도의 4개 수준

지원 수준	설명
1. 간헐지원	○ 필요한 경우에만 지원이 제공되고, 지속기간이 짧다.
2. 제한지원	○ 간헐적 지원보다는 지원시간이 길지만, 지원의 강도가 크지 않다.
3. 확장지원	○ 특정 환경(일터)에서 규칙적인(예 매일) 지원이 제공되고, 지원시간에 제한이 없다('장기지원').
4. 전반지원	○ 지원의 강도가 높고, 지속적이며, 장소를 제한하지 않는다('장기지원').

지적능력 사정

데이비드 웩슬러
(David Wechsler,
1896~1981)

「특수교육법」에 의하면, 지적장애는 지능검사, 사회성숙도검사, 적응행동검사, 기초학습검사, 운동능력검사 등을 사용하여 선별·진단·평가되어야 한다. 또 장애유형별 진단·평가에는 장애인증명서, 장애인수첩, 진단서 등이 참고자료로 활용된다. 아동의 지적능력 평가를 위한 검사로는 데이비드 웩슬러가 개발한 웩슬러 아동용 지능검사$^{\text{Wechsler Intelligence Scale for Children}}$(WISC)가 있다. 이 검사는 6~16세 사이의 아동을 위한 개별 검사로, 가장 최근 판은 2014년에 제작된 WISC-V이다. 국내에서는 한국어로 번안된 한국판 웩슬러 아동용 지능검사가 주로 사용되고 있다.

한국판 웩슬러 아동용 지능검사.　한국판 웩슬러 아동용 지능검사^Korean-Wechsler Intelligence Scale for Children-IV(K-WISC-IV)는 6세 0개월부터 16세 11개월까지 아동의 인지능력 평가를 위해 개발된 검사다. 이 검사는 전체검사 IQ(전반적인 지적 능력을 나타냄)는 물론, 소검사(인지 영역별 지적 기능을 나타냄)와 합산점수를 제공한다. K-WISC-IV는 총 15개 하위검사로 구성되어 있는데, 각 영역에 관한 설명은 표 5-3과 같다.

그림 5-2. K-WISC-IV

표 5-3. K-WISC-IV의 하위검사

소검사	측정 내용
1. 토막짜기/BD	○ 제한시간 내에 흰색과 빨간색 토막을 사용하여 제시된 모형 또는 그림과 똑같은 모양을 구성한다.
2. 공통성/SI	○ 공통적인 사물 또는 개념을 나타내는 2개의 단어를 듣고, 두 단어가 어떻게 유사한지를 말한다.
3. 숫자/DS	○ 검사자가 큰 소리로 읽어 준 일련의 숫자들을 같은 순서 또는 반대 순서로 따라한다.
4. 공통그림찾기/ PCn	○ 2~3줄로 이루어진 그림을 제시하면, 공통된 특성으로 묶일 수 있는 그림을 각 줄에서 한 가지씩 고른다.
5. 기호 쓰기/CD	○ 간단한 기하학적 모양 또는 숫자에 대응하는 기호를 그린다.
6. 어휘/VC	○ 그림문항에서는 그림의 이름, 말하기 문항에서는 검사자가 크게 읽어 주는 단어의 정의를 말한다.
7. 순차연결/IN	○ 연속되는 숫자와 글자를 읽어 주고, 숫자가 많아지는 순서와 한글의 가나다 순서로 암기한다.
8. 행렬추리/MR	○ 5개의 반응 선택지에서 제시된 행렬의 빠진 부분을 찾는다.
9. 이해/CO	○ 일반 원칙과 사회적 상황에 대한 이해에 기초하여 질문에 답한다.
10. 동형찾기/SS	○ 반응 부분을 훑어보고, 반응부분의 모양 중 표적모양과 일치하는 것이 있는지를 제한시간 내에 표시한다.

11. 빠진 곳 찾기/ PCm	○ 그림을 보고 제한시간 내에 빠져 있는 중요한 부분을 가리키거나 말 한다.
12. 선택/CA	○ 무선으로 배열된 그림과 일렬로 배열된 그림을 훑어본 다음, 제한시 간 내에 표적 그림들에 표시한다.
13. 상식/IN	○ 일반지식에 관한 광범위한 주제를 다루는 질문에 답한다.
14. 산수/AR	○ 구두로 주어지는 일련의 산수문제를 제한시간 내에 암산으로 푼다.
15. 단어 추리/WR	○ 일련의 단서에서 공통된 개념을 찾아 단어로 말한다.

K-WISC-IV의 합산점수는 5개 영역, 즉 ① 언어이해지표$^{Verbal\ Comprehension\ Index}$(VCI), ② 지각추론지표$^{Visual\ Spatial\ Index}$(PRI), ③ 작업기억지표$^{Working\ Memory\ Index}$(WMI), ④ 처리속도지표$^{Processing\ Speed\ Index}$(PSI), ⑤ 전체검사 IQ(FSIQ)에 대해 산출된다. 지표점수 산출은 5개 보충 소검사(① 빠진 곳 찾기, ② 선택, ③ 상식, ④ 산수, ⑤ 단어 추리)를 제외한 10개 소검사의 원점수를 토대로 한다.

적응행동 사정

특수아의 적응행동 평가를 위한 검사로는 ① 사회성숙도검사, ② 한국판 적응행동검사(K-ABS), ③ 지역사회적응검사(CIS-A), ④ 국립특수교육원 적응행동검사(KISE-SAB), ⑤ 파라다이스 한국 표준 적응행동검사(PABS-KS), ⑥ 한국판 적응행동검사-개정판(K-SIB-R) 등이 있다. 이 중 국내에서 널리 사용되고 있는 국립특수교육원 적응행동검사에 관해 살펴보면 다음과 같다.

국립특수교육원 적응행동검사. 국립특수교육원 적응행동검사(KISE-SAB)는 지적장애아에 대한 특수교육대상자 적격성 판정을 위해 정인숙 등(2004)이 개발한 표준화된 검사다. 검사 대상은 일반아동 21개월(지적장애아는 5세부터)에서부터 17세까지의 청소년이다. KISE-SAB는 주로 피검자를 6개월 이상 관찰하여 피검자의 특성과 행동을 정확하게 파악할 수 있는 부모/보호자 또는 교사에 의한 평정으로 이루어지고, 40분 정도 소요된다. 이 검사는 총 3개 영역[① 개념적 적응행동(6개), ② 사회적 적응행동(7개), ③ 실제적 적응행동(11개)]으로 편성된 24개 소검사(총 242문항)로 구성되어 있다. 검사의 구성은 표 5-4와 같다.

표 5-4. KISE-SAB의 구성

구분	정의	소검사		문항수
1. 개념적 적응 행동	○ 학업성공에 필요한 기술	① 언어이해 ② 언어표현 ③ 읽기	④ 쓰기 ⑤ 돈 개념 ⑥ 자기 지시	72
2. 사회적 적응 행동	○ 사회적 기대와 타인의 행동 이해, 다양한 사회 적 상황에서 행동의 적 절성 판단 기술	① 사회성 일반 ② 놀이활동 ③ 대인관계 ④ 책임감	⑤ 자기존중 ⑥ 자기보호 ⑦ 규칙과 법	68
3. 실제적 적응 행동	○ 신체능력 활용을 극대화 하여 독립성취를 위해 사용하는 기술	① 화장실 이용 ② 먹기 ③ 옷 입기 ④ 식사 준비 ⑤ 집안 정리 ⑥ 교통수단 이용	⑦ 진료받기 ⑧ 금전관리 ⑨ 통신수단 이용 ⑩ 작업기술 ⑪ 안전 · 건강관리	102

각 문항에 대해 3회의 기회를 주고, 수행 여부로 점수를 매긴다. 즉, 3회의 기회 중
단 1회도 수행하지 못하면 0점, 1회 수행하면 1점, 2회 수행하면 2점, 3회 수행하면
3점을 부여한다. 점수 기록과 해석 절차는 글상자 5-2와 같다.

글상자 5-2. 점수 기록과 해석 절차

1. 인적사항, 생활연령, 소검사별 원점수, 원점수 합산점수를 기록한다.
2. 연령별 환산점수 산출표에서 해당 연령의 소검사별 원점수에 해당하는 환산점수(평균
   10, 표준편차 3인 척도점수)를 확인한다.
3. 각 연령집단을 모집단으로 한 정상분포에서 표준점수(평균 100, 표준편차 15)로 변환하
   여 적응행동지수(3개 영역의 적응행동지수와 전체 적응행동지수)를 산출한다.
4. 소검사의 환산점수를 토대로 검사지 뒷면의 환산점수 프로파일을 작성한다. ☞ 프로
   파일은 피검자의 점수특성을 쉽게 파악할 수 있게 해 주고, 분석의 방향을 제시해 주는
   이점이 있음

지적장애의 중재방안

지적장애아의 학업기술과 독립생활 지원을 위한 방안으로는 대필 도우미와 수업
멘토 지정을 허용하는 방법 외에도, ① 개별화 지원, ② 직접교수, ③ 기능 교육과정,
④ 내적 동기 회복, ⑤ 긍정행동지원, ⑥ 생활기술 훈련, ⑦ 자기결정기술 훈련이 있다.

개별화 지원

첫째, 개별화 지원을 수행한다. 지적장애아를 위한 개별화 지원은 크게 4개 범주, 즉
① 자신, ② 타인, ③ 공학, ④ 서비스로 이루어진다(박승희, 신현기 역, 2002). 지원^{support}
이란 서비스 대상자의 발달 · 교육 · 관심 · 복지 · 기능 증진을 위한 자원과 전략을
말한다(AAMR, 2002). 지적장애아를 위한 개별화지원계획$^{individualized\ support\ plan}$(ISP) 수립을
위한 절차는 표 5-5와 같다.

표 5-5. 지적장애인을 위한 개별화지원계획 수립 절차

단계	내용		
1. 지원영역 설정	○ 인간발달 ○ 교수 · 교육 ○ 가정생활	○ 지역사회 생활 ○ 고용 ○ 건강 · 안전	○ 행동 ○ 사회 ○ 보호 · 옹호
2. 지원활동 결정	○ 개인의 관심 · 선호 ○ 참여 가능성이 큰 활동	○ 참여 가능성이 큰 상황	
3. 지원요구 수준 · 강도 사정	○ 빈도	○ 일간 지원시간	○ 지원유형
4. 개별화지원계획 수립	○ 개인의 관심 · 선호 ○ 필요한 지원영역 · 활동 ○ 참여 가능성이 큰 상황 ○ 참여 가능성이 큰 활동 ○ 지원요구를 충족시킬 특정 지원기능	○ 자연스러운 지원 강조 ○ 지원제공 책임자 ○ 개인적 성과 ○ 지원제공과 성과 모니터 계획	

출처: AAMR. (2002).

표 5-5에는 지적장애아에게 제공 가능한 지원 활동이 영역별로 제시되어 있다. 이는
학교, 교사, 상담교사가 지적장애아 지원을 위한 계획을 수립하는 데 참고할 수 있다.
지적장애아를 위한 교육과 상담서비스 제공 시, 지원 영역과 활동은 표 5-6과 같다.

표 5-6. 지적장애아에 대한 지원 영역과 활동

지원 영역	활동
1. 인간발달	○ 신체발달 촉진(눈 · 손 협응, 대 · 소근육 운동기술 등) ○ 인지발달 촉진(감각경험 조정, 단어 · 이미지를 통한 표현, 사건에 대한 논리적 · 현실적 추론 등)
2. 교수 · 교육	○ 교수자, 그리고 다른 참여자/학생들과의 상호작용 ○ 교육 및 교육적 결정에의 참여 ○ 문제해결 전략, 건강/체육, 자기결정 기술 학습 및 활용 ○ 훈련/교육적 상황에의 접근 ○ 기능 교과(⑩ 표지판 읽기, 잔돈 계산 등) 학습 및 활용 ○ 전환(교육) 서비스 받기
3. 가정생활	○ 옷 입고 벗기, 세탁 · 옷 손질, 몸치장 기술 학습 및 활용 ○ 살림살이, 음식 준비 · 식사, 가정용품 사용기술 학습 및 활용 ○ 개인위생(목욕, 화장실 이용, 청소) 기술 학습 및 활용 ○ 가정 내 여가활동 참여
4. 공동체 생활	○ 교통수단 · 지역사회 서비스 · 공공건물과 환경 이용 ○ 지역사회 활동(레크리에이션/여가활동, 종교활동, 자원봉사) 참여 ○ 가족, 친구, 친지 방문 ○ 쇼핑 · 물건 구매
5. 고용	○ 특정 직업기술 학습 · 활용과 직원 보조서비스 이용 ○ 적절한 속도와 질로 업무 관련 과업 완수 ○ 감독자, 교수자, 동료들과의 교류
6. 건강 · 안전	○ 치료 서비스 이용, 투약, 건강 · 안전 확보 ○ 건강관리 서비스 제공자와의 소통, 의료 및 응급서비스 이용 ○ 식이요법을 통한 영양 상태 및 정서 · 신체건강 유지 ○ 법과 규칙 준수, 정서적 행복감 유지
7. 행동	○ 특정 기술/행동 학습 및 적절한 의사결정 역량 배양 ○ 정신건강 · 약물사용 치료 이용 ○ 선택권 · 주도권 획득 및 활용 ○ 공공장소에서의 적절한 사회적 행동 유지 ○ 자기관리전략 학습 및 활용, 그리고 적응기술과 행동 증가 ○ 분노 · 공격성 통제

8. 사회	○ 가족과의 격의 없는 상호작용과 가족 외 사람들과의 교제/관계 단절
	○ 여가활동 참여
	○ 적절한 성 관련 결정 및 적절한 사회성 기술 활용
	○ 애정·친밀관계/교우관계 형성 및 유지
	○ 개인적 요구에 대해 다른 사람들과 소통하기
9. 보호·옹호	○ 적절한 선택과 결정 및 자신과 타인 옹호
	○ 개인 재정 관리 및 착취로부터의 자기보호
	○ 법적 권리와 책임 행사 및 자기옹호 또는 지원기구 참여
	○ 법적 서비스 획득 및 은행 이용/수표를 현금화하는 방법 습득

출처: AAMR. (2002).

직접교수

둘째, 직접교수^{direct instruction}, 즉 구조화된 학습자료와 피드백을 지속적·반복적으로 제공하여 학생이 학습과업을 분명히 알게 하는 교사중심의 수업을 제공한다. 지적장애아는 가르칠 내용이 분명하고 체계적일 때 가장 잘 배운다. 이에 과제를 분석하여 잘게 나누어 직접적·반복적으로 가르칠 필요가 있다(Heward, 2009). 직접교수는 ① 도입 → ② 수업시작 → ③ 안내를 동반한 연습 → ④ 독립적 연습 → ⑤ 점검 → ⑥ 재교수 단계를 거쳐 진행된다.

이때, 인지·심리사회적 특성과 주의집중, 모방학습/일반화 능력, 단기기억 등의 어려움이 있음을 고려한다. 또 이들에게 학습은 성숙, 성장, 또는 연령에 따라 자연스럽게 발달하는 것이 아니라, 행동변화를 위한 연습과 경험을 통해 이루어진다는 사실을 염두에 두고, 반복학습 경험을 돕는다. 지적장애아의 학습지도에서 유의할 점은 글상자 5-3과 같다.

글상자 5-3. 지적장애아의 학습지도 시 유의할 점

1. 배울 준비가 되어 있을 때 지도한다.	6. 지도하는 동안 많은 대화를 나눈다.
2. 한 번에 한 가지씩 지도한다.	7. 응용력이 부족하다는 점을 고려한다.
3. 진척이 있을 때 칭찬·격려한다.	8. 일관성 있게 지도한다.
4. 학생이 필요로 하고 원할 때 지도한다.	9. 산만한 주위 환경은 피한다.
5. 지도시간을 짧게 한다.	10. 잘못했을 때는 침착하고 다정하게 대한다.

기능 교육과정

셋째, 기능 교육과정[functional curriculum], 즉 특정 교육목표 달성을 위해 학생의 생활, 경험, 흥미, 관심, 요구, 활동 등을 중심으로 구성된 별도의 교육과정을 편성하여 개별화된 학습활동을 지원한다. 지적장애아를 위한 교육목적은 적절한 학교교육, 그리고 관련 서비스를 통해 사회로의 통합과 자립을 돕는 것이다. 이들이 독립적으로 살아가려면, 학습능력의 습득이 필요하다. 이에 교육내용과 활동을 기능 교육과정으로 편성하여 일상생활에 중점을 두는 기능적인 생활중심의 기술지도에 중점을 둘 필요가 있다. 지적장애아를 위한 기능 교육과정의 영역과 활동은 표 5-7과 같다.

표 5-7. 지적장애아를 위한 기능 교육과정의 영역과 활동

영역	활동 예시
1. 의사소통	○ 전화 사용(전화 걸기 · 받기, 약속/예약 전화, 지인과의 통화, 위급 시 전화) ○ 상징적 행동(구어 · 문어), 수화/비상징적 행동(표정, 몸짓) 이해 · 표현
2. 자기관리	○ 신변처리기술(샤워/목욕, 머리 · 손톱 손질, 치아관리, 용변보기 등)
3. 가정생활	○ 집안 청소(진공청소기 사용, 먼지 털기/닦기, 정리정돈) ○ 옷 세탁 · 관리(옷 입고 벗기, 세탁 · 건조, 정리) ○ 식사 계획 · 준비(식단계획, 식사준비, 음식 저장) ○ 일과시간표 짜기
4. 사회 기술	○ 자기주장(룸메이트와 책임영역 타협, 이웃과의 타협, 필요한 지원 주장) ○ 충동조절
5. 지역사회 활용	○ 지역사회 내에서의 이동(대중교통 이용) ○ 공공시설(도서관, 미술관) 이용
6. 자기주도	○ 시간관리 · 활동일정표 작성(일과표 준수, 달력 이용, 알람시계 활용)
7. 건강 · 안전	○ 식사, 질병 예방 · 처치, 위급 시 119 신고, 화재 시 대피, 소화기 사용, 안전하게 문 열어 주기
8. 기능 교과	○ 독립적 생활을 위한 기능적 학업기술 습득(읽기, 쓰기, 셈하기 등)
9. 여가	○ TV 시청, 음악 듣기, 취미생활, 손님 맞이하기, 여가활동
10. 직업	○ 직업기술, 직업 유지를 위한 사회행동 기술

출처: AAMR. (2002).

내적 동기 회복

넷째, 학생의 내적 동기 회복을 돕는다. 동기^{motive}는 의지를 포함하는 개념으로, 의지^{will}는 다양한 형태의 방해요소를 극복하고 목표행동을 실행하게 하는 힘이다. 교사의 열정, 온정, 공감, 기대 등의 학습환경은 학생의 학습동기에 영향을 준다. 예컨대, 교사가 열정적으로 교과에 대한 흥미를 전달하고, 교과내용이 중요하다는 사실을 학생들과 소통하면서, 교과의 선수학습이 부족한 학생에게 기초내용을 보완해 준다면, 성적은 능력이 아닌 학생의 노력으로 극복할 수 있게 된다.

이처럼 어떤 예언 또는 생각이 이루어질 것이라는 강한 믿음이 그 믿음 자체에 대한 피드백을 통해 행동을 변화시켜 그 믿음이 실제로 실현되는 현상을 자성예언^{self-fulfullment prophecy}이라고 한다('자기충족예언'으로도 불림). 교사가 학생에 대한 기대수준에 근거하여 학생의 성적이 향상되는 현상이 그 예다. 인지주의 동기이론에 의하면, 귀인^{attribution}은 외적보다는 내적, 안정보다는 불안정, 통제가 불가능할 때보다는 통제가 가능할 때 학습동기가 증가한다. 경도 지적장애의 경우, 부정적 경험 누적으로 인해 학습된 무기력, 외부지향적 성향, 자신에 대한 기대감 저하가 특징적으로 나타난다. 이들의 동기를 높이기 위해서는 글상자 5-4와 같은 방안이 필요하다.

글상자 5-4. 경도 지적장애아의 동기 증진방안

> 1. 성공 경험을 할 수 있는 과제를 제공한다.
> 2. 상호작용적 전략 교수법을 통해 학생의 학습 효능감을 높인다.
> 3. 인지행동적 전략을 적용하여 과제수행의 성공은 학생의 능력 결과로, 실패는 노력 부족으로 인식하게 하여 외부 지향성을 감소시키고, 성공 기대를 높이도록 돕는다.
> 4. 사람에 대한 긍정적 반응 경향성을 이용하여 사람과 관련된 활동 · 과제 또는 팀/또래 체계를 활용한다.

긍정행동지원

다섯째, 긍정행동지원^{positive behavior support}(PBS), 즉 개인의 문제행동 감소 · 예방 및 친사회적 행동 실행을 통해 일상생활에 일반화할 수 있도록 돕는다. 여기서 긍정행동은 학업, 일, 사회, 휴식, 지역사회, 가족 환경에서 성공 가능성과 개인적 만족을 높여 주는 행동이다. 지원^{support}은 교육방법과 기회 증진과 관련된 체제 변화와 방법이다. 이 접근은 1997년 미국의 「장애인교육법^{Individuals with Disabilities Education Act}(IDEA)」에 '기능행동사

정'과 함께 소개된 것으로, 잘못된 훈육이 학생의 문제행
동을 초래할 수 있고, 교사의 행동이 변하지 않는 한, 학
생의 문제행동도 변화시킬 수 없다는 가정에 기초한다.

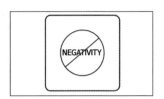

　긍정행동지원은 문제행동에 대해 처벌적·사후반응
적 접근을 지양한다. 대신, 문제행동 예방을 강조하고, 적응행동을 가르치며, 긍정적
이고 교육적인 연구기반의 중재기법의 사용을 강조한다. 이로써 이 접근은 문제행동
을 보이는 특수아의 생활양식 변경에 도움을 제공함으로써, 학생을 포함하여 주변인
들의 삶의 질을 높이는 효과가 있다.

생활기술 훈련

여섯째, 학생의 생활기술 습득을 돕는다. 지적장애아는 독립적인 생활에 필요한 기본
생활기술(옷 입기, 식사, 장보기, 돈 관리)과 진로탐색을 위한 지원이 요구된다. 이를 위
해 이들에게는 생활기술 습득을 위한 집단교육과 훈련을 위한 활동에의 참여 기회가
제공되어야 한다. 이들은 취업을 위한 면접 준비에 필요한 높은 수준의 지원이 필요
하다는 점에서 직무 코치와 직업환경에서의 훈련이 필요하다. 일부 지자체에서는 지
적장애인을 위한 취업 기회를 제공하기도 한다. 일단 고등학교를 졸업해서 안정적인
직장을 갖게 되면, 이들에게 붙여진 진단명은 지역사회 또는 직장생활에 큰 의미가
없을 수 있다. 지적장애아에게 필요한 기술은 글상자 5-5와 같다.

글상자 5-5. 지적장애아에게 요구되는 기술

1. 의사소통	4. 가정생활
2. 건강관리와 안전유지	5. 사회성 기술
3. 개인적 요구(옷 입기, 목욕, 화장실 사용 등) 해결	6. 학습(읽기, 쓰기, 수학 등)

자기결정기술 훈련

일곱째, 학생의 자기결정$^{self-determination}$, 즉 삶의 주체로서 외부의 간섭에서 벗어나 삶의
질 선택과 결정을 주도할 수 있는 기술을 가르친다. 이 기술은 지적장애아 교육의 중
요한 요소다(Wehmeyer et al., 1996). 왜냐하면 이들 대부분은 어려서부터 자신의 중요
한 선택을 부모나 교사가 대신해 주는 것('대리결정')에 익숙하기 때문이다. 이런 상황
은 학생이 스스로 합당한 결정을 내릴 수 없을 것이라는 가정에서 온다. 대리결정은

지적장애아가 장차 성인이 되어서도 스스로 결정을 내리고 이에 대해 책임을 질 수 없게 한다. 이에 지적장애아가 성인이 되어 사회생활에서 독립적·성공적으로 살아가려면, 자기결정능력을 갖춰야 한다. 이를 위해서는 어려서부터 축적된 다양한 교육과 학습경험을 기반으로, 자기결정 기술과 능력을 갖추도록 도와야 한다(Wehmeyer et al., 2000).

◆ 복습문제 ◆

🌱 다음 밑줄 친 부분에 알맞은 말을 쓰시오.

1. 지적장애란 _____에 시작되며, ____, 사회, ____ 영역에서 지적 및 ____ 기능에 결함이 있는 상태로, 종전에는 _____(으)로 불렸다.

2. 21번 염색체 이상(3개, 정상은 2개)으로 인해, 신체·지적 발달의 전반적 지체(지적장애, 신체기형, 전신기능 이상, 성장장애 등)를 유발하는 유전병을 ____증후군이라고 한다. 반면, 15번 염색체 이상으로 인해 지적장애, 작은 키, 식욕과다, 비만, 성기능장애(성기발육부진) 등을 유발하는 유전병은 _____증후군이라고 한다.

3. 지적장애자가 필요로 하는 지원 정도의 4개 수준에는 간헐적 지원보다는 지원시간이 길지만, 지원의 강도가 크지 않은 ____지원과 특정 환경(일터)에서 규칙적인(예 매일) 지원이 제공되고, 지원시간에 제한이 없는 ____지원이 포함된다.

4. 「특수교육법」에 의하면, 지적장애는 지능검사, _____검사, _____검사, 기초학습검사, 운동능력검사 등을 사용하여 선별·진단·평가되어야 한다. 또 장애유형별 진단·평가에는 _____, 장애인수첩, 진단서 등이 참고자료로 활용된다.

5. 한국판 웩슬러 아동용 지능검사(K-WISC-IV)는 __세 __개월부터 ____세 ____개월까지 아동의 인지능력 평가를 위해 개발된 검사다. 이 검사는 총 ____개 하위검사로 구성되어 있다.

6. _____검사(KISE-SAB)는 지적장애아에 대한 특수교육대상자 적격성 판정을 위해 개발된 표준화 검사로, 검사 대상은 일반아동 ____개월(지적장애아는 __세부터)에서부터 ____세까지의 청소년이다.

7. 특정 교육목표 달성을 위해 학생의 생활, 경험, 흥미, 관심, 요구, 활동 등을 중심으로 구성된 교육내용과 학습활동을 _____(이)라고 한다.

8. 어떤 예언 또는 생각이 이루어질 것이라는 강한 믿음은 그 믿음 자체에 대한 피드백을 통해 행동을 변화시켜 그 믿음이 실제로 실현되는 현상을 _____(이)라고 하며, _____으로도 불린다.

9. _____기술은 삶의 주체로서 외부의 간섭에서 벗어나 삶의 질 선택과 결정을 주도할 수 있는 기술을 말한다. 이 기술은 지적장애아 대부분이 어려서부터 중요한 선택을 부모나 교사의 _____에 익숙할 수 있다는 점에서 지적장애아 교육의 중요한 요소다.

10. _____은/는 구조화된 학습자료와 피드백을 지속적 · 반복적으로 제공하여 학생이 학습과업을 분명히 알게 하는 교사중심의 수업을 의미한다. 이는 ① 도입, ② 수업시작, ③ _____, ④ 독립적 연습, ⑤ 점검, ⑥ _____ 단계를 거쳐 진행된다.

◆ 소집단 활동 ◆

지적장애 선별검사

※ 다음에 제시된 지적장애 선별검사를 작성해 보고, 각자 소감을 나누어 보자.

※ 지적장애 특수교육대상자는 다음과 같은 특성과 행동을 나타낼 수 있다. 다음의 기준에 따라 문항별로 아동이 해당되는 모든 항목에 ✓표 하시오.
2＝자주 나타남(주당 4회 이상)
1＝가끔 나타남(주당 2~3회)
0＝나타나지 않음(주당 1회 이하 또는 거의 나타나지 않음)

검사 문항	자주 나타남	가끔 나타남	나타나지 않음
1. 옷 입고 벗기, 대소변 가리기, 주변 이동하기 등의 일상생활을 또래와 비교했을 때 제대로 수행하지 못한다.	2	1	0
2. 또래들의 놀이 활동에 제대로 참여하지 못하고, 또래들이 동생 다루듯이 놀아 주는 때가 많다.	2	1	0
3. 구어(말)로 의사소통을 못하거나 무슨 말인지 알아듣기 힘들다.	2	1	0
4. 읽기, 쓰기, 셈하기 능력이 또래에 비해 현저히 떨어지고, 반복 학습을 해도 별 진전이 없다.	2	1	0
5. 또래에 비해 유치한 행동을 많이 한다(예 마음에 들지 않으면 자신보다 낮은 연령의 아이처럼 토라지거나 운다).	2	1	0
6. 일상에서 반복적으로 하는 쉬운 말은 하지만, 자신의 생각이나 주장을 표현하지 못할 때가 많다.	2	1	0
7. 주의집중 시간이 짧고, 기억력이 떨어져서 방금 가르쳐 준 것도 곧 잊어버린다.	2	1	0
8. 지적 수준이 낮아 수업내용을 이해하지 못해 돌아다니거나 잠을 자는 등 학습과 무관한 행동을 하거나 수업에 참여하지 못한다.	2	1	0

검사 문항	자주 나타남	가끔 나타남	나타나지 않음
9. 위험한 상황을 잘 인식하지 못하거나, 위험한 일이 벌어져도 제대로 해결하지 못한다.	2	1	0
10. 자신의 일을 계획하고, 주도적으로 처리하는 것에 어려움이 있다.	2	1	0
11. 도덕적 상황 판단이 잘 안 되어 나쁜 일도 시키면 시키는 대로 한다.	2	1	0
합계	점	점	점
총점			점

진단검사 필요 아동: 총점 5점 이상인 경우

☛ 총점 3~4점: 교사의 임상적 관찰을 거친 후, 진단 여부를 결정함

출처: 국립특수교육원. (2008).

소감 _____

_____

_____

_____

_____

_____

_____

_____

_____

_____

_____

_____

자폐스펙트럼장애(ASD)
학생 상담

☑ 개요

■ ASD의 정의
■ ASD의 특징
■ ASD의 유병률과 원인
■ ASD의 사정과 진단
■ ASD 학생의 중재방안
■ 자폐성 영재에 관한 논의
☐ 복습문제
☐ 소집단 활동

☑ 학습목표

1. 자폐스펙트럼장애의 정의 및 관련 개념을 이해 · 설명할 수 있다.
2. 자폐스펙트럼장애의 특징을 이해 · 설명할 수 있다.
3. 자폐스펙트럼장애의 사정과 진단방법을 이해 · 적용할 수 있다.
4. 자폐스펙트럼장애 학생 중재방안을 이해 · 적용할 수 있다.
5. 자폐성 영재의 특성을 이해하고, 중재에 적용할 수 있다.

동주는 어려서부터 옹알이를 하지 않았고, 낯을 가리며 주변 사람과 눈을 마주치지 않았고, 엄마와 떨어지는 것에도 크게 거부감을 갖지 않았다. 심지어 안기려고 하지 않았다. 3세가 되어도 동주는 거의 말을 하지 않을 정도로 언어발달이 느렸다. 심지어 말을 가르쳐 주려는 엄마의 노력에도 불구하고 별 진척이 없었다. 동주는 온종일 혼자서 좋아하는 퍼즐 맞추기 또는 장난감만 가지고 놀면서 시간을 보냈고, 또래와 함께 있어도 어울리는 데는 전혀 관심을 보이지 않은 채, 혼자 노는 것에 몰두하곤 했다. 그런가 하면, 벽에 머리를 반복적으로 부딪치고는 제자리에 서서 빙글빙글 도는 행동을 보이기도 했다. 동주의 이러한 모습에 몹시 걱정스러워하던 부모는 결국 전문가를 찾았고, 그로부터 '자폐스펙트럼장애'라는 말을 들었다.

자폐증autism이라는 용어는 스위스 심리학자 오이겐 블로일러가 처음 사용한 것으로 알려져 있다. 그는 1919년 사회적 관계 또는 의사소통 능력에 결함이 있거나 지속적인 강박행동을 나타내는 아동에게 이 용어를 사용했다. 블로일러는 자폐증 외에도 조현병schizophrenia, 조현성schizoid, 심층심리학depth psychology, 양가감정ambivalence 등의 용어를 창안하는 등, 정신질환의 이해와 치료에 크게 공헌했다.

오이겐 블로일러
(Paul Eugen Bleuler,
1857~1939)

그 후, 자폐증은 1943년 오스트리아 출신의 미국 정신건강전문의 레오 캐너가 생후 1년부터 사회적 손상, 비정상적인 언어, 제한적·반복적 관심 등 현저하게 특이한 행동 패턴을 보이는 11명의 유아를 5년 이상 함께 생활하며 관찰한 사례를 발표하면서, 이들의 증후군을 '초기 유아기 자폐증early infantile autism(EIA)'으로 소개했다. 또 이들과 유사한 사회성 문제가 있지만, 지적능력과 언어발달 문제가 그리 심각하지 않은 아동의 진단명을 '자폐성 정신병autistic psychopathy'으로 명명했다. 반면, 1944년 오스트리아의 소아과 전문의 한스 아스퍼거는 이를 독립적인 진단범주로 분류했다. 그는 이러한 업적을 인정받아, 자폐증 연구의 개척자로 불린다.

레오 캐너
(Leo Kanner,
1894~1981)

자폐증은 우리나라의 「특수교육법」에는 '자폐성 장애'로 표기
되어 있으나, DSM-5에서는 '자폐스펙트럼장애'로 불린다. 이에
여기서는 좀 더 포괄적인 의미가 있고, 국제적으로 자폐증에 대
한 진단명으로 통용되는 '자폐스펙트럼장애'라는 용어를 사용
하기로 한다. 따라서 이 장에서는 자폐스펙트럼장애의 ① 정
의, ② 특징, ③ 유병률과 원인, ④ 사정과 진단, ⑤ 중재방안,
⑥ 자폐성 영재에 관한 논의로 구분하여 자폐스펙트럼장애 학
생의 이해와 조력방안에 관해 살펴보기로 한다.

한스 아스퍼거
(Hans Asperger,
1906~1980)

ASD의 정의

자폐스펙트럼장애autism spectrum disorder(이하 'ASD')는 사회적 상호작용과 의사소통에 어려
움이 있고, 흥미 또는 활동에서 제한적·반복적으로 현저하게 특이한 행동 패턴이 초
기 아동기부터 나타나는 신경발달장애다(APA, 2013). 여기서 자폐란 스스로 자自, 닫
을 폐閉, 즉 자신만의 세계에 갇혀 지내는 장애라는 뜻이다. 이 장애의 명칭에 '스펙트
럼'이라는 말을 사용하는 이유는 DSM-IV(APA, 1994)에 수록되었던 전반적 발달장애
범주에 속하는 장애들(① 자폐장애autistic disorder, ② 레트장애Rett's disorder, ③ 아동기 붕괴성 장
애childhood disintegrative disorder, ④ 아스퍼거 장애Asperger's disorder, ⑤ 비전형 전반적 발달장애)의 정
확한 구분이 어렵고, 증상 심각도에 따라 연속선상에 있다는 일련의 연구를 반영했기
때문이다. 심지어 자폐장애로 진단되었다고 하더라도, 자폐 증상의 정도가 모두 다르
고, 스펙트럼에서의 위치에 따라 증상의 심각도가 다르다는 점에서 아동을 이해·지
도·상담할 때 전문적이고 지속적인 노력이 요구된다.

ASD의 특징

자폐스펙트럼장애(ASD)의 증상은 경도에서부터 고도에 이르기까지 행동의 스펙트럼
형태를 띤다. 예컨대, 사회적 상호작용에서의 손상은 시선접촉 결여 또는 사회적 시
작행동 결여같이 경미한 것에서부터 사회적 행동단서 이해 또는 타인과의 의미 있는
상호작용 무능력처럼 심각한 정도까지 다양하다. 그런가 하면, 의사소통의 한계는 어

휘는 많이 알고 있으나, 대화에의 적용 곤란을 겪는 상태에서부터 구어 구사력의 미발달로 그림판 또는 간단한 수화를 대용하는 상태까지 다양하다.

　우리나라의 「특수교육법」 제15조(특수교육대상자의 선정)에는 자폐성 장애아를 특수교육대상자로 규정하고 있다. 동법 시행령 제10조에는 자폐성 장애아를 "사회적 상호작용과 의사소통에 결함이 있고, 제한적이고 반복적인 관심과 활동을 보임으로써 교육적 성취 및 일상생활 적응에 도움이 필요한 사람"(별표〈개정 2016. 6. 21.〉)으로 정의하고 있다.

그림 6-1.
영화 〈말아톤〉 포스터

　ASD의 주요 특징으로는 ① 사회적 의사소통과 상호작용의 지속적 결함, ② 제한적·반복적 행동, 흥미, 또는 활동, ③ 초기 발달기부터 증상 발현, ④ 증상으로 인한 사회, 직장, 또는 기타 중요한 기능 영역에서의 현저한 손상 초래가 있다(APA, 2013). 결함deficit이란 특정 부분이 없거나 잘못되어 불완전한 상태를 가리킨다. 여기서는 ASD의 핵심 증상(①과 ②)을 중심으로 살펴보기로 한다.

사회적 의사소통과 상호작용의 지속적 결함

ASD 아동은 현재 또는 과거의 다양한 상황에서 사회적 의사소통과 사회적 상호작용 social interaction[타인과 언어·비언어행동(눈 맞춤, 표정, 시선, 몸짓, 자세, 태도 등)을 통해 소통하고, 관계를 형성·유지하며, 영향을 주고받는 과정]에 지속적인 결함이 있다. 이는 ASD의 핵심적인 특징으로, ① 사회적·감정적 상호성 결함, ② 비언어소통 행동 결함, ③ 관계 유지·이해 결함으로 구분된다.

사회적·감정적 상호성 결함. 첫째, ASD 아동은 사회적·감정적 상호성에 결함이 있다. 상호성reciprocity(타인과 보상을 주고받는 것)은 보상rewardingness, 규칙rules과 함께 긍정적인 대인관계 형성·유지를 위한 3요소(3R)의 하나다. ASD 아동은 발달 초기부터 사회적 상호작용과 모방기능에 결함이 있고, 연령 수준에 기대되는 관계형성을 하지 못한다. 즉, 이들은 낯을 가리지 않거나, 주 양육자와의 분리(혼자 있거나 타인과 함께 있는 상황)에 개의치 않아 하거나, 알려고 하지 않는 것처럼 보인다.

　또 ASD 아동의 대부분은 농담 사용과 해석에 어려움이 있다. 이들은 언어의 사회적 의미를 이해하지 못해, 타인의 의도·동기·관점을 파악 또는 이해하지 못한다.

설령 말을 잘하는 아동의 경우에도 맥락과 상관없이 자신의 관심사에 관해서만 일방적으로 이야기하는 등 상호교류에 입각한 대화는 어렵다. 이로써 이들은 종종 타인과 함께 대화를 나눈다기보다 타인에 대고 말하는 것으로 묘사된다.

ASD 아동은 맥락 또는 상황을 고려하지 않고 단어를 문자 그대로 해석하려는 경향이 있다. 즉, 이들은 의사소통의 통사론^{syntax}(단어의 연결, 결합, 기능에 관한 규칙으로 '구문론'으로도 불림)과 형태론^{morphology}(형태소들이 결합하여 낱말을 형성하는 체계 또는 규칙)에 비해 화용론^{pragmatics}(언어의 사회적 사용과 기능에 관한 규칙)에서 결함이 두드러진다. 구어 이해의 경우, 대부분 언어정보를 말 그대로 받아들여 관용어구, 속담, 비유, 농담 등을 이해하지 못하거나 적절히 활용하지 못한다.

예를 들어, "정말 훌륭해!" 또는 "잘했어!"라는 말을 비꼬거나 빈정대는 의미로 사용한다면(예 "자알했어!"), 이들은 이 말의 의미를 긍정적인 의미로 잘못 해석할 수 있다. 또한 교실에서 급우가 물건을 떨어뜨려 "연필 좀 주워 줄 수 있니?(Can you pick up my pencil?)"라고 도움을 청하면, ASD 아동은 능력을 묻는 것으로 해석한 나머지, 연필을 주워 주는 대신, "응[Yes! (I can)]"이라고 대답만 하고 자기 할 일을 하는 것이 그 예다.

비언어소통 행동 결함. 둘째, ASD 아동은 사회적 상호작용에 필요한 비언어소통 행동(표정, 고개 끄덕임, 몸짓, 자세, 억양, 태도 등)에 결함이 있다. 이는 언어와 비언어소통 행동의 불일치, 비정상적인 눈 맞춤과 몸짓 언어, 제스처의 의미 몰이해와 사용능력 결함, 얼굴표정과 비언어소통의 전반적인 결함 등으로 나타난다. 즉, 이들은 구어를 대체할 수 있는 행동을 하지 않는다. 이로써 ASD 아동은 사회적 환경에서 요구되는 행동 이해에 어려움을 보인다. 사회적 상황에서 타인의 의도, 감정, 입장, 표정을 파악하지 못하고, 대화에서도 미묘한 비언어적 단서를 이해하기 힘들어하며, 자신도 비언어 행동을 통한 소통을 시도하지 않는다.

관계 유지·이해 결함. 셋째, ASD 아동은 사회인지$^{social\ cognition}$(타인과의 상호작용 행동과 견해 이해와 관련된 기능) 측면에서 타인의 생각·감정·입장을 추론·조망·이해하는 능력에 결함이 있다. 즉, 마음이론$^{mind\ theory}$(타인의 언행의 의미를 이해하고, 타인의 생각, 믿음, 의도, 감정, 정서 등을 추론하여 미래의 행동을 예측·대처하기 위해 자신과 타인의 마음상태에 관한 정보를 사용하는 능력)이 적절히 형성되어 있지 않다.

이에 이들은 또래와 함께 있는 상황에서도 또래에게 관심을 보이지 않고, 즐거움 또는 관심거리를 자발적으로 나누려 하지 않거나, 사회적 몸짓을 보이지 않는다. 설령 아동이 어머니의 손을 잡고 끌고 가는 일이 있어도, 이는 관계에 기반한 사회적 상호작용의 의미가 아니라, 단순히 손이 닿지 않는 곳에 놓인 물건을 꺼내 주기를 원하는 행위일 뿐이다. 이에 자폐아동을 둔 어머니는 종종 자녀와의 관계가 모자/모녀 사이가 아니라, 단지 기능적 목적을 위한 수단으로 취급받는 느낌을 받게 될 수 있다.

제한적 · 반복적 행동, 흥미, 또는 활동

ASD 아동은 매우 제한적이고 반복적인 행동 특성을 보인다. 이러한 행동 특성은 ① 상동증적/반복적 운동성 동작, ② 동일성 고집 · 집착 · 의례적 언어와 행동, ③ 감각정보에 대한 과잉/과소 반응으로 나타난다.

상동증적/반복적 운동성 동작. 첫째, ASD 아동은 단순한 상동증적/반복적 운동성 동작 증상을 보인다(예 얼굴 찡그림, 한 곳을 빙빙 돌기, 특이한 자세로 손을 비틀고 움직임, 까치발, 손 펄럭이기, 몸 흔들기 등). 그런가 하면, 공격적인 자해행동을 보이는 등의 상동적 · 반복적인 행동패턴을 보인다(예 갑작스런 돌진, 벽에 머리박기). 이들은 물건이나 장난감을 일렬로 줄 세우거나 쌓거나, 물건을 튕기거나, 장난감 자동차 바퀴를 돌려 각을 맞추는 등의 행동을 한다.

　ASD 아동은 의사소통에서 반향어^{echolalia}(타인의 말을 의미도 모르면서 그대로 메아리처럼 따라하는 증상)를 보인다. 게다가 질적으로 판이하게 다른 형태의 언어패턴을 나타내기도 한다(특이한 문구 사용). 즉, 이들의 억양은 특이하고 단조로우며, 기계적이어서 마치 로봇이 말하는 것 같은 인상을 준다. 또 특정 물건을 기능에 따라 사용하기보다 사물의 특정 부분에 강박적 집착을 보여, 제지하지 않으면 하루 종일 몰두하기도 한다.

동일성 고집 · 집착 · 의례적 언어와 행동. 둘째, ASD 아동은 의례적^{ritual}이면서 동일성^{sameness}에 대해 비합리적 · 비목적적 · 비생산적으로 고수하는 강박행동을 보인다. 즉, 특정 절차를 엄격하게 지키고자 하고, 친숙한 환경의 사소한 변화를 용납하지 못한다(예 같은 길로만 다니기, 매일 같은 음식 먹기). 또 제한된 관심 영역(예 지하철 노선, 공룡 이름, 역사적 사실, 날씨 정보, 국가의 수도)에 관한 내용의 암기에 장시간 몰두함으로써, 비상한 암기력을 보이기도 한다. 반면, 자신의 관심사나 주제에만 지나친 관심을 보이지만, 그 외의 것에는 일체 관심을 보이지 않는다.

감각정보에 대한 과잉/과소 반응. 셋째, ASD 아동은 특정한 감각자극(예 음식의 질감, 사이렌 소리)에 대해 과도하게 민감한 반응을 보이거나, 신체적 공격적 행동을 표출하기도 한다. 이들은 대부분의 사람이 반응하는 감각자극에 대해 별 반응을 보이지 않는다(예 통증/온도에 대한 현저한 무관심). 반면, 특정 소리(기계음, 세탁기 작동소리, 항공기 소리, 천둥소리 등)를 견디지 못해 귀를 틀어막는 등의 특이한 반응을 보인다. 이뿐 아니라, ASD 아동은 빛, 소리, 회전물체, 촉감 등에 과도할 정도로 매료된 반응을 나타낸다. 또한 감정을 억제하지 못해 극단적인 감정을 행동으로 표출하는데, 교실에서 소리지르거나, 큰 소리로 울거나, 폭발적으로 말을 퍼붓는 행동이 그 예다.

ASD 아동의 대부분은 사회인지 능력이 낮다. 이들은 주의 영역에서 특정 자극에 대해 과잉 선택성을 보이고, 정보처리 영역에서 청각적 자극 처리는 어려워하지만, 시각적 단서는 비교적 잘 인식하는 등 자극의 특성에 따라 서로 다른 수행양상을 나타낸다. 즉, 상황에 따라 적절한 주의집중을 어려워하는 반면, 특정 상황에 과도하게 주의를 기울여 다양한 감각정보를 놓치는 경향이 있다. 자폐스펙트럼장애의 주요 증상 이해를 돕기 위해 자폐아의 관점에서 작성된 호소내용은 글상자 6-1과 같다 (Notbohm, 2019).

글상자 6-1. 자폐아가 알려 주는 10가지 호소

1. "나는 자폐증이 있지만, 무엇보다 어린이랍니다." ☞ "자폐증은 나의 전체 특성 중 한 단면일 뿐이고, 많은 가능성과 능력이 있답니다."
2. "감각인지에 장해가 있어요." ☞ "다른 아이들에게는 평범한 광경, 소리, 냄새, 맛, 감촉이지만, 나에게는 엄청난 고통을 줄 수 있답니다."
3. "'하지 않으려고 하는 것'과 '할 수 없는 것'을 꼭 구별한답니다." ☞ "어른들 말을 일부러 듣지 않으려는 게 아니라, 이해하지 못할 뿐이에요. 알기 쉽게 말해 주세요."
4. "나는 다른 사람의 말을 글자 그대로 해석한답니다." ☞ "저는 관용어, 비유적 표현, 비꼬는 말을 이해하지 못해서, "눈 좀 붙이거라!" "식은 죽 먹기야!"라고 말씀하시면, 나는 무슨 뜻인지 몰라 어리둥절하거나, 죽이 어디 있는지 찾아보려고 할 거예요."
5. "나는 어휘력이 부족하답니다. 인내심을 가져 주세요." ☞ "지금 내게 필요한 것, 감정 등을 말하기가 너무 어려워요. 위축, 흥분, 또는 뭔가 잘못되었음을 나타내는 내 몸짓에 주의를 기울여 주세요."
6. "나는 말이 너무 어려워서 시각에 의존하곤 한답니다." ☞ "그냥 말보다는 방법을 직접 보여 주면 이해하기가 훨씬 쉬워요. 반복해서 보여 주면 더 배우기가 더 쉽고요. 일정표를 만들어 주시면, 하루 생활에 큰 도움이 된답니다."

7. "내가 '할 수 없는 것'보다는 '할 수 있는 것'에 초점을 맞춰 주세요." ☛ "난 할 줄 아는 게 없는 아이구나." "난 고쳐야 할 점이 너무 많은 아이구나"라는 마음이 들게 하는 분위기가 되면, 난 아무 것도 배울 수 없답니다. 내게서 강점을 찾으려고 해 보세요. 반드시 찾을 수 있을 거예요."

8. "다른 아이들과 어울릴 수 있게 도와주세요." ☛ "어른들 눈에는 내가 다른 아이들과 놀고 싶지 않아 혼자 지내는 것처럼 보일 거예요. 그런 내가 아이들에게 말을 걸거나 놀이에 끼어드는 법을 잘 모르기 때문이에요. 아이들과 함께 놀 수 있다면, 무척 기쁠 거예요."

9. "내가 자제력을 잃은 원인이 무엇인지 확인해 주세요." ☛ "어른들은 내가 자제력을 잃었다거나, 심하게 화를 냈다거나, 짜증을 부렸다고 쉽게 말할 수 있을 거예요. 일지를 만들어서 시간, 환경, 함께 있던 사람과 행동 등을 기록해서 그 원인을 알아낸다면, 미리 막을 수도 있을 거예요."

10. "나를 가족처럼 조건 없이 사랑해 주세요." ☛ "가족이 도와주면, 그 성과는 훨씬 클 거예요. 나는 그럴 가치가 있는 아이이니까, 있는 그대로 사랑해 주세요."

ASD의 유병률과 원인

자폐스펙트럼장애(ASD)의 발병률^{onset rate}(특정 질환의 발생이 특정 지역, 특정 기간에 한정되어 발생한 건수와 그 기간의 인구수에 대한 비율)은 인구의 1%, 즉 100명 당 1명꼴로 나타난다. 또한 다른 정신장애(우울증, 사회공포증, 분리불안장애, ADHD 등)와 공존하여 나타나는 경우도 많다. ASD는 인종과 사회경제적 지위(SES)와 상관없이 만 3세 이전에 발병하고, 약 150명당 1명의 아동에게 발병하는 것으로 추정되며, 남아가 여아에 비해 4배 정도 발병률이 더 높다. 이 장애가 있는 아동의 대부분은 학습에서의 격차 조정을 위해 교육적 서비스를 받게 되는 반면, 학생들의 학업능력은 영재성이 있는 아동부터 심한 정도의 지적장애가 있는 아동까지 매우 다양하다. 치료를 위해서는 약물치료와 함께 언어치료, 인지치료 등을 포괄하는 특수치료, (효과적인 양육을 위한) 부모교육 등이 병행된다.

　초기에 캐너는 자폐증이 환경과 부모의 아동에 대한 냉담, 거부, 분노, 무관심 등에 기반한 양육방식에 의해 발생한다고 주장했다. 이로써 이를 지지하는 치료자들이 부모와 가족을 조사하여 문제를 찾아내려고 애쓰는 바람에 애꿎은 부모들은 심각한 죄

의식에 시달려야 했다. 심지어 1960년대에도 자폐증은 '냉장고 엄마refrigerator mother', 즉 어머니가 얼음같이 차갑고 보듬어 주지 않고, 충분한 사랑과 애착을 기울이지 않은 잘못된 양육태도에서 기인한다는 가설이 지배적이었다. 또 냉정하고 무관심한 부모가 자녀와의 정서적 유대를 형성하지 못해 발생한다고 여기기도 했다(Bettelheim, 1967).

그러나 후속 연구에서 자폐아 부모들의 양육방식은 일반부모와 다르지 않음이 밝혀지면서 기질적 손상으로 인한 생물학적 원인을 지지하는 결과들이 힘을 얻어 왔다. 그러나 이런 주장은 더 이상 신빙성이 없는 것으로 밝혀졌다. 좀 더 신빙성이 있는 추론은 생물학적 원인(두뇌구조 또는 기능상의 문제, 유전적 요인, 신경전달물질, 임신중 특정 요인 등)에 기인한다는 주장이다. 즉, 생물학적 요인(유전적 결함, 뇌기능 손상 등) 또는 이러한 요인들과 환경 간의 상호작용이 더 설득력 있는 원인으로서 인정받고 있다. 예컨대, 뇌간 손상, 전두엽 기능부전, 세로토닌 과다분비 등이 ASD를 유발한다는 연구결과가 속속 축적되고 있다. 이 외에도, ASD와 관련된 특정 유전자의 존재 여부는 밝혀진 바는 없지만, 유전적 요소가 있는 장애라는 논의는 지속되고 있다(Rutter, 2000).

ASD의 발병은 출생 전 · 중 · 후에 야기되는 뇌 또는 생화학적 역기능, 즉 뇌 발달 이상 또는 뇌신경 손상과 관련된 것으로 알려져 있다. 2018년 학술지 「Brain」에 게재된 미국 스탠퍼드 의과대학 연구진의 새로운 연구에 따르면, 자폐증을 가진 아동은 사회적 상호작용에서 보람을 느끼게 하는 뇌 보상회로에 구조적 · 기능적 결함이 있는 것으로 나타났다. 그림 6-2는 전형적인 아동의 뇌(좌)와 자폐아동의 뇌(우)를 MRI 스캔한 장면이다. 이 사진에서 자폐아동의 중변 연계 보상 시스템mesolimbic reward pathway의 신경섬유밀도(파란색 부분 참조)가 전형적인 아동의 것보다 적은 것을 알 수 있다. 연구 부분은 이번 연구가 향후 자폐증 치료에 새로운 방향을 제시할 수 있다고 기대했다.

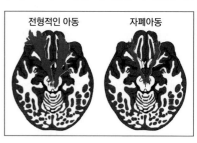

그림 6-2.
전형적인 아동과 자폐아동의
뇌 보상회로 비교

ASD의 사정과 진단

자폐스펙트럼장애(ASD)의 치료 또는 증상 완화를 위해서는 조기 사정과 진단이 필요하다. 정확한 진단은 만 18개월 이후에 가능하다. 선별도구로는 평정척도, 체크리스트, 진단면접 등의 형태가 사용된다. ASD 사정을 위한 척도로는 ① 아동기 자폐증 평정척도Childhood Autism Rating Scale(Shopler et al., 1986), ② 한국판 자폐증 진단관찰 스케줄Autism Diagnostic Oberservation Schedule(유희정, 곽영숙, 2009), ③ 사회적 의사소통 질문지Social Communication Questionnaire(유희정, 2007), ④ 한국형 덴버 II 검사[신희선 외(2002)]가 있다. 이들 검사도구에 대한 세부사항은 표 6-1과 같다.

표 6-1. 자폐스펙트럼장애(ASD) 선별을 위한 검사

검사	설명
1. 아동기 자폐증 평정척도	○ 15개 항목으로 구성됨 ○ 직접관찰, 기록, 부모의 보고 정보를 기초로 평정함
2. 한국판 자폐증 진단관찰 스케줄	○ 사회적 상호작용, 소통, 놀이·상상력, 상동적 행동, 제한된 관심, 기타 이상행동 등을 사정하는 반구조화된 평가도구(4개 모듈로 구성됨) ○ 직접관찰과 검사결과를 토대로 평정함(0~8점).
3. 사회적 의사소통 질문지	○ 전문가의 도움 없이 부모/보호자가 ASD 관련 증상을 선별·작성함 ○ 생활연령 4세/정신연령 2세 이상부터 사용 가능함(가능성 절단점 제공) ○ ASD 가능성 지표가 되는 절단점이 제공됨
4. 한국형 덴버 II 검사	○ 발달장애가 의심되는 생후 2~6세 4개월 영유아를 대상으로 함 ○ 개인·사회성, 미세운동·적응, 언어, 전체운동영역으로 구성됨(총 104개 문항)

전문가와 부모는 단순히 단일 검사 또는 평가도구 결과만을 토대로 아동의 장애 여부를 함부로 판단하지 않아야 한다. 대신, 발달력·과거력 검토, 행동관찰, 발달검사, 척도 등의 자료를 종합하여 진단을 내려야 한다. ASD의 진단은 흔히 DSM-5를 기반으로 이루어진다. DSM-5는 ASD의 정의와 개념화에 중요한 변화를 가져왔다. DSM-IV와는 달리, DSM-5에서는 '자폐스펙트럼장애'로 명칭이 변경되었을 뿐 아니라, 뇌의 신경학적 측면에서의 결함을 포함한다고 보고 신경발달장애neurodevelopmental disorders의 범주에 수록되었다. 진단명을 수정하게 된 배경에는 한쪽 끝에 심한 자폐성 장애가 위치하고, 다른 한쪽 끝에는 상대적으로 경미한 정도의 자폐성 장애가 위치한다는 연속선상의 개념이 반영되어 있다. ASD의 진단기준 요약은 글상자 6-2와 같다(APA, 2013).

글상자 6-2. 자폐스펙트럼장애(ASD) 진단기준 요약

A. 현재 또는 과거력에 다양한 상황에서 사회적 소통과 상호작용의 지속적 결함이 다음과 같이 특징적으로 나타난다.

　1. 사회적·감정적 상호성 결함(예 비정상적인 사회적 접근과 정상적인 대화 실패, 흥미/감정 공유 감소, 사회적 상호작용의 시작·반응 실패)

　2. 사회적 상호작용을 위한 비언어소통 행동 결함(예 언어적·비언어적 의사소통의 불완전한 통합, 비정상적인 눈 맞춤과 몸짓 언어, 몸짓의 이해·사용 결함, 표정과 비언어적 의사소통의 전반적 결핍)

　3. 관계발달·유지 및 관계 이해 결함(예 다양한 사회적 상황에 적합한 적응적 행동의 어려움, 상상놀이를 공유하거나 친구 사귀기 어려움, 또래에 대한 관심 결여)

B. 제한적·반복적 행동, 흥미, 또는 활동이 현재 또는 과거력상 다음 항목 중 2개 이상 나타난다.

　1. 상동증적/반복적 운동성 동작, 물건 사용, 또는 말하기(예 단순 운동성 상동증, 장난감 정렬 또는 물체 튕기기, 반향어, 특이한 문구 사용)

　2. 동일성 고집, 일상적인 것에 대한 융통성 없는 집착, 또는 의례적 언어 또는 비언어적 행동 양상(예 작은 변화에 대한 극심한 고통, 변화의 어려움, 완고한 사고방식, 의례적인 인사, 같은 길로만 다니기, 매일 같은 음식 섭취)

　3. 강도 또는 초점에서 비정상적으로 극도로 제한되고 고정된 흥미(예 특이한 물체에 대한 강한 애착/집착, 과도하게 국한되거나 고집스런 흥미)

　4. 감각정보에 대한 과잉/과소 반응, 또는 환경의 감각영역에 대한 특이한 관심(예 통증 또는 온도에 대한 명백한 무관심, 특정 소리 또는 감촉에 대한 부정적 반응, 과도한 냄새 맡기 또는 물체 만지기, 빛 또는 움직임에 대한 시각적 매료)

C. 증상은 초기 발달기부터 나타난다.

D. 증상은 사회, 직업, 또는 기타 중요한 기능 영역에서 임상적으로 현저한 손상을 초래한다.

E. 장해^{disturbance}는 지적장애(지적발달장애)나 전반적 발달지연으로 더 잘 설명되지 않는다. 지적장애와 ASD는 자주 동반된다. ASD와 지적장애를 함께 진단하려면, 사회적 의사소통이 전반적인 발달수준에 기대되는 것보다 저하되어야 한다.

ASD의 심각도는 ① 사회적 의사소통과 ② 제한적·반복적인 행동 양상에 기초하여 3단계[① 지원이 필요한 수준(1단계), ② 많은 지원이 필요한 수준(2단계), ③ 상당히 많은 지원이 필요한 수준(3단계)]로 평가한다.

ASD 학생의 중재방안

자폐스펙트럼장애(ASD) 아동에 대한 치료적 개입과 지원은 대부분 아동기가 지나서도 필요하다. 심지어 고기능 ASD 아동의 경우에도 성인이 되어 삶의 여러 영역에서 종종 좋지 않은 결과를 낳기도 하기 때문이다(Cimera & Cowan, 2009). 또 치료는 가급적 조기에 시작할수록 경과가 좋다. 치료적 개입을 통해 습득된 기술은 일상생활에 일반화할 수 있게 하는 도움이 필요하다.

　ASD는 아동마다 증상의 특성과 심각도가 매우 다양하다. 그러므로 ASD로 진단되었다고 해서 모든 ASD 아동에게 일괄적으로 특정 프로그램을 적용하는 것은 바람직하지 않다. 치료적 개입 효과를 극대화하려면 증상 특성과 심각도를 정확하게 사정할 필요가 있다. 이는 합당한 치료계획 수립의 기반이 된다. 일단 치료계획이 수립되어 상담이 시작되면, 처치와 프로그램에 대한 아동의 반응을 면밀히 모니터링한다. ASD 아동을 위한 중재방안으로는 ① 행동치료, ② 인지행동치료, ③ 부모교육과 훈련, ④ 학업조정, ⑤ 일과변화에의 적응 촉진, ⑥ 사회성 발달 촉진, ⑦ 진로발달 촉진이 있다.

행동치료

첫째, 행동치료$^{behavior\ therapy}$는 과학기반^{scientific}, 현재중심$^{present-focused}$, (내담자의) 능동 참여^{active}, 학습중심$^{learning-focused}$을 표방하며, 개인의 심리적 문제에 영향을 주는 행동과 인지 변화를 돕는 치료적 접근이다(Spiegler & Guevremont, 2010). 이 접근의 기본 원리는 강화와 벌을 통해 바람직하지 않은(부적응) 행동은 감소/제거, 바람직한(적응) 행동은 증가시키는 것이다. 즉, 선행사건/자극으로 특정 행동을 했을 때, 즉각적으로 후속자극을 조작적으로 제공하면 이에 따른 후속결과가 발생한다는 원리다. 후속결과가 아동에게 보상이 되는 경우, 향후 그 행동을 할 가능성이 증가하는 반면, 보상효과가 없는 경우에는 그 행동을 할 가능성은 감소/소거될 것이다. 즉, 행동치료는 개입대상이 되는 부적응행동을 적응행동으로 대체하기 위해 긍정행동지원을 해야 한다는 것이다.

긍정행동지원. 긍정행동지원$^{positive\ behavior\ support}$(PBS)이란 개인의 문제행동 감소와 예방을 목적으로, 부적응 행동을 대체할 친사회적/긍정 행동을 가르치는 종합적 접근법이다(국립특수교육원, 2009). 긍정행동지원의 목적은 개인의 행동변화를 통해 생활양식의 수정을 도움으로써, 자신은 물론 중요한 타인들에게도 한층 높은 삶의 질을 누릴 기회를 제공하는 것이다.

기능행동사정. 긍정행동지원에서는 기능행동사정^functional behavior assessment^(FBA)을 통해 문제행동의 기능을 사정하고, 그 기능을 대체할 긍정행동지원 방안을 수립한다. 반면, 벌을 통해 문제행동을 억제하는 행동수정은 비인도적인 방법으로 간주하여 사용하지 않는다. 그러므로 철저한 행동분석을 토대로 ASD 아동의 내·외적 환경 조성을 해주는 것은 중요한 선행과업이다. 내적 환경조성은 ASD 아동이 자신에게 바람직한 행동이 어떤 것인지 이해하여 스스로 선택할 수 있는 내적 동기를 부여해 준다. 내적 동기는 외부로 나타난 ASD 아동의 적응행동이 반복적으로 강화되어 아동 스스로 바람직한 행동을 수행하고, 이로 인해 자기만족감이 형성·증가될 수 있는 환경 제공을 원칙으로 한다.

응용행동분석. 응용행동분석^applied behavior analysis^(ABA)이란 환경에 적응하는 행동의 기본 원리를 바탕으로, 바람직한 행동('적응행동')의 빈도수 증가 또는 바람직하지 않은 행동('부적응행동')의 빈도수 감소/소거를 위해 사용되는 개입전략이다. 이 전략은 3개 요소(① 선행사건, ② 행동, ③ 행동결과)에 대한 분석자료를 바탕으로 치료적 개입을 통해 긍정적인 행동변화를 유발한다. 응용행동분석의 진행과정은 표 6-2와 같다.

표 6-2. 응용행동분석(ABA)의 진행과정

과정	내용
1. 선행사건	○ 문제행동을 나타내기 전에 환경과 조건을 조정해 줌으로써, 긍정적 행동을 촉진하거나 문제행동을 감소할 수 있는 선행사건에 변화를 준다.
2. 행동	○ 적응행동기술을 가르쳐서 문제행동을 하지 않아도 ASD 아동이 자신의 욕구를 충족할 수 있는 행동을 다룬다.
3. 행동결과	○ 긍정적 행동에 대해 보상해 주고, 문제행동을 통해 획득했던 보상을 제거하거나 벌을 가함으로써 행동결과에 변화를 준다.

응용행동분석(ABA)에서는 ASD 아동의 언어·의사소통·사회성·놀이·인지·학업·운동·독립적 생활기술에 중점을 둔다(Smith et al., 2007). 응용행동분석에서 주로 사용되는 기법과 용도는 표 6-3과 같다.

표 6-3. 응용행동분석에서 주로 사용되는 기법과 용도

기법	용도
1. 정적 강화	○ 아동에게 계획된 행동기술을 가르치는 데 사용함
2. 촉진	○ 원하는 반응이 발생할 가능성을 높이기 위해 추가된 자극을 제공함
3. 소거	○ 이전에 강화된 행동에 뒤따르는 후속결과를 제거하여 부적응행동을 약화시킴
4. 벌	○ 특정반응이 발생한 후에 원치 않는 후속결과를 제시함으로써 행동을 약화시킴

응용행동분석(ABA)에서 아동의 행동에 대한 강화물로는 음식, 인터넷/스마트폰 사용, 퍼즐, 하이파이브, 장난감, 스티커 등이 있다. 단, 강화물은 아동이 개인적으로 선호하는 것이어야 하며, 아동에게 강화효과가 있는 강화물 확인이 필수다. ASD 아동에게는 언어적 칭찬이 보상 기능이 없는 경우가 있으므로, 주의 깊게 확인한다. 응용행동분석은 가정, 학교, 클리닉, 지역사회에서 쉽게 사용할 수 있다는 이점이 있다. 이 기법의 효과성은 이미 여러 경험적 연구를 통해 입증되었다(Cooper et al., 2019). 그러나 치료효과 유지와 일반화 한계에 대한 지적은 여전히 해결해야 할 숙제로 남아 있다. ASD 아동에 대한 행동치료의 한계는 인지적 측면을 보강함으로써 보완될 수 있다.

인지행동치료

둘째, 인지행동치료cognitive behavioral therapy(이하 'CBT')는 전통적인 행동주의 접근과 인지치료를 결합한 형태로, 개인의 인지(사고, 신념, 가치 등) 변화를 통해 행동변화를 촉진하는 목표지향적·해결중심적 치료적 접근이다(강진령, 2022a). 이 접근은 광범위하게 사용되고 있을 뿐 아니라, 가장 많이 연구된 상담/심리치료 이론 중 하나다(Butler et al., 2006). 이 이론은 이미 오래전부터 내담자의 문제해결과 자기조절 능력을 향상시키고, 학업관련 문제해결과 충동적 행동수정에 효과가 있음이 입증된 바 있다(Meichenbaum & Asamow, 1979). 아동을 대상으로 CBT를 적용하는 경우, 치료자는 전형적으로 내담자의 학습과정·사회환경·정보처리의 상호작용에 중점을 둔다.

CBT에서 행동전략은 내담자의 자기파괴적 행동수정에 초점을 두는 한편, 인지전략은 내담자가 특정 상황에 대해 어떻게 생각하고, 어떻게 정보를 처리해야 하는지에 중점을 둔다. 이에 CBT 상담자는 선행조건을 변화시키고, 강화물이 내담자의 긍정행동을 촉진하여 새로운 기술을 시도하도록 연합하는 것을 돕는 한편, 부적응적 인지/사고과정 변화에 중점을 둔다. 이러한 치료전략은 아동의 발달수준에 맞추어 수정함으로써, 중재효과를 극대화할 수 있다. ASD 성인을 대상으로 한 CBT 효과를 입증한 연구는 많은 반면, 아동 대상의 연구는 많지 않다. 왜냐하면 성인에 비해 아동에게는 사고/신념에 대한 통찰이 필요한 인지기법의 적용이 어렵기 때문이다.

부모교육과 훈련

셋째, 부모교육과 훈련은 ASD 자녀를 둔 부모에게 새로운 기술 습득을 돕고, 치료 상황에서 습득한 기술을 가정에서 적용하여 일반화함으로써, 치료효과를 유지할 수 있도록 돕기 위한 방법이다. 부모는 자녀가 세상으로 나갈 수 있게 하는 '문^{door}' 역할을 한다. 또 자녀가 주변 세상에 대해 더 많이 배울 수 있게 하는 비공식적 기법을 활용하기도 한다. 교사와 치료자는 자주 바뀌지만, 부모는 아동의 생애를 통틀어 가장 일관적인 대상인 동시에, 아동의 욕구와 동기를 더 잘 인식할 수 있는 위치에 있다. 이에 부모교육과 훈련은 가족의 스트레스를 완화시켜, 아동의 언어 · 비언어소통 능력 향상을 촉진할 수 있다.

부모는 ASD 아동에게 가장 중요한 타인이면서 가장 쉽게 접근할 수 있는 자원이다. 게다가 가정에서 공동치료자 역할을 담당할 수 있다는 점에서 부모교육과 훈련을 아동치료에 추가하여 복합적 개입을 할 필요가 있다. 자폐아동에 대해 치료적 개입을 다룬 일련의 연구들을 메타분석한 연구(Dawson et al., 1998)에서 성공적인 프로그램에서 공통적으로 나타나는 특성은 글상자 6-3과 같다.

글상자 6-3. 성공적인 자폐아동 치료 프로그램들의 공통점

---

1. 특정 결함(주의, 순응성, 적절한 놀이 등)을 목표로 설정했다.
2. 교사가 적은 수의 학생을 다루는 매우 구조화되고 예측 가능한 프로그램을 적용했다.
3. 여러 상황(치료센터, 가정, 학교)과 관련된 프로그램들을 통합했다.
4. 부모/보호자를 보조상담자로 참여시켰다.
5. 다른 프로그램으로 전환할 때, 아동들의 반응을 주의 깊게 관찰했다.
6. 초기 개입 후에도 교육 프로그램이 학습과정에서 집중적 참여기회를 제공했고, 개별화되었으며, 체계적인 구조가 준비되었고, 부모/보호자의 적극적인 관여가 수반되었다.

학업조정

넷째, ASD 아동은 학업에서 많은 어려움에 직면한다. 또래와의 관계형성뿐 아니라 적응의 장애가 되는 건강 또는 치료약물 관련 문제를 겪는다. 예를 들어, 치료약물은 ASD 아동의 에너지 수준, 식욕과 체중, 그리고 수업과 숙제에 집중하는 능력에 영향을 준다. ASD 치료약물이 최적의 효과를 가져오고 최소한의 부작용을 일으키도록 균형을 유지하는 일은 쉽지 않다. 이러한 이유로 치료약물 복용량 조정이 빈번한 편이다.

이에 ASD 아동을 위한 학업조정으로는 대체로 시험시간 연장, 대안적 시험방식, 환경조정, 일정조정, 특정한 교수방법 사용, 쉬는 시간 조정, 감각치료실 활용 등이 있다(Preis, 2007). 또 수업 참여와 주어진 시간 내에 과제를 수행하기 위한 능력에 영향을 주는 치료약물의 효과 역시 고려되어야 한다. ASD 아동은 예측 가능한 구조를 제공하는 환경에서 더 잘 반응하는 경향이 있다. 이에 일정, 사람, 상호작용의 유형과 수준의 일관성이 중요하다. ASD 아동이 개별화교육계획 프로그램에 참여하는 경우, 구조와 감각자극에 대해서도 이러한 사항이 고려되어야 한다.

일과변화에의 적응 촉진

다섯째, 일과의 변화는 ASD 아동에게 심한 좌절을 초래할 수 있다. 학교일정은 전형적으로 거의 고정적이지만, 때로 행사, 특별수업, 소방훈련, 기상 악화 등으로 인해 일정에 변화가 생기기도 한다. 이러한 점을 고려할 때, ASD 아동은 예기치 않은 학교일정의 변화에 대처할 수 있는 전략을 습득하도록 돕는 한편, 일대일 지원이 필요하다. 일정상의 변화가 예상되는 경우, 이 사실을 사전에 아동에게 일러 주고, 상황 이야기 또는 그림 일정표를 사용하여 아동을 준비시킨다(Dettmer et al., 2000).

사회성 발달 촉진

여섯째, ASD 아동은 흔히 사회적으로 고립되거나 또래들로부터 따돌림 또는 거부를 당한다. 또 어휘를 문자 그대로 이해하거나 또래의 동기 또는 의도 파악에 어려움을 겪기 때문에 또래에게 이용당하거나 속임을 당할 가능성이 크다. 이에 ASD 아동의 사회성 발달 촉진을 위해 또래아동들과의 상호작용을 돕는다. 이를 위해 교사와 상담교사는 협력하여 개인상담 및/또는 집단상담 프로그램을 통해 ASD 아동이 다른 아동들과 상호작용할 기회를 늘리도록 돕는다. 또 사회적 화용론^{pragmatics}(언어의 사회적 사용과 기능에 관한 규칙)을 가르침으로써, 사회적 상황에서 적응행동을 늘려 갈 수 있도록 돕는다.

진로발달 촉진

일곱째, ASD 아동의 진로발달을 촉진한다. ASD 아동들 간의 학업적 · 직업적 능력의 차이는 비교적 크다. 성공적인 과학자가 되는 학생이 있는가 하면, 타인의 도움 또는 정부나 지자체의 지원을 받아야 하는 경우도 있다. 이에 이들의 전환계획을 수립하거나 독립성을 촉진하기 위해서는 세심한 고려가 요구된다. 진로탐색의 경우, 폭넓은 직업기회를 제공하기 위해 ASD 아동의 독특한 능력과 어려움을 조정해 줄 필요가 있다.

자폐성 영재에 관한 논의

자폐스펙트럼장애(ASD) 아동의 지적능력은 지적장애에서부터 매우 우수한 수준까지 폭넓은 스펙트럼을 보인다. 이들은 지능검사에서 사회적 상황에의 적응과 관련된 소검사(이해문제, 차례 맞추기)에서 낮은 수행력을 보이는(Happé, 1994) 반면, 기계적인 암기나 조작이 필요한 소검사(토막 짜기, 숫자외우기)에서는 우수한 수행력을 나타내는(Shah & Frith, 1993) 등, 인지기능 간 편차가 크다.

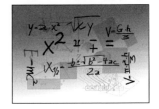

출처: 네이버 지식백과.

ASD vs. 지적장애

ASD 아동의 75% 정도는 지적장애를 동반한다. 그러나 다른 한편으로, ASD 아동의 지능검사 해석 시, 이들은 의사소통 문제로 인해 지능검사에서 잠재력을 충분히 발휘하기 어려우므로 실제보다 저평가될 가능성이 있음을 인식해야 한다. 반면, 고기능 자폐 또는 아스퍼거증후군으로 진단을 받은 20% 이상의 ASD 아동은 평균 또는 그 이상의 지적기능을 지니고 있어서 일정 수준 이상의 학업성취 수준을 보인다.

ASD vs. 자폐성 영재

자폐성 영재를 일컫는 대명사로는 서번트 증후군이 있다. 서번트 증후군^{savant syndrome}이란 장애(자폐, 뇌손상 등)가 있음에도 특정 영역에서 뛰어난 재능(천재성)을 보이는 현상을 말한다. 이 용어는 다운증후군^{Down syndrome}을 발견한 영국의 의사 존 다운이 창안한 것으로, 장애(자폐, 지적, 시각 등) 또는 사고로 인한 뇌손상 상태에서 음악, 미술, 수학, 암기, 기계조작 등에서 특별한 능력을 지칭한다('백치천재^{idiot savant}' '천재자폐' '우수성 증후군'으로도 불림). 서번트 증후군은 공식적인 의학용어는 아니지만, 이러한 능력을 지닌 서번트는 전 세계에 약 100여 명 정도 있다고 알려져 있다. 서번트 증후군의 예는 글상자 6-4와 같다.

존 다운
(John L. Down,
1828~1896)

글상자 6-4. 서번트 증후군(경이로운 천재)의 예

1. 지하철 노선도를 통째로 암기한 한국의 발달장애 청년
2. 절대 음감을 가지고 있어서 한 번 들은 곡을 그대로 외워서 또는 협연/편곡해서 피아노로 연주하는 자폐인
3. 동경타워에서 37분간 시내를 360도 회전하면서 처음 본 장면을 7일 이상 걸려서 사진을 촬영했듯이 그대로 그려낸 영국의 화가, 스티븐 월트셔(Stephen Wiltshire, 1974~현재)

대니얼 태멋
(Daniel Tammet,
1979~현재)

4. 초등학교 시절 좌우 구분 또는 신발 끈 매는 일조차 어려워했지만, 무한대로 이어지는 원주율 파이(π) 소수점 이하의 숫자를 22,514개까지 암기하고, 10개 국어를 섭렵했으며, 날짜를 보고 1초 만에 요일을 계산해 냈던 영국의 작가 대니엘 태멋

자폐의 특성으로 제한된 영역 또는 주제에 관한 지식을 갖춘 인물들은 현실에 존재한다. 미국 NASA 최초의 흑인 여성 공학자 메리 잭슨이 대표적인 예다. 그녀는 1950년대 인종차별과 성차별 속에서도 미국 NASA의 우주비행선 좌표를 계산해 내는 등 수학자 겸 항공우주 공학자로서의 능력을 인정받았다. 잭슨은 1958년 엔지니어로 승진한 후, 우주로 비행사를 보내는 데 크게 기여했다. 그녀를 비롯해서 미국의 항공우주 개척에 크게

메리 잭슨
(Mary W. Jackson,
1921~2005)

기여한 수학자 캐서린 존슨(Katherine G. Johnson, 1918~2020)과 프로그래머 도로시

그림 6-3.
영화 〈히든 피겨스〉
포스터

본(Dorothy J. Vaughan, 1910~2008)의 실화를 바탕으로, 영화 〈히든 피겨스(Hidden Figures)〉가 제작되기도 했다.

한때 시청자들의 관심을 모았던 인기드라마 〈이상한 변호사 우영우〉(2022. 6. 29.~8. 18.까지 방영됨)의 주인공 우영우(박은빈 분)는 자폐가 있지만, 귀엽고 해가 없으며, 특정 영역에서 뛰어난 능력을 발휘하는 인물로 출연했다.

그러나 이러한 특성은 현실과 다소 괴리가 있다는 점에서 이 장애에 대한 인식에 오해를

그림 6-4.
〈이상한변호사우영우〉
홍보 포스터

불러일으킬 가능성이 있다. 물론 드라마는 다큐가 아니라는 반론도 있지만, 문화 콘텐츠에는 보편성과 특수성이 필요하기 때문이다.

서번트 증후군은 픽(K. Peek)이라는 실제 인물을 소재로 제작된 영화 〈레인맨(Rain Man)〉을 통해 널리 알려졌다. 그는 미국의 우편번호를 통째로 외웠고, 몇 년 몇 월 며칠이 무슨 요일인지 순식간에 대답했으며, 오늘은 그날로부터 며칠 째인지 몇 초 만에 계산해 냈고, 1만여 권의 읽은 책 내용을 대부분 암기했다고 한다. 픽의 비범한 능력의 원인을 규명하기 위해 수많은 이론이 제시되었다.

그림 6-5.
영화 〈레인맨〉 포스터

현재 가장 설득력 있는 이론은 '좌뇌 손상으로 인한 우뇌 보상이론' 이다. 이는 출생 또는 생애 초기의 좌뇌 손상이 이를 보완하기 위한 강력한 보상작용으로 우뇌의 역설적 기능촉진을 일으켜 특정 분야에서 천재성으로 나타난다는 것이다. 실제로, 서번트 증후군이 있는 사람 중 좌뇌가 손상된 사람이 상당히 많다. 게다가, 후천성 뇌 질환 또는 뇌 손상으로도 서번트 증후군이 나타나기도 한다. 이들 역시 좌뇌의 전면 측두엽 기능장애가 공통적으로 발견되었다. 서번트 증후군과 관련된 뛰어난 능력은 일반적으로 아동기부터 평생 유지된다고 알려져 있다.

◆ 복습문제 ◆

🌷 다음 밑줄 친 부분에 알맞은 말을 쓰시오.

1. 자폐증이라는 용어는 스위스 심리학자 _____이/가 처음 사용한 것으로 알려져 있다. 그는 1919년 사회적 관계 또는 _____ 능력에 결함이 있거나 지속적인 ____행동을 나타내는 아동에게 이 용어를 사용했다.

2. 레오 캐너(L. Kanner)는 생후 1년부터 사회적 손상, 비정상적인 언어, 제한적·반복적 관심 등 현저하게 특이한 행동 패턴을 보이는 11명의 유아를 5년 이상 함께 생활하며 관찰한 사례를 발표하면서, 이들의 증후군을 _____ 자폐증으로 소개했다. 또 이들과 유사한 사회성 문제가 있지만, 지적능력과 언어발달 문제가 그리 심각하지 않은 아동의 진단명을 _____(으)로 명명했다.

3. 자폐스펙트럼장애(ASD)는 사회적 상호작용과 의사소통에 어려움이 있고, 흥미 또는 활동에서 제한적·반복적으로 현저하게 특이한 행동 패턴이 초기 아동기부터 나타나는 _____장애다.

4. ASD의 명칭에 '스펙트럼'이라는 말을 사용하는 이유는 DSM-IV에 수록되었던 _____장애 범주에 속하는 장애들의 정확한 구분이 어렵고, 증상 심각도에 따라 연속선상에 있다는 일련의 연구를 반영했기 때문이다. 이 장애의 범주에는 ① ____장애, ② 레트장애, ③ 아동기 붕괴성 장애, ④ _____장애, ⑤ 비전형 전반적 발달장애가 속해 있었다.

5. ASD 아동은 의사소통의 통사론과 _____에 비해 _____에서 결함이 두드러진다. 구어 이해의 경우, 대부분 언어정보를 말 그대로 받아들여 _____, 속담, 비유, 농담 등을 이해하지 못하거나 적절히 활용하지 못한다.

6. 자폐스펙트럼장애의 핵심적인 특징은 ① ＿＿＿＿＿＿＿과 ＿＿＿＿＿의 지속적 결함, ② 제한적·반복적 행동, 흥미, 또는 활동, ③ ＿＿＿＿＿기부터 증상 발현, ④ 증상으로 인한 사회, 직장, 또는 기타 중요한 기능 영역에서의 현저한 손상 초래를 들 수 있다.

7. ASD 아동은 타인과의 상호작용 행동과 견해 이해와 관련된 기능, 즉 ＿＿＿＿＿ 측면에서 타인의 생각·감정·입장을 추론·조망·이해하는 능력에 결함이 있다. 다시 말해서, 타인의 언행의 의미를 이해하고, 타인의 생각, 믿음, 의도, 감정, 정서 등을 추론하여 미래의 행동을 예측·대처하기 위해 자신과 타인의 마음상태에 관한 정보를 사용하는 능력인 ＿＿＿＿＿이/가 적절히 형성되어 있지 않다.

8. ASD 아동은 의사소통에서 타인의 말을 의미도 모르면서 그대로 메아리처럼 따라하는 증상, 즉 ＿＿＿＿을/를 보인다. 게다가, ＿＿＿＿에 대해 비합리적·비목적적·비생산적으로 고수하는 강박행동을 보인다.

9. ＿＿＿＿＿＿(이)란 환경에 적응하는 행동의 기본 원리를 바탕으로, 바람직한 행동('적응행동')의 빈도수 증가 또는 바람직하지 않은 행동의 빈도수 감소/소거를 위해 사용되는 개입전략이다. 이 전략은 ＿＿＿＿, 행동, ＿＿＿＿에 대한 분석자료를 바탕으로 치료적 개입을 통해 긍정적인 행동변화를 유발한다.

10. ＿＿＿＿＿을/를 일컫는 ＿＿＿＿ 증후군이란 장애(자폐, 뇌손상 등)가 있음에도 특정 영역에서 뛰어난 재능(천재성)을 보이는 현상을 말한다. 이 용어는 ＿＿＿＿＿을/를 발견한 영국의 의사 존 다운이 창안한 것으로, 장애 또는 사고로 인한 뇌손상 상태에서 음악, 미술, 수학, 암기, 기계조작 등에서 특별한 능력을 지칭한다.

◆ 소집단 활동 ◆

> 자폐아 판별척도

※ 다음 문항을 읽고, 자녀 또는 학생의 특징에 해당하는 항목의 밑줄 친 곳에 ✓표 하시오.

아동의 이름:	응답자:

I. 사회성

___ 1. 안아 줘도 좋아하지 않거나 안기지 않는다.

___ 2. 눈을 마주치지 않는다.

___ 3. 얼굴에 표정이 없다.

___ 4. 애정에 대해 무관하거나 배척한다.

___ 5. 신체접촉에 대해 적절한 반응이 없다.

___ 6. 가족원의 역할을 잘 모른다.

___ 7. 특정한 어른(예 엄마)에게 맹목적으로 매달린다/집착한다.

___ 8. 교우관계를 형성·유지하지 못한다.

___ 9. 부모 또는 친밀한 어른만 알아본다.

___ 10. 부모 또는 친밀한 어른에게만 애착을 보이고, 다른 어른과는 관계를 맺지 못한다.

___ 11. 게임 또는 신체놀이에서 시키는 것만 한다.

II. 의사소통 능력

___ 12. 말을 못한다.

___ 13. 반향어가 있다.

___ 14. 이상한 말을 만들어서 사용한다.

___ 15. 미성숙한 언어를 사용한다.

___ 16. 언어사용에서 자발성이 결여되어 있다.

___ 17. 사용하는 어휘수가 제한적이다.

___ 18. 잘 알아듣지 못한다.

___ 19. 말을 하지 않고 손으로 가리킨다.

___ 20. 대명사를 바꾸어서 사용한다.

___ 21. 추상적 용어 또는 은어 사용과 이해가 부족하다.

III. 환경에 대한 반응

___ 22. 특정 물건에 집착한다.

___ 23. 변화에 저항한다.

___ 24. 위험에 대한 공포심이 없다.

___ 25. 부적절하게 웃거나 낄낄거린다.

___ 26. 과잉행동을 한다.

___ 27. 특정 놀이를 이상할 정도로 반복적으로 계속한다.

___ 28. 어떤 지시에 대해서는 냉담하다.

___ 29. 불안정하다.

___ 30. 통증에 대해 둔감하다(감각자극에 대한 과잉/과소 감각).

___ 31. 자해행동을 한다.

___ 32. 손발을 흔들거나 이상한 행동을 하는 버릇이 있다(운동의 기이함).

IV. 아동의 이상이 발견된 시기

___ 33. 2년 6개월 전(30개월 전)

___ 34. 2년 6개월 후(30개월 후)

또래관계기술척도

※ 다음은 당신의 행동에 관한 문항이다. 다른 사람들과 함께 있을 때, 다음에 제시된 행동을 얼마나 자주 하는지 생각해 보고, 자신의 행동과 가장 일치하는 번호에 ✓표 한 후 소집단으로 나누어 검사결과에 관한 소감을 나누어 보자.

문항	전혀 없었다	가끔 그렇다	자주 그렇다	항상 그렇다
□ 주도성				
1. 농담이나 재미있는 이야기를 해서 친구들을 즐겁게 해 준다.	1	2	3	4
2. 준비물을 가져오지 않았을 때, 다른 친구에게 준비물을 빌려 달라고 부탁한다.	1	2	3	4

문항	전혀 없었다	가끔 그렇다	자주 그렇다	항상 그렇다
3. 내가 좋아하는 게임이나 놀이를 친구에게 함께 하지고 말한다.	1	2	3	4
4. 처음 만난 친구에게 내가 먼저 말을 건다.	1	2	3	4
5. 마음에 드는 친구가 있으면, 내가 먼저 "친구하자."라고 말한다.	1	2	3	4
6. 친구들이 재미있는 놀이를 하고 있으면, 그 놀이에 끼워 달라고 말한다.	1	2	3	4
7. 여럿이 함께 해야 하는 과제나 숙제에서 자기가 맡은 일을 하지 않는 친구가 있다면, 그 친구에게 맡은 일을 하라고 이야기한다.	1	2	3	4
8. 여러 명이 모여 있을 때, 내가 먼저 말을 꺼내서 이야기를 시작한다.	1	2	3	4
9. 모르는 친구를 만나면 내가 먼저 나에 대한 소개를 한다.	1	2	3	4
10. 친구와 생각이나 의견이 다른 경우에 나의 생각이나 의견을 친구에게 이야기한다.	1	2	3	4
11. 친구의 도움이 필요하면 도와달라고 부탁한다.	1	2	3	4
12. 친구에게 숙제를 함께 하자고 말한다.	1	2	3	4
13. 화가 나 있거나 슬퍼하고 있는 친구의 마음을 위로해 주는 말이나 행동을 한다.	1	2	3	4
14. 아이들과 어울려서 운동이나 게임, 놀이를 할 때, 다른 친구에게도 함께 하자고 말한다.	1	2	3	4
15. 친구에게 고민이나 걱정을 이야기하고 함께 의논한다.	1	2	3	4
16. 같은 반 친구가 무엇인가를 잘한 경우에 그 친구에게 칭찬을 해 준다.	1	2	3	4
17. 다른 친구에게 이야기를 할 때, 그 친구의 얼굴을 쳐다보면서 말한다.	1	2	3	4
18. 함께 점심을 먹자고 하는 친구가 있으면, 그 친구와 함께 먹는다.	1	2	3	4
19. 같은 반 친구를 학교 밖에서 우연히 만나게 되면, 웃어 주거나 손을 흔들거나 인사를 한다.	1	2	3	4

문항	전혀 없었다	가끔 그렇다	자주 그렇다	항상 그렇다
□ 협동성/공감력				
20. 다른 친구에게 빌린 물건을 아껴서 사용한다.	1	2	3	4
21. 게임이나 놀이를 할 때 내 순서를 기다린다.	1	2	3	4
22. 조별 활동에서 다른 친구들과 함께 작업(예 공부, 숙제, 과제 등)을 할 때, 내가 맡은 역할을 다한다.	1	2	3	4
23. 다른 친구의 물건을 사용할 때는 미리 물어보고 사용한다.	1	2	3	4
24. 나를 도와준 친구에게 고맙다고 말한다.	1	2	3	4
25. 내가 실수를 한 경우에는 실수를 했다고 인정한다.	1	2	3	4
26. 친구와 함께 제안을 하거나 놀 때, 게임이나 놀이의 규칙에 대한 친구의 의견을 받아들인다.	1	2	3	4
27. 내가 다른 친구의 마음을 속상하게 한 경우에 미안하다고 말한다.	1	2	3	4
28. 친구들에게 칭찬을 받으면, '고맙다'고 말하는 식으로 기쁨을 표현한다.	1	2	3	4
29. 다른 친구에게 내 물건을 빌려 준다.	1	2	3	4
30. 내가 게임에서 졌더라도 이긴 친구에게 게임을 잘한다고 말해 준다.	1	2	3	4
31. 게임이나 운동, 놀이의 규칙을 지킨다.	1	2	3	4
32. 오랜만에 만난 친구에게 그동안 어떻게 지냈는지 물어본다.	1	2	3	4
33. 나의 생각이나 의견이 친구와 다른 경우에 서로 대화를 해서 해결한다.	1	2	3	4
34. 친구가 다른 아이들에게 오해를 받는 일이 생기면 그 친구의 편이 되어 준다.	1	2	3	4
소계	점	점	점	점
합계				점

소감

특수아 상담
Counseling Children
with Special Needs

Chapter
7

주의력결핍 과잉행동장애 (ADHD)학생 상담

☑ 개요

- ■ ADHD의 정의
- ■ ADHD의 특징
- ■ ADHD의 유병률과 경과
- ■ ADHD의 원인
- ■ ADHD의 사정
- ■ ADHD의 진단
- ■ ADHD의 중재방안
- ☐ 복습문제
- ☐ 소집단 활동

☑ 학습목표

1. ADHD의 정의 및 관련 개념을 이해 · 설명할 수 있다.
2. ADHD의 특징을 이해 · 설명할 수 있다.
3. ADHD의 유병률과 경과을 이해 · 설명할 수 있다.
4. ADHD의 원인을 이해 · 설명할 수 있다.
5. ADHD의 사정과 진단방법을 이해 · 적용할 수 있다.
6. ADHD의 중재방안을 이해 · 적용할 수 있다.

선하는 어려서부터 몸으로 움직이는 활동을 매우 좋아하던 아이였다. 초등학교 입학하기 전까지는 또래아이들보다 언어 습득이 빨랐고, 다양한 것에 호기심을 보여 주위로부터 총명하고 창의적이라는 아이라는 말을 자주 들었다. 그러나 초등학교에 입학하면서부터는 수업시간에 불필요하게 몸을 많이 움직이고, 수업 내용과 관련 없는 말을 자주 해서 교사의 지적받는 일이 잦아졌다.

또 학용품을 분실하거나, 숙제나 알림장을 잘 챙기지 못해 부모와 교사에게 혼나는 경우가 많았다. 게다가 글쓰는 것을 몹시 싫어하여 쓰기 숙제가 있는 날은 시간 내에 끝마치지 못해 교사의 꾸중을 듣는 경우가 잦았다. 학년이 올라가면서 선하는 공부에 대한 흥미를 잃게 되었고, 학교가기를 싫어하게 되었다. 좋아하지 않는 과목을 공부해야 하는 날에는 사소한 일에도 자주 짜증과 화를 내곤 했다. 교사로부터 자주 지적을 당하다 보니, 급우들 사이에서도 남의 일에 참견을 잘하는 말썽자이라는 인상을 깊게 심어 주게 되어 점차 따돌림을 당하게 되었다.

"도대체 무엇이 문제일까요? 제가 아이를 키우는 방식에 문제가 있는 걸까요?" 주의력결핍 과잉행동장애^{attention-deficit/hyperactivity disorder}(이하 'ADHD')로 진단된 자녀를 둔 부모들의 하소연이다. 부모들은 때로 자녀의 행동이 유난히 정신이 없고, 산만한 아이를 보면 "혹시 ADHD 아냐?"라며 걱정한다. 행할 행_行, 움직일 동_動, 행동^{behavior}은 유기체가 내·외적 자극에 대해 외적으로 나타내는 반응이다. 생애 초기부터 고등학생까지 가정, 학교, 사회의 관심을 집중시키는 문제행동 중 하나는 산만성^{distractibility}이다.

아이들은 성장과정에서 산만하거나 부산할 때가 있다. 그러나 이러한 행동이 도가 지나쳐 아동이 과업에 집중하지 못하고, 수업시간에 교사의 허락 없이 자리에서 일어나 교실을 이리저리 배회하고, 잠시도 가만히 있지 못하거나, 허구한 날 물건을 잃어버리거나, 떨어뜨리거나, 흘리거나, 마구 뛰어다니며 위험한 행동을 불사하여 자기 또는 타인에게 해가 된다면, ADHD를 의심해 봐야 한다.

ADHD는 몹쓸 '정신병'도 아니고, 치명적인 뇌 결함이 있는 것도 아니다. 다만, 뇌회로가 일반아동들보다 조금 다르게 작동할 뿐이다. ADHD는 처음 세상에 소개될 때만 하더라도 명칭이 길고 낯설었지만, 오늘날 아동·청소년의 정신건강 문제에 있어 매우 흔하고 익숙한 진단명으로, 사람들의 입에 오르내릴 만큼 익숙해진 말이 되었다. 그렇다면 평소에 산만하고 부산한 아이들은 모두 ADHD에 해당할까? 꼭 그런 것은 아니다. 산만하다는 것은 아이의 성장과정에서 나타나는 자연스럽고 정상적인 모습이기 때문이다.

아이는 물론이고, 어른 역시 모든 상황에 온전히 집중하거나 차분할 수는 없다. 증상으로서의 산만함은 집중해야 할 때, 주의집중이 요구될 때, 집중을 저해하는 환경적 요소가 있어도 참고 집중해야 할 때, 신속하게 집중행동으로 전환해야 할 때 등, 주의집중이 요구되는 상황에서 다른 또래아동들보다 산만함이 극심하고, 이로 인해 일상생활에 어려움을 초래하는 경우를 말한다. 이에 이 장에서는 주의력결핍 과잉행동장애(ADHD)의 ① 정의, ② 특징, ③ 유병률과 경과, ④ 원인, ⑤ 사정, ⑥ 진단, ⑦ 중재방안에 관해 살펴보기로 한다.

ADHD의 정의

주의력결핍 과잉행동장애(ADHD)는 발달수준에 부적절한 정도로 주의력이 부족하고, 산만하며, 과잉행동(과다활동)과 충동성을 보이는 상태가 특징인 신경발달장애다. 이 장애는 주로 아동기에 나타나며, 증상들을 치료하지 않고 방치할 경우 아동기 내내 여러 방면에서 어려움이 지속되고, 일부의 경우 청소년기와 성인기가 되어서도 증상이 남게 된다. ADHD는 정보처리과정에서 주의집중의 네 가지 측면, 즉 ① 집중성, ② 지속성, ③ 선택성, ④ 통제성에 결함이 있음을 의미한다. 일반적으로, 학령기 이전의 아이들은 지속적인 주의집중 능력이 발달하지 못해, 주의가 산만하거나 행동이 부산한 경향이 있다.

그러나 이 장애가 있는 경우, 아이는 정상 발달과정에서 동일한 연령의 아동들에 비해 훨씬 더 심한 정도의 강도, 빈도, 지속성 측면에서 부주의성, 산만성, 과잉행동, 및/또는 충동성을 나타낸다. ADHD는 주의력결핍장애$^{attention\ deficit\ disorder}$(ADD)와 과잉행동장애$^{hyperactivity\ disorder}$(HD)를 병렬적으로 결합해 놓은 것이다. 이 장애는 개인의 기능 또는 발달을 저해하는 지속적인 ① 부주의성, ② 과잉행동, 또는 ③ 충동성 양상이 특징적으로 나타난다.

부주의성

첫째, 부주의성^{inattention}은 세부적인 사항에 면밀하게 주의를 기울이지 못해 일상생활 또는 학업공간에서 지속적·반복적으로 실수를 저지르는 행동특성이다. 이는 종종 무질서하고 산만한 모습으로 나타난다. 예를 들어, 정리정돈을 못해 주변이 지저분하거나, 물건(예 학용품)을 잘 잃어버리거나 망가뜨리는 것이다. 또 수업이나 숙제 같은 활동에서 지속적인 주의집중을 어려워한다. 이에 가정에서 공부나 놀이를 할 때, 시작한지 얼마 되지 않아 싫증을 내거나, 하고 있던 일과 상관없는 다른 자극에 관심을 보이기도 한다. 또 수업시간에 주어진 과제는 하지 않고 교실을 배회하거나, 해야 할 일을 잘 잊어버리거나, 주어진 과제 완수를 어려워한다.

ADHD 아동의 부주의성은 멍한 상태에서 수업에 집중하지 않거나, 낙서, 손장난 등의 양상으로 나타나기도 한다. 이러한 행동은 수업 또는 다른 학생을 방해하지 않고, 또 교사의 눈에 잘 띄지 않을 수 있어서, 종종 학업부진의 원인이 된다. 사회적 상황에서 부주의성은 아동이 타인의 말에 귀 기울이지 않는 것처럼 오해받거나, 타인의 요청 또는 지시와는 전혀 다른 일을 하는 행동으로 나타난다. 또 대화에서 자주 화제를 바꾸거나, 대화에 집중하지 않는 인상을 줌으로써, 상대의 감정을 상하게 하기 쉽다. 이는 반항심이나 이해 부족에 기인한 것이 아니지만, 이로 인해 종종 지능이 낮다거나 반항적이라는 오해를 받는다.

과잉행동

둘째, 과잉행동^{hyperactivity}은 적절치 않은 상황에서 과도한 활동(예 여기저기 마구 뛰어다님, 성급한 말 또는 행동) 또는 과도하게 꼼지락거리거나 두드리는 행동을 하거나 수다스럽게 말하는 것을 가리킨다. ADHD 아동은 상황에 맞지 않게 잠시도 가만있지 못하고 이곳저곳을 뛰어다니거나, 아무 데나 마구 기어오르거나, 맡은 일을 차분하게 하지 못한다. 또 마치 무언가에 쫓기는 사람처럼 끊임없이 움직이는 등 정신없이 활동하는 것처럼 보인다는 특징이 있다. 청소년기 또는 성인기에 과잉행동은 과도한 좌불안석, 또는 이러한 행동으로 인해 다른 사람을 지치게 하는 식으로 나타나기도 한다.

충동성

셋째, 충동성^{impulsivity}이란 심사숙고 없이 순간적으로 일어나는 성급한 행동을 말한다.

이러한 행동은 타인에게 해를 끼칠 가능성이 크다(⑩ 주위를 둘러보지 않고 차도로 뛰어 들기). 충동성은 즉각적인 보상 욕구나 만족을 지연시키지 못하는 것에 영향을 준다. 충동적인 행동은 사회적 참견(⑩ 타인에 대한 지나친 방해)과 장기적 결과를 고려하지 않고 중요한 결정을 내리는(⑩ 적절한 정보 없이 취업하기) 등의 양상으로 나타난다. 학교에서 충동성은 교사의 질문이 채 끝나기도 전에 성급하게 대답하거나, 자기 차례를 기다리지 못하거나, 다른 아동의 활동을 방해하거나, 자기와 상관없는 일에 끼어드는 것 같은 행동으로 나타난다. 이러한 충동성으로 인해 ADHD 아동은 종종 교사의 지적을 받거나, 또래관계가 원만하지 못하는 경우가 많다.

ADHD의 특징

주의력결핍 과잉행동장애(ADHD)의 특징은 ① 행동, ② 사회적 관계, ③ 인지기능, ④ 정서기능, ⑤ 신체기능, ⑥ 학교생활 영역으로 구분된다(APA, 2013). 이 장애는 개인의 기능과 발달을 지속적으로 저해하는 특징이 있다. 그러나 유의할 점은 증상이 단지 반항적 행동, 적대감 또는 과제나 지시 이해의 실패로 인한 양상이 아니라는 것이다.

행동

첫째, ADHD 아동은 산만성^{distractibility}과 충동성^{impulsivity}, 즉 잠시도 가만히 있지 못하고 한곳에 머물러 있지 못하며, 극도로 말이 많다. 또 욕구만족 지연의 어려움 때문에 극도로 요구적인 특징이 있다. 이들은 자신의 요구를 즉시 들어주기를 원하는 한편, 차례를 지키지 못하는 관계로 공유해야 하는 활동 참여에 어려움을 겪는다. 또한 다른 아동에 비해 위험한 행동을 하여 사고로 다치는 일이 잦다.

ADHD 학생은 대체로 자신이 좋아하는 것에는 집중하지만, 그렇지 않은 일, 세부사항, 또는 한 가지 사안의 집중을 어려워한다. 이들은 생각에 앞서 행동부터 하거나, 부적절한 말을 불쑥 꺼내거나, 자기 순서를 기다리지 않거나, 결과를 생각하지 않고 행동하거나, 마치 정제되지 않은 감정을 그대로 표출하는 것처럼 보이는 특징이 있다. 이러한 증상들은 ADHD로 진단되지 않은 적잖은 아동들에게서도 경미한 정도로 나타난다. 그러나 이런 증상은 다른 의학적 문제 또는 학령기에 흔히 겪는 스트레스 요인에 의해서도 나타날 수 있으므로, 필요한 경우 의학적 · 심리사회적 검사를 받아볼 필요가 있다.

사회적 관계

둘째, 또래관계 또는 사회적 규칙 준수에 어려움을 겪는다. 이들은 마치 사회적으로 해야 하는 일과 해서는 안 되는 일을 기억할 수 없는 것처럼 행동한다. 즉, 사회적 규칙을 이해하지 못하고, 누군가 말해도 이를 인식하지 못한다. 심지어 입으로는 규칙을 말하면서 규칙을 따르지 않는다. 이에 교사/부모의 요구/금지를 따르지 못한다. 예를 들어, ADHD 아동에게 어떤 일을 요구하면 곧바로 반대되는 일을 실행한다. 그 이유는 틀에 박힌 일이나 구조화된 일에 변화를 주기 어려워하기 때문이다.

만일 교실에서 책걸상 배열을 바꾸는 등 변화를 주고자 한다면, 이들은 이내 변화에 적응하기 어려워할 것이다. 이들은 자기통제, 사회적 문제해결 기술, 또래관계 기술이 부족하고, 타인의 감정·권리·재산 존중을 어려워한다. 또한 다른 아동과 어른들에게 공격적이고, 압도하며, 요구적인 특징을 보임으로써, 사회적 문제를 초래하게 되어 그들로부터 외면당하게 된다.

인지기능

셋째, ADHD 아동은 인지기능에 장해가 있어서 주의집중 시간, 단기기억, 초점능력이 낮다. 이들은 정보등록에 필요한 시간만큼 주의를 집중하지 못하고, 알고 있는 사안에 관해 소통하기에 충분한 시간 동안 집중하지 못한다. 또 이들은 시각적으로보다 구두로 정보처리에 어려움이 있는 것처럼 보인다. 이들은 동작이나 촉감을 통해 학습하므로, 언어표현 발달지체 및 학습장애가 발생하게 되고, 이는 다시 인지기능 장해로 이어진다. 그러나 ADHD는 학습장애는 아니다. 다만, 이 두 장애는 종종 동반 발생한다. ADHD 학생의 30% 이상이 학습장애를 가지고 있는 것으로 추산된다(APA, 2022).

정서기능

넷째, ADHD 아동은 갑자기 극도로 흥분하거나 우울에 빠지는 등의 정서불안과 외적 자극이 없는 상태에서도 다양한 기분 상태로 급격히 변환되는 특징이 있다. 즉, 뚜렷한 이유 없이 통제할 수 없을 정도로 분노를 표출하다가도 극도로 정감을 나타내거나, 좌절을 견디기 어려운 것처럼 보이기도 한다. 이들의 미성숙한 정서조절로 인해 다양한 형태의 짜증으로 이어지기도 하여 대인관계에 어려움을 겪는다. 이처럼 빈약한 정서 조절력으로 인해 ADHD 아동은 흔히 자존감, 자신감, 자기가치감이 매우 낮다.

신체기능

다섯째, 귀에 염증이 생기거나 상기도염^{upper respiratory infection}, 알레르기 같은 신체증상을 겪는다. 이들은 뼈의 발달이 제대로 이루어지지 않고 신체적으로 미성숙함에 따라 체구가 작거나 가냘픈 체격을 보이기도 한다. 또한 야간에 숙면을 취하기 어려운 관계로 수면주기가 짧은 특징이 있다. 특히, 고통 감내력은 비정상적으로 높아서 서슴지 않고 위험한 행동을 시도하기도 한다.

학교생활

여섯째, ADHD 아동의 행동, 사회적 관계, 인지기능, 정서기능, 신체기능상의 특징은 학교생활에 어려움을 겪게 되는 원인으로 작용한다. 이들이 학교에서 나타내는 특징은 글상자 7-1과 같다.

글상자 7-1. ADHD 아동이 학교에서 나타내는 특징

> 1. 교실에서 자리에 앉아 있지 못하고, 계속 움직이고 늘 안절부절못한다.
> 2. 수업 도중 사소한 외부 자극에도 쉽게 주의가 산만해진다.
> 3. 숙제 또는 과업에 대한 지시를 따르지 못하고, 숙제를 해 오지 않거나 해 왔어도 제출하지 못한다.
> 4. 학용품, 우산 등 수업 또는 등교에 필요한 물품을 잘 잊어버린다.
> 5. 말이 너무 많고, 타인의 대화에 자주 끼어들며, 수업시간에 '광대' 노릇을 하는 경향이 있다.
> 6. 충동적인 행동으로 문제를 일으키곤 한다.
> 7. 쉽게 하던 일에 싫증을 내고 도중에 포기하거나, 자주 다른 일로 관심이 바뀌며, 과제 수행 속도가 다른 또래에 비해 현저히 떨어진다.
> 8. 대체로 똑똑한데 비해 성적이 현저히 저조하거나 불규칙하다.

ADHD의 유병률과 경과

주의력결핍 과잉행동장애(ADHD)는 전체 학령기 아동의 3~8%가 진단될 정도로, 전세계적으로 아동기 정신장애 중 가장 흔한 장애다. 이 장애는 주로 어린이집 시기부터 초등학교 저학년 시기에 처음 발견/진단되는데, 경미한 상태까지 포함하면 13%가

조금 넘는데, 이는 소아정신과 질환 가운데 가장 높은 유병률이다. 국내의 경우, 남아의 유병률은 여아보다 3배 정도 더 높고, 청소년기 이후 성인기까지 지속되는 경우도 30%에서 많게는 70%에 이른다.

미국의 경우, 학령기 아동의 3~5%가 ADHD로 진단을 받고 있고, ADHD로 진단되는 남아의 수는 여아에 비해 2배 정도 많다(APA, 2022). ADHD 아동·청소년의 문제행동은 가정보다 학교 같은 집단상황에서 더 두드러지고, 놀이상황보다 학습상황에서 더 심각하다는 특징이 있다. 이러한 이유로, ADHD 진단은 대부분 학령기 이후에 이루어진다.

그러나 ADHD 아동의 발달력 조사에 의하면, 50% 이상의 ADHD 아동은 이미 4세 이전부터 ADHD의 행동특성이 현저하게 나타냈다. 보통 완치는 12~20세 사이에 주로 일어난다. 그러나 성장과 함께 이러한 행동특성이 사라질 것이라는 주변사람들의 기대와는 달리, 70% 정도의 ADHD 아동은 청소년기와 성인기에 이르기까지 문제행동을 지속적으로 나타냈다(Rappaport et al., 1998; Resnick, 1998; Schachar & Tannock, 2002).

ADHD의 원인

주의력결핍 과잉행동장애(ADHD)의 원인은 일반적으로 ① 생물학적 요인, ② 환경적 요인, ③ 복합적 요인으로 구분된다. 이 장애로 진단받은 아동의 부모들은 자책과 비난에 노출되기 쉽다. 그러나 이 장애의 원인은 부모의 양육태도로 인한 것으로 보기보다는 생물학적 요인과 더 연관된 것으로 알려져 있다.

생물학적 요인

일련의 연구들은 ADHD의 발병 원인을 화학적 불균형 또는 신경전달물질의 결함, 뇌의 글루코스 소모, 유전적 소인, 태아기 합병증, 뇌손상, 독소, 감염 등으로 보고 있다. 이에 이 장애는 가족력이 있고, 몇몇 유전자가 발병과 관련이 있을 것으로 추정되고 있다. 특히, 카테콜아민 대사의 유전적인 불균형이 가장 중요한 역할을 하는 것으로 알려져 있다. ADHD의 발생원인을 생물학적 요인에 기인한다는 입장은 주로 ① 유전자와 ② 뇌 이상에 관한 연구결과에 기초한다.

유전자. 첫째, ADHD의 유전적 요인에 관한 연구에서는 ADHD의 행동특성이 가계를 통해 유전되고, 특정 유전자로 인해 ADHD가 발생한다고 본다. 이러한 주장은 주로 가계, 쌍생아, 입양아, 유전자 분석 등에 관한 연구결과에 근거하고 있다. 즉, ADHD 아동의 부모에게 ADHD가 있는 비율은 일반아동 부모에게 ADHD가 있는 비율보다 2~8배 더 높았고, ADHD가 있는 가계에 다른 가족원에게 ADHD가 있는 비율은 일반가계보다 더 일관성 있게 높았다.

또 일란성 쌍생아 간의 ADHD 발병 일치율은 이란성 쌍생아보다 더 높았고, ADHD가 있는 생물학적 가족 내에서 다른 ADHD 발병율이 입양가족의 ADHD 발병률보다 더 높았다(Biedeman & Faraone, 2002; Sprich et al., 2000; Thapar, 2003). 그러나 ADHD가 유전자로 인해 발생한다는 일련의 연구들이 있지만, 환경적 요인(가족원들이 공유하는 부모의 양육방식, 가정 분위기, 고유문화, 가치관 등)의 영향을 받았을 가능성을 배제할 수는 없다.

뇌 이상. 둘째, ADHD의 발생은 활동과 주의집중을 조절하는 전두피질(특히 우반구) 활성이 떨어지기 때문이라는 주장이 있다. 또한 구조적 차이, 즉 ADHD의 피질하 조직이 일반아동의 것보다 작다는 사실이 밝혀짐으로써, ADHD는 전두피질하의 이상에 기인되는 것으로 추정되고 있다. 전두엽은 오케스트라의 지휘자 같은 역할을 하고, 사람을 가장 사람답게 만드는 실행기능을 하는 부위로, 20대 초반까지 꾸준히 발달한다.

그러나 ADHD와 뇌손상 관련성에 관한 연구는 비용이 많이 든다는 점에서 다수의 사례를 대상으로 수행되지 않았고, 충분한 반복연구가 이루어지지 않았다는 점에서 연구결과의 일반화는 한계가 있다. 더욱이 일부 ADHD 아동에게서 뇌손상의 증거가 발견되지 않았다는 점에서 모든 ADHD가 뇌손상에서 기인한다는 결론을 내리기는 어렵다. 그럼에도 ADHD 아동의 일부는 뇌손상 또는 뇌 기능 장해와 관련된 원인에 의한 것임을 시사하고 있다.

환경적 요인

ADHD 발생의 환경적 요인은 이 장애의 발병뿐 아니라, 악화와도 연관될 수 있다. 아직 많은 부분이 잘 알려지지 않았지만, ADHD의 발생이 환경적 요인에 기인한다는 입장은 주로 ① 양육환경, ② 가족 스트레스에 관한 연구에 기초한다.

양육환경. 첫째, ADHD 아동의 가족 환경에 관한 연구는 이들이 일반아동보다 훨씬 더 열악한 환경에서 양육되었음을 보고했다. 즉, ADHD 아동의 부모는 일반아동의 부모보다 더 거부적·강압적·지시적인 양육태도를 나타냈다. 이들은 자녀가 문제 행동(부주의, 과잉행동, 충동성 등)을 나타내는 경우, 일반아동의 부모보다 2배 더 많이 부정적 태도로 반응하는 경향이 있었다(Barkley, 2006). 또 ADHD 아동의 부모는 일반 아동의 부모에 비해 양육효능감이 낮았고, 양육자로서의 심리적 스트레스를 더 자주 호소했다.

ADHD 아동의 어머니는 성 관련 외상경험이 일반아동의 어머니보다 더 높았고, 가계 내 물질사용(알코올, 니코틴 등) 사례가 더 많았으며, 가족응집력이 더 낮았다. 특히, 임신 중의 물질사용과 산전 흡연 노출(직간접 흡연)은 태아의 신경세포의 활성을 크게 떨어뜨리는 것으로 나타났다. 이 외에도, ADHD 아동의 문제행동은 가족 스트레스를 증가시키고, 모자관계를 악화시켜 더 심각한 문제행동을 유발하는 악순환이 되풀이된다(송윤조, 2005; Barkley, 2006; DeWolfe et al., 2000).

가족 스트레스. 둘째, 가족 스트레스는 ADHD 발생에 영향을 준다. 가족 스트레스를 유발하는 가장 결정적인 요소는 가정의 경제적 어려움이다. 즉, 가정의 재정적 수입이 낮을수록, ADHD 아동은 문제 심각도가 높았고, 어머니와의 갈등이 심각했다. 또 ADHD 아동이 발달 초기부터 ADHD 행동특성을 나타낸 경우, 가정의 수입이 적고, 가족 스트레스 수준이 높을수록, 적절한 양육방식을 통해 아동의 공격적 행동과 과잉 행동을 잘 다루지 못했다(Smith et al., 2002). 이 외에도, ADHD 발생이 유전적 요인과 환경적 요인의 상호작용, 즉 복합적 요인에 기인한다는 주장도 있다.

복합적 요인

ADHD 발생원인이 복합적 요인에 기인한다는 입장은 유전적 요인과 환경적 요인이 상호작용하여 아동의 기질에 영향을 주고, 양육자의 양육 스트레스를 고조시키는 악순환으로 이어진다는 것이다. 즉, ADHD 아동의 까다로운 기질과 양육자의 높은 스트레스 상황이 상호작용하여, 아동이 생애 초기에 심리적 외상을 겪게 하고, 주 양육자와의 안정적 애착을 형성하지 못하게 하며, 아동의 뇌발달이 저해되어 쉽게 과잉각성되고, 문제행동(부주의, 과잉행동, 충동성)이 부적절한 수준으로 나타난다는 것이다(Clarke et al., 2002; Ladnier & Massanari, 2000).

ADHD의 사정

주의력결핍 과잉행동장애(ADHD)를 사정할 수 있는 타당하고 신뢰성 있는 단일 검사는 존재하지 않는다. 다만, ADHD 아동의 주의집중 능력 사정을 위해 ① 지능검사, ② 전산화된 연속수행검사, ③ 전두엽 실행기능검사 등이 사용되고 있다. ADHD 사정을 위해 흔히 사용되는 도구로는 ① 체크리스트, ② 연속수행검사, ③ 주의집중력검사, ④ 한국판 ADHD 평정척도가 있다.

체크리스트

체크리스트checklist는 ADHD 아동과 가장 많은 시간을 함께 보내는 부모/보호자 또는 교사가 아동의 행동패턴을 평정하는 데 사용된다. 특히, 한국판 ADHD 평정척도Korean ADHD Rating Scale(K-ARS)는 듀폴 등(DuPaul et al., 1998)이 DSM 진단기준을 바탕으로 개발한 것을 번안한 것으로, 타당도와 성별·연령별 규준이 제시된 측정도구다. 이 도구는 ① 부주의 9개 문항, ② 과잉행동-충동성 9개 문항, 총 18개 문항으로 구성되어 있다. 각 문항은 빈도에 따라 0~3점의 척도로 평정된다.

그러나 미국소아과학회American Academy of Pediatrics(AAP)에서는 총점산출 방식보다 부주의 문항(9)과 과잉행동-충동성 문항(9)에 2(상당히 또는 자주 그렇다) 또는 3(매우 자주 그렇다)에 체크된 문항이 6개 이상인지 확인할 것을 권장한다. 이 방법이 DSM 진단기준에 더 부합한다는 이유에서다. K-ARS는 DSM 진단기준의 A 항목만을 포함하고 있다. 이에 나머지 B~E 항목에 관한 세부정보는 부모/보호자와 아동면담, 심리검사 등으로 보완할 필요가 있다.

연속수행검사

둘째, 연속수행검사Continuous Performance Test(CPT)는 컴퓨터를 사용하여 연속적으로 제시되는 자극에 대한 수행력을 평정하는 측정도구다. 이 도구는 각성, 반응억제, 신호탐지 등의 신경심리학적 지표를 측정할 수 있게 고안되었다. 이 검사는 컴퓨터 화면에 제시되는 연속적인 자극에 대한 반응률과 반응시간을 지표로, 외부 자극에 대한 ① 선택주의selective attention, ② 주의 억제와 여과attention inhibition and filtering, ③ 주의집중focusing of attention, ④ 지속주의sustained attention, ⑤ 반응 선택과 통제response selection and control를 평가한다. 대표적인 연속수행검사(CPT)로는 주의변수검사[Test of Variables of Attention](TOVA)가 있다. 이 검사는 삼각형, 사각형, 원 같은 단순한 자극에 대한 연속적인 반응을 통해 피검자의 주의력을 평가한다.

국내에서는 홍강의 등(2004)이 개발한 ADHD 진단체계[ADHD Diagnostic System](ADS)가 있다. 이 검사는 5~15세 아동·청소년 대상으로, 시각과 청각 자극을 구분하여 각각 15분간 제시하는 단순자극에 대한 반응을 산출하여 피검자의 주의력을 평정한다. 국내에서 개발된 또 다른 CPT 방식의 검사로는 종합주의력검사[Comprehensive Attention Test](CAT, 해피마인드, 2008)가 있다. CAT는 4~15세 아동을 대상으로, ① 단순 선택주의력(시각·청각), ② 억제지속주의력, ③ 간섭선택주의력, ④ 분할주의력, ⑤ 작업기억력 등을 측정하는 표준화된 검사다.

주의집중력검사

셋째, 주의집중력검사[Frankfurter Aufmerksamkeits-Inventar](FAIR)는 1995년 독일의 무스부르거(H. Moosbrugger)와 위슐라겔(J. Oehlschlaegel)이 ADHD 진단을 위해 개발한 것으로, 국내에서는 2002년 오현숙이 번안·표준화했다. 대상은 8세~성인이다. 이 검사의 목적은 피검자가 자기주의력 프로파일 유형을 알게 하여 주의력 차원의 상대적 취약점을 보강할 수 있게 하는 것이다. 검사는 총 네 가지, 즉 ① 검사진행방법 이해도[mark value](M), ② 주의의 작업기능으로서 정보처리단계의 선별주의력 지수[performance value](P), ③ 주의의 상위기능으로서 자기통제력 지수[quality value](Q), ④ 지속성 주의력으로서 뇌에너지 활성수준의 지표 지수[continuity value](C)로 구성되어 있다.

한국판 ADHD 평정척도

넷째, **한국판 ADHD 평정척도**[Korean ADHD Rating Scale](K-ARS)는 드폴 등(DePaul et al., 1998)이 ADHD 평정을 위해 DSM 진단기준을 토대로 개발한 것을 번안한 것이다. 이 검사는 부주의성을 반영하는 9개 문항(홀수 문항), 과잉행동-충동성을 반영하는 9개 문항(짝수 문항), 총 18개 문항으로 구성되어 있다. 그리고 검사와는 별도로 부모 면담을 통해 수집해야 하는 정보는 글상자 7-2와 같다.

글상자 7-2. 부모 면담을 통해 수집해야 하는 정보

> 1. 주의력 관련 발달력(아동의 발달 초기 양육사, 성장과정에서 나타난 주의력 변화)
> 2. 발달력(가정환경, 가족사항, 아동의 성장력)
> 3. 현재의 주의력 수준과 편차에 대한 정보탐색(상황에 따른 주의력 패턴과 수준)
> 4. 사회적응에 관한 기본자료(학교생활 적응수준, 또래관계, 가족관계 등)
> 5. 아동의 주의력에 대한 부모의 반응과 평가

이 외에도, 부모 또는 교사 면담을 통해 아동의 발달, 학습, 행동의 특징에 관한 정보(주의력, 기억력, 충동성, 무기력, 불안, 우울, 공격성, 사회성 등)를 수집한다.

ADHD의 진단

주의력결핍 과잉행동장애(ADHD) 진단에 흔히 사용되는 편람으로는 DSM-5(APA, 2013)가 있다. DSM-5는 장애의 원인보다 증상에 초점을 둔다. 글상자 7-3은 DSM-5에 수록된 ADHD의 진단기준을 요약·정리한 것이다.

글상자 7-3. 주의력결핍 과잉행동장애(ADHD) 진단기준 요약

> A. 기능/발달을 저해하는 지속적인 ① 부주의 및/또는 ② 과잉행동-충동성이 있다.
> 1. 부주의성: 다음 9개 증상 중 6개 이상이 6개월 이상 발달수준에 적합하지 않고, 사회적·학업적/직업적 활동에 직접적으로 부정적인 영향을 미칠 정도로 지속된다.
> [☛ 주의: 증상은 단지 반항, 적대감, 또는 과제나 지시 몰이해로 인한 것이 아니어야 한다. 후기 청소년/성인(17세 이상)의 경우, 적어도 종종 5개 증상이 나타나야 한다.]
>   a. 세부적인 면에 대해 면밀한 주의를 기울이지 못하거나 학업, 작업, 또는 다른 활동에서 부주의한 실수를 함(예 세부적인 것을 못 보고 넘어가거나 놓침, 작업이 부정확함)
>   b. 과제/놀이에서 지속적으로 주의를 집중하지 못함(예 강의, 대화, 또는 긴 글을 읽을 때 계속해서 집중하기가 어려움)
>   c. 타인이 말할 때 경청하지 않는 것처럼 보임(예 명백하게 주의집중을 방해하는 것이 없는데도 마음이 다른 곳에 있는 것처럼 보임)
>   d. 지시를 완수하지 못하고 학업, 잡일, 또는 작업장에서의 임무를 수행하지 못함(예 과제를 시작하지만 곧 주의를 잃고 쉽게 곁길로 샘)

e. 과제 · 활동 체계화에 어려움을 보임(예 순차적 과제처리 · 물건/소지품 정리 · 시간관리를 잘 못함, 지저분하고 체계적이지 못한 작업, 마감시간을 맞추지 못함)

f. 지속적인 정신적 노력을 요하는 과제 참여를 피하고, 싫어하거나 저항함(예 학업 또는 숙제, 후기 청소년이나 성인의 경우에는 보고서 준비, 서류 작성, 긴 서류 검토)

g. 과제/활동에 꼭 필요한 물건(예 학습과제, 연필, 책, 도구, 지갑, 열쇠, 서류 작업, 안경, 휴대폰)을 잃어버림

h. 외부 자극(후기 청소년과 성인의 경우, 관련없는 생각이 포함됨)에 의해 쉽게 산만해짐

i. 일상적인 활동을 잊어버림(예 잡일, 심부름, 후기 청소년과 성인의 경우, 전화 회답, 청구서 지불, 약속이행)

2. 과잉행동 – 충동성: 다음 9개 증상 중 6개 이상이 6개월 이상 발달수준에 적합하지 않고, 사회적 · 학업적/직업적 활동에 직접적으로 부정적인 영향을 미칠 정도로 지속된다. [☞ 주의: 이 증상은 단지 반항, 적대감, 또는 과제나 지시 몰이해로 인한 것이 아니어야 한다. 후기 청소년 또는 성인(17세 이상)의 경우, 적어도 5개 증상이 종종 나타나야 한다.]

a. 손발을 만지작거리며 가만두지 못하거나 의자에 앉아서도 몸을 꿈틀거림

b. 앉아 있도록 요구되는 교실이나 다른 상황에서 자리를 떠남(예 교실이나 사무실 또는 다른 업무 현장, 또는 자리를 지키는 게 요구되는 상황에서 자리 이탈)

c. 부적절하게 지나치게 뛰어다니거나 기어오름(☞ 주의: 청소년 또는 성인은 주관적 좌불안석 경험에 국한될 수 있음)

d. 조용히 여가활동에 참여하거나 놀지 못함

e. "끊임없이 활동하거나" 마치 "태엽 풀린 자동차처럼" 행동함(예 음식점/회의실에 장시간 동안 가만히 있을 수 없거나 불편해함, 타인에게 가만히 있지 못하는 것처럼 보이거나 가만히 있기 어려워 보임)

f. 지나치게 수다스럽게 말함

g. 질문이 끝나기도 전에 성급히 대답함(예 타인의 말을 가로챔, 대화에서 자기차례를 기다리지 못함)

h. 자기차례를 기다리지 못함(예 줄 서 있는 동안)

i. 타인의 활동을 방해/침해함(예 대화 · 게임 · 활동에 참견함, 타인에게 묻거나 허락받지 않고 타인의 물건을 사용하기도 함, 청소년/성인의 경우 타인의 일을 침해하거나 대신하려고 할 수 있음)

B. 부주의성 또는 과잉행동–충동성 증상이 12세 이전에 나타난다.

C. 부주의성 또는 과잉행동–충동성 증상이 2개 이상의 환경에서 나타난다(예 가정, 학교나 직장, 친구들 또는 친척들과의 관계, 다른 활동에서).

D. 증상이 사회적 · 학업적/직업적 기능의 질을 방해/감소시킨다는 명확한 증거가 있다.

E. 증상이 조현병 또는 기타 정신병적 장애의 경과 중에만 발생되지 않고, 다른 정신장애
(예 기분장애, 불안장애, 해리장애, 성격장애, 물질 중독 또는 금단)로 더 잘 설명되지 않는다.

ADHD 진단은 세 가지 아형, 즉 ① 과잉행동–충동 우세형(과잉행동과 충동성이 있으나, 심각한 정도의 주의력 결핍은 없음), ② 주의력 결핍 우세형(주의력 결핍은 있으나, 심각한 정도의 과잉행동과 충동성은 없음), ③ 혼합형(주의력 결핍, 과잉행동, 충동성이 있음)으로 나뉜다.

ADHD의 중재방안

주의력결핍 과잉행동장애(ADHD) 아동의 치료와 회복을 돕기 위한 중재방법으로는 ① 인지행동치료, ② 심리교육, ③ 사회성 증진 프로그램, ④ 약물치료, ⑤ 학업발달 촉진, ⑥ 개인 · 사회성 발달 촉진이 있다.

인지행동치료

첫째, 인지행동치료^{cognitive behavior therapy}(이하 'CBT')는 아동의 부주의와 과잉행동–충동적 행동 감소 및 자기조절 능력 향상을 위한 합리적이고 유연한 문제해결 방법의 습득에 중점을 둔다. CBT에서는 ADHD 아동이 흥미와 관심을 보일 만한 게임 또는 놀이를 통해 자신의 행동을 생각해 보게 하고, 최선의 행동 선택을 연습하게 하여 충동적인 행동을 감소시킨다. CBT에서는 자기조절에 필요한 언어를 내재화하는 기술을 가르치고, 작업기억 능력을 높여 자기통제 능력 향상을 추구한다. 이에 ADHD 아동은 자신의 사고와 행동과정을 관찰 · 평가에 필요한 언어를 습득하고, 이를 다양한 상황에 적용해 봄으로써, 자기조절력을 높일 수 있게 된다. 특히, ADHD 아동에게 효과적인 CBT의 훈련 프로그램으로는 씽크 얼라우드 훈련이 있다.

씽크 얼라우드 훈련^{Think Aloud Training}(TAT)은 생각을 말로 표현하게 하는 법을 가르치고 익히게 함으로써, 아동의 인지기능과 기억력을 촉진하는 방법이다. TAT는 ① 자기교시훈련(인지적 문제해결 과정에서 내재적 언어를 활성화시킴)과 ② 문제해결훈련(사회적 문제 상황에서 계획수립, 해결방법 탐색, 성과산출 과정을 언어화함)을 병행하는 접근방법

이다. 씽크 얼라우드 훈련의 진행단계에 대한 설명은 표 7-1과 같다.

표 7-1. 씽크 얼라우드 훈련의 진행단계

진행단계	내용
1. 문제정의	○ "내가 해결해야 할 문제는 무엇일까?" "무엇을 어떻게 해야 하지?"
2. 문제탐색	○ "난 어떤 계획을 가지고 있지?" "이 문제를 어떻게 해결해야 할까?"
3. 자기점검	○ "난 나의 계획을 잘 활용하고 있나?"
4. 자기평가	○ "내가 문제를 어떻게 해결했지?"

씽크 얼라우드 훈련은 본래 공격적 행동패턴을 보이는 아동의 행동수정을 위해 개발되었다. 그러나 다양한 유형의 장애(예 ADHD)가 있는 아동과 일반아동의 인지 능력 향상에 도움이 되는 것으로 보고되었다(Kendall & Braswell, 1985). 이 CBT 모델은 ADHD 아동이 자신의 행  동에 대한 통제감을 체험하면서 주도적으로 문제에 효과적으로 대처할 수 있도록 도움으로써, 불안, 무력감, 낮은 자존감 등의 이차문제도 다룰 수 있을 뿐 아니라, 개입 효과가 비교적 오래 지속된다는 이점이 있다.

심리교육

둘째, ADHD 아동을 비롯하여 부모, 교사, 또래아동들을 대상으로 심리교육을 실시하는 것이다. 심리교육psychoeducation은 심리장애가 있는 개인을 비롯한 중요한 타인에게 장애의 특징, 치료·대처·조력방법 등에 관한 심리학적 정보를 제공함으로써, 장애아동을 이해하고, 돕고, 함께 잘 지낼 수 있도록 돕는 활동이다. ADHD는 특유의 행동패턴(부주의, 과잉행동, 충동성)으로 인해 학교와 가정에서 소위 '문제아'로 낙인찍힐 수 있다.

이에 이들은 어려서부터 사회적 관계에서 외상경험을 할 가능성이 크고, 이로 인해 부모, 교사, 또래, 형제/자매 등과의 관계에서 불쾌감 또는 불만을 경험하게 되기 쉽다. 만일 이러한 감정이 제때에 적절한 방식으로 처리 또는 해소되지 못하면, 다양한 형태의 정신장애(우울장애, 불안장애, 반항성장애, 품행장애 등)를 동반하게 될 수 있다. ADHD 아동의 집중력 향상을 돕기 위한 방법은 글상자 7-4와 같다.

글상자 7-4. ADHD 아동의 집중력 향상을 위한 방법

1. 아동이 수행할 과제에 관해 정확하고 구체적으로 설명해 준다.
2. 과제를 하위과제로 세분화하여, 하위과제를 순차적으로 완수하게 한다.
3. 주의집중시간을 작은 단위에서부터 점진적으로 늘린다(예 60초 → 3분 → 5분 → 10분).
4. 타이머를 사용하여 주의집중시간을 체크하고, 도표로 그려서 확인한다.
5. 시간이 적게 걸리는 과제에서부터 점차 많이 걸리는 과제로 옮겨간다.
6. 아동 스스로 과제완수에 걸리는 시간을 추측하게 한 후, 실제로 걸리는 시간을 측정하여 비교해 보게 한다.
7. 아동의 과제수행에 방해될 수 있는 자극물을 제거한다.
8. 아동의 과제수행 중, 주의를 산만하게 하는 행동을 하지 않는다(예 말 걸기).

ADHD 아동은 충동적이고 산만한 행동 때문에 주변 사람들로부터 부정적인 반응(예 야단, 꾸중, 비난)을 야기한다. 따라서 주변에서 말 안 듣는 아이나 문제아로 평가되고, 스스로도 자신을 나쁜 아이, 뭐든지 잘못하는 아이로 생각하게 될 수 있다. 이런 일이 반복되면 아동은 더욱 자신감이 떨어진다. 주의집중 결함이나 충동성 때문에 또래관계가 어려워지고 따돌림을 당하기도 한다. 또 학습능력이 떨어지고, 여러 행동 문제를 보일 수 있다. 따라서 부모를 포함한 가족, 교사는 교육을 통해 치료적 환경 조성을 위해 노력해야 한다.

사회성 증진 프로그램

셋째, 사회성 증진 프로그램을 고안·적용하는 것이다. 사회성 증진 프로그램은 구체적인 사회기술을 가르치고, 반복적으로 연습할 수 있는 기회를 제공한다는 점에서 ADHD 아동의 사회성 향상에 효과적이다. 사회성sociality이란 성격의 한 특성으로, 개인의 사회적응성과 대인관계의 원만성 정도를 의미한다. 이는 타인의 감정을 이해하고, 적절한 대처능력으로 원만한 관계를 형성·유지하며, 타인과 소통하며 즐거움을 나누는 능력을 가리키기도 한다.

사회성은 행동양식의 사회적 측면으로, 개인의 욕구와 사회규범의 상호작용에 의해 형성된다. 즉, ① 개인화individualization(개인의 자아확립 과정)와 ② 사회화socialization(개인의 사회적 적응을 습득하는 과정)의 상호작용에 의해 형성된다. 만일 개인화와 사회화의 균형이 깨지면, 사회성에 이상이 생긴다. 비사회성[사회생활에 융화되지 못함을 나타내는 일련의 행동(예 자해, 자살)]과 반사회성[사회적 규범에 반하는 일련의 행동(예 일탈,

비행, 범죄)] 행동이 그 예다.

ADHD 아동은 자기의 정서를 인식·표현·조절하는 능력은 물론, 타인의 정서 인식과 이해 능력 결핍과 절충·타협 같은 사회기술 부족으로 인해 사회적 상황에서 다양한 문제를 겪는다. 대부분의 아동은 사회기술을 일상생활 속에서 자연스럽게 습득한다. 이에 비해 ADHD 아동은 특정 상황에 적합한 행동을 가르치고 반복적으로 연습할 기회를 제공할 필요가 있다(안동현 외, 2004). 사회기술은 단기간의 개입으로 효과를 얻기 힘들다. 이러한 점에서 사회성 증진 프로그램에서는 ADHD 아동에게 가르쳐야 할 일련의 사회기술 목록을 작성한 후, 다양한 놀이장면에서 적용하는 과정을 돕는다.

약물치료

넷째, 약물치료는 ADHD 아동의 집중력, 기억력, 학습능력 향상에 효과가 있다고 알려져 있다. ADHD 치료에는 주로 **자극제**stimulant(중추신경계를 자극하여 교감신경계를 흥분시키는 정신흥분제)가 사용된다. 이 약물은 활동성 억제를 통해 ADHD 아동의 학업·행동·사회적 기능 향상에 효과가 있다. 자극제는 ADHD 아동이 교실에서 소리 지르는 행동, 부주의, 충동성, 단기기억 등의 영역에서 긍정적인 변화 효과가 있었고, 부모·교사의 지시에 대한 순응도를 높이는 것으로 나타났다(DuPaul & Stoner, 2003).

ADHD 아동에게 처방되는 치료약물은 다양하다. 그러므로 아동의 문제행동 빈도와 심각도에 가장 적합한 약물의 종류와 용량을 정하는 과정을 거치게 된다. 이 과정에서 아동의 부모와 교사는 약물 투여에 따른 아동의 변화를 면밀히 관찰한 결과를 담당의사에게 알릴 필요가 있다. 약물치료는 ADHD 아동의 문제행동 경감 효과가 있으나, 바람직한 행동을 학습하게 하는 기능은 없다는 한계가 있다. 따라서 비약물치료(예 행동치료)와 심리교육을 병행함으로써, 적응행동의 학습을 촉진할 필요가 있다. 약물치료와 상담은 상호보완적인 특성이 있어서 치료효과를 극대화할 수 있다는 이점이 있다. ADHD 치료에 주로 사용하는 약물로는 ① 메틸페니데이트, ② 아토목세틴, ③ 클로니딘이 있다.

학업발달 촉진

다섯째, 학업발달을 촉진하기 위한 방법을 적극 활용하는 것이다. ADHD 학생의 부주의, 과잉행동, 및/또는 충동적 행동은 학급의 면학 분위기를 해칠 수 있다. 이에 교사는 ADHD 학생의 특성을 이해하고, 이에 따른 수업·지도 전략을 적용할 필요가 있다. ADHD 학생이 있는 학급에 대한 교수전략은 글상자 7-5와 같다.

글상자 7-5. ADHD 학생이 있는 학급에 대한 교수전략

1. 자리를 일렬로 배치하고, 주의집중을 해칠 수 있는 환경적 요소를 최소화한다.
2. 옆자리에 차분한 학생을 앉히거나, 역할모델이 될 만한 학생과 같은 모둠에 배치한다.
3. 교실 내에 학생이 돌아다니다 앉을 수 있는 의자를 마련한다.
4. 지켜야 할 규칙을 분명히 알려 주고, 엄격히 적용한다.
5. 학교 일과를 알려 주고, 그날 할 일에 대한 목록을 작성하게 한다.
6. 짧게, 자주 쉴 수 있도록 배려한다.
7. 움직일 수 있는 기회를 준다.
8. 지시는 학생이 이해하기 쉽도록 단순하고 간략하게 한다.
9. 사소한 일에도 칭찬, 격려, 배려해 줌으로써, 학업 스트레스를 최소화한다.
10. 감당할 수 있는 한계를 정하고, 이에 따른 원칙을 적용한다.
11. 과제는 짧게 여러 번으로 나누어 수행할 수 있게 한다.
12. 강의식 수업을 지양하고, 다감각적 교수방법을 적용한다.
13. 학업 기술과 정리정돈 기술을 가르친다.
14. 언어와 시각적 단서를 함께 사용하여 지시는 짧고 단순하게 한다.
15. 아동이 이동하기 전에 경고함으로써 혼란 또는 불복종을 피한다.
16. 과제를 게임이나 도전(예 종전의 기록을 깨도록 하기)하도록 하는 방식을 활용한다.
17. 아동이 어려움을 겪을 때뿐 아니라 잘하고 있을 때도 학부모와 자주 소통함으로써 협력관계를 유지한다.

ADHD 학생의 학업발달 촉진을 위한 방법으로는 ① 교실 자리 배치, ② 상호교수법 적용, ③ 노트필기 지원, ④ 시험보기 조정이 있다. 이에 관한 내용은 표 7-2와 같다.

표 7-2. ADHD 학생의 학업발달 촉진을 위한 조정

조정방안	내용
1. 교실 자리 배치	○ 앞 자리(교사와 가깝고 주의산만을 최소화할 수 있는 자리)에 앉힌다.
2. 상호교수법 적용	○ 학생이 수동적으로 참여해야 하는 전통적인 일제식 수업방식을 지양하고, 상호교수법을 통해 학생의 참여율을 높인다.

3. 노트필기 지원	○ ADHD 학생의 자율적인 노트필기를 격려하지만, 이들은 수업내용을 받아적는 일이 쉽지 않다는 점에서 노트 필기를 잘하는 학생의 노트 복사를 허용할 수 있다.
4. 시험보기 조정	○ 학생의 시험답안지 제출시간을 연장해 주거나, 다른 학생들로부터 조금 떨어진, 독립된 공간을 제공한다.

환경과 일정의 안정성 유지. ADHD 학생이 수업에 집중하는 것을 돕기 위해서는 가능하면 교실의 물리적 환경에 변화를 주지 않는 것이 도움이 된다. 또한 이들이 예측할 수 있는 학교 일정과 수업시간표가 정해지면, 그대로 유지한다. 학교 일정과 시간표가 ADHD 학생에게 강화되면, 이들은 자신이 무엇을 해야 할지 예측할 수 있게 되고, 자기 자신과 일정을 더 잘 조정할 수 있게 되기 때문이다.

숙제와 공지사항. 교사가 수업시간에 숙제를 동일한 방식으로 공지하는 경우, ADHD 학생은 더 잘 알아듣고 이해한다. 숙제는 가능하면 단계별로 목록 형태로 제시되어야 하고, 숙제의 단계와 제출마감일을 포함하여 기대하는 바가 명확하게 진술되어 있어야 한다. 또한 교사는 학생들에게 지시사항과 기대하는 바를 1회 이상 전달할 뿐 아니라, 모두가 이해했는지를 확인한다. 그리고 지시사항에 대해 자유롭게 질문할 수 있는 분위기를 조성한다. ADHD 학생을 위해 따로 지시사항을 적어 주는 방법도 매우 유익하다.

숙제 완수. ADHD 학생이 숙제를 완결짓기는 하지만 제시간에 마치는 데 지속적으로 문제가 있다면, 교사는 숙제의 분량을 조정해 주되, 학생이 이를 조절할 수 있는 수준까지 서서히 분량을 늘려 간다. 또한 ADHD 학생의 학업 진척과 수행 정도를 정기적으로 모니터하고, 학생의 조직화 기술 습득을 돕는다. 그리고 학생이 숙제를 개념적으로 더 쉽게 다룰 수 있는 분량으로 나눌 수 있게 하고, 각 분량의 제출일을 정해 주는 것은 ADHD 학생의 숙제 완수에 도움을 줄 것이다.

학부모와의 협력. ADHD 학생지도를 위한 또 다른 방법은 부모와의 협력관계를 구축하는 것이다. 이는 부모 교육과 자문을 기반으로 한다. 부모들은 이미 자녀의 끊임없는 문제행동으로 인해 지쳐 있고, 이는 부모-자녀 관계에 부정적인 영향을 미쳤을 수 있기 때문이다. 자녀의 부주의, 과잉행동, 충동적 행동은 흔히 잘못된 양육으로 인한 것으로 여겨 부모들은 자녀양육에 대한 무력감, 죄책감, 상실감 등으로 심각한 스트레스를 받기 쉽다. 또한 자녀의 문제행동이 심각해질수록, 더 강압적인 지시와 처벌을 하게 되면서 부모-자녀 관계는 더 경직 또는 악화되기도 한다.

이에 ADHD 학생의 부모를 위한 교육에서 상담교사는 무엇보다도 ADHD가 부모의 잘못 또는 그릇된 양육태도로 인한 것이 아니고, 자녀가 부모에게 반항하기 위해 문제행동을 보이는 것이 아님을 이해시켜야 한다. 또한 인지행동치료 또는 약물치료의 효용성을 인식할 수 있도록 도울 필요가 있다. 부모들이 가정에서 ADHD 자녀 지도에 적용할 수 있는 부모역할 지침은 글상자 7-6과 같다.

글상자 7-6. 가정에서 ADHD 자녀 지도에 적용할 수 있는 부모역할 지침

> 1. 집안 환경을 산만하지 않은 공간을 조성한다.
> 2. 학생을 자극할 만한 것은 눈에 띄지 않게 치운다.
> 3. 주의집중 행동을 강화해 준다.
> 4. 짧은 시간에 마칠 수 있는 과제를 부과하되, 구체적이고 간결하게 지시한다.
> 5. 가능한 규칙을 만들고, 일관성 있게 적용한다.
> 6. 부모/다른 가족들이 모범을 보임으로써, 일과를 정해진 시간에 할 수 있도록 돕는다
>   (예 식사, 귀가, 취침 등).

부모교육 내용에는 ADHD에 관한 정보제공, 가능한 치료방법 안내, 정서적 지지 제공, 교사와 다른 교직원과의 의사소통 방법 등이 포함된다. 자녀 양육 또는 훈육에 관한 교육에서는 수용적 경청기술, '나 전달하기' 같은 의사소통 기술, 효과적인 지시 방법, 결과와 타임아웃 설정 방법, 격려 방법, 그리고 가정에서 행동수정 프로그램을 고안하는 방법에 관해 다룬다. 또 학부모가 교사와 협력하여 ADHD 아동을 도울 방안을 모색하도록 돕는다.

개인 · 사회성 발달 촉진

여섯째, 학생의 개인 · 사회성 발달을 촉진하기 위한 방법을 적용한다. ADHD는 타인의 눈에 잘 띄지 않는 장애다. 이러한 이유로, 이들은 학교에서 공식적으로 장애 관련 서비스나 의료 · 치료를 위한 처치를 받을 때, 수치심 또는 좌절감을 느낄 수 있다. 또 자신에게 ADHD라는 꼬리표가 붙게 된 현실을 부인하고 싶어 할 수도 있다. 이러한 점에서 특히 고등학교를 졸업할 시기에 있는 학생은 자신의 강점과 한계를 건설적으로 인정 · 수용하는 한편, 자신의 장애를 조절할 책임의식을 갖도록 도울 필요가 있

다. ADHD 학생의 개인·사회성 발달을 촉진하기 위해 다루어야 할 쟁점으로는 ① 정서문제, ② 조직화 전략, ③ 사회성 및 행동 문제가 있다.

정서문제. 개인상담을 통해 ADHD 학생을 돕는 경우, 상담교사는 장애의 본질과 학생의 자아정체성 문제(학교에서 특별 서비스를 받고 있는 것 또는 장애 진단으로 인한 수치심 또는 학업을 위한 준비가 되지 않았다는 느낌, 또래들에게 의욕이 없는 학생으로 보이는 것에 대한 감정 등)에 따른 정서적 문제를 민감하게 다뤄야 한다.

조직화 전략. ADHD 학생은 나이가 들어감에 따라 더 많은 책임감을 느끼고, 학교에서 더 성장할 수 있도록 시간과 책임을 체계적으로 조절하기 위한 보충전략을 습득할 필요가 있다. 즉, ADHD 학생이 고등학교를 졸업하기 전에 조직화 전략을 활용하여 독립적인 삶을 영위하는 것을 목표로 한다.

사회성 및 행동 문제. ADHD 학생과 부모는 학생의 사회성과 행동문제(예 자기 순서를 기다리지 않기, 타인이 말할 때 끼어들기, 타인이 말할 때 듣지 않기, 안절부절못하고 충동적 행동하기 등)가 장애와 직접 관계가 있고, 통제가 어렵다는 사실을 알아야 한다. 이는 학생이 '불량' 학생임을 의미하지 않는다. 그러나 학생이 성공적이고 만족스러운 학교생활을 하려면, 적응 행동을 습득해야 한다. 이에 상담교사는 ADHD 학생을 직접 상담을 통해 돕거나, 긍정적인 사회적 행동 증진을 위해 교사를 자문한다.

◆ 복습문제 ◆

🌱 다음 밑줄 친 부분에 알맞은 말을 쓰시오.

1. 주의력결핍 과잉행동장애(ADHD)는 개인의 기능 또는 발달을 저해하는 지속적인
   ① _____, ② 과잉행동, 또는 ③ _____ 양상이 특징적으로 나타난다.

2. ADHD의 발생은 부분적으로 뇌 이상, 즉 _____ 이상에 의한 것이라는 주장이
   있다. 또 ADHD의 _____ 조직이 일반아동의 것보다 작다는 사실이 밝혀졌다.

3. ADHD 아동의 주의집중 능력 사정을 위한 검사로는 _____검사가 있다. 이
   검사는 컴퓨터를 사용하여 연속적으로 제시되는 자극에 대한 수행력을 평정
   하는 측정도구다. 이는 컴퓨터 화면에 제시되는 연속적인 자극에 대한 반응률
   과 반응시간을 지표로, 외부 자극에 대한 ① _____, ② 주의 억제와 여과,
   ③ _____, ④ 지속주의, ⑤ 반응 선택과 통제를 평가한다.

4. ADHD는 정보처리과정에서 주의집중의 네 가지 측면, 즉 ① 집중성, ② _____,
   ③ _____, ④ 통제성에 결함이 있음을 의미한다.

5. ADHD 진단은 세 가지 아형, 즉 ① _____ 우세형, ② _____
   우세형, ③ 혼합형으로 나뉜다.

6. _____ 훈련은 생각을 말로 표현하게 하는 법을 가르치고 익히게 함
   으로써, 아동의 인지기능과 기억력을 촉진하는 방법이다. 이 방법은 ADHD 아
   동이 흥미와 관심을 보일 만한 게임 또는 놀이를 통해 자신의 행동을 생각해
   보게 하고, 최선의 행동 선택을 연습하게 하여 충동적인 행동을 감소시키는
   _____치료에 기반을 두고 있다.

7. ADHD 아동을 위한 중재방법으로는 _____이/가 있다. 이 방법은 심리장애가 있는 개인을 비롯한 중요한 타인에게 장애의 특징, 치료·대처·조력방법 등에 관한 심리학적 정보를 제공함으로써, 장애아동을 이해하고, 돕고, 함께 잘 지낼 수 있도록 돕는 활동이다.

8. _____ 프로그램은 구체적인 사회기술을 가르치고, 반복적으로 연습할 수 있는 기회를 제공한다는 점에서 ADHD 아동의 사회성 향상에 효과적이다. 사회성은 _____와/과 사회화의 상호작용에 의해 형성된다.

9. ADHD 아동의 집중력, 기억력, 학습능력 향상에 효과가 있다고 알려진 ADHD 약물치료에는 주로 _____이/가 사용된다. 이 물질은 중추신경계를 자극하여 _____을/를 흥분시키는 일종의 정신흥분제다.

10. ADHD 학생의 학업발달 촉진을 위한 방법으로는 ① _____, ② _____ 적용, ③ 노트필기 지원, ④ 시험보기 조정이 있다.

◆ 소집단 활동 ◆

> ### ADHD 평정척도

※ 다음은 한국판 ADHD 평정척도^{Korean ADHD Rating Scale}(K-ARS)이다. 이 척도는 드폴 등 (DePaul et al., 1998)이 ADHD 평정을 위해 DSM 진단기준을 토대로 개발한 것을 번안한 것이다. 이 검사는 부주의성을 반영하는 9개 문항(홀수 문항), 과잉행동–충동성을 반영하는 9개 문항(짝수 문항), 총 18개 문항으로 구성되어 있다.

> ☞ 지난 일주일 동안 자녀가 집안에서 보인 행동을 가장 잘 기술한 번호에 체크해 주세요.

문항	전혀 그렇지 않다	약간 그렇다	상당히 그렇다	매우 자주 그렇다
1. 학교 수업이나 일 또는 다른 활동을 할 때, 주의집중을 하지 않고 부주의하여 실수를 많이 한다.	0	1	2	3
2. 가만히 앉아 있지를 못하고 손발을 계속 움직이거나 몸을 꿈틀거린다.	0	1	2	3
3. 과제나 놀이를 할 때, 지속적으로 주의집중에 어려움이 있다.	0	1	2	3
4. 수업 시간 또는 가만히 앉아 있어야 하는 상황에서 자리에서 일어나 돌아다닌다.	0	1	2	3
5. 다른 사람이 직접 이야기하는데도 귀 기울여 듣지 않는 것처럼 보인다.	0	1	2	3
6. 상황에 맞지 않게 과도하게 뛰어다니거나 기어오른다.	0	1	2	3
7. 지시에 따라 학업, 집안일, 또는 자기가 해야 할 일을 끝마치지 못한다.	0	1	2	3
8. 조용히 하는 놀이나 오락 활동 참여에 어려움이 있다.	0	1	2	3
9. 과제나 활동을 체계적으로 하는 데 어려움이 있다.	0	1	2	3

문항	전혀 그렇지 않다	약간 그렇다	상당히 그렇다	매우 자주 그렇다
10. 항상 끊임없이 움직이거나 모터가 달려서 움직이는 것처럼 행동한다.	0	1	2	3
11. 공부나 숙제 등 지속적으로 정신적 노력이 필요한 일이나 활동을 피하거나 싫어하거나 하는 것을 꺼린다.	0	1	2	3
12. 말을 과도하게 많이 한다.	0	1	2	3
13. 과제나 활동에 필요한 것(장난감, 숙제, 연필 등)을 잃어버린다.	0	1	2	3
14. 질문을 끝까지 듣지 않고 대답한다.	0	1	2	3
15. 외부 자극에 의해 쉽게 산만해진다.	0	1	2	3
16. 자기 순서를 기다리지 못한다.	0	1	2	3
17. 일상적인 활동을 잊어버린다(예) 숙제를 잊어버리거나 도시락을 두고 학교에 간다).	0	1	2	3
18. 다른 사람을 방해·간섭한다.	0	1	2	3

○ 총점: _____개

○ 부주의(홀수 문항 합): _____개

○ 과잉행동-충동성(짝수 문항 합): _____개

> 해석   총점이 19점 이상인 경우, 전문가와의 상담을 권유하지만, 미국소아과학회에서는 총점을 산출하는 방식보다는 부주의, 과잉행동-충동성 문항 각 9개 중 2(상당히 그렇다)와 3(매우 자주 그렇다)에 체크한 문항이 6개 이상인지를 확인하는 것을 권장하고 있음

주. 이 검사는 DSM 진단기준의 A 범주만을 포함하고 있으므로, 나머지 B~E 범주에 대한 정보는 면담 또는 심리검사 등을 통해 보완해야 한다.

출처: DePaul et al. (1998).

소감 _____

_____

_____

_____

특수아 상담
Counseling Children
with Special Needs

Chapter 8

학습장애학생 상담

☑ **학습목표**

1. 학습장애의 정의 및 관련 개념을 이해·설명할 수 있다.
2. 학습장애의 특징과 유형을 이해·설명할 수 있다.
3. 학습장애의 유병률과 경과를 이해·설명할 수 있다.
4. 학습장애의 원인을 이해하고, 중재에 적용할 수 있다.
5. 학습장애의 사정과 진단방법을 이해·적용할 수 있다.
6. 학습장애의 중재방안을 이해·적용할 수 있다.
7. 학습장애와 관련된 쟁점을 이해하고, 중재에 적용할 수 있다.

선 생님이 저한테 원하는 것이 무엇인지 알아요. 그렇지만 저는 그것을 어떻게 하는지 잘 모르겠어요. 아무리 노력해도 글자의 순서가 뒤죽박죽 보여요. 선생님이 가르쳐 주시는 것을 받아쓰지 못하겠어요. 제가 수업에 집중하려고 노력하지 않아서가 아니에요. 다른 것 때문에 선생님 말씀에 집중하기가 힘들어요. 저는 선생님이 말씀하시는 것을 알아듣기 힘들어요.

역사적으로, 인간 사회에서는 개인의 학습능력이 중시되는 풍토가 연연히 유지되어 왔다. 오늘날 현대인들은 새로운 지식에 대한 학습능력이 요구되는 시대에 살고 있다. 지식 내용이 급변하는 시대에 요구되는 학습역량을 갖추지 못하는 경우, 개인은 사회적응에 어려움을 겪을  수 있다. 특히, 아동·청소년의 학습능력 결여는 사회적응과 활동을 저해하거나 경쟁에서 불리한 조건으로 작용하기도 한다.

학습^{learning}은 연습, 훈련, 경험에 의해 비교적 영속적으로 나타나는 변화를 뜻한다. 단, 성숙에 의한 변화 또는 동기, 피로, 감각 순응, 감수성 변화는 학습으로 간주되지 않는다. 심리학적 관점에서 학습은 행동의 진보와 퇴보 모두를 포함하지만, 교육학적 관점에서는 행동의 진보적(바람직한) 변화만을 학습으로 간주된다. 학습은 유기체 내에서 일어나는 내재적 변화과정으로, 직접 관찰이 어렵고, 단지 수행^{performance}으로 표현된다. 이에 학습은 수행과 선행조건을 통해 추론된다.

학습과 유사한 용어로는 '학업'이 있다. 학업^{schoolwork}은 학교에서 일반지식과 전문지식 습득을 위해 공부하는 일이다('학교공부'로도 불림). 학업 수행의 결과는 주로 국가교육과정에 명시된 교과목에서 얻은 점수('학업성취$^{academic achievement}$')를 통해 알 수 있다. 학업지도는 교사가 학생들의 학업발달을 촉진하기 위해 수행하는 생활교육의 한 영역이다. 학업지도의 대상이 되는 쟁점으로는 ① 새로운 학교에의 적응, ② 교과과정 선택, ③ 학업성적 부진, ④ 특수아동의 현안, ⑤ 진급/진학, ⑥ 학습방법·학습습관 등에 관한 것이다.

향후 학업발달을 돕는 과정에서 상담교사는 학습장애, 즉 기능 교과(읽기, 쓰기, 셈하기)와 내용 교과(사회, 과학 등)에서 현저한 학습곤란을 보이는 학생을 만나게 될 수 있다. 이에 독자들은 학습장애학생 상담에 관한 내용을 숙지함으로써, 학습곤란을 겪는 학생에게 왜 '장애'라는 말을 붙이게 되었는지, 학습장애학생이 지적 기능이 현저히 떨어지는 지적장애학생과는 어떻게 다른지, 그리고 학습장애학생들을 어떻게 도울 수 있는지를 이해하게 될 것이다. 이러한 일련의 질문에 대한 답을 찾기 위해, 이 장에서는 학습장애의 ① 정의, ② 특징, ③ 유형, ④ 유병률과 경과, ⑤ 원인, ⑥ 사정과 진단, ⑦ 중재방안에 관해 알아보기로 한다.

학습장애의 정의

학습장애^learning disabilities(LD)란 학습기능(듣기, 말하기, 주의집중, 지각, 기억, 문제해결 등) 또는 학업성취(읽기, 쓰기, 수학 등)에 현저한 어려움이 있는 상태를 말한다('LD'로도 불림). 이 장애는 생물학적 원인으로 인한 유전적·신경학적 문제를 나타내는 신경발달장애로, 기본 인지기능(구어/문어 사용 또는 이해 관련) 이상으로 인한 행동 징후가 특징이다. 즉, 학습장애는 개인의 지능은 정상이나, 듣기, 말하기, 읽기, 쓰기, 추리, 및/또는 계산 능력 등 학습수행에 심각한 어려움을 초래한다. 이 장애는 지각장해, 뇌손상, 미세 뇌기능 이상, 난독증^dyslexia, 발달실어증^developmental aphasia 등의 상태를 포함한다. 단, 시각·청각·운동·지적·정서장애와 환경·문화·경제적 결핍으로 인한 학습결손은 학습장애에 포함되지 않는다(U.S. Office of Education, 1977).

학습장애라는 용어는 1963년 미국 일리노이대학교 교수 사무엘 커크(Samuel A. Kirk, 1904~1996)가 창안했다(이전에는 '뇌손상^brain damage' '미세 뇌기능 이상^minimal brain dysfunction'으로 불렸음). 이 용어는 학습부진 또는 학습지체 같은 용어와 혼용되기도 한다. 학습장애는 다른 장애와 동반 발생할 수 있지만, 감각, 정서, 또는 지적 결함으로 인해 발생하지는 않는다. 이에 이 장애는 조기 중재가 매우 중요하다. 조기에 전문적인 도움을 받는 학생은 읽기 능력을 정상 또는 그 이상으로 회복될 수 있기 때문이다.

학습장애와 학업부진을 구별하는 준거는 능력^ability과 성취^achievement의 차이다. 이는 학습장애는 개인의 능력에 비해 현저하게 낮은 학업성취를 나타내는 반면, 저성취^underachievement는 낮은 능력으로 인해 낮은 학업성취를 나타낸다는 것이다. 능력에 비해 학업성취가 낮은 이유는 신경학적 이상 때문이다. 즉, 학습장애는 좌·우뇌의 대칭성, 뇌량의 크기, 신경세포의 연결 등에서 신경학적 이상 때문으로 밝혀졌다(Lyon & Rumsey, 1996).

학습장애의 특징

학습장애, 특히 DSM-5에 제시된 특정학습장애$^{specific\ learning\ disorder}$(SLD)는 정보를 효율적이고 정확하게 인지하고 처리하는 능력에 특정한 결함이 나타날 때 진단된다. 이 장애는 공교육 과정에서 처음으로 발현되며, 기초적인 학업 기술(읽기, 쓰기, 수학) 학습에서의 지속적인 문제 발생이 특징이다. 이 장애가 있는 사람의 손상된 학습 수행 능력은 연령에 기대되는 수준보다 훨씬 낮거나, 엄청난 노력에 의해서만 허용 가능한 수준에 도달할 수 있다.

　학습장애는 지적으로 '재능이 뛰어난' 사람에게서도 발생할 수 있다. 이 장애는 종종 지능과 보상 전략으로 인해 시간제한이 있는 시험 상황에서 발견된다. 모든 학습장애는 평생 직업적으로 요구되는 특정 기술 수행에 손상을 유발할 수 있다. 학습장애의 특징은 ① 지속적 학습기술 습득 곤란, ② 연령 평균보다 낮은 학습기술 수행력, ③ 초등학교 저학년 시기에의 발현으로 요약할 수 있다.

지속적 학습기술 습득 곤란

첫째, 학습기술 습득을 지속적으로 어려워한다. 이는 보통 정규교육 기간에 시작된다. 기본적인 학습기술로는 ① 단어를 정확하고 유창하게 읽고 이해하기(독해력), ② 철자를 올바르게 쓰기, ③ 산술적 계산과 수학적 추론(수학문제 풀기)이 있다. 두뇌 발달에 따라 획득되는 발달이정표(말하기, 걷기 등)와는 달리, 학습기술의 습득에는 교육이 필수로 요구되고, 또 정확히 배워야 한다. 그러나 학습장애는 정상적인 학습기술 습득을 방해한다. 이는 단순히 학습기회 부족이나 부적합한 교육에 따른 결과가 아니다. 학습기술의 습득 실패는 내용 교과(⑩ 역사, 과학, 사회)의 학습에 영향을 미친다. 말소리와 인쇄된 단어를 연결 짓는 어려움('난독증')은 학습장애의 가장 흔한 양상의 하나다.

　학습곤란은 관찰·묘사 가능한 행동과 증상으로 나타난다. 이러한 증상은 관찰, 임상면담에 의한 조사, 학교기록, 검사, 과거의 교육적 평가나 심리평가 기록을 통해 확인할 수 있다. 학습곤란은 일시적이 아닌 지속적인 현상이다. '지속적'이라는 의미는 가정/학교에서 추가 지원이 있었음에도, 6개월 이상의 학습 경과에 제한이 있음을 뜻한다(즉, 또래학생들을 따라잡는다는 증거가 없음). 예를 들어, 음운능력과 단어식별 전략을 알려 주었음에도 단어를 읽지 못하는 문제가 완전히 또는 빠르게 해소되지 않는다면, 이는 학습장애의 징후로 볼 수 있다.

연령 평균보다 낮은 학습기술 수행력

둘째, 개인의 학습기술 수행력이 동일 연령 아동들의 평균보다 낮다. 또래에 비해 낮은 학업성취 또는 고도의 노력과 지지에 의해서만 평균수준의 성취가 유지되는 것은 학습기술 습득에 문제가 있다는 강력한 증거다. 낮은 학습기술은 학생의 학업수행에 있어 커다란 장해가 된다(숙제, 교사의 평가를 통해 나타남). 성인에게 나타나는 임상지표는 학습기술이 요구되는 활동의 회피다. 또 낮은 학습기술로 인해 해당 기술을 요구하는 직무수행 또는 일상활동이 방해받는다(자기보고 또는 타인의 보고를 통해 나타남). 그러나 이 기준에는 심리검사의 증거가 요구된다. 검사는 개별적으로 실시되어야 하며, 심리평가상 안정적이고 문화적으로 적합하게 학업성취에 대한 절대/상대평가가 가능해야 한다.

초등학교 저학년 시기에의 발현

셋째, 학습문제는 대부분 초등학교 저학년 때 분명해진다. 그러나 일부의 경우, 학습요구가 개인의 능력을 넘어서는 고학년 때 나타나기도 한다. 학습장애는 아동의 학업성취, 자신감, 관계 형성 능력 등에도 영향을 미쳐 종종 일상생활에서의 문제로 이어진다. 이는 성인기가 되어서도 사회적응력에 영향을 미칠 수 있고, 행동장해, ADHD, 우울장애 등을 동반할 수 있다. 학습장애학생의 특징을 요약·정리하면 글상자 8-1과 같다.

글상자 8-1. 학습장애학생의 특징

1. 또래보다 발화능력 발달이 늦음	7. 차분한 태도 결여
2. 단어 발음의 어려움	8. 쉽게 주의가 산만해짐
3. 어휘 관련 문제	9. 또래와의 상호작용 곤란
4. 어휘력 발달 지연	10. 지시 이행 곤란
5. 단어의 운율 맞추기 곤란	11. 일과 이행 곤란
6. 한글, 알파벳, 순차, 요인 순서의 학습곤란	12. 운동기술 발달 지연

학습장애의 유형

학습장애의 유형은 매우 다양하다. 학교장면에서 흔히 접할 수 있는 학습장애로는 DSM-5에 수록된 특정학습장애의 3개 유형, 즉 ① 읽기 손상, ② 쓰기 손상, ③ 수학 손상이 있다.

읽기 손상

첫째, 읽기 손상은 단어 읽기 정확도, 읽기 속도 또는 유창성, 그리고 독해력에 어려움이 있는 상태다. 이에 비해, 난독증dysrexia은 글자를 읽거나 쓰는 데 어려움이 있는 상태다 ('읽기장애'로도 불림). 이 장애가 있는 학생은 지능이 정상이고, 듣고 말하는 것에 어려움이 없다. 다만, 단어에서 말의
최소 단위인 음소를 구분하지 못한다는 특징이 있다. 난독증은 ① 선천성 난독증(발달상의 문제로 인함), ② 후천성 난독증(사고 후 뇌손상으로 인함)으로 나뉜다.

　난독증이 있는 학생은 글자의 상징, 소리, 의미 기억에 어려움이 있다. 이 장애는 비교적 발음체계가 복잡한 영어권에서 많이 발생하는 반면, 유사한 단어가 적은 언어권 국가일수록 발병률이 낮다. 이 장애의 정도는 다양하지만, 조기 발견은 학업적 성공에 도움을 준다. 난독증은 흔히 가계의 유전으로 인해 발생하는데, 공식적인 검사를 통해 진단할 수 있다.

쓰기 손상

둘째, 쓰기 손상은 철자, 손 글씨, 경계가 분명한 공간에 글 쓰기, 노트에 생각을 적는 것에 어려움이 있는 상태다. 특징적인 징후로는 단단히 쥔 연필, 알아볼 수 없는 손 글씨, 글쓰기를 할 때 쉽게 피로해지기, 글을 쓸 때 큰 소리로 말하기, 단어 누락, 문법 문제, 생각을 말로 하는 것과 노트에
적는 것 사이에 눈에 띄는 차이 등이 있다. 이들에게는 특별히 고안된 인체공학적 펜과 연필, 쓰기 과제완수를 위한 추가시간 제공, 녹음기, 글쓰기 프로젝트를 대체할 구어적/시각적 과제가 필요할 수 있다. 이에 교사는 학생의 글씨의 질에 기초하여 성적을 산정하지 않아야 한다.

수학 손상

셋째, 수학 손상은 수 감각, 단순 연산값의 암기, 계산의
정확도 또는 유창성, 그리고 수학적 추론의 정확도에
어려움이 있는 상태다. 수학 손상의 심각도는 ① 경도,
② 중등도, ③ 고도로 구분된다. 이 유형의 장애는 학생
의 언어문제로 문제를 이해하지 못해 발생할 수도 있다.

수학 손상을 동반한 학습장애 학생은 암기를 힘들어하고, 통계 학습을 어려워한다.

난산증^{dyscalculia}은 수 기호의 조작, 숫자 정보 처리, 단순 연산 곤란이 특징인 장애다.
특정학습장애, 수학 손상 동반과 난산증을 감별하려면, 학생의 수학적 추론이나 단어
추론의 정확성 같은 부수적인 어려움이 동반되었는지 살펴봐야 한다. 특정학습장애,
수학 손상 동반으로 진단받은 학생은 때로 복잡한 수학 개념을 이해하지만, 수학 시
간에 배운 내용을 자신의 능력과 조화시키지 못한다. 또 복잡한 수학 개념을 이해하
면서도 계산은 일관적이지 않고, 어려움을 느끼기도 한다(예 정확한 연산기호 사용 또
는 기본적인 순차 기억 곤란). 수학 손상을 동반한 특정학습장애학생은 필요한 서비스
를 거의 받지 못할 수 있다. 그 이유는 대부분의 학교 프로그램이 읽기 손상에 중점을
두고 있기 때문이다.

학습장애의 유병률과 경과

2022년 특수교육통계에 의하면, 학습장애의 유병률^{prevalence}(전체 학령기 아동 중 특정
장애가 있는 아동의 비율)은 1.0%였다(교육부, 2022). 학습영역(읽기, 쓰기, 수학)에 따른
학습장애의 유병률은 학령기 아동에서는 서로 다른 언어, 문화권에 걸쳐 5~15% 정
도로 나타난다. 성인에서의 유병률은 알려진 바 없으나, 약 4% 정도로 추정된다. 장
애의 발병, 발견, 진단은 주로 아동이 읽기, 철자법, 쓰기, 수학 능력을 습득해야 하는
초등학교 저학년 때 이루어진다. 그러나 전구증상^{premonitory symptoms}(언어 지연, 언어 결함,
운율 또는 숫자 세기 곤란, 또는 쓰기에 요구되는 미세운동기술 곤란 등)은 보통 정규 교육
과정을 시작하기 전인 아동기 초기에 나타난다.

학습장애는 평생 지속되지만, 장애의 경과와 발현은 요구되는 과제, 개인이 겪는 학습문제의 범위와 심각도, 개인의 학습능력, 동반질환, 가능한 지원체계나 중재의 상호작용에 따라 다양하게 나타난다. 그렇지만 일상생활에서 읽기 유창성과 독해력, 철자법, 쓰기, 수리 능력의 문제는 보통 성인기까지 지속된다. 증상은 학습 참여를 꺼리거나, 반항행동 같은 행동으로 발현되기도 한다. 증상 발현은 연령에 따라 달라지므로, 학습문제는 평생 지속되거나 변화될 수 있다.

학령전기 아동에게서 관찰되는 증상으로는 말소리로 하는 놀이(예 반복, 운율)에 대한 흥미 결여, 동요 습득 곤란이 있다. 이들은 아기 말$^{baby\ talk}$(베이비 톡)을 사용하는 빈도가 높고, 단어를 잘못 발음하며, 글자, 숫자, 요일 명을 잘 기억하지 못할 수 있다. 또 자기 이름을 읽지 못하거나, 숫자 세는 것을 어려워할 수 있다. 이 장애가 있는 유치원생들은 문자를 인식하거나 쓰지 못할 수 있고, 자기 이름을 쓰지 못하거나 제멋대로 만든 철자로 쓰기도 한다.

학습장애의 원인

학습장애의 원인으로는 ① 유전적 요인, ② 중추신경계 이상, ③ 생화학적 이상, ④ 사회 · 정서적 요인, ⑤ 부적절한 영양공급이 있다. 유전적 요인은 주로 가계와 쌍생아 연구를 통해 입증되었다. 고도의 읽기 손상은 유전적 요인이 크게 작용하는데, 특히 뇌 관련 기제 손상에 기인하는 것으로 보고되었다. 이러한 연구결과는 주로 뇌파검사^{electroencephalogram}(EEG), 자기공명영상법$^{magnetic\ resonance\ imaging}$(MRI), 컴퓨터 단층촬영$^{computed\ tomography}$(CT scan) 등에 기초한다.

학습장애의 원인으로 영양실조를 들기도 하는데, 이는 영양 상태가 중추신경계 성장에 영향을 주기 때문이다. 이 외에도 환경적 요인으로는 원만하지 못한 부모-자녀 관계, 열악한 학습환경, 부정적 자기개념, 반복적인 실패경험, 부적절한 초기 자극, 부적절한 교수방법 · 자료 · 교육과정 등이 있다. 그러나 환경적 요인은 일차적으로 생물학적 요인과 함께 이차적으로 작용하는 것으로 간주된다. 따라서 환경적 요인이 일차 원인인 학습부진과는 구별되어야 한다.

학습장애의 사정과 진단

학습장애의 판별에는 종합적인 평가가 필요하다. 이 장애는 정규교육이 시작된 후에만 진단될 수 있다. 그러나 어떤 경우에도 단일자료로 학습장애를 진단해서는 안된다. 학습장애는 개인의 의학력, 발달력, 교육력, 가족력, 학습곤란의 과거력과 현재 시점의 발현, 학업·직업·사회적 기능에 대한 영향, 과거와 현재의 학교기록, 학업기술이 요구되는 작업에 대한 포트폴리오, 교육과정 중심 평가, 과거 또는 현재 시점의 학업성취에 대한 표준화된 검사결과 등을 종합하여 내리는 임상진단이다(APA, 2013).

만일 지능, 감각, 신경학적/운동 장해가 의심된다면, 이러한 장애에 적합한 방법으로 학습장애에 대한 임상평가를 시행해야 한다. 전형적으로 학습장애는 성인기까지 지속된다. 이에 학습문제의 뚜렷한 변화가 나타나거나(향상 또는 악화), 특별한 목적이 있는 경우를 제외하고는 재평가는 필요하지 않다. 학습장애의 진단은 주로 DSM-5에 수록된 진단기준을 토대로 수행된다('특정학습장애'로 수록되어 있음). 특정학습장애의 진단기준 요약은 글상자 8-2와 같다.

글상자 8-2. 특정학습장애(SLD) 진단기준 요약

> A. 학습기술 습득·사용 곤란. 적절한 개입에도 다음 중 1개 이상의 증상이 6개월 이상 지속된다.
>   1. 부정확하거나 느리고 힘겨운 단어 읽기(예 단어를 부정확하거나 느리며 더듬더듬 소리 내어 읽기, 자주 추측하며 읽기, 단어를 소리 내어 읽는 데 어려움이 있음)
>   2. 읽은 것의 의미 이해 곤란(예 본문을 정확하게 읽을 수 있으나, 읽은 내용의 순서, 관계, 추론 또는 깊은 의미를 이해하지 못함)
>   3. 철자법의 어려움(예 자음이나 모음을 추가하거나 생략 또는 대치하기도 함)
>   4. 쓰기의 어려움(예 한 문장 안에서 다양한 문법적·구두점 오류, 문단 구성이 엉성함, 생각을 글로 표현하는 데 있어 명료성이 부족함)
>   5. 수 감각, 단순 연산값 암기 또는 연산 절차의 어려움(예 숫자의 의미, 수의 크기나 관계에 대한 빈약한 이해, 한 자리 수 덧셈을 할 때 또래들처럼 단순 연산값에 대한 기억력을 이용하지 않고 손가락을 사용함, 연산을 하다가 진행이 안 되거나 연산과정을 바꿔 버리기도 함)
>   6. 수학적 추론의 어려움(예 양적 문제를 풀기 위해 수학적 개념, 암기된 연산값 또는 수식을 적용하는 데 심각한 어려움이 있음)

A. 학습기술이 개별적으로 실시한 표준화된 성취검사와 종합적인 임상평가를 통해 생활연령에 기대되는 수준보다 현저하게 양적으로 낮으며, 학업적·직업적 수행이나 일상생활의 활동을 현저하게 방해한다는 것이 확인되어야 한다. 17세 이상인 경우, 학습곤란의 과거력이 표준화된 평가를 대신할 수 있다.

B. 학습곤란은 학령기에 시작되나, 해당 학습기술을 요구하는 정도가 개인의 능력을 넘어서는 시기가 되어야 분명히 드러날 수도 있다(예 주어진 시간 안에 시험 보기, 길고 복잡한 리포트를 촉박한 마감 기한 내에 읽고 쓰기, 과중한 학업 부담).

C. 학습곤란은 지적장애, 교정되지 않은 시력/청력 문제, 기타 심리신경학적 장애, 심리사회적 불행, 학습지도사가 해당 언어에 능숙하지 못한 경우, 불충분한 교육적 지도로 더 잘 설명되지 않아야 한다. [주의 ☛ 네 가지 진단항목은 개인의 과거력(발달력, 의학력, 가족력, 교육력), 학교기록과 심리교육적 평가결과를 임상적으로 통합하여 판단]

다음의 경우 명시할 것:

○ 읽기 손상 동반: 단어 읽기 정확도, 읽기 속도 또는 유창성, 독해력[주의 ☛ 난독증^{dyslexia}은 정확한/유창한 단어인지 곤란, 해독·철자 능력 결핍이 특징인 학습장애이므로, 부수적 곤란(독해, 수학적 추론 등)의 동반 여부를 고려하여 명시해야 함]

○ 쓰기 손상 동반: 철자 정확도, 문법과 구두점 정확도, 작문의 명료도와 구조화

○ 수학 손상 동반: 수 감각, 단순 연산값의 암기, 계산의 정확도 또는 유창성, 수학적 추론의 정확도[주의 ☛ 난산증^{dyscalculia}은 숫자 정보 처리, 단순 연산값의 암기와 계산의 정확도와 유창도 문제가 특징인 학습장애다. 만일 이러한 특수한 패턴의 수학적 어려움을 난산증으로 명명한다면, 부수적인 어려움(수학적 추론, 단어추론의 정확성 등)의 동반 여부를 살펴보고 명시해야 함]

현재의 심각도를 명시할 것:

○ 경도: 1~2개 학업영역의 학습기술에 약간의 어려움이 있으나, 적절한 편의나 지지 서비스가 제공된다면(특히 학업기간 동안), 보완이 가능하고 적절한 기능이 가능한 수준

○ 중등도: 1~2개 학업영역의 학습기술에 뚜렷한 어려움이 있고, 이로 인해 학업기간 동안 일정한 간격을 두고 제공되는 집중적이고 특수화된 교육 없이는 능숙해지기 어려움. 활동을 정확하고 효율적으로 완수하기 위해서는 적어도 학교, 직장, 가정에서 보내는 시간의 일부 동안이라도 편의와 지지 서비스가 제공되어야 하는 수준

○ 고도: 여러 학업 영역에 영향을 끼치는 학습기술의 심각한 어려움이 있고, 이로 인해 대부분의 학업기간 동안 집중적·개별적·특수화된 교육이 지속되지 않으면, 이러한 기술 습득이 어려움. 가정·학교·직장에서 일련의 적절한 편의와 서비스를 제공받았음에도 모든 활동을 효율적으로 수행하지 못할 수도 있음

학습장애의 중재방안

학습장애는 평생 낮은 학업성취, 높은 고교 자퇴율, 낮은 고등교육 참여율, 높은 심리적 스트레스, 전반적으로 좋지 않은 정신건강, 높은 실업률, 불완전 취업률, 그리고 낮은 재정수입 같은 결과를 초래할 수 있다. 학업중단과 동반되어 나타나는 우울 증상은 취약한 정신건강(자살사고 등)과 위험을 증가시키지만, 높은 수준의 사회적 · 정서적 지지는 더 나은 정신건강을 예측하는 요소다. 이러한 점에서 학습장애의 조기발견과 처치는 매우 중요하다. 학습장애 아동에 대한 중재방안은 ① 학습상담, ② 심리상담, ③ 부모교육으로 구분할 수 있다.

학습상담

첫째, 학습상담 서비스를 제공한다. 학습장애가 있는 아동을 위한 학습상담은 이들이 겪는 학습곤란 영역, 즉 ① 읽기, ② 쓰기, ③ 수학으로 구분하여 수행된다.

읽기 지도. 학교에서 읽기능력은 학생의 내용 과목 학습에 영향을 준다. 이에 읽기능력의 향상은 내용 교과학습을 촉진한다. 읽기능력 향상을 위한 방안은 다음과 같다.

첫째, 문자해독 능력 향상을 위한 체계적인 프로그램에 참여시킨다. 읽기는 기능상 ① 단어 인지와 ② 내용 이해로 나뉜다. 단어 인지word recognition는 ① 형태 인식configuration, ② 문맥 분석context analysis, ③ 음소 분석phonemic analysis, ④ 음절화syllabication, ⑤ 즉시 읽기sight-work reading로 이루어진다. 연구에 의하면, 학습장애아동은 문자에 대한 개인적 경험을 바탕으로 기억과 문맥에 의존하여 글을 읽는다(Hallahan et al., 1985; Mercer, 1991). 이에 읽기학습에서 문자소와 음소의 일대일 대응과 음소 결합에 관한 지식을 바탕으로 체계적인 문자해독을 도울 수 있는 프로그램을 개발 · 적용할 필요가 있다.

둘째, 체계적인 지도를 통해 독해능력 향상을 돕는다. 읽기에서 글의 내용을 이해하려면 ① 어휘vocabulary, ② 문자적literal, ③ 추론적inferential 이해 능력이 요구된다. 그러나 학습장애아동은 읽기 자료에 담긴 내용구성 요인 간의 연관성 파악에 필요한 인지전략을 수동적으로 활용하는 것으로 밝혀졌다(Hallahan et al., 1985). 읽기 활동은 글자 그대로의 내용을 이해할 수 있어야 할 뿐 아니라 글 속에 담긴 사건 간의 관련성 파악, 그리고 계속되는 스토리에 대해 가설을 형성하는 추론능력이 요구된다. 따라서 상담교사는 학습장애학생이 효과적인 읽기에 필요한 인지전략을 습득하여 실제에 일반화할 수 있도록 도와야 한다. 읽기능력 향상에 필요한 인지전략의 구성요인은 글상자 8-3과 같다.

글상자 8-3. 읽기 활동에 필요한 인지전략

> 1. 읽기 목적에 따른 읽기 활동 수준(속독 또는 정독)을 결정한다.
> 2. 읽기 활동 시작 전 읽기 자료의 전체 구성을 확인한다.
> 3. 중요한 부분과 덜 중요한 부분에 대해 주의^{attention} 및 읽기 시간을 상대적으로 할당한다.
> 4. 읽기 활동 진행 중, 자신의 이해에 대해 지속적으로 추적^{tracking}한다.
> 5. 난해한 부분에 대해서는 반복해서 읽는다.
> 6. 필요 시, 이해를 도울 수 있는 외적 자원을 활용·참고한다.

쓰기 지도. 쓰기^{writing}는 경험, 사건, 상상, 생각 등을 글로 표현하는 행위다. 이 능력은 읽기능력과 밀접한 관련이 있다. 단어 인지에 어려움이 있는 아동은 단어 철자를 잘 기억하지 못한다(Carpenter & Miller, 1982). 난독증 아동은 자신이 읽을 수 있는 단어의 약 50% 정도만 정확하게 글로 쓸 수 있다는 연구(Mercer, 1991) 결과가 이를 입증한다. 읽기는 인지기능을 요구하지만, 쓰기는 회상^{recall}을 통해 부호화^{encoding}해야 하는 복잡한 인지기능이 요구되기 때문이다. 이뿐 아니라, 읽기는 문맥 같은 추가단서가 제공되지만, 쓰기는 제공되지 않는다. 쓰기 지도는 ① 철자 지도와 ② 글쓰기 지도로 이루어진다.

□ **철자 지도.** 첫째, 철자^{spelling} 지도는 학생이 문자소와 음소의 대응·결합에 관한 규칙을 알 수 있도록 해야 한다. 또 다양한 연습을 통해 이를 자동화할 수 있도록 지도해야 한다. 철자 지도는 교수 활동과 평가 활동을 결합하여, 학생의 진전을 확인하는 한편, 이 자료를 수업 효과성 분석과 학생의 수업참여도 증진방안 모색을 위한 근거로 활용한다.

□ **글쓰기 지도.** 둘째, 글쓰기 지도는 철자 지도와 함께 학생의 생각을 표현·전달할 수 있는 수단으로, 학습장애 학생에게 제공될 필요가 있다. 글쓰기 지도는 ① 기능적 글쓰기와 ② 내용적 글쓰기로 이루어진다. 기능적 글쓰기는 각종 서식(이력서, 자기소개서, 지원서 등)을 작성하는 것이고, 내용적 글쓰기는 학생의 경험, 사건, 상상, 생각 등을 글로 표현하는 것이다. 이에 학습장애 학생을 위한 글쓰기 지도는 특정 주제에 대한 내용적 글쓰기에 중점을 둔다.

일반적으로, 학습장애학생은 특정 주제에 대한 글쓰기에서 관련된 단어들을 나열하는 경향이 있다. 이에 글쓰기 과정을 단계별로 나누어, 각 단계에 필요한 기능에 관해 체계적으로 도울 필요가 있다. 글쓰기 활동은 5단계, 즉 ① 쓰기 전, ② 초안 작성, ③ 수정, ④ 편집, ⑤ 공유 단계를 거친다(Mercer, 1991). 이에 교사 및/또는 상담교사는 쓰기 전 단계에서 학생이 무엇에 관해 글을 쓸 것인지 주제를 정할 수 있도록 돕는다. 주제가 정해지면, 글의 목적(사건 또는 현상 기술, 정보제공, 타인 설득, 상상에 의한 이야기 등)과 잠재적 독자(또래, 교사, 부모, 다른 성인 등)를 고려하여 적절한 글의 형식을 택하도록 돕는다. 이외에도, 학습장애 학생에게는 수업자료를 사전에 제공하여 읽기와 필기에 대한 부담감을 최소화할 수 있도록 조정한다.

수학 지도. 수학^{mathematics}에서 심각한 학습결손을 나타내는 아동은 사물의 분류, 서열화, 일대일 대응 관계, 보존 같은 개념에 대한 이해가 부족하다(Mercer, 1991). 이런 개념들은 수의 이해, 연산, 측정, 집합 등 수학 능력 습득에 기초가 된다. 그러므로 수학 지도는 수학기능 수행에 기초가 되는 개념이해 수준에 대한 평가가 선행되어야 한다. 수학에 심각한 손상을 보이는 학생은 초등학교 저학년 과정의 사칙연산과 연산법칙(교환 · 결합 · 배분 법칙) 활용에 어려움이 있다.

단순 연산과 관련된 수학기능 학습에 어려움을 겪는 것은 지나치게 단순한 교육 프로그램 내용과 전달방법과 연관이 있을 수 있다. 뺄셈에 관한 수업에서 뺄셈을 단순히 전체에서 일부를 제하는 것으로만 가르치는 것이 그 예다. 왜냐하면 뺄셈은 ① 전체에서 일부를 제하는$^{take-away}$ 수리 활동 외에, ② 두 집단 간의 차이를 나타내며, ③ 특정한 수 또는 양을 채우기 위해 추가로 요구되는$^{add-up}$ 수 또는 양을 나타내는 기능이 있기 때문이다.

심리상담

둘째, 심리상담을 제공한다. 학습장애학생이 학교생활에서 겪는 심리적 문제는 기본적으로 학습결손 또는 낮은 학업성취에 기인한다. 이들이 겪는 학습곤란은 일반아동과 비교할 때 나타나는 상대적인 문제가 아니라, 기본 학습기술(읽기, 쓰기, 계산)의 심각한 결함, 그리고 이로 인한 다른 교과학습 결손으로 이어진다는 문제가 있다. 이로 인해 아동이 흔히 겪는 심리적 문제는 학습된 무기력이다.

학습된 무기력$^{learned\ helplessness}$은 피하거나 극복할 수 없는 부정적인 상황에 반복적으로 겪게 되면, 자신의 능력으로 그 상황을 피할 수 있거나 극복할 수 있음에도 이러한 시도조차 없이 자포자기하는 현상이다. 학습장애아동 역시 누적된 실패 경험으로 인해 '아무리 노력해도 소용없어!'라는 자포자기성 좌절에 빠지게 된다. 이에 이를 극복할 수 있도록 돕기 위해서는 체계적인 심리상담이 요구된다. 학습장애아동을 위한 심리상담 전략으로는 ① 응용행동분석과 ② 멘토링이 있다.

응용행동분석. 응용행동분석$^{applied\ behavioral\ analysis}$(ABA)은 문제행동(학습된 무기력)에 영향을 주는 선행요인^{antecedents}(A)과 특정 행동^{behavior}(B)에 수반되는 결과^{consequences}(C)를 관찰과 면담을 통해 밝히고, 선행요인과 결과의 변화를 통해 문제행동의 변화를 촉진하는 방법이다. 학습장애 아동의 학습된 무력감에 변화를 줄 수 있는 선행요인으로는 과제 난이도, 수업의 체계성, 학습환경 등이 있다. 반면, 특정 행동에 수반되는 결과로는 아동의 노력 또는 행동에 대한 주위 사람들의 관심과 인정, 아동의 내적 성취감, 외부로부터의 긍정적 평가 등이 있다. 응용행동분석은 외부 환경 변화를 통해 행동 변화를 추구한다는 점에서 특히 초등학교 아동에게 효과적이다.

멘토링. 멘토링^{mentoring}은 지식과 경험이 많은 사람이 멘토^{mentor}가 되어, 지도와 조언을 통해 멘티^{mentee}의 능력과 잠재력 향상을 돕는 방법이다. 이 방법은 앨버트 반두라의 **사회인지이론**$^{social\ cognitive\ theory}$에 기초한 것이다. 이 이론에서는 타인의 행동과 결과에 대한 관찰이 새로운 행동 획득 또는 기존 행동의 변화를 촉진한다고 본다. 학습장애아동은 반복적인 학습곤란과 학업부진으로 인해 가정과 학교에서 부모, 교사, 또래들의 관심과 기대로부터 점차 멀어지게 되어, 학습된 무력감 외에도 사회적 소외와 거부 등으로 인한 심리적 문제를 겪을 수 있다. 이에 상담교사는 멘토링을 통해 학습장애아동(멘티)의 사회적 네트워크 형성을 도움으로써, 아동의 학습능력 회복을 촉진할 수 있다.

앨버트 반두라
(Albert Bandura,
1925~2021)

부모교육

셋째, 부모교육을 통해 부모가 자녀의 학습장애 극복을 돕도록 한다. 자녀의 학습장애 극복을 돕기 위한 부모의 역할은 글상자 8-4와 같다.

글상자 8-4. 자녀의 학습장애 극복을 돕기 위해 필요한 부모의 역할

1. 학습장애에 관해 공부한다. ☞ 자녀의 학습장애 진단을 수용하고, 이 장애에 관해 정확하게 이해하고, 자녀를 도울 방법을 찾는다.
2. 실패의 악순환 고리를 끊어 준다. ☞ 자존감 하락, 동기 저하, 부정적 감정과 실패의 악순환의 고리를 차단하고, 자녀가 과제를 정확히 분석하여 성공 가능성을 높이도록 돕는다.
3. 자녀의 재능을 올바로 인식한다. ☞ 자녀의 장단점을 파악하여 소질을 살릴 기회를 제공한다.
4. 자녀의 주변 학습환경을 정리해 준다. ☞ 자녀가 공부에 집중할 수 있도록 가정 또는 주변환경적 요소를 점검하여 정리해 준다.
5. 부모-자녀 관계 개선을 위해 노력한다. ☞ 자녀의 학업실패로 인해 악화된 관계회복을 위해 자녀를 대하는 태도에 변화를 주는 등, 부모의 지지와 격려를 통한 관계개선을 위해 노력한다.
6. 자녀에게 적합한 학습습관 형성을 돕는다. ☞ 공부시간과 장소, 준비물, 일정, 공부할 내용, 공부방법과 전략 등을 점검하고, 가르쳐서 올바른 학습습관 형성을 돕는다.

학습장애와 관련된 쟁점

학습장애는 흔히 '감춰진 장애hidden disorder'로 불린다. 이는 신체장애와 달리 겉으로 드러나지 않고, 변형되지 않은 신체상태가 유지되는 장애임을 나타낸다[예) 자폐스펙트럼 장애(ASD), 주의력결핍 과잉행동장애(ADHD)]. 이런 장애가 있는 학생은 신체장애학생보다 더 심한 사회낙인을 경험하는 경향이 있다. 장애인에 대한 사회낙인은 대체로 '신체장애＜지적장애＜정신장애' 순으로 심하다(Smart, 2001, p. 17).

사회낙인의 폐해

첫째, 학습장애에 대한 사회낙인social stigma은 아동·청소년의 사회정체성social identity에 영향을 준다. 장애학생은 종종 자신이 진정 원하는 것에 대해 회의적인 태도를 형성하게 되고, 자신의 장애에 대한 본래성authenticity에 대해서도 의구심을 갖게 된다. 이는 '정상으로 보이는 사람은 정상이어야 한다'는 인식을 함의한다. 즉, 눈에 띄는 장애가 없으면, 정상 또는 평균으로 기대된다는 것이다. 이는 눈에 잘 띄지 않는 장애는 단서

가 없으므로, 장애가 없다고 여겨지기 쉽다는 것이다.

사회낙인이론^{social stigma theory}에 의하면, 장애인이 자신을 무능하다고 평가하게 되는 것은 장애, 질병, 연령 때문이 아니라, 사회 와해증후군 때문이다. 사회 와해증후군^{social breakdown syndrome}은 일반적인 상태의 변화(예 장애, 노화)에 적응할 필요가 있는 사람에게 사회환경이 초래하는 사회·가정에서의 역할 상실, 사회학습 기회 결여, 적절한 사회규준 부재가 작용하여 자존심 약화, 무능감, 부정적 자기평가로 이어져, 자신보다 사회의 평가에 의존하게 되는 현상이다.

이 상황에서 주변 환경과 사회에서 장애인을 무능력 집단으로 낙인찍게 되면, 이들의 능력, 기능, 기술 등은 점차 쇠퇴하여 스스로 무능력하다고 평가하게 되고, 악순환으로 이어지게 된다. 이러한 악순환을 해결하려면, 장애인에게 불리한 환경을 개선할 필요가 있다. 장애인에게 적절한 교육, 일, 역할을 제공하고, 다양한 사회화 과정(예 진로설계, 취업교육 등)을 통해 생애 후반기에 대한 적절한 사회규준을 제공함으로써, 새로운 정체성 형성을 적극 지원해야 한다.

장애학생에 대한 몰이해의 영향

둘째, 교사들은 눈에 띄지 않는 장애와 이 장애가 있는 학생의 행동을 연관 지어 이해하지 못하는 경우가 많다. 이런 학생들은 종종 교사들로부터 "열심히 하지 않고 요령만 부린다" "정말 열심히 하려고 마음만 먹으면 충분히 할 수 있을 텐데" 등의 말을 듣곤 한다. 이는 이들에 대한 교사의 잘못된 평가로 인한 진술이다. 장애학생이 쉬는 시간에 화장실에 갔다가 발작을 일으켜 잠시 수업에 참여하지 못한 경우, 교사가 이를 수업 태만 또는 회피로 받아들이는 것이 그 예다.

사람들은 종종 눈에 잘 띄지 않는 장애가 있는 학생이 장애를 개인적인 목적을 위해 악용한다고 생각한다. 이런 생각은 실제로 장애학생에게 필요한 조정을 해 주지 않는 경우로 이어질 수 있다. 그러나 실수하더라도, 장애학생을 믿는 상황에서 실수하는 것이 낫다. 눈에 잘 띄지 않는 장애가 있는 학생은 신체장애가 있는 경우보다 더 큰 어려움을 겪을 수 있기 때문이다.

예를 들어, 청각장애 또는 학습장애가 있는 학생은 교내 안내방송에서 나오는 말을 잡음으로 인해 잘못 이해할 수 있다. 또는 공항에서 항공편 또는 탑승구 변경에 대한 안내방송을 잘 알아듣지 못해 비행기를 놓칠 수도 있다는 생각으로, 당황하거나 공황 상태에 빠질 수 있다. 이러한 부류의 어려움은 청각장애학생이 하루에도 수없이 겪을 것이다. 장애학생의 경험을 이해하지 못하면, 그를 공감해 주기 어렵다.

장애에 대한 일률적 평가의 부작용

셋째, 눈에 잘 띄지 않는 장애학생에 대한 전반적인 평가는 신체장애학생에 대한 평가만큼 여러 문제가 있다. 사람들은 흔히 한 영역에 장애가 있으면, 다른 영역에 능력이 있음을 잘 생각하지 못한다. 심지어 교사들 역시 학습장애학생이 동시에 영재일수 있다는 사실을 잘 생각하지 못한다. 이들은 학습장애학생을 단순히 학업성적이 좋지 않은 학생 또는 학업에 집중하지 않고 게으름을 피우는 학생 정도로 생각하기도한다. 그런가 하면, 영재학생은 이렇다 할 개입 또는 도움이 없어도 스스로 모든 것을알아서 한다고 생각하기도 한다. 한 상담교사는 이런 현상을 글상자 8-5와 같이 호소한다(Assouline et al., 2006, p. 5).

글상자 8-5. 한 상담교사의 호소

> "상담교사로서 참 어려운 일은 눈에 잘 띄지 않는 장애가 있는 학생도 신체장애나 지적장애가 있는 학생들처럼 교정이나 조정이 필요하다고 담임선생님을 설득해야 하는 일입니다. 아마도 가장 어려운 경우는 복합장애가 있는 경우지요. 예를 들어, 학습장애가 있는 영재인 경우지요. 담임선생님에게 말을 잘하는 영재도 쓰기장애를 가지고 있을 수 있어서 선생님이 보기에 학생이 게으른 것처럼 보일 수 있다는 점을 이해시키기는 정말 어려워요."

사람들은 종종 장애에 대해 이분법적으로 생각한다. 이를 방지하기 위한 지침은 글상자 8-6과 같다.

글상자 8-6. 장애에 대한 이분법적 사고를 피하기 위한 지침

> 1. 장애에 대한 편견/고정관념에 대해 자신의 인식을 점검해 보는 습관을 갖는다.
> 2. 전반적인 평가로 감춰진 자질을 탐색 · 발견한다.
> 3. 장애를 연속선상에 존재하는 것으로 생각하고, 기능 영역에서 차이가 있다고 생각한다.

전반적인 평가는 장애학생의 잠재력 탐색과 발견을 가로막을 수 있다. 이러한 평가는 장애학생의 장점 또는 긍정적 특성에 초점을 맞출 수 없게 할 뿐 아니라, 학생이 자신을 있는 그대로 수용하고 인정하지 못하고 자기증오의 원인으로 작용할 수 있다(Rodis et al., 2001, p. 18).

◆ 복습문제 ◆

🌱 다음 밑줄 친 부분에 알맞은 말을 쓰시오.

1. ____은/는 연습, 훈련, 경험에 의해 비교적 영속적으로 나타나는 변화를 의미하는 반면, ____은/는 학교에서 일반지식과 전문지식 습득을 위해 공부하는 일을 뜻한다.

2. DSM-5에 제시된 _____장애는 정보를 효율적이고 정확하게 인지하고 처리하는 능력에 특정한 결함이 나타날 때 진단된다. 이 장애는 공교육 과정에서 처음으로 발현되며 ____, 쓰기, ____ 같은 기초적인 학업 기술을 학습하는 데서의 지속적인 문제가 특징이다.

3. _____은/는 글자를 읽거나 쓰는 데 어려움이 있는 상태로, _____(으)로도 불린다.

4. _____은/는 수 기호의 조작, 숫자 정보 처리, 단순 연산 곤란이 특징인 장애다. 이 장애와 특정학습장애, 수학 손상 동반을 감별하려면, 학생의 _____ 또는 추론의 정확성 같은 부수적인 어려움이 동반되었는지 살펴볼 필요가 있다.

5. 읽기는 기능상 단어 인지와 ____ 이해로 나뉜다. 단어 인지는 ① 형태 인식, ② ____ 분석, ③ 음소 분석, ④ _____, ⑤ 즉시 읽기^{sight-work reading}로 이루어진다.

6. 읽기에서 글의 내용을 이해하려면 ① ____, ② 문자적, ③ _____ 이해 능력이 요구된다.

7. 학습장애학생이 학교생활에서 겪는 심리적 문제는 기본적으로 _____ 또는 낮은 _____에 기인한다. 이로 인해 아동이 흔히 겪는 심리적 문제는 _____, 즉 피하거나 극복할 수 없는 부정적인 상황에 반복적으로

겪게 되면, 자신의 능력으로 그 상황을 피할 수 있거나 극복할 수 있음에도 이러한 시도조차 없이 자포자기하는 현상이다.

8. 학습장애아동을 위한 중재방법으로는 _____분석이 있다. 이는 문제행동(학습된 무기력)에 영향을 주는 선행요인과 특정 ____에 수반되는 ____를 관찰과 면담을 통해 밝히고, 선행요인과 결과의 변화를 통해 문제행동의 변화를 촉진하는 방법이다.

9. _____은/는 지식과 경험이 많은 사람이 ____이/가 되어, 지도와 조언을 통해 멘티의 능력과 잠재력 향상을 돕는 방법이다. 이 방법은 반두라(A. Bandura)의 _____이론에 기초한 것이다. 이 이론에서는 타인의 행동과 결과에 대한 ____이/가 새로운 행동의 획득 또는 기존 행동의 변화를 촉진한다고 본다.

10. 학습장애는 흔히 _____ 장애로 불린다. 이는 신체장애와 달리 겉으로 드러나지 않고, 변형되지 않은 신체상태가 유지되는 장애임을 나타낸다. 이 장애에 대한 _____은/는 아동 · 청소년의 _____에 영향을 준다.

◆ 소집단 활동 ◆

학습장애 진단 체크리스트

※ 이 체크리스트는 학습장애 여부를 알아보기 위한 것이다. 문항을 읽고 우측 공란에 자신의 상황과 일치하면, '예', 일치하지 않으면, '아니요'에 ✓표 하시오.

문항	예	아니요
1. 부모 또는 교사의 지시에 주의를 기울이지 못하거나, 주의를 기울여도 금방 다른 행동을 한다.		
2. [ㅔ]와 [ㅐ], [ㅊ]과 [ㅅ] 등 비슷한 음 또는 비슷하게 생긴 글자를 잘 구별하지 못한다.		
3. 음 또는 단어를 전혀 틀리게 말하거나 잘못 발음한다.		
4. 또래들이 아는 단어를 모른다.		
5. 단어를 읽을 때, 음성학적 법칙(연음법칙, 구개음화 등)에 따라 읽지 못하고, 글자를 그대로 읽는다(예 '넘어져서'를 '너머져서'라 발음하지 못함).		
6. 문장을 읽을 때, 한두 단어를 빠뜨리고 읽거나, 없는 단어를 추가해서 읽거나, 다른 글자로 읽거나, 거꾸로 읽는다.		
7. 글을 쓸 때, 단어 또는 문장 사이를 적절하게 띄우지 않고 쓴다.		
8. 숫자를 거꾸로 쓰거나, 자음 모음 배열이 뒤죽박죽이다(예 글자를 좌우가 바뀐 형태로 씀). 일반아동은 처음 글자 또는 숫자를 배울 때는 흔히 이렇게 쓰지만, 곧 바르게 쓰는데, 학습장애아동은 아무리 가르쳐 줘도 계속해서 잘못된 형태로 쓴다.		
9. 쓰기를 할 때, 글자 크기가 적절하지 않다. 즉, 너무 크거나, 너무 작거나, 한 글자는 크고, 다른 한 글자는 작게 쓰는 식이다.		
10. 받아쓰기할 때, 소리에 적절한 철자를 쓰지 못한다. 소리음을 문자로 전환해 쓰지 못한다.		
11. 쉬운 글자도 철자법이 틀린다. +, −, ×, ÷ 부호를 혼동한다.		

문항	예	아니요
12. 받아 올림 또는 받아 내림을 알아야 하는 산수 문제를 풀지 못한다(예 82−9처럼 10을 받아내려 빼는 계산 또는 43+9처럼 10을 받아 올려 더하는 문제를 풀지 못함)		
13. 세로식 수학 문제를 풀지 못한다. 숫자를 틀린 열에 배치하거나, 문제 외 다른 숫자를 더하거나 곱하는 식의 오류를 범한다.		

소감 _____

_____

_____

_____

_____

_____

_____

_____

_____

_____

_____

_____

_____

9

영재 상담

- ■ 영재 상담의 정의
- ■ 영재성의 유형
- ■ 영재성의 특성
- ■ 장애영재
- ■ 영재를 위한 중재방안
- ☐ 복습문제
- ☐ 소집단 활동

1. 영재 상담 및 관련 개념을 이해 · 설명할 수 있다.
2. 영재성의 유형과 특성을 이해 · 설명할 수 있다.
3. 장애영재의 정의와 특징을 이해 · 설명할 수 있다.
4. 영재를 위한 중재방안을 이해 · 적용할 수 있다.

영재란 누구를 말하는가? 영재의 정의와 판별은 지난 수십 년 동안 논란이 많았다. 역사적으로 영재성은 지능검사에서 높은 IQ 점수 또는 학교교육에서 높은 학업성취도로 간주되었다(Webb & Latimer, 1993). 국내에서는 초·중·고교에서의 출중한 학업성적, 높은 수능시험 성적, 명문대 수석입학 같은 탁월한 외현적 성취를 영재성으로 여기는 경향이 있었다. 이에 정범모(1996)는 3~4세부터 천부적 재능을 발휘하는 사람(예 아인슈타인, 모차르트)을 천재天才, 학업성적이 우수한 학생을 수재秀才, 특정 문화영역에서 창의적 성취도가 높은 사람을 영재英才로 구분하기도 했다.

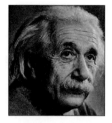

알베르트 아인슈타인
(Albert Einstein,
1879~1955)

영재를 특수아, 즉 특수교육이 필요한 대상으로 규정하는 이유는 이들이 일반학생들과 동일한 교육을 받게 되면, 이들의 잠재력 개발을 제한할 수 있기 때문이다. 이에 이 장에서는 ① 영재 상담의 정의, ② 영재성의 유형, ③ 영재성의 특성, ④ 장애영재, ⑤ 영재를 위한 중재방안에 관해 살펴봄으로써, 교사, 부모, 상담교사가 이들의 잠재력을 극대화하기 위한 노력에 일조하고자 한다.

볼프강 모차르트
(Wolfgang Amadeus
Mozart, 1756~1791)

영재 상담의 정의

영재 상담이란 뛰어난 재능을 가진 아동들이 겪는 어려움을 심리적으로 도와주는 과정을 말한다. 영재gifted and talented란 재능이 뛰어난 사람으로, 타고난 잠재력 개발을 위해 특별한 교육이 필요한 사람을 가리킨다('영재아' '영재아동'으로도 불림). 이 정의는 2000년에 제정된「영재교육진흥법」에 명시되어 있다. 이 법은 재능이 뛰어난 사람을 조기 발굴하여 이들의 잠재력을 계발할 수 있도록 능력과 소질에 맞는 교육을 제공하기 위해 제정되었다.

「영재교육진흥법」에는 영재교육대상자를 ① 일반지능, ② 특수학문 적성, ③ 창의적 사고력, ④ 예술적 재능, ⑤ 신체적 재능, ⑥ 기타 특별한 재능으로 뛰어난 성취가 있거나 잠재력이 우수한 사람 중 해당 교육기관의 교육 영역과 목적 등에 적합하다고 인정하는 사람을 선발하도록 규정되어 있다. 법적 정의와는 달리, 학계에서는 영재를 취학 전, 초·중등학교 수준에서 지적·창의적·특정 학문 영역 또는 수행능력이나 시각예술 등에서 높은 능력을 보이는 외현적 또는 잠재적 능력을 보유한 아동으로 정의하고 있다(한국교육심리학회, 2000). 이에 영재교육은 영재를 대상으로 개인의 능력과 소질에 맞는 내용과 방법으로 실시하는 교육이다.

미국의 경우, 1988년 「영재교육법(Gifted and Talented Student Education Act, P.I.100~297)」이 제정·공포되었다. 이 법에서는 영재를 남달리 뛰어난 능력이 있어서 향후 많은 업적을 산출할 가능성이 크다고 전문가가 인정한 사람으로, 그 자신과 사회에 기여하기 위해 정규 교육과정이 제공하는 것 이상의 차별화된 특별교육 프로그램 또는 도움이 필요한 아동·청소년으로 정의하고 있다. 이 법에서 규정하고 있는 영재교육대상자의 재능 영역은 글상자 9-1과 같다.

글상자 9-1. 영재교육대상자의 재능 영역

1. 일반 지적능력	3. 창의적 또는 생산적 사고력	5. 시각·공연 예술
2. 특수학문 적성	4. 리더십 능력	6. 정신운동 능력

영재 상담의 역사적 배경

영재 상담의 역사는 미국을 중심으로 서구사회에서의 발달을 중심으로 기술되었다. 한국의 경우, 영재 상담에 대한 관심이 상대적으로 미약한 편이다. 영재 상담의 발달 과정을 7단계로 나누어 보면 표 9-1과 같다(Colangelo, 2004).

표 9-1. 영재 상담의 발달과정

발달단계	내용
1. 1900~ 1949년	○ 터먼Terman과 홀링워스Hollingworth의 연구에 기반하여 영재상담의 필요성에 대한 인식이 싹틈
2. 1950년대	○ 로저스Rogers의 영향으로 비지시적 접근으로 영재상담이 시작됨
3. 1960년대	○ 학교현장에서 영재 상담이 시작되었음 ○ 학교상담자의 상담서비스는 전교생 대상이었음
4. 1970년대	○ 영재학생을 위한 상담, 평가, 연구를 포함하는 상담프로그램이 개발됨
5. 1980년대	○ 저성취, 여성, 소수민족 등이 중요한 쟁점으로 대두되면서 영재상담 모형과 접근의 다양화가 이루어졌음
6. 1990년대	○ 특수 요구를 지닌 영재학생을 강조하는 상담방법이 제시됨
7. 2000년 이후	○ 정서지능에 관심이 모이면서 영재의 도덕성이 부각됨

영재 상담의 필요성

앞서 살펴본 것처럼, 영재들은 대체로 지능이 높고, 사회성·정서 발달 상태가 좋으며, 독립성이 강한 반면, 비동시적 발달(높은 인지능력과 사회·정서·신체발달의 불균형)로 인한 어려움은 다양한 형태의 부적응 행동으로 나타날 수 있다. 이로 인해 영재는 상당한 수준의 스트레스를 경험하게 된다(Webb et al., 1982). 영재들은 지적으로 탁월하다는 특성 때문에 독특한 도전과 어려움을 겪을 수 있다. 이들 역시 학습, 정서, 진로 등 다양한 영역에서 도움을 필요로 한다.

그러나 뛰어난 문제해결력과 높은 학업성취도로 인해 교사, 부모, 상담교사는 영재들이 도움을 필요로 한다는 사실을 쉽게 간과할 수 있다. 예컨대, 학업성취도가 높은 영재라도 수준에 알맞은 정서 안정성과 대처능력을 지니지 못하거나 주위의 또는 스스로 설정한 목표와 기대로 인한 압박을 극복하지 못해 학업 부적응을 보이는 경우가 많다. 이처럼 영재들이 흔히 겪는 심적 고통은 글상자 9-2와 같다.

글상자 9-2. 영재들이 흔히 겪는 어려움

1. 영재가 무엇인지 알려 주는 사람이 아무도 없다. 즉, 나 혼자만의 문제다.
2. 학교수업이 너무 쉬워서 지겹고 지루하다.
3. 부모, 교사, 친구들은 내가 모든 면에서 완벽하기를 기대한다.
4. 나를 이해해 주고, 이야기를 나눌 친구가 없다.
5. 학급 또는 학교에서 놀림감이 되는 경우가 종종 있다.
6. 앞으로 해야 할 일이 너무 많은 것 같아 당혹스럽다.
7. 다른 또래들과 다르다는 느낌이 들고, 때로 소외감이 든다.
8. 주위와 세상에서 일어나는 여러 문제에 대해 걱정이 되지만, 실제로 무엇을 해야 할지 몰라 무기력해질 때가 있다.

글상자 9-2에 제시된 특수성으로 인해 영재는 학교생활에 잘 적응하지 못할 수 있다. 이들은 초등학교에 입학하면서 정서·행동의 성숙도가 떨어진다는 이유로 ADHD로 진단을 받거나 미성숙 아동으로 분류되어 학교생활에 어려움을 겪기도 한다. 게다가 이들에게 부적절한 교육과정으로 인해 학업에 쉽게 지루해 하거나 공부에 흥미를 잃기도 한다. 설령 이러한 어려움을 극복하고 학업성취에 탁월함으로 보이더라도 학년이 올라가면서 더 치열한 경쟁과 이들에 대한 높은 기대로 인해 큰 압박을 받게 된다.

그럼에도 영재는 타인에게 도움을 청하는 것에 익숙하지 않아, 어려움에 직면하더라도, 문제를 홀로 해결해야 하는 것으로 여기는 등 적시에 도움을 받지 못하기도 한다. 이에 영재를 위한 상담에서 상담교사는 영재학생들의 지적ㆍ정의적 특성을 이해하는 한편, 특수한 요구에 대해 잘 알고 있어야 한다. 이러한 지식을 기반으로 다양한 방법을 통해 이들의 특수한 요구를 충족시킬 수 있는 방법을 습득하고 전략을 세우도록 도울 필요가 있다. 또한 이들이 이질감, 열등감, 사회적 고립 등을 느끼지 않고 자신의 특성을 이해하고 잠재력을 개발할 수 있도록 도울 필요가 있다.

영재성의 유형

영재성$^{giftedness\ and\ talentedness}$은 영재의 인지적ㆍ정의적ㆍ사회적 특성을 포함한 특성이다. 1978년 미국의 교육심리학자 렌줄리는 영재의 특성에 관한 일련의 연구를 고찰한 결과를 토대로, 영재행동$^{gifted\ and\ talented\ behavior}$의 '세 고리 모델$^{three-ring\ model}$'을 창안했다. 이 모델에서  그는 사회적 유용성을 토대로, 자기 영역에서 창의적ㆍ생산적 공헌을 하는 사람들에게서 세 가지 요소(① 평균 이상의 지능$^{above\ average\ ability}$, ② 창의성^{creativity},

조셉 렌줄리
(Joseph S. Renzulli,
1936~현재)

그림 9-1. 영재의 행동 특성

③ 과제집중력$^{task\ commitment}$)가 상호작용한다고 주장했다. 이러한 상호작용에 관한 도식은 그림 9-1에 제시되어 있다. 또 렌줄리가 주장한 영재성의 3요소에 관한 설명은 표 9-2와 같다.

표 9-2. 영재성의 3요소

요소	설명
1. 평균 이상의 지능	○ 일반지능(정보처리, 경험통합, 추상적 사고) ○ 특수지능(특정 분야의 지식 습득, 구체적 활동 수행)
2. 창의성	○ 사고의 유창성ㆍ유연성ㆍ독창성(새롭고 유용한 것을 만들어 내는 능력) ○ 경험에의 개방성ㆍ자극에 대한 민감성ㆍ모험심(전통적 사고방식을 벗어나 비일상적인 아이디어를 산출하는 능력)
3. 과제 집중력	○ 창의적ㆍ생산적인 사람에게서 지속적으로 나타나는 집중적 동기수준으로, 특정 문제/과제 또는 성취에 수반되는 에너지

영재성이 높은 아동·청소년은 표 9-2에 제시된 3요소가 동시에 나타나고, 특정 수행 영역에서 매우 높은 수행능력을 보인다. 좀 더 구체적으로 말하면, 이 3요소가 모두 상위 15% 이내에 들고, 이 중 1개 요소가 상위 2% 이내에 든다. 즉, 3요소 간의 공통부분이 클수록 영재성도 높다. 영재성이 두드러지는 수행 영역은 일반·특수 영역 모두에서 나타난다. 렌줄리의 영재성 세 고리 모델은 영재의 판별과 선발에 유용한 준거로 인정받고 있다. 1979년, 카플란을 비롯한 몇몇 학자들은 영재성의 요소를 6개로 구분했다. 각 요소의 특징은 표 9-3과 같다.

표 9-3. 영재성의 6요소

요소	특징
1. 일반 　지적 능력	○ 지능이 높고, 복잡하고 도전적인 과업을 선호함 ○ 호기심이 많고 창의적임
2. 창의적· 　생산적 　사고능력	○ 문제에 대해 고도로 독창적인 해결방법을 강구해 냄 ○ 한 번에 많은 아이디어를 산출하여, 특이하거나 흥미로운 발견을 위해 노력함 ○ 모호함에 대한 인내심이 강하고, 정답이 없는 질문에 대해 생각하기를 좋아함 ○ 확산적 사고를 하며, 즉석에서 임기응변적으로 하는 일을 좋아하며, 재차 동일한 경로를 따르지 않음 ○ 극도로 자신만만하고 자신의 아이디어를 설명하고 의견을 표출하기를 즐김
3. 시각· 　공연예술 　능력	○ 표현·공연예술에 특별한 재능이 있음 ○ 자신이 택한 영역에 대한 지식과 정보가 풍부하고 1~2개 특수 영역에 대해 지속적으로 높은 수준의 관심을 가짐 ○ 능력표출에서 스스로 높은 기준을 설정하고 재능에 대해 인정과 보상을 기대함
4. 특수 　학업적성	○ 특별히 1~2개 과목 및/또는 기술에 능함 ○ 특수 영역, 전문성에 있어서 흔치 않은 수준으로 성취해 냄 ○ 뛰어난 재능을 발휘하는 과목 또는 기술에 대부분의 시간과 에너지를 사용함
5. 리더십 　능력	○ 사회기술·대인관계가 능하고, 높은 수준의 카리스마와 조직 기술을 소유함 ○ 책임감이 강하고 신뢰할 수 있어서 타인과의 상호작용에서 대부분 리더를 맡음
6. 신체운동 　능력	○ 보통 기대되는 수준 이상의 조작기술과 손재간이 있음 ○ 어려서부터 예외적인 운동기술이 있고, 운동경기에서 뛰어난 기량을 발휘함 ○ 운동 관련 수행에서 높은 기준을 설정하고 완벽을 추구함

영재성의 특성

영재를 돕기 위해서는 이들의 특성을 이해하고, 그러한 특성 때문에 경험할 수 있는 어려움에 대해 알고 있을 필요가 있다. 왜냐하면 영재는 영재성으로 인해 현실에서 좌절을 겪게 되는 경우가 많기 때문이다. 이는 주로 진부한 수업 내용과 방식으로 인한 지적 욕구 불충족, 영재의 특성에 대한 주변사람들의 몰이해, 학교 부적응으로 인해 발생한다. 그럼에도 이들은 좌절감 극복방법을 익히거나 습득할 기회가 적은 관계로 부적응 문제를 겪을 가능성이 크다. 부적응 행동을 감소/소거하고, 정서적 안정을 회복한다면, 영재의 잠재력은 극대화될 수 있을 것이다. 영재성의 특성은 ① 인지적 특성과 ② 정의적 특성으로 나뉜다.

인지적 특성

영재성의 인지적 특성으로는 일반적으로 지능과 창의성이 높다는 점이다. 그러나 모든 영재의 지능지수(IQ)가 높은 것은 아니다. 지능은 영역별 또는 개인별로 차이가 있다. 지능지수가 평균 이하인 경우에도 열정과 노력으로 특정 영역에서 높은 성과를 나타낸 영재도 많다. 여기서는 영재성의 인지적 특성으로, ① 높은 동기수준과 집중력, ② 완벽주의 성향, ③ 확산적·창의적 사고 경향성, ④ 민감한 지각력, ⑤ 메타인지, ⑥ ADHD 성향, ⑦ 긍정적 자기개념에 관해 알아보기로 한다.

높은 동기수준과 집중력. 첫째, 영재는 자신의 관심분야에 대해 과도할 정도로 높은 동기수준과 집중력을 보인다. 동기^{motive}는 자기결단을 필요로 하고, 삶을 끌어가고 개인의 잠재력을 충분히 발휘할 수 있도록 해 주는 내적 힘과 강한 에너지다. 이러한 에너지는 영재가 헌신할 수 있고, 기꺼이 자기주장을 할 수 있으며, 자신의 행동이 옳다는 느낌을 가질 수 있게 한다. 이는 흔히 주변사람들에게 꿈과 비전을 제시해 준다는 점에서 매력으로 작용한다.

영재가 이처럼 한 가지 주제에 대해 강한 동기를 부여하고 집중하는 이유를 이해하려면, 깊고 정확한 공감력이 요구된다. 공감적 이해를 통해 영재는 타인의 추론에 타협하고, 귀 기울이는 방법을 습득할 수 있다. 또한 타인에 대한 긍정적 측면을 조망할 수 있고, 타인과 상호작용에서 긍정적인 영향을 줄 수 있는 방법을 터득할 수 있도록 도울 필요가 있다. 끝으로, 잘 변화하지 않는 어른도 있다는 사실을 알게 할 필요가

있다. 즉, 약자의 위치에서 상황을 효과적으로 다룰 수 있는 전략을 익히도록 도울 필
요가 있다.

완벽주의 성향. 둘째, 영재는 완벽주의 성향이 있다. 이러한 성향이 있는 영재는 종종
'수퍼키드 신드롬superkid syndrome' 또는 '일중독 아이workaholic kid'로 불리기도 한다. 완벽주
의perfectionism란 매사에 완벽을 추구하는 심리가 병적으로 현저하게 나타나는 상태를
말한다. 이 상태는 무슨 일을 하더라도 불완전하고 불충분하다고 여기는 신경증적
태도로, 불완전에 대한 두려움의 표현이다. 이러한 점에서 영재는 강박사고와 강박행
동을 나타낼 수 있고, 자신의 행동과 일의 결과에 대해 좌절감과 열등감을 겪을 수
있다.

완벽주의 성향이 있는 영재들은 목표를 지나치게 비현실적으로 높게 잡거나, 자신
이 성취 또는 달성한 목표수준을 근거로 자기가치를 엄격하게 평가·판단하는 경향
이 있다. 이로써 매사에 완벽하게 이루지 못하면 실패한 것이나 다름 없다는 사고 경
향성을 보인다. 미국의 경우, 중 1~2학년 영재의 87.5%가 완벽주의 성향이 강한 것
으로 조사되었다. 이들의 완벽주의 성향은 어린 시절부터 우수한 성적을 받아 왔다
는 것과 부모와 교사로부터 매사에 뛰어나야 한다는 피드백을 끊임없이 받아 온 것에
기인한다(Davis & Rimm, 2017).

완벽주의 성향은 크게 ① 자기지향self-oriented 완벽주의, ② 타인지향other-oriented 완벽주
의, ③ 사회규정socially prescribed 완벽주의로 구분할 수 있는데, 유형별 특징은 표 9-4와
같다.

표 9-4. 완벽주의 성향의 세 가지 유형

유형	특징
1. 자기지향 완벽주의	○ 자신에 대한 기준을 높게 설정하고, 이에 따라 수행을 평가함
2. 타인지향 완벽주의	○ 타인에 대한 기준을 높게 설정하고, 이에 따라 수행을 평가함
3. 사회규정 완벽주의	○ 중요한 타인이 자신에게 높은 기준을 설정하고, 자신은 이를 만족 시키기 위해 최선을 다해야 한다고 생각함

표 9-4에 제시된 영재들의 완벽주의 성향에서 주목할 점은 이들의 성향이 대체로
건전한 완벽주의 특성을 띤다는 점이다. 그렇지만 과도한 완벽주의 성향은 영재성
상실로 이어질 수 있다. 초등학교 때까지는 완벽주의 성향에 의해 전 과목에서 높은
학업성취를 보이지만, 중학교에 진학하면서 높은 학업성취도 유지가 어려워지면서

자포자기하는 것이 그 예다. 이러한 문제의 예방과 해결을 돕기 위해 영재들에게 제공되어야 할 기회는 글상자 9-3과 같다.

글상자 9-3. 문제예방 · 해결을 돕기 위해 영재에게 제공되어야 할 기회

> 1. 정신적으로 사고를 여과하는 방법 학습(예 실수보다 성공에 초점을 맞추는 방법)
> 2. 자신의 현재 기준을 타인의 기준에 따른 재평가
> 3. 성공을 자축하게 함
> 4. 실수로부터 배울 수 있게 함
> 5. 자신의 감정을 인식하고, 감정에의 대처방법 학습
> 6. 완벽주의 성향이 있는 사람의 장단점을 알게 함
> 7. 현재의 자기수용 수준을 주의깊게 관찰하게 함

영재의 완벽주의 성향은 타인과 자신의 기대에 의해 불가능한 것을 추구하게 함으로써 긴장과 불안의 원인이 된다. 이로써 영재는 두통, 위염, 위궤양 같은 심리신체적 증상을 호소하기도 한다. 또 학교공부는 쉽게 여겨져 성공적인 학교생활을 당연시한 나머지, 효과적인 공부습관이 형성되어 있지 않기도 하다. 그 결과, 상급학교에 진학하여 어려운 단원을 접하게 되면서 학업곤란을 겪기도 한다. 이에 상담교사가 완벽주의 성향을 지닌 영재를 돕기 위한 방법은 글상자 9-4와 같다(Schuler, 1999).

글상자 9-4. 완벽주의 성향이 있는 영재를 돕기 위한 방법

> 1. 모든 영역에서 뛰어난 사람은 없다는 사실을 인식하고, 자신의 장단점을 수용하도록 돕는다.
> 2. 개인적인 문제를 분석해 준다.
> 3. 창의적 기술과 문제해결력 계발을 돕는다.
> 4. 자신과 타인에 대한 유머감각 발달을 돕는다.

확산적 · 창의적 사고 경향성. 셋째, 영재는 확산적 · 창의적 사고 경향성이 있다. 이로 인해 이들은 학교생활에서 종종 어려움을 겪는다. 특히 독특한 아이디어와 의견으로 교사와 마찰을 빚기도 한다. 교사는 흔히 영재의 창의적인 생각을 지지 · 격려하면서도 자신의 의견에 따르기를 원한다. 이러한 상황이 교사와 영재 사이에 갈등의 원인이 되는 경우, 영재의 창의적 · 확산적 사고가 희생될 가능성이 커진다.

창의성creativity은 새로운 관계 지각, 비범한 아이디어 산출, 또는 전통적 사고유형에

서 탈피한 새로운 방식의 사고력이다. 그 결과, 영재는 지적으로 도전할 만한 과업이 없는 학교수업에 지루함과 좌절감을 느끼는 경향이 있다. 학교에서 배우는 것이 없다고 느끼게 되면서 영재는 학교생활에 대한 흥미를 잃게 되어, 학업을 중단하거나 교실의 '버릇없는 아이' 또는 '수업 훼방꾼'으로 남기도 한다.

민감한 지각력. 넷째, 영재는 민감한 지각력이 있다(Davis & Rimm, 2017). 민감한 지각력이란 동시에 다양한 관점에서 조망하면서 자신에게 여러 모습이 있음을 이해하고, 문제의 핵심에 **빠르게** 도달하는 능력을 말한다. 이 능력은 일종의 직관력^{intuition}으로, 개인적 상징의 의미를 이해하고, 피상적인 이해수준을 넘어 그 이면 세계를 들여다볼 수 있게 해 준다(Silverman, 1993).

민감한 지각력을 지닌 영재들에게는 진실과 정의는 중요한 문제다. 이들은 삶이 공정하지 않음을 인식하지만, 삶에서 공정하고 정당한 방식으로 타인을 대하고자 한다. 이에 민감한 지각력을 지닌 영재에게 중요한 쟁점은 언제, 어떻게 자신의 지각을 믿을 수 있는지, 그리고 타인이 자신에 대해 말하는 것을 어떤 방식으로 파악해야 하는지에 관해 배울 필요가 있다.

메타인지. 다섯째, 영재는 메타인지 능력이 있다. 메타인지^{metacognition}는 자신의 인지과정에 대해 한 차원 높은 시각에서 관찰·발견·통제·판단하는 정신작용('상위인지'로도 불림)으로, 고차원적 사고 기술('인식에 대한 인식' '생각에 대한 생각' '타인의 의식에 대한 의식')이다. 메타인지는 자신의 인지활동에 대한 지식과 조절을 의미한다. 즉, 자신이 무엇을 알고 모르는지에 대해 아는 것에서부터 모르는 부분을 보완하기 위한 계획과 그 계획의 실행과정 평가에 이르는 전체 과정을 뜻한다.

세상에는 두 가지 종류의 지식이 있다. 하나는 자신이 알고 있다는 느낌은 있는데, 설명할 수는 없는 지식이고, 다른 하나는 자신이 알고 있다는 느낌뿐 아니라, 남에게 설명할 수도 있는 지식이다. 이 지식만 개인이 사용 가능한 진짜 지식이다. 메타인지 능력이 뛰어난 사람은 자신의 사고과정 전반에 대한 이해와 평가를 할 수 있다. 그러므로 어떤 것을 수행하거나 배우는 과정에서 어떤 활동과 능력이 필요한지를 알고, 이에 기초해서 효과적인 전략을 선택하여 적절히 사용할 수 있다. 이처럼 학습전략과 능력에 관한 지식이 많은 영재학생은 새로운 지식과 방법을 더 쉽게 터득할 수 있을 것이다.

ADHD 성향. 여섯째, 일부 영재들은 주의력결핍 과잉행동장애(ADHD) 성향을 가지고 있다. 이러한 성향이 있는 영재에게는 주어진 과제를 완수하게 하는 도움이 필요하다. 이에 이들에게는 성취 후 만족감을 주는 활동이 효과적이다. 이러한 활동의 예시는 글상자 9-5와 같다.

글상자 9-5. 성취 후 만족을 주는 활동 예시

---

1. 주의력이 요구되지 않는 상황에서 혼자 작업하기
2. 이완전략 사용하기
3. 스트레스 감소를 위한 혼잣말 사용하기
4. 갈등 상황 해소를 위해 유머 사용하기
5. 과제완수를 비롯하여 과제의 질 판단하는 방법 습득하기

글상자 9-5에 제시된 예시는 한 가지 신기한 과제에서 다른 과제로 넘어가는 과정을 효과적으로 다룰 수 있게 하는 데 도움을 준다. 영재의 인지적 특성의 강점과 오해 요소를 요약 · 정리하면 표 9-5와 같다.

표 9-5. 영재의 인지적 특성의 강점과 오해 요소

인지적 특성	강점	오해 요소
1. 뛰어난 주의집중 능력과 시간	☛ 학습 또는 관심 있는 분야에 깊이 몰두함	☞ 주제를 바꿔 다른 과제를 해야 하는 경우, 화를 내거나 하던 일을 고집함
2. 논리적인 답 추구/ 자신 · 타인 평가	☛ 뛰어난 인과관계 인식, 비판적 사고, 문제해결력	☞ 비논리적이거나 증거가 불충분하다고 생각되면 반박함
3. 독창적인 사고력	☛ 학급토의 또는 과제수행에 창의성을 보임	☞ 타인의 전형적인 생각에 대해 비판적임
4. 발달연령보다 높은 언어 · 읽기능력	☛ 어휘력이 풍부하고, 상급학년 수준의 어휘를 유창하게 사용함	☞ 우월성 과시를 위한 어려운 어휘 사용 및 대화/토론 독점 ☞ 다른 일을 피하기 위한 읽기활동
5. 넓고 다양한 관심	☛ 다양한 영역의 새로운 주제를 열정적으로 탐구함	☞ 한 주제에 오래 집중하지 못하고 쉽게 흥미를 잃음
6. 특화된 흥미	☛ 관심주제에 열심을 내고, 뛰어난 성과를 올림	☞ 한 가지에만 집착하되 다른 주제에 대해 무관심하고 따분해함
7. 빠른 기초기술 습득	☛ 교재를 빠르게 숙달하고, 시험을 잘 봄	☞ 수업속도에 지루해하고, 연습문제 풀기를 싫어함

긍정적 자기개념. 일곱째, 영재는 긍정적 자기개념의 성향이 강하다. 이들은 높은 지적능력과 높은 수준의 포부수준을 인지하고, 사회적으로 영재로 인정받게 되면서 다른 아동들보다 더 긍정적인 자기개념을 갖는다. 반면, 자신의 높은 기대로 인해 실패를 겪거나, 자신의 능력에 대해 비판적인 태도를 갖거나, 우수한 아동에 비해 자신을 낮게 평가한다면, 부정적 자기개념과 낮은 자존감을 갖게 될 수도 있다.

정의적 특성

영재성의 정의적 특성으로는 ① 과흥분성, ② 과민성, ③ 우울 성향이 있다.

과흥분성. 첫째, 영재는 과도하게 흥분하는 경향이 있다. 이들의 과흥분성^{overexcitability}은 오랫동안 흥미를 느껴 온 분야에 대해 주의를 집중시키고, 그 범위를 확장하게 하며, 더 많은 것을 더 잘할 수 있게 하는 동기를 부여한다. 영재는 과제에 대한 에너지 수준이 매우 높아서 스스로 관심 있는 것을 과도할 정도로 많이 만들어 내기도 하고, 자신의 혁신적인 생각을 더 세련되게 다듬어서 다른 사람이 잘 따라올 수 있게 하기도 한다(Pichowiski, 1991).

영재는 과흥분성으로 인해 종종 어려움을 겪는다(Webb & Latimer, 1993). 이들은 때로 에너지 수준이 지나치게 높아, 과도하게 활동적인 아동으로 보이기도 한다. 그럼에도 도전적인 과제에 대해서는 집중력과 조직력을 발휘하게 된다. 이들은 또한 환경 탐색에 대한 욕구가 매우 강해서 새로운 경험을 열정적으로 찾는다. 만일 흥미 있는 자료나 탐구할 공간이 주어지지 않는다면, 영재학생은 쉽게 지루해 하거나 과잉활동적이 된다.

과흥분성으로 인해 영재들이 겪게 되는 문제로는 자기조절과 통제곤란이다. 이러한 문제의 해결방법으로는 주변 사람들도 편안할 정도로 흥분수준을 유지하거나, 신기한 일 또는 불필요한 자극을 찾아다니기보다 창조적 노력과 지적 추구로 만족감을 얻게 하는 것이 있다. 영재학생의 과흥분성으로 인한 문제 예방과 해결을 돕기 위한 방안으로는 주의력결핍장애(ADD)가 있는 아동을 위한 전략(정적강화체계, 인지전략, 자기통제법, 심상법, 문제해결 전략, 이완훈련 등)이 유용할 수 있다. 단, 영재학생들에게는 이들 전략보다 더 구조화되거나 성인이 설정한 보상방법은 효과가 없다(Neihart, 2004). 이들은 자기통제법에 대한 적절한 지원과 가르침을 받는다면, 자신에게 적절한 구조를 찾을 수 있을 것이다.

영재들은 일정한 수준의 자극과 지적 도전에 목말라하는 독특한 욕구, 새로운 것을 추구하려는 충동으로 인해 종종 학교에서 시행하거나, 부모가 사용하는 규칙에 저항하기도 한다. 이처럼 활동성이 높은 아동에게는 낮은 수준의 구조화 활동이 도움이 되기도 한다. 정해진 시간 내에 과제를 끝마친 다음, 아동이 택한 과제를 하도록 하게 하는 것이 그 예다.

과민성. 둘째, 영재는 과민성, 즉 민감성^{sensitivity}이 과도하게 높다(Clark, 2012). 민감성은 열정, 동정과 서로 연관이 있는 개념으로, 다른 대상(사람, 동물, 자연, 우주)에 대한 동일시가 특징이다. 열정과 동정은 서로 다른 특징이 있다. 열정^{passion}은 영재의 정서 강도를 높이고, 복잡하게 하는 감정이다. 이는 창조적 노력의 일부이면서, 깊은 애착관계 형성을 촉진하고, 동일한 상황에서도 감정적 색채로 반응한다. 이에 비해, 동정^{sympathy}은 타인을 돌보거나 아픔을 줄여 주기 위해 타인 또는 사회에 헌신하게 하는 동기를 부여한다.

민감성이 높은 영재는 개인적인 문제에서부터 사회 · 국가적 문제에 이르기까지 다양한 형태로 자신의 열정을 쏟는다. 동시에, 이들은 목적과 성공에 대한 강한 믿음과 열망을 가지고 있다. 한 가지 목적에 대한 헌신은 어른들과 갈등을 빚는 원인이 되기도 한다. 그러나 이들은 매우 공감적이어서 목적성취 과정에서 발생하는 갈등의 아픔에 더 큰 가치를 부여한다(Clark, 2012). 영재는 상대방이 어떤 느낌인지 알 뿐 아니라, 그 감정을 실제로 경험하기도 한다. 이에 상담교사는 이처럼 과민한 영재학생들의 요구를 주의 깊게 고려하는 한편, 이들이 타인을 있는 그대로 수용함으로써 즐거움을 함께 나눌 수 있도록 도울 필요가 있다. 또한 상대방에게 일방적으로 많이 주는 것이 대인관계에 미치는 영향을 알도록 도와야 한다.

우울 성향. 셋째, 영재는 일반학생들에 비해 우울 성향이 높다(Deslie, 2006). 이들의 우울 성향은 다른 또래들과 다른 양상('실존적 우울')을 보인다. 이는 자신의 실존에 대해 깊이 생각하는 능력에서 비롯된다. 특히, 청년기의 영재성은 인식능력, 높은 도덕성과 민감성 등으로 인해 실존적 우울(삶의 의미에 대한 의문으로 고심함)을 겪을 가능성이 또래보다 더 크다. 이로써 우울 성향이 있는 영재를 대할 때 필요한 지침은 글상자 9-6과 같다(Deslie, 2006).

글상자 9-6. 우울 성향이 있는 영재를 대할 때 필요한 지침

1. 학생이 타인의 관심을 끌기 위해 말을 하지 않을 수 있음을 염두에 둔다.
2. 상담교사는 이야기를 들어줄 준비가 되어 있어야 한다.
3. 상담교사가 지니고 있는 비슷한 고민을 공유한다.
4. 학생이 제안한 해결책을 인정해 준다.

영재가 행복감을 느끼도록 돕는 것은 우울 성향 또는 자살 위험성을 해소하는 보호요인으로 작용한다. 영재의 정의적 특성의 강점과 오해 요소를 요약·정리하면 표 9-6과 같다.

표 9-6. 영재의 정의적 특성의 강점과 오해 요소

인지적 특성	강점	오해 요소
1. 높은 판단력	☛ 행동기준이 높고, 행동결과를 이해하며, 발달연령보다 더 높은 수준의 윤리문제 토론이 가능함	☞ 지나치게 비판적/완벽주의적이며, 부당한 행동에 반발함
2. 강한 모험심·실패위험 감수	☛ 생각을 증명하거나 답을 얻기 위해 틀릴 위험을 무릅쓰고, 실패를 두려워하지 않음	☞ 사실 또는 증거에 기초하지 않고 무작정 추측을 남발함
3. 높은 에너지	☛ 열정적이고, 과제/프로젝트에 오랫동안 열심히 매달림	☞ 교사, 부모, 친구들을 지치게 할 수 있음
4. 높은 직관력	☛ 비언어 단서로부터 추론하여 과제 수행방법과 표면에 드러나지 않은 문제를 잘 파악함	☞ 조기에 결론을 내리거나, 직관을 통한 타인통제 또는 일을 조작할 수 있음
5. 독립적·자율적	☛ 타인의 지시나 도움 없이 스스로 목표를 세움	☞ 고집이 세고 권위에 대항하며 자신의 방법만이 옳다고 생각함

장애영재

장애영재gifted and talented children with disabilities는 신체, 정신, 정서, 또는 행동장애가 있는, 1개 분야 이상에서 뛰어난 능력을 지닌 아동을 가리키는 말이다('이중특수학생twice-exceptional student' '교차특수아crossover' '장애영재gifted and disability'로도 불림). 이중특수아와 교차특수아 집

단은 신체 · 정서장애를 동반하는 영재학생을 가리키는 반면, 장애영재는 더 포괄적인 의미로 사용된다.

1970년대까지는 장애와 영재를 상호배타적인 것으로 여겼다. 그러나 1995년 이후부터 장애와 영재의 교차영역이 밝혀지면서, 이에 관한 연구가 급증했다(Davis & Rimm, 2017). 장애영재는 심각한 발달장애가 있는 학생을 제외하고 시각, 청각, 학습, 운동장애 등 모든 장애영역에서 나타날 수 있다. 그러나 장애영재의 대다수는 학습장애 영재로 밝혀졌다(Minner, 1990). 장애영재는 학습장애 영재, ADHD 영재, 백치천재, 아스퍼거 영재 등 다양한 장애영역과 교차되어 나타난다.

장애영재가 겪는 문제는 학생의 학업적 자기개념 발달에 영향을 미칠 수 있다. 장애영재는 학습장애가 있는 똑똑한 아동이다. 이들은 영재학급에 들어갈 자격은 있지만, 학습장애로 인해 개별화교육계획(IEP)이 필요한 학생들이다. 그러나 학교장면에서는 아동이 장애와 영재성을 동시에 지니고 있음을 인식하지 못한 나머지, 아동의 특정 측면에만 초점을 둘 수 있다. 그 결과, 영재성이 있지만 학습장애로 인해 잠재력을 발휘하지 못하는 학생은 게으르거나 학습동기가 부족하다고 인식되곤 한다. 따라서 이런 상황에 놓인 학생에게 조정 제공은 고사하고, 학교구성원들이 영재 역시 장애가 있을 수 있음을 인식시키는 노력이 필요하다.

학교구성원이 경험할 수 있는 함정으로는 영재에게는 특별한 중재가 필요하지 않다는 생각 또는 모든 과목에서 재능이 있을 것으로 추정하는 것이다('범영재성global giftedness에 대한 믿음'). 교사들은 영재의 특별한 강점 또는 결함 등을 찾아내지만, 한 학생에게서 이 두 가지를 동시에 선별하는 일은 거의 없다. 즉, 영재성이 학습장애와 공존할 수 있음에 대한 몰인식은 장애영재를 오해하거나, 지원하지 않게 될 위험에 처할 수 있음을 의미한다.

장애가 있는 영재학생으로 인식되지 못하는 또 다른 학생집단으로는 영재이면서 자폐스펙트럼장애(ASD)로 진단받은 학생들이다. DSM-IV의 아스퍼거 증후군이 있는 영재학생들은 잘 판별되지 않는데, 그 이유는 이들의 일반적이지 않은 행동이 영재성 또는 학습장애에 의한 것으로 인식되기 때문이다. 이들을 정확하게 평정하기 위해서는 다양한 심리검사 외에 학생의 발달력을 살펴볼 필요가 있다.

그렇지 않으면, 이런 학생은 적절한 교육을 받지 못하고 방치될 수 있다. 아스퍼거

장애가 있는 학생은 교사와 또래와의 관계 형성과 유지에 어려움을 겪는다. 그 결과, 고립, 우울, 극도의 긴장 등을 경험하거나, 극심한 분노발작, 공격적 분노폭발, 이유 없이 다른 학생을 때리거나, 부적절한 방식으로 타인을 만지는 등의 행동을 나타낼 수 있다. 게다가 일부 아동은 어른들과 끊임없이 불화를 겪기도 한다(Neihart, 2004).

장애영재의 특징

장애영재들은 각기 다양한 특성을 보인다. 이 중에는 긍정적인 면도 있고, 부정적인 면도 있다. 긍정적인 면은 대체로 영재성, 즉 뛰어난 기억력(암기력), 지식, 학구열, 이해력, 지적 과제에의 집중력, 자신의 강점기반 능력 등이 있다(Whitmore, 1981; Whitmore & Maker, 1985). 성공적인 장애영재들은 목표성취에 대한 동기가 매우 높다. 이들은 목표성취를 위해 창의적인 전략의 구상·적용 능력이 상당히 높다. 이런 전략은 이들이 자신의 장애극복에 큰 도움을 준다(Whitmore & Maker, 1985). 이들은 대체로 자신의 잠재력을 긍정적으로 인식하고, 자신의 강점을 잘 이해한다. 장애영재들에게는 부정적인 특성도 있는데, 그 내용은 글상자 9-7과 같다(Whitmore & Maker, 1985).

글상자 9-7. 장애영재들의 부정적 특성

1. 자기부정적이다.
2. 자기개념이 불안정하다.
3. 사회불안과 수줍음이 많다.
4. 쉽게 좌절하고 분노가 강하다.
5. 억제되었던 에너지 발산 욕구가 크다.
6. 가족, 친구, 교사와의 갈등이 심하다.
7. 교과 영역에서 학습곤란을 겪는다.

글상자 9-7에 제시된 것 같은 부정적 특성은 종종 장애영재의 정서·행동상의 어려움, 사회적 위축/고립, 공격성을 유발한다. 이러한 문제는 학업과 사회적 참여 회피로 이어지기도 한다. 장애영재들의 영재성과 장애가 상호작용하면, 표 9-7과 같은 결과로 이어진다.

표 9-7. 장애영재들의 영재성과 장애의 상호작용 결과

영재성	장애	상호작용 결과
1. 다양한 강점	○ 다양한 결함/장해	☞ 특수한 프로파일 구조
2. 완벽주의 성향	○ 낮은 성취도	☞ 좌절

3. 높은 수준의 기대와 포부	○ 낮은 기대	☛ 내적 갈등
4. 강한 욕구와 동기	○ 제한된 동기	☛ 억제된 에너지
5. 강한 독립성	○ 비독립성	☛ 창의적 문제해결
6. 민감성	○ 자기비판적 태도	☛ 불안정한 자기개념
7. 높은 직업의식	○ 낮은 직업의식	☛ 배척감

　　표 9-7에 제시된 것처럼, 영재성과 장애의 상호작용으로 새로운 특성이 도출된다. 대체로 장애영재는 긍정적인 정서 특성에 대해서는 영재와, 부정적인 학업 특성에 대해서는 장애아와 유사한 경향을 보인다. 학습장애가 있는 영재들은 영재들과 유사하게 내적으로 동기화되는 반면, 성공·실패에 대해서는 노력에 귀인하고 독립성을 보인다. 이뿐 아니라, 이들은 학습장애의 특성(수행과 잠재력 간의 심한 불일치, 과제에 대한 좌절과 불안, 주의집중 곤란, 사회성 부족, 비효과적인 공부습관 등)을 나타낸다(Vespi & Yewchuk, 1992). 장애영재의 학습과 동기 특성은 교사관찰 체크리스트(Pledge, 1982)를 통해 확인할 수 있는데, 그 내용은 글상자 9-8과 같다.

글상자 9-8. 장애영재의 학습과 동기 특성

> 1. 어렵고 정교한 어휘를 사용하고, 초등학교 입학 전에 글을 읽는다.
> 2. 정보를 쉽게 기억·회상한다.
> 3. 인과관계를 인식하고, 사실을 묻고 적용한다.
> 4. 확산적 사고를 하며, 다양한 대답을 산출한다.
> 5. 주의집중 시간이 길고, 지속적이다.
> 6. 호기심이 많고, 다방면에 흥미가 있으며, 모험심이 강하다.
> 7. 유머감각이 뛰어나다.

장애영재의 유병률과 경과

　　장애영재의 비율은 모든 장애아의 2% 정도일 것으로 추정된다(국립특수교육원, 2009). 이들은 특수교육 관련 서비스가 일차적 관심을 받게 된다. 이러한 점에서 이들의 영재성은 종종 간과되거나 무시된다. 이들에게는 인지·정의적 측면에서 특별한 교육적 서비스가 요구된다. 만일 이러한 요구가 충족되지 못한다면, 이들의 영재성은 발굴되지 못하고 사장될 수 있다. 장애영재 판별은 일반영재 판별과 동일한 선별과 정보수집 절차를 거친다. 그러나 장애로 인해 숨겨진 능력을 발견하기 위해서는 특별한 요인들을 고려해야 한다. 장애영재는 흔히 장애뿐 아니라, 장애와 영재성을 동시에 갖는 것을 이해하지 못하는 사회의 편견을 극복해야 하는 이중고를 겪는다.

영재를 위한 중재방안

영재를 위한 중재방안으로는 ① 개인 · 집단상담, ② 부모교육과 자문, ③ 교사 자문이 있다.

개인 · 집단상담

첫째, 영재는 개인상담과 집단상담을 통해 도움을 받을 수 있다. 상담은 주로 영재의 개인적 문제, 가족과의 관계문제, 학교에서의 관계문제에 초점을 둔다. 그러나 일반 아동과는 달리, 영재가 겪는 어려움은 특정 문제나 병리적 증상보다는 독특한 특성을 지닌 아동이 그렇지 않은 사람들에게 적합한 환경 속에서 살기 때문에 나타나는 현상이다. 이에 상담은 영재의 독특성을 병리적 증상처럼 제거되어야 할 대상이 아니라, 영재가 이를 삶의 도전으로 수용하고, 긍정적인 에너지로 활용할 수 있도록 돕는 방향으로 전개될 필요가 있다. 영재들이 상담을 통해 도움을 받을 수 있는 문제로는 ① 또래와의 갈등, ② 가족과의 갈등, ③ 학업문제가 있다.

또래와의 갈등. 영재는 또래아동들과 어울리고 싶어 하지만, 종종 그들과 다르다는 사실을 알게 되면서 갈등을 겪게 된다. 영재에 따라서는 다른 아동처럼 지식과 능력이 없는 것처럼 행동하거나, 오히려 과잉보상을 통해 수월성/탁월성을 드러냄으로써, 자신의 존재를 부각시키기도 한다. 또는 다른 아동과 어울릴 수 없다고 믿고, 시도조차 하지 않으면서 고립을 택하거나, 인터넷게임 또는 독서에 빠지기도 한다.

가족과의 갈등. 영재는 가족원들(부모 포함)과의 관계형성을 어려워한다. 부모 역시 자녀의 남다른/유별난 특성으로 인해 불편해한다. 또는 이와는 달리, 자녀를 과도하게 염려하거나 과잉보호함으로써 자녀가 '최고'가 되도록 압박하기도 한다. 이러한 부모에게는 영재의 특성에 관한 교육을 통해 자녀의 욕구를 충족시켜 주는 한편, 자녀의 독특한 능력을 긍정적으로 받아들일 수 있도록 도울 수 있다.

학업문제. 영재의 중도포기를 조장하는 완벽주의 성향에 대한 조력활동이 요구된다. 특히, 건전하지 않은 완벽주의 성향은 생산적이지 않을뿐더러, 학업부진, 사회적 위축/고립, 대인관계 문제, 자기수용 억제, 우울증을 유발한다는 문제가 있다(Buffington, 1987). 영재의 이러한 일련의 문제해결을 돕기 위해서는 개인상담 외에도 집단상담 프로그램을 고안·적용하는 것이다. 영재를 위한 집단상담 예시는 표 9-8과 같다(강진령, 2019).

표 9-8. 영재의 문제해결과 성장에 효과적인 집단상담 프로그램 예시

주제	내용
1. 자아성장	○ 구조화된 활동 참여를 통해 사회기술 또는 대인관계기술 증진을 도움
2. 공부기술	○ 효과적인 시간관리, 공부기술 측정, 기타 관련 주제를 다룸
3. 이완훈련	○ 완벽 추구에 따른 스트레스에 대처할 수 있도록 도움
4. 글쓰기	○ 자신의 생각과 감정을 표현하고, 깊이 성찰할 수 있도록 격려함
5. 지지	○ 또래와 다른 특성에서 비롯되는 어려움과 고충을 털어놓고 사회적·정서적 지지를 얻을 수 있음
6. 독서치료	○ 영재를 다룬 동화, 소설, 그리고 한때 영재였던 위인의 자서전을 읽어 보게 함으로써, 어려움을 도전으로 받아들여 잠재력 개발을 촉진함

부모교육과 자문

둘째, 부모교육과 자문을 시행한다. 영재자녀를 둔 부모는 자녀양육에 많은 어려움을 겪을 수 있다. 왜냐하면 영재자녀를 일반아동의 발달단계 또는 특성에 따라 기대하기 때문이다. 자녀가 부모의 이러한 기대에 부응하지 못하는 경우, 부모는 대처에 어려움을 겪는다. 예를 들어, 영재는 다른 학생들과 다르기 때문에 사회적 부적응을 겪을 수 있다고는 생각하면서도, 우수한 능력을 발휘하기를 바라는 동시에 '이상한 아이'로 보일까 봐 염려하게 되고, 부적응적인 자녀를 양육하는 데 부적합하다고 느낀다. 영재 부모들이 겪는 남다른 고민을 요약·정리하면 글상자 9-9와 같다.

글상자 9-9. 영재 부모들이 겪는 남다른 고민 또는 쟁점

1. 영재 자녀 양육에 부모 스스로 부적합하다고 느낌
2. 상급학교 진학과 진로결정
3. 교사와 학교 관계자의 도움 요청
4. 가정에서 자녀의 재능발굴을 위한 기회 제공

5. 영재교육 관련 정보수집
6. 학업부진, 성취동기 결여 문제에의 대응
7. 자녀의 정서상태(완벽주의 성향, 과민성, 고집, 내성적 성향, 우울감 등) 다루기
8. 자녀의 교우관계 촉진
9. 자녀의 특별한 요구로 인한 가족 내 증가된 긴장 다루기
10. 자녀가 지닌 영재성의 장단점 이해와 극복
11. 자녀의 재능과 능력을 객관적으로 정확하게 평가하고 알고 싶어 함

이에 상담교사는 부모로 하여금 자녀가 또래와 다르다는 사실에 잘 대응하고, 자녀를 독특하고 특별하게 만드는 특성을 희생하지 않고도 학교생활에 적응할 수 있는 방법을 안내한다. 또 영재로 인해 가족의 역동에 변화가 생기고, 부모의 감정에 영향을 미치며, 가족의 적응을 필요로 하고, 가정-이웃·가정-학교의 갈등의 원인이 될 수 있음을 설명해 준다. 그리고 영재와 형제자매 사이에 갈등이 야기되는 경우, 이들을 비교하기보다는 각기 다른 방식으로 각자의 중요성을 인정받도록 격려하는 방식을 가르친다. 또 자녀들이 무엇을 성취하는지에 따라서가 아니라, 있는 그대로 받아들여지고 존중된다는 사실을 전달하도록 교육한다. 부모교육과 자문에서 상담교사가 알고 있어야 할 영재 부모의 욕구는 글상자 9-10과 같다.

글상자 9-10. 부모교육과 자문에서 상담교사가 알고 있어야 할 영재 부모의 욕구

1. 영재교육과 프로그램에 관한 정보(영재의 정의, 판별, 영재교육방법, 교과과정, 심화·촉진, 월반제, 조기입학제, 프로그램의 종류·내용·특성·운영체계, 중요성 등)
2. 영재의 지적·정서적·사회적·신체적·행동적 특성
3. 학습 및 학업성취, 그리고 학교적응을 위한 지도
4. 가정에서의 영재교육방법 지도
5. 적성과 진로지도
6. 영재의 부적응행동과 정신건강에 관한 지도
7. 부모-자녀 관계 증진을 위한 협력적 지도

표 9-9는 3회기로 구성된 영재 부모를 위한 교육집단의 개요다. 이 집단은 부모에게 영재자녀를 도울 수 있는 방법을 제공할 뿐 아니라, 부모들 간의 소통을 통해 서로 사회적·정서적 지지를 교환할 수 있는 공간으로 활용될 수 있다는 이점이 있다.

표 9-9. 영재 부모교육 집단 예시

회기	활동
☐ 1회기	○ 영재성의 정의, 영재 구별법에 대한 논의
☐ 2회기	○ 영재의 사회 · 정서적 욕구, 인지적 욕구, 욕구충족을 위한 방법, 영재가 전형적으로 직면하게 되는 어려움에 대한 논의
☐ 3회기	○ 활용 가능한 자원과 성공적인 양육을 위한 인성영역 탐색

교사 자문

셋째, 교사 자문은 교사가 반응적인 교실 분위기를 조성함으로써, 영재의 학습경험 극대화를 돕는 것에 중점을 둔다. 상담교사는 자체연수를 통해 교사들에게 영재성 유형, 영재의 사회 · 정서적 쟁점(예 남과 다르다는 느낌), 공부방법과 학업부진, 가족 및 양육에 관한 쟁점에 관해 논의한다. 영재는 타고난 우수한 능력을 지니고 있지만, 다른 학생들과 마찬가지로 지지와 격려를 필요로 한다. 교사에 따라서는 영재로부터 도전받는 느낌을 경험하거나, 특정 영역에서 교사보다 훨씬 더 많은 지식을 갖춘 영재에게 위협을 느끼게 될 수 있다.

이러한 이유로 교사는 영재에게 적대적으로 반응할 수 있고, 자신이 더 큰 힘을 지니고 있음을 나타내기 위해 학생에게 면박을 주거나 꾸중할 수 있다. 이러한 행위는 영재에게서 위협받거나, 이들이 학급분위기를 좌지우지하게 하는 원인으로 작용할 수 있다. 그런가 하면, 영재는 자신의 잠재능력에 합당하게 살아야 한다는 신념을 가진 교사들이 있다. 이로써 이들은 합리적인 기대수준 이상으로 영재를 압박하기도 한다. 이 경우, 상담교사는 그 밑에 깔린 교사의 개인문제를 탐색하고, 이러한 문제가 영재와의 상호작용을 방해하지 않도록 돕는다. 교사가 영재의 성장을 돕기 위해 필요한 지침은 글상자 9-11과 같다.

글상자 9-11. 교사가 영재의 성장을 돕기 위해 필요한 지침

1. 비판보다는 격려해 준다.
2. 학생에게 선택권을 준다.
3. 학생에게 진정성 있고 진실하게 대한다.
4. 말을 잠시 멈추고 학생의 말에 귀를 기울인다.
5. 학생의 감정을 경청 · 이해하고 있음을 나타낸다.

6. 토론을 위한 지침 전달을 위한 시간을 할애한다.

7. 학생의 아이디어를 지지적 · 열정적으로 수용 · 확대한다.

8. 성공 기회를 극대화할 수 있는 교육과정을 편성한다.

9. 확산적 · 혁신적 아이디어에 대해 수용적인 태도를 취한다.

10. 모호성을 수용하되, 즉각적으로 차단하지 않는다.

11. 사회적 상호작용과 인간관계 기술을 연습할 수 있는 기회를 제공한다.

12. 학생의 실수를 학습과 불완전함을 인정할 수 있는 기회로 활용한다.

13. 학생의 기대를 파악하여 도전감을 느끼되 압도되지는 않도록 돕는다.

14. 학생이 목표를 세우고 문제해결 및 의사결정 기술을 연습하도록 돕는다.

◆ 복습문제 ◆

🌸 다음 밑줄 친 부분에 알맞은 말을 쓰시오.

1. 정범모(1996)는 3~4세부터 천부적 재능을 발휘하는 사람을 ____, 학업성적이 우수한 학생을 ____, 특정 문화영역에서 창의적 성취도가 높은 사람을 ____(으)로 구분하기도 했다.

2. ____(이)란 재능이 뛰어난 사람으로, 타고난 잠재력 개발을 위해 특별한 교육이 필요한 사람을 가리키며, _____ 또는 _____(으)로도 불린다. 이 정의는 2000년에 제정된 _____법에 명시되어 있다.

3. 미국의 경우, 1988년 _____법이 제정 · 공포되었다. 이 법에서는 영재교육대상자의 재능 영역을 ① 일반 지적능력, ② ____학문 적성, ③ 창의적 또는 생산적 사고력, ④ _____ 능력, ⑤ 시각 · 공연 예술, ⑥ _____ 능력으로 규정하고 있다.

4. 미국의 교육심리학자 _____은/는 영재의 특성에 관한 일련의 연구를 고찰한 결과를 토대로, 영재행동의 _____모델을 창안했다. 이 모델에서 그는 사회적 유용성을 토대로 자기 영역에서 창의적 · 생산적 공헌을 하는 사람들에게서 세 가지 요소, 즉 ① 평균 이상의 지능, ② 높은 _____, ③ 높은 _____이/가 상호작용한다고 주장했다.

5. 완벽주의 성향은 크게 ① _____ 완벽주의, ② _____ 완벽주의, ③ _____ 완벽주의로 구분된다.

6. _____은/는 동시에 다양한 관점에서 조망하면서 자신에게 여러 모습이 있음을 이해하고, 문제의 핵심에 빠르게 도달하는 능력을 말한다. 이 능력은 일종의 _____(으)로, 개인적 상징의 의미를 이해하고, 피상적인 이해수준을 넘

어 그 이면 세계를 들여다볼 수 있게 해 준다.

7.　자신의 인지과정에 대해 한 차원 높은 시각에서 관찰 · 발견 · 통제 · 판단하는 정
　　신작용을 _____(이)라고 한다. 이는 _____적 사고 기술로, _____로도 불
　　린다.

8.　영재성의 정의적 특성에는 _____이/가 포함된다. 이 특성은 오랫동안 흥미를
　　느껴온 분야에 대해 주의를 집중시키고, 그 범위를 확장하게 하며, 더 많은 것을
　　더 잘할 수 있게 하는 동기를 부여한다. 그러나 이로 인해 어려움을 겪게 하는 원
　　인이 되기도 한다.

9.　신체, 정신, 정서, 또는 행동장애가 있는, 1개 분야 이상에서 뛰어난 능력을 지닌
　　아동을 _____(이)라고 하며, 이중특수학생 또는 _____(으)로도 불린다.

10.　새로운 관계 지각, 비범한 아이디어 산출, 또는 전통적 사고유형에서 탈피한 새로
　　운 방식의 사고력을 _____(이)라고 한다. 이는 영재의 인지적 특성의 하나다.

◆ 소집단 활동 ◆

학습장애 특성 체크리스트

※ 이 체크리스트는 학습자에게 학습장애의 특성이 있는지 알아보기 위한 것이다. 문항을 읽고 우측 공란에 자신의 상황과 일치하면, '예', 일치하지 않으면, '아니요'에 ✔표 하시오.

문항	예	아니요
1. 3~4세 때 간단한 문장으로 구성된 말을 할 수 없었다.		
2. 글자를 아무리 가르쳐도 글자를 익힐 수 없었다.		
3. 수 개념을 열심히 가르쳐도 수를 익힐 수 없었다.		
4. 공상하거나 생각 속에 빠져 있어서 멍해 보일 때가 있다.		
5. 혼자 노는 시간이 많다.		
6. 동작이 느리다.		
7. 수줍어하고 소심하다.		
8. 늘 힘이 없어 보인다.		
9. 위축되어 다른 사람들에게 관심이 없다.		
10. 무관심하고 무엇을 해 보려는 동기가 없다.		
11. 정해진 놀이나 같은 질문을 반복하는 것을 좋아한다.		
12. 손으로 하는 일이 어색하고 서투른 면이 눈에 띈다.		
13. 전신을 사용한 협응운동이 잘 안 된다.		
14. 자기 방이나 책상 위 정리정돈이 잘 안 된다.		
15. 긴장하든지 주위의 사태에 자주 놀라고 당황한다.		
16. 좌우 개념을 자주 혼동한다.		
17. 행동이 굼뜨고 느리다.		
18. 자주 부딪치거나 넘어진다.		
19. 성적이 들쭉날쭉하거나 과목 간의 성적 차이가 크다.		

문항	예	아니요
20. 빨리 마칠 수 있는 공부나 과제를 질질 끄는 편이다.		
21. 학교생활이나 환경변화에 적응하는 데 남보다 더 오랜 시간을 필요로 한다.		
22. 책을 보기 싫어한다.		
23. 책을 읽을 때, 글자를 빼놓고 읽거나 글자를 바꾸어서 읽는다.		
24. 처음 글자나 숫자를 배울 때, 자주 거꾸로 쓴 적이 있다.		
25. 사고가 고정되어 있고, 융통성이 없으며, 문제해결 방식이 답답한 편이다.		
26. 전체 상황을 종합하여 판단하는 능력이 부족하다.		

소감

_____

_____

_____

_____

_____

_____

_____

_____

_____

_____

_____

_____

_____

특수아 상담

Counseling Children
with Special Needs

우울장애학생 상담

☑ **개요**

■ 우울장애의 정의
■ 아동 · 청소년기 우울장애의 특징
■ 우울장애의 유병률
■ 우울장애의 원인
■ 우울장애의 판별
■ 우울장애의 분류
■ 우울장애의 중재방안
■ 사별과 우울증상 판별에 관한 논의
☐ 복습문제
☐ 소집단 활동

☑ **학습목표**

1. 우울장애의 정의 및 관련 개념을 이해 · 설명할 수 있다.
2. 아동 · 청소년기 우울장애의 특징을 이해 · 설명할 수 있다.
3. 우울장애의 유병률과 원인을 이해 · 설명할 수 있다.
4. 우울장애의 판별 · 분류 · 사정 · 진단방법을 이해 · 적용할 수 있다.
5. 우울장애의 중재방안을 이해 · 적용할 수 있다.

중학교 2학년 민수는 어려서부터 매우 내성적인 성격의 아이였다. 민수는 중학교에 입학한 이후로도 거의 대부분의 시간을 혼자 말없이 앉아 있고, 급우들이 말을 걸어도 민수는 멍한 표정으로 앉아 있을 뿐, 표정과 행동에 변화가 없었다. 그러면서도 늘 무언가에 억눌린 듯한 표정을 지었고, 다른 또래에게 자기 감정을 털어놓는 법이 없었다. 심지어 다른 아이들이 조롱하는 듯한 말을 해도 민수는 그저 묵묵히 앉아 있을 뿐이었다. 그러나 때로는 마치 발작하는 것과 같이 불현듯 화를 내면서 공격성을 드러내곤 한다("저는 아침에 일어나기가 너무 힘들어요. 내 몸이 침대 속에 푹 꺼지는 느낌이 들어서 일어날 수가 없어요. 어른들은 내가 이상한 것처럼 말하는데, 나는 이상한 아이가 아니에요. 그냥 항상 피곤할 뿐이에요. 저는 정말 셀 수 없이 많은 친구를 사귈 수 있어요."). 민수의 부모님은 민수가 초등학교 3학년 때 이혼했고, 현재 민수는 어머니와 함께 살고 있다. 민수의 어머니는 1년 전 약을 먹고 자살을 시도했다가, 다행히 목숨은 건졌다. 그 후, 우울증 진단을 받고 현재 치료약물을 복용하고 있다.

요즘 아동과 청소년들은 우울하다. 매년 수시로 바뀌는 대학입시제도 때문에 시험 준비하느라 정신없고, 학교수업을 마치면 '야자'(야간자율학습)를 하거나 입시학원에 가야 한다. 조금만 긴장을 늦추면 성적이 나락으로 떨어질 것만 같다. 가까운 친구와 속마음을 터놓고 싶어도, 도대체 만날 여력이 없다. 이러다 친구를 모두 잃는 것은 아닐까? 입에서는 "아, 우울해!"라는 말이 저절로 나온다. 어찌어찌해서 중학교, 고등학교, 대학에 들어간다고 해도 앞날이 이미 뻔한 것 같아 삶이 더 나아질 것 같지 않다.

우울은 누구나 때로 느끼는 감정이다. 사람들은 왜 우울해할까? 삶에서 쓸데없는 감정이란 없다. 때로 우울도 필요한 감정이다. 울적한 감정은 위험을 감지하고, 안 좋은 일이 벌어지기 전에 조심하고 대비하도록 긴장하게 하기 때문이다. 우울하면 혼자 있고 싶어지고, 상황을 비판적으로 바라보며, 일이 잘되지 않았을 때의 결과에 주의를 기울인다. 이 과정을 통해 개인은 더 신중해지고, 만에 하나 있을 사고를 예방할 수 있다. 과유불급過猶不及, 무엇이든 지나치면 좋지 않다는 한자성어다. 우울감을 동원하여 주변을 경계하는 것은 좋지만, 지나친 경계는 자동으로 매사를 부정적으로 해석·판단·행동하게 되어 우울증이 된다.

우울증^{depression}은 장기적인 의욕 저하와 우울감으로, 다양한 인지·신체 증상을 일으켜, 일상기능이 저하된 상태를 말한다. 이 장애는 도파민, 세로토닌, 노르에피네프린 등 신경전달물질의 화학적 불균형으로 일어나게 된다. 그리고 생물·심리·사회·병리적 요인이 이러한 불균형에 영향을 미친다. 우울증은 일시적인 우울감과는 다르며, 약함의 표현이거나 의지로 없앨 수 있는 것이 아니다. 사람들이 흔히 '마음이 슬픈 상태' '기분이 나빠진 상태' '쉽게 짜증나는 것' '몸과 마음이 처지게 하는 병' 등으로 알고 있는 우울증은 「특수교육법」 제15조(특수교육대상자의 선정)의 '정서·행동장애'에 해당한다. 우울증은 DSM-5(APA, 2013)에서 우울장애로 불린다. 이 장에서는 ① 우울장애의 정의, ② 아동·청소년기 우울장애의 특징, ③ 우울장애의 유병률, ④ 우울장애의 원인, ⑤ 우울장애의 판별, ⑥ 우울장애의 분류, ⑦ 우울장애의 중재방안, ⑧ 사별과 우울증상 판별에 관한 논의에 관해 살펴보기로 한다.

우울장애의 정의

우울장애$^{depressive\ disorders}$란 정신장애 진단을 위해 만들어진 용어로, 진단명이 아니라 우울관련장애[예] 파괴적 기분조절부전장애, 주요우울장애, 지속성 우울장애(기분 저하증), 월경전불쾌감장애 등]로 구성된 진단군^{cluster}을 일컫는 말이다. 우울장애군에 속하는 장애의 공통 양상은 슬프고, 공허하거나 과민한 기분이 있고, 개인의 기능수행 능력에 영향을 주는 신체적·인지적 변화의 동반이다. 우울장애의 증상은 5개 범주, 즉 ① 정서, ② 동기, ③ 인지, ④ 행동, ⑤ 신체 증상으로 나뉘는데, 그 내용은 표 10-1과 같다(Comer & Comer, 2019).

표 10-1. 우울장애 증상의 범주별 특징

범주	특징
1. 정서	○ 슬픔, 낙담, 죄책감, 공허감, 굴욕감, 기쁨 상실, (이별) 불안, 분노
2. 동기	○ 일상생활에 대한 욕구 상실, 출근/등교거부, 대화·관계, 성욕, 식욕 상실
3. 인지	○ 자신에 대한 극단적인 부정적 사고, 불행한 사건에 대한 자기비난, 자기비하, 무력감·무망감, 자살사고 증가
4. 행동	○ 활동성·생산성 감소(온종일 침대에 누워 있기도 함), 일탈(무단결석, 가출), 성적하락, 자살시도, 물질사용, 인터넷 중독, 과잉행동

5. 신체	○ 두통, 소화불량, 복통, 변비, 현기증, 체중 변화(식욕 저하/증가), 수면시간 변화 (수면 감소/증가)

  아이들도 우울증으로 고통을 겪는다. 그러나 아동의 증상은 어른들처럼 두드러지지 않기 때문에 무심결에 그냥 지나치기 쉽다. 부모는 자녀가 단지 경미한 스트레스를 받고 있다는 정도로 가볍게 생각할 수 있다. 또 또래관계에 만족하지 않거나, 발달문제, 또는 혼자 놀기를 더 좋아하는 성격 때문이라고 생각할 수 있다. 우울한 아이는 특정한 활동에는 매우 적극적이지만, 다른 면에서는 우울증세를 나타내기도 한다. 이 중에는 학업에 집중하지 못하거나, 지능이 평균 이상이지만, 학업성적이 매우 저조한 경우도 있다.

  또 혼자 놀기를 좋아하면서, 또래들과의 사회적 활동에의 참여는 거부하기도 한다. 더욱이 자기비난을 잘하고, 스스로 잘하는 것이 아무 것도 없다고 느끼며, 살 가치가 없다고 느껴, 심지어 자살을 시도하기도 한다. 아동은 흔히 부모에 의해 상담에 의뢰되기 때문에 상담교사는 부모의 보고만으로 아동의 상태를 가벼운 것으로 단정지어서는 안 된다. 상담교사는 반드시 아동을 직접 대면하여 아동으로부터 직접 정확한 증상과 정보를 수집해야 한다.

아동 · 청소년기 우울장애의 특징

우울장애는 아동 · 청소년기에 자주 발생하는 정서장해다. 정서장해emotional disturbance란 열등감, 지나친 자기의식, 사회적 위축, 수줍음, 불안, 공포, 과민, 우울, 자신감 결여 등으로 인해 학교생활과 일상생활에서 문제를 겪고, 정서조절력 발달에 문제가 있는 상태를 말한다. 정서조절력 발달에 문제가 있다는 것은 심리적인 이유로 특정 상황에 적응하지 못하고, 일상생활에서 문제가 되는 반응을 보임으로써 자신과 타인에게 지장을 초래하는 상태를 의미한다. 정서 · 행동장해의 특징을 요약 · 정리하면 글상자 10-1과 같다.

글상자 10-1. 정서장해의 특징

> 1. 지적 · 신체적 · 지각적인 이상이 없음에도 학업 수행이 극히 부진하다.
> 2. 또래, 교사와의 관계에서 부정적인 문제를 겪는다.

3. 정상적인 환경에서 부적절한 행동 또는 감정을 표출한다.

4. 늘 불안해하거나 우울한 상태에서 생활한다.

5. 학교 또는 개인 문제와 관련된 정서적인 어려움으로 인해 신체적 통증 또는 공포를 느낀다.

6. 지적 능력과 상관없이 생후 30개월 이전에 발생하는 발달장애 증후군에 속하고, 감각 자극에 대한 반응, 언어, 인지능력, 대인관계, 그리고 사물 또는 사건 처리능력에 결함 또는 자폐성 경향이 있다.

아동·청소년기(특히, 15~18세)는 우울장애 발생가능성이 가장 큰 시기다(Reinherz et al., 2000). 아동·청소년기 우울장애는 성인기 우울장애와의 공통 증상, 그리고 독특한 특징이 추가된 양상으로 나타난다. 이 시기의 우울장애는 성인기로 이어지기 쉽다는 점에서 특별한 관심이 요구된다. 아동·청소년기 우울장애의 주요 특징은 ① 가면성 우울증, ② 짜증과 충동적 성향, ③ 자기파괴적 행동이다.

가면성 우울증

첫째, 가면성 우울증^{masked depression}이란 우울 기분이 마치 가면을 쓰고 있는 것처럼 겉으로 잘 드러나지 않는 상태를 뜻한다. 이 상태의 전형적인 양상으로는 이별 불안, 학교 공포증, 과잉행동, 학업성적 하락, 반사회적 행동, 가출, 무단결석, 알코올·약물 사용, 인터넷 중독 등이 있다(Davis, 2005). 이런 양상으로 인해 아동·청소년기 우울장애는 흔히 '위장된 우울증^{disguised depression}'으로 불리기도 한다.

아동·청소년기의 우울장애는 예측하기 힘든 행동(반항, 지각, 결석, 가출 등), 정서(죄책감, 수치심, 자기비하 등), 신체(과다수면, 체중변화, 식욕변화 등) 영역에서 충동적이고 파괴적인 양상으로 나타난다는 특징이 있다. 더욱이, 자살시도가 빈번할 뿐 아니라, 다른 연령대에 비해 자살완수 비율도 높다. 가면성 우울증과 유사한 개념으로는 스마일 마스크 증후군이 있다.

스마일 마스크 증후군^{smile mask syndrome}은 겉으로는 쾌활하고 밝은 모습을 보이지만, 내면에는 불안한 심리상태(우울, 불안, 무력감, 무망감 등)로 고통받는 상태다. 이런 특성으로 인해, 우울장애 발생 초기에 부모들은 자녀의 행동과 우울장애와의 연관성을 눈치 채지 못하는 경향이 있다. 결국, 우울증이 많이 진행된 후에야 성적하락, 가출, 무단결석, 인터넷 중독 등 일련의 증상이 표면화되면서, 부모들은 뭔가 잘못되었다고 생각하여 전문가를 찾게 되는 것이다.

짜증과 충동적 성향

둘째, 아동 · 청소년은 우울을 직접 표현하기보다는 짜증이 많아지고 충동적 성향을 보인다. 또 의욕 없이 무기력하게 지내면서 인터넷 또는 스마트폰 게임에 집착하는 모습을 보이기도 한다. 우울을 해결할 길 없다고 느끼는 막막한 상황에서 가장 쉽게 현실을 도피할 수 있고, 말초적 성취감을 느끼게 해 주기 때문이다. 더욱이, 우울증의 발생 시기가 사춘기와 겹치게 되면서 부모의 혼란이 가중되기도 한다. 우울증 발생 이전과 확연히 달라진 자녀에게 부모가 혼내거나 나무라면, 자녀는 더 대들고 반항하게 되면서 관계가 악화되기 때문이다. 이에 부모와 자녀는 이러지도 저러지도 못하는 교착상태에 빠지기도 한다.

자기파괴적 행동

셋째, 우울장애가 있는 아동 · 청소년은 증상을 사소한 일에 쉽게 짜증내거나 분노를 표출하는 것으로 나타낸다. 감정(짜증, 분노 등) 조절의 어려움과 감정의 즉흥적 조절을 위한 반항행동은 중요한 타인들(부모, 교사, 친구 등)과의 관계를 틀어지게 한다. 아동 · 청소년 우울장애가 의심되는 징후는 글상자 10-2와 같다.

글상자 10-2. 아동 · 청소년 우울증이 의심되는 징후

1. 슬프고 불행해 보이며, 고립되어 있다.
2. 매사에 피곤해하고 아무것도 하기 싫어하는 무기력한 모습을 보인다.
3. 즐거움을 느끼지 못하고, 신체적 불평이 많아진다.
4. 자신을 사랑받지 못하고 버려진 존재로 여기며, 이에 관한 표현이 잦아진다.
5. 식사를 잘하지 않거나, 반대로 과식하여 체중이 감소하거나 증가한다.
6. 잠을 못 자거나, 반대로 너무 많이 잔다.
7. 비행문제(일탈을 일삼는 친구들과 어울리거나 음주, 흡연 등)에 연루된다. ☞ 우울증에서 탈출하기 위한 시도로 간주됨
8. 때로 우울 또는 슬퍼 보이기보다 산만함, 게으름, 나태함, 불성실함으로 보인다.
9. 감정기복이 심하고, 분노, 짜증, 신경질을 잘 내는 아이로 변한 것처럼 보인다.
10. 자기비관적 사고를 자주 하고, 죽음에 대한 언급이 잦거나 에둘러 표현한다.
11. 불안을 동반한 자기파괴적 행동이 나타난다(예 손톱 물어뜯기, 머리털 뽑기, 근육경련, 홍분, 무뚝뚝함, 짜증이 많아짐, 샐쭉함, 시무룩함, 침울함, 움츠림, 즐거움 단절, 자기단절, 불복종, 고의적 파괴행동 등)

우울증이 심해지면, 아동·청소년은 자기파괴적 행동(자해 또는 자살)을 통해 모든 어려움을 회피하고자 한다. 자해/자살 위험이 있는 아동·청소년은 겉으로는 매우 조용하고 위축되거나, 이와는 반대로 과잉행동을 하거나 흥분하기도 한다. 특히, 과잉행동 또는 과잉흥분 상태는 이들이 자신의 감정을 억압하여 속마음을 은폐하고자 할 때 나타난다. 이들은 자존감에 깊은 영향을 주는 사건이 발생하거나 자신에게 중요한 사람 또는 반려견에 대한 상실감을 느낄 때, 감정을 억압하거나 자기파괴적 행동을 한다. 감정 억압은 만성 불면증, 식욕감퇴, 위축행동 등의 원인이 된다. 자해 또는 자살 위험이 있는 학생 상담을 위한 지침은 글상자 10-3과 같다.

글상자 10-3. 자해/자살 사고가 있는 학생 상담을 위한 지침

> 1. 학생이 "이 세상을 떠날 거예요." "난 살 가치가 없어요." 같은 말을 한다면, 이 말을 "난 도움이 필요해요."라는 의미로 받아들이고 즉각 적절한 도움을 제공한다.
> 2. 무비판적인 태도로 학생의 이야기를 공감적으로 경청한다.
> 3. 자살방지 서약서를 작성하게 한다.
> 4. 구체적인 자살계획을 세운 학생에게는 그 계획에 대해 탐색한다.
> 5. 학생에게 자살충동이 생길 때, 상담교사에게 전화를 걸어 도움을 청하도록 한다.

우울장애의 유병률

우울장애는 가장 흔한 정신장애의 하나로, 국가 간 유병률 차이가 큰 편이다. 서구권 국가(미국, 유럽, 뉴질랜드 등)은 주요우울장애 평생 유병률이 10.1~16.6%인 반면, 비서구권 국가(한국, 중국 등)는 5% 이하다. 이 장애는 남성보다 여성에게서 2배 정도 많이 나타나는데, 남성은 평생 10~15%, 여성은 15~20%가 겪는 것으로 조사되었다. 특히, 아동·청소년기에 우울장애 발생률은 남성보다 여성이 훨씬 높다(Hankin et al., 1998). 여성은 일반적으로 남성보다 세로토닌 수치가 높고, 그 농도가 조금만 변해도 민감하게 반응하게 되어, 우울장애 발생 가능성이 더 큰 것으로 알려져 있다.

여성이 남성보다 민감하게 반응하는 이유는 월경주기를 전후로 에스트로겐과 프로게스테론 등 여성 호르몬의 불균형이 뇌를 자극하여 세로토닌에 변화를 주기 때문이다. 여성은 남성보다 세로토닌 합성률이 낮아서 상대적으로 우울장애 발병률이 높다. 특히, 스트레스 수준이 높아지는 경우, 세로토닌의 사용량이 증가하게 되어 여성

의 체내에서 세로토닌이 쉽게 고갈된다. 세로토닌이 고갈되면 우울장애 발병에 취약
해진다. 또 가족력, 스트레스에 취약한 성격/인지체계, 스트레스가 많은 환경에 노출
되는 경우, 발병률이 높다.

우울장애의 원인

우울장애는 다른 정신장애와 마찬가지로 다양한 ① 생물학적 원인, ② 환경적 원인,
③ 심리 내적 원인에 의해 발생하는 것으로 알려져 있다.

생물학적 원인

첫째, 우울장애가 생물학적 원인에 의해 발생한다는 증거는 쌍생아 대상의 연구에 기
초한다. 한 연구(McGuffin et al., 1996)에서 연구자들은 200여 쌍의 쌍생아를 대상으로
일란성과 이란성 쌍생아의 우울증 일치율을 비교했다. 그 결과, 일란성 쌍생아에게
우울장애가 발생했을 때, 다른 쌍생아의 우울증 발생이 40%로 나타나, 이란성 쌍생
아보다 높은 일치율을 보였다. 이는 우울장애가 유전적 원인, 즉 생물학적 원인으로
발생하는 것임을 입증하는 것이었다.

　세로토닌과 멜라토닌 결핍이 우울증 발생과 밀접한 관련이 있다는 사실은 이미
1970년대에 밝혀졌다. 특히, 세로토닌serotonin은 뇌척수액에서 발견되는 신경대사물질
로, 뇌를 순환하며 신경전달 기능을 한다. 세로토닌은 감정표현과 밀접한 관련이 있는
것으로, 이 물질이 부족하면 감정이 불안정하여 근심과 걱정이 많아지고 충동적인 성
향이 나타난다. 오늘날 우울증 치료제 대부분은 세로토닌의 재흡수를 막아 뇌에 더 오
래 머물게 하는 것들이다[세로토닌 선택적 재흡수 억제제serotonin selective reuptake inhibitor(SSRI)].

　멜라토닌melatonin은 생체시계 역할을 하는 호르몬으로, 수면과 연관이 있다. 이에 멜
라토닌이 부족할 경우, 불면증에 시달리게 된다. 멜라토닌은 수면욕 외에도 식욕, 성
욕 등 생리적 기능에 관여하는데, 부족하면 무력증이 나타난다. 이 외에도 도파민, 노
르에피네프린 등 신경과 관련된 여러 호르몬이 우울증에 영향을 미치는 것으로 알려
져 있다. 또 임신우울증, 산후우울증, 주부우울증, 계절우울증 등의 이름에서 알 수
있듯이, 우울장애의 발병은 내·외적 영향을 받는다.

환경적 원인

둘째, 개인을 둘러싸고 있는 환경 역시 우울장애 발생에 영향을 준다. 환경적 원인은 흔히 삶에 대처하기 어려운 상황으로 관계 문제, 상실감, 경제적 곤란, 생활 스트레스 등이 포함된다. 특히, 우울장애 발생은 자녀와 부모의 애착 수준과 관련이 있다. 즉, 부모의 애정을 받고 자란 자녀는 신뢰감과 안정감을 갖게 되나, 그렇지 않은 자녀는 우울증이 발병할 수 있다는 것이다. 또 부모-자녀 간 의사소통의 질이 우울 발생과 상관이 있다는 연구결과도 있었다(권정연, 2005; 김선희, 2008).

환경적 원인에 의한 우울증 발생 가설로는 ① 우울증 양육자 가설과 ② 부모의 갈등 가설이 있다. 전자는 우울증이 있는 부모가 정서표현 결여, 부정적 사고방식, 비관적 세계관이 자녀의 우울증을 유발한다는 가설이다. 반면, 후자는 부모의 갈등이 자녀에게 반복적·지속적으로 부정적 정서를 유발하여 결국 학습된 무력감으로 인해 청소년기에 우울증으로 나타난다는 가설이다.

심리 내적 원인

셋째, 우울장애의 심리 내적 원인은 ① 사랑받지 못한다는 느낌, ② 내면을 향한 공격성, ③ 학습된 무기력, ④ 자존감 하락으로 구분된다.

사랑받지 못한다는 느낌. 첫째, 아동·청소년기 우울증의 주요 원인으로는 아동 자신이 가정에서 원치 않는 아이라는 느낌이 들거나, 가족의 일원으로 어울리지 않는다고 느끼거나, 부모 또는 교사의 기대에 미치지 못해 사랑/인정받지 못한다는 느낌이다. 아동이 느끼는 부모의 사랑은 단지 편안한 집, 선물, 장난감만으로 느껴지는 것은 아니다. 이와 유사한 사례는 글상자 10-4와 같다.

글상자 10-4. 부모로부터 사랑받지 못한다는 느낌으로 인한 아동기 우울증 사례

> 시현(남, 초3)은 고급 아파트에서 살고 있다. 고가의 장난감, 게임기, 전자기기 등 물질적으로 풍요로움을 누리고 있지만, 엄마 아빠가 자기를 사랑하지 않는다는 생각으로 몹시 외로워한다. 시현의 부모는 아침 일찍 출근했다가 밤늦게 귀가하는 경우가 많아, 시현은 어려서부터 아이 보는 사람에게 맡겨지곤 했다. 시현은 늘 엄마 아빠와 함께 하기를 원했으나, 거의 그러지 못했다. 이러한 욕구가 번번이 좌절되자, 시현은 외로움과 거부감으로 혼란스러워했다. 이러한 혼란감은 시현의 학교생활과 또래관계에도 영향을 주어, 시현

은 어른들이 자기를 사랑하지 않는다고 믿게 되었다. 시현은 사랑받는 것을 포기하게 되었고, 차츰 말이 없어지고 자기만의 세계로 **빠진** 채 외부활동도 하지 않게 되면서 우울증이 찾아오게 되었다. 아이의 상태가 걱정된 시현의 부모는 결국 전문가의 도움을 청하게 되었다.

내면을 향한 공격성. 둘째, 정신분석에서는 우울증을 '내면을 향해 총부리를 겨눈 공격성'으로 설명한다. 이는 특정 상황에 대한 부적 감정(화/분노)을 표현하는 원초적 공격성의 총구를 외부가 아니라 자신에게 돌리는 현상이다. 즉, 남 탓만 해도 문제지만, 매사를 자신의 탓으로 자책하고, 자신에게 공격성을 분출하는 것도 정신장애의 원인이 된다는 것이다. 결국, 내면은 만신창이가 되고, 자긍심은 땅에 떨어져 '쓸모없는 인간'이라는 자괴감만 남게 된다.

사람들에게는 '어떤 것을 하고 싶다' '이루고 싶다'는 이상적인 목표가 있다('이상자기'). 그러나 자기 모습과는 너무 동떨어져 있어 도저히 달성할 수 없을 것 같은 현실('실제자기')에 직면하면, 우울감이 생긴다. 학업성적이 하위권인 학생이 명문대에 들어가겠다는 목표를 세운다면, 우울의 원인이 될 수 있다. 자신이 지니고 있거나 성취한 것은 보지 않고 갖고 있지 못한 것만 바라거나, 남과 끊임없이 비교하며 열등감을 느끼고 자신이 못하고 있다고 주관적으로 판단하는 경향은 목표와 현실 사이의 괴리를 넓히는 주범인 셈이다.

학습된 무기력. 셋째, 학습된 무기력learned helplessness은 유기체가 회피/극복할 수 없는 혐오상황에 지속적으로 노출되면, 어떤 시도나 노력도 결과를 바꿀 수 없다고 여기게 되어 무력해지는 현상을 말한다. 이 개념은 1967년 셀리그먼의 동물(개) 대상 실험에서 창안되었다. 이 실험은 이후 인간을 대상으로 한 연구로 범위가 확장되었고, 특히 우울증 환자들이 보이는 부정적 인지과정을 설명하는 모델로 주목받았다. 일상생활에서도 학습된 무기력은 쉽게 관찰되는데, 입시에서 연이은 낙방으로 의욕을 잃고 아무것도 하고 싶지 않다는 무기력한 상태에 **빠지는** 경우, 가정폭력 피해자들이 계속되는 폭력과 협박, 회유로 자신은 아무것도 할 수 없다는 무기력감을 느끼면서 지속적으로 폭력에 노출되는 것 등을 들 수 있다.

마틴 셀리그먼 (Martin Seligman, 1942~현재)

자존감 하락. 자존감$^{self-esteem}$은 자신이 사랑받을 만한 가치가 있는 소중한 존재이고 어떤 성과를 이루어낼 만한 유능한 사람이라고 믿는 마음이다. 즉, 자기를 존중하고 사랑하는 마음이다. 이 용어는 미국의 의사이자 철학자 윌리엄 제임스가 1890년대에 처음 사용했다고 알려져 있다. 제임스는 자존감의 상처가 우울증으로 이어지고 자살에 이르게 할 수 있다고 주장했다.

윌리엄 제임스 (William James, 1842~1910)

자존감이 낮은 사람은 자신의 실체와 상관없이 열등감이 심하고 대인관계가 원만하지 않아, 타인의 시선을 지나치게 의식하며 전전긍긍하는 경향이 있다("나의 실체를 알면 크게 실망할 거야!"). 이런 경향성은 종종 우울증을 유발하고, 자살사고를 부추기게 된다. 그렇다고 해서 자존감이 너무 높아도 사회생활에서 문제가 될 수 있다. 자기를 너무 존중하다 보니 타인을 무시하기 쉽다("나는 남보다 우월하니까 당연히 항상 존중받아야 해!"). 자존감은 극단에 치우치기보다 적당히 균형을 유지하는 것이 중요하다.

우울장애의 판별

우울장애 판별을 위한 심리검사로는 ① 미네소타 다면적 인성검사(MMPI), ② 벡우울검사(BDI), ③ 아동우울검사(CDI)가 있다.

미네소타 다면적 인성검사

첫째, 미네소타 다면적 인성검사$^{Minnesota\ Multiphasic\ Personality\ Inventory}$(MMPI-2)는 개인의 성격과 정신병리를 측정하는 표준화된 심리검사다. 1989년 개정된 MMPI-2는 성인용, MMPI-A는 청소년용이다. 이 검사는 총 567문항으로, 타당도 척도와 임상척도(Hs, D, Hy Pd, Mf, Pa, Pt, Sc, Ma, Si)로 구성되어 있다. 우울증상 여부의 판별을 위해서는 보통 2번 척도로 불리는 D 점수가 65점 이상이고, 주관적 우울감, 정신운동지체, 신체기능장애, 둔감성, 깊은 근심 등의 소척도 점수가 높게 나타난다. 또 정신적 에너지 수준을 나타내는 9번 척도(Ma) 점수가 낮고, 10번 척도(Si)가 높게 나타나기도 한다.

벡우울검사

둘째, 벡우울검사[Beck Depression Inventory](BDI)는 1961년 애런 벡이 우울증 측정을 위해 개발한 성인용 자기보고식 검사로, 총 21문항으로 되어 있다. 이 검사는 피검자의 기분을 가장 잘 기술하는 정도를 0~3점 척도에 답하게 되어 있다. 총점 범위는 0~63점으로, 0~9점은 우울하지 않은 상태, 10~15점은 경도 우울상태, 16~23점은 중등도 우울상태, 24~3점은 고도 우울상태로 판별된다(Beck, 1976).

애런 벡 (Aaron T. Beck, 1921~2021)

아동우울검사

셋째, 아동우울검사[Children's Depression Inventory](CDI)는 1979년 미국의 마리아 코백스(Maria Kovacs)가 BDI를 기초로 개발한 것으로, 아동·청소년의 우울증 또는 기분저하증 dysthymia 증상의 심각도를 측정하는 검사다. 이 검사는 인지·정서·행동 증상에 관한 5개 범주(① 우울정서, ② 행동장애, ③ 흥미상실, ④ 자기비하, ⑤ 생리적 증상), 총 27개 문항으로 구성되어 있다. 각 문항은 0~2점까지 평정하고, 채점 가능 범위는 0~54점이다. BDI와 마찬가지로 점수가 높을수록 우울 정도가 심하다고 해석한다. 이 외에도, 교실에서 관찰할 수 있는 학생의 우울 증상과 설명은 표 10-2와 같다.

표 10-2. 교실에서 관찰할 수 있는 학생의 우울 증상과 설명

증상	설명
1. 동기결여	○ 학업에 관심이 없음
2. 긍정정서 결여	○ 행동적 강화요인을 찾기 어려움
3. 피로	○ 항시 피로해 보이고, 과제완수에 어려움이 있음
4. 집중력 결여	○ 수업에 집중하지 못하고 과제에 집중하여 완수하기 어려움
5. 인내심 결여	○ 과제를 완수하지 못함
6. 사회관계 손상	○ 교사 또는 또래와의 관계 형성 및 유지에 어려움이 있음
7. 슬픔/잦은 눈물	○ 사회적 위축, 또래로부터의 소외, 학습을 위한 에너지가 결여됨
8. 인지왜곡	○ 실패에 대해 지나친 의식, 피드백에 대한 부정적 해석 경향성, 저조한 성적이 부정적 경향성에 대한 강화요인으로 작용함
9. 자의식 고조	○ 집단활동 참여에 어려움을 겪음
10. 초조/공격성	○ 또래들의 활동을 방해하고, 학습곤란, 과제를 완수하지 못함
11. 위축	○ 또래들과 어울리지 못하고, 무시 또는 따돌림당하는 경향이 있음

우울장애의 분류

아동 · 청소년에게서 흔히 발생하는 우울장애로는 ① 파괴적 기분조절부전장애, ② 주요우울장애, ③ 지속성 우울장애(기분저하증)가 있다. 파괴적 기분조절부전장애는 아동이 양극성장애로 과잉진단 · 치료를 받게 될 잠재적 우려로 인해, 지속적인 과민한 기분과 극단적인 행동통제 곤란 증상이 있는 아동을 위한 진단명으로 DSM−5에 새로 추가된 장애다. 주요우울장애는 우울장애군을 대표하는 전형적인 질환으로, 통상적으로 '우울증depression'으로 불린다. 이에 비해, 지속성 우울장애(기분저하증)은 우울증의 만성적인 형태로, DSM−IV의 만성 주요우울장애와 기분부전장애가 통합된 진단명으로 DSM−5에 새로 추가되었다.

파괴적 기분조절부전장애

첫째, 파괴적 기분조절부전장애disruptive mood dysregulation disorder(이하 'DMDD')는 만성, 고도 과민성이 특징이다. 이 장애는 두 가지 임상적 징후를 보인다. 하나는 빈번한 분노발작temper tantrum으로, 보통 좌절에 대해 언어/행동 반응(사물, 자신, 타인에 대한 공격성)으로 나타난다. 이 증상은 2개 이상의 환경(가정, 학교 등)에서 1년 이상 빈번히(평균 주당 3회 이상) 발생하고, 발달적으로 부적절하다는 특징이 있다. 다른 하나는 분노발작 사이에 만성적 · 지속적으로 과민하거나, 화가 난 기분 상태로 나타난다. 단, 과민/분노 상태가 거의 매일, 거의 하루 종일 나타나고, 객관적으로 관찰될 수 있어야 한다. DMDD의 진단기준은 글상자 10−5와 같다.

글상자 10-5. 파괴적 기분조절부전장애(DMDD) 진단기준 요약

A. 고도의 재발성 분노발작이 언어(예 폭언) 또는 행동(예 사람/사물에 대한 물리적 공격성)으로 나타나며, 상황/도발 자극에 비해 그 강도나 지속시간이 극도로 비정상적이다.
B. 분노발작이 발달수준에 부합하지 않는다.
C. 분노발작이 평균적으로 주당 3회 이상 발생한다.
D. 분노발작 사이의 기분이 지속적으로 과민하거나, 거의 매일, 거의 하루 종일 화가 나 있고, 객관적으로 관찰될 수 있다(예 부모, 교사, 또래집단).
E. 진단기준 A~D가 12개월 이상 지속되고, 진단기준 A~D에 해당하는 모든 증상이 없는 기간이 연속 3개월 이상 되지 않는다.

F. 진단기준 A와 D가 3개 환경(예 가정, 학교, 또래집단) 중 최소 2개 이상에서 나타나고, 1개 환경에서는 고도의 증상을 보인다.

G. 6세 이전 또는 18세 이후에 처음으로 진단될 수 없다.

H. 과거력 또는 관찰에 의하면, 진단기준 A~E의 발생이 10세 이전이다.

I. 진단기준 A를 만족하는 기간을 제외하고, 양극성장애의 조증 또는 경조증 삽화의 모든 진단기준을 만족하는 뚜렷한 기간이 1일 이상 있지 않다.

J. 이런 행동이 주요우울삽화 중에만 나타나지 않아야 하고, 다른 정신장애[예 자폐스펙트럼장애, 외상후 스트레스장애, 분리불안장애, 지속성 우울장애(기분저하증)]로 더 잘 설명되지 않는다.

K. 증상이 물질의 생리적 효과나 다른 의학적 또는 신경학적 상태로 인한 것이 아니다.

DMDD 아동의 만성, 고도의 과민성은 종종 가족관계, 또래관계, 학교생활 수행력 저하를 초래한다. 좌절에 대해 극도로 낮은 내성으로 인해 학교적응에 어려움을 겪기 때문이다(예 또래들과의 활동 참여 곤란, 교우관계 형성·유지 곤란). 이는 개인과 가족의 삶에도 심각한 문제를 초래한다. 게다가 위험행동, 자살사고/시도, 고도의 공격성, 정신건강의학과 입원이 흔하다. DMDD는 사춘기 이전에는 양극성장애보다 더 흔하고, 증상은 아동기에서 성인기로 들어서면서 점차 완화된다(APA, 2013).

주요우울장애

둘째, 주요우울장애^{major depressive disorder}(이하 'MDD')는 우울장애군을 대표하는 전형적인 질환이다. 이 장애는 정동, 인지, 생장 기능의 명백한 변화를 수반하는 삽화가 거의 매일, 거의 하루 종일, 2주 이상 지속되는 양상이 특징이다. 주요우울장애의 ① 특징, ② 유병률과 성차은 다음과 같다.

특징. 주요우울장애(MDD)의 핵심 증상은 체중변화와 자살사고를 제외하고는 거의 매일 존재한다. 이 장애의 특징은 다음과 같다.

☐ **신체적 불편.** 첫째, 슬픈 기분보다는 신체적 불편(분리불안 또는 두통, 관절, 복부 등의 통증)을 호소하거나, 과민성(사소한 자극에 쉽게 화를 내거나, 좌절, 또는 공격적으로 반응함)을 표출한다. 아동·청소년은 처음에는 우울 기분에 대해 부인하지만, 상담과정에서 우울감을 표출하는 경향이 있다(울려고 하는 것처럼 보인다는 지적에 의해). 이들은 우울/낙담한 모습 외에도, 만사가 귀찮다거나, 아무런 느낌이 없다거나, 불안감,

까칠한 반응을 나타낸다. 이는 일상생활에서 겪는 좌절로 인한 과민성과 구별되어야 한다.

☐ **흥미/즐거움 상실.** 둘째, 흥미나 즐거움 상실이 거의 항상 나타난다. 이전에 좋아하던 취미활동에 대한 흥미 또는 즐거움을 느낄 수 없게 된다. 또 사회적으로 위축되거나 이전에는 즐겼던 취미에 대해 무관심해진 것은 흔히 가족들이 먼저 눈치를 채게 된다(⑩ 이전에는 축구를 즐기던 아이가 운동하지 않으려고 변명거리를 찾음).

☐ **식욕 · 수면 변화.** 셋째, 식욕이 저하 또는 증가한다. 식욕변화는 심한 체중 감소/증가를 초래한다. 아동의 경우, 발달과정에서 예상되는 체중이 증가하지 않기도 한다. 또한 수면문제(불면 또는 과다수면)가 나타난다. 불면증은 전형적으로 중기 불면증(밤에 자다가 깨면 다시 잠들 수 없음) 또는 말기 불면증(너무 일찍 깨고 다시 잠들 수 없음)으로 나타나고, 때로 초기 불면증(잠들기 어려움)도 발
생한다. 과다수면은 야간수면 시간 증가 또는 주간수면 시간 증가로 나타나기도 한다. 때로 수면문제가 전문가를 찾는 이유가 되기도 한다.

☐ **정신운동 변화.** 넷째, 정신운동 변화가 나타난다. 이는 초조(안절부절못함, 좌불안석, 주먹 꽉 쥐기, 피부 · 옷 · 물건을 잡아당기거나 문지르기) 또는 지연(말 · 사고 · 동작이 느려짐, 대답하기 전 침묵하는 시간이 길어짐, 음량 · 음조 · 음량 감소, 화제거리 빈곤, 또는 말이 없어짐)을 포함한다. 진단기준에 충족되려면, 정신운동 초조와 지연은 타인의 눈에 띌 만큼 심해야 한다. 또 기력이 저하되고 피곤하며 나른해하고, 신체운동을 하지 않는 데도 계속 피곤하다고 호소한다. 아주 작은 일에도 상당한 노력을 해야 하고, 일처리 능률이 현저하게 떨어진다(아침에 일어나 씻고 옷 입는 것이 힘겹게 느껴지고, 평소보다 2배의 시간이 걸릴 수 있음).

☐ **무가치감/죄책감.** 다섯째, 무가치감/죄책감을 느낀다. 이는 자신의 가치에 대한 비현실적인 부정적 평가 또는 과거에 실패했던 사소한 일에 대한 집착/반추를 포함한다. 즉, 중립적이거나 사소한 일상적인 사건을 자신이 결함이 있는 증거로 잘못 해석하는 등, 예상치 못한 사건에 대해 과도한 책임을 느낀다. 이들의 무가치감/죄책감은 망상적 특징을 보일 수 있다(자신이 세계 빈곤에 개인적으로 책임이 있다고 확신함). 우울증으로 인해 자신에게 질환이 있다거나, 직업적 또는 대인관계에서 책임을 완수하지

못한 것에 대해 스스로를 탓하는 것은 흔하다. 그러나 망상 수준이 아니면 진단기준 충족에 충분하지 않다.

☐ **사고력 · 집중력 · 결정력 손상.** 여섯째, 자신의 사고력, 집중력, 사소한 결정력이 손상된 것으로 지각한다. 아동의 경우, 갑작스럽게 학업성적이 하락하거나, 쉽게 산만해지거나, 기억력 저하를 호소한다. 성인의 경우, 지적으로 높은 수준의 활동을 수행하던 사람이 적절한 업무수행을 어려워하게 되는 것이 그 예다. MDD의 진단기준 요약은 글상자 10-6과 같다.

글상자 10-6. 주요우울장애(MDD) 진단기준 요약

> A. 1번과 2번 중 하나가 반드시 포함되고, 5개 이상이 2주 동안 거의 매일 지속된다.
>   1. 거의 하루 종일, 우울 기분이 이어진다는 주관적 보고(예 슬픔, 공허감, 또는 절망감) 또는 객관적 관찰소견(예 잦은 눈물 흘림) (단, 아동 · 청소년은 과민한 기분으로 나타나기도 함)
>   2. 거의 하루 종일, 거의 모든 일상활동에 대한 흥미/즐거움의 현저한 저하
>   3. 체중조절이 없는 상태에서 현저한 체중 감소(예 1개월 동안 5% 이상의 체중 변화)나 체중 증가, 식욕 감소 또는 증가(아동은 체중증가가 기대치에 미달되는 경우도 해당함)
>   4. 불면/과수면
>   5. 정신운동 초조(안절부절 못함) 또는 지연(생각/행동이 평소보다 느려짐)
>   6. 피로감 또는 활력 상실
>   7. 무가치감 또는 과도하거나 부적절한 죄책감
>   8. 사고력/집중력 감퇴 또는 우유부단(주관적 호소나 객관적 관찰 가능함)
>   9. 반복적인 죽음에 대한 생각, 구체적인 계획 없이 반복되는 자살사고, 또는 자살시도 또는 구체적인 자살계획 수립
> B. 증상이 사회적, 직업적, 또는 다른 중요한 기능영역에서 임상적으로 현저한 고통이나 손상을 초래한다.
> C. 삽화가 물질의 생리적 효과나 다른 의학적 상태로 인한 것이 아니다.
> D. 주요우울삽화가 조현정동장애, 조현병, 조현양상장애, 망상장애, 달리 명시된/명시되지 않는 조현병 스펙트럼 및 기타 정신병적 장애로 더 잘 설명되지 않는다.
> E. 조증 삽화 혹은 경조증 삽화가 존재한 적이 없다.

유병률과 성차. 주요우울장애(MDD)의 1년 유병률은 약 7%다. 이 장애의 유병률은 연령에 따라 큰 차이를 보이는데, 18~29세 집단은 60세 이상 집단보다 3배 이상 높

고, 초기 청소년기부터 여성이 남성보다 1.5~3배 정도 높다. MDD는 높은 사망률과 연관되어 있고, 자살이 많은 경우를 차지한다. 여성은 명확하게 높은 유병률을 보이지만 증상, 경과, 치료반응, 기능 변화에서 성차는 분명하지 않다. 또 여성의 자살시도 가능성은 더 크지만, 자살완수율은 더 낮다(APA, 2013).

지속성 우울장애(기분저하증)

셋째, 지속성 우울장애(기분저하증)Persistent Depressive Disorder (Dysthymia)(이하 'PDD')는 아동·청소년은 1년 이상, 성인은 2년 이상, 우울 기분이 없는 날보다 있는 날이 더 많고, 하루 대부분 지속하는 우울 기분이 있는 것이 특징이다. 주요우울장애는 PDD에 선행할 수 있고, 주요우울삽화는 PDD 기간에 발생할 수 있다. PDD로 진단된 아동·청소년은 자신의 기분이 슬프고, 울적하다고 표현한다. 이 장애의 증상들은 이들의 일상적인 경험의 대부분을 차지한다는 점에서 묻지 않으면 보고되지 않는 경우가 흔하다. PDD의 진단기준 요약은 글상자 10-7과 같다.

글상자 10-7. 지속성 우울장애(기분저하증)(PDD) 진단기준 요약

A. 2년 이상, 하루의 대부분 우울 기분이 있고, 우울 기분이 없는 날보다 있는 날이 더 많다는 주관적 보고 또는 객관적으로 관찰된다. (☞ 주의: 아동·청소년은 1년 이상, 기분과민 상태로 나타나기도 함)

B. 우울기간 동안 다음 중 2개 이상의 증상이 나타난다.
  1. 식욕 부진 또는 과식   2. 불면 또는 과다수면   3. 기력의 저하 또는 피로감
  4. 자존감 저하   5. 집중력 감소 또는 우유부단   6. 절망감

C. 장애 2년간(아동·청소년은 1년) 연속해서 2개월 이상, A와 B 증상이 발현하지 않았던 적이 없어야 한다.

D. 주요우울장애 진단기준을 충족하는 증상이 2년간 지속적으로 나타날 수 있다.

E. 조증·경조증 삽화가 없고, 순환성장애 진단기준을 충족하지 않는다.

F. 장해가 지속적인 조현정동장애, 조현병, 망상장애, 달리 명시된, 또는 명시되지 않는 조현병 스펙트럼 및 기타 정신병적 장애와 겹쳐서 나타나는 것이 아니다.

G. 증상이 물질(예 남용약물, 치료약물)의 생리적 효과 또는 다른 의학적 상태(예 갑상선기능저하증)로 인한 것이 아니다.

H. 증상이 사회적, 직업적, 또는 기타 중요한 기능 영역에서 임상적으로 현저한 고통 또는 손상을 초래한다.

　　PDD는 대부분 생애 초기부터 아동기, 청소년기, 성인기 초기를 거치면서 서서히 발생하고, 만성적인 경과를 보인다. 이 장애는 조기 발병(21세 이전)의 경우, 성격장애와 물질사용장애가 동반할 가능성이 크다는 점에서 조기중재가 요구된다.

우울장애의 중재방안

우울장애에 대한 중재방법은 ① 인지행동치료와 ② 약물치료를 병행하는 것이 가장 효과적인 치료방법으로 알려져 있다.

인지행동치료

첫째, 인지행동치료^{Cognitive Behavioral Therapy}(이하 'CBT')는 단일 이론이라기보다는 인간관, 심리적 문제 발생과 치료 과정의 원리를 인지와 행동 과정의 의미로 간주하는 몇몇 이론의 집합체적 접근이다. 이 접근에서는 우울증이 역기능적 사고에 의해 매개 · 유지된다는 가정하에 역기능적 사고(비합리적 신념, 인지왜곡, 자동사고 등)를 발견하여 수정하는 것을 목표로 삼는다. CBT에서는 내담자의 역기능적 사고를 대안적 사고로 대체하도록 도움으로써, 우울증상을 완화시킨다. 대안사고^{alternative thinking}란 객관적이며 사실에 근거한 현실적이고 합리적인 사고를 말한다. 대안적 사고의 예는 글상자 10-8과 같다.

글상자 10-8. 대안사고의 예

> ○ **부정적 사고**: "나는 남들 앞에서 말도 잘 못하는 아주 보잘것없는 존재다."
> ○ **대안사고**: "나는 말은 잘하지 못하지만, 아이들의 말은 잘 들어 줄 수는 있다. 성숙한 사람은 남의 말에 귀 기울여 주는 능력이 있다."

　　CBT는 행동심리학과 인지심리학의 기본 원리가 결합된 치료적 접근이다. 이 접근은 문제 · 실행중심치료로, 주로 정신장애와 관련된 특정한 장해 감소 또는 제거에 사용된다. 대표적인 CBT로는 ① 벡의 인지치료^{Cognitive Therapy}(CT), ② 엘리스의 합리정서행동치료^{Rational-Emotive Behavior Therapy}(REBT), ③ 마이켄바움의 인지행동수정^{Cognitive Behavioral Modification}(CBM)이 있다. 특히, 우울장애 증상 감소/제거를 위한 CBT 과정은 그림 10-1과 같다.

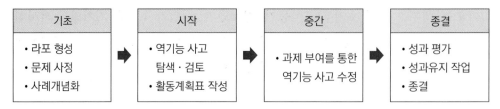

그림 10-1. 우울장애 치료를 위한 인지행동치료(CBT) 과정 도식

약물치료

둘째, 약물치료pharmacotherapy는 전문의가 처방한 치료약물 투여를 통해 정서·행동장해 아동의 문제행동 감소 또는 개선을 꾀하는 중재방법이다. 우울장애 치료를 위해 사용되는 약물은 크게 세 부류, 즉 ① 삼환계 항우울제, ② 모노아민 산화효소반응 억제제, ③ 제2세대 항우울제로 구분되는데, 이에 관한 설명은 표 10-3과 같다.

표 10-3. 우울증 치료에 사용되는 약물

치료약물	설명
1. 삼환계 항우울제	○ 1950~1970년대에 개발되었고, 제1세대 항우울제로도 불림 ○ 세로토닌, 노르에피네프린의 재흡수를 막아 뇌 속에 신경전달물질을 늘리는 기능을 함
2. 모노아민 산화효소 반응 억제제	○ 모노아민 산화효소 억제하는 작용을 하여, 시냅스에 신경전달물질이 많이 남아 있도록 함
3. 제2세대 항우울제	○ 선택적 세로토닌 재흡수 억제제(SSRI), 선택적 노르에피네프린 재흡수 억제제(SNRI)가 있고, 삼환계 항우울제와 모노아민 산화효소 반응 억제제보다 부작용이 적고, 안전한 약물로 평가됨

표 10-3에 제시된 치료약물 외에도 노르에피네프린, 세로토닌, 도파민과 혼합하여 영향을 주는 약물도 있다. 성인의 경우, 약물치료와 심리치료를 병행하는 방법이 효과적이라는 견해가 지배적이다. 왜냐하면 약물의 투여는 일시적으로 증상 완화에 효과가 있기 때문이다. 또 치료약물의 장기 복용은 부작용과 내성으로 인해 복용량을 늘려야 하는 문제가 있다. 이에 상담 또는 심리치료를 통한 사고·정서·행동 변화를 돕는 것은 영구적 증상 완화에 효과적이다.

사별과 우울증상 판별에 관한 논의

사별^{bereavement}(죽어서 이별하는 것)이 공허감과 상실감이 우세

한 정동이라면, 주요우울삽화는 행복 또는 흥미를 느낄 수
없고, 우울감이 지속되는 상태다. DSM-IV에서는 우울감이
사별에 의한 것이 아니어야 한다고 명시되었으나, DSM-5에
서는 이 조항이 삭제되었다. 이는 사별 자체가 우울증 발생의 주요 요인이라는 견해
를 받아들였기 때문이다. 이로써 사별, 경제적 몰락, 자연재해 피해, 중증질환 등 심
각한 상실을 겪은 후 주요우울 증상이 나타난다면, 주요우울장애(MDD)로 진단된다.

　사별로 인한 불쾌감^{dysphoria}은 시간이 지나면서 점차 완화되는 경향이 있다. 이러한
변화는 세상을 떠난 사람에 대한 생각 또는 그를 상기시키는 대상, 기억, 또는 물건
등과 관련이 있다. 사별에 비해 주요우울 삽화의 우울감은 좀 더 지속적이고, 특정 생
각 또는 집착에 한정되지 않는다는 특징이 있다. 사별의 고통은 주요우울 삽화와는
달리, 만연된 불행감 또는 비참한 특성이 없고, 때로 긍정적인 감정과 유머를 동반한
다. 사별과 관련된 사고내용은 주로 세상을 떠난 사람과 관련된 생각 또는 기억에 집
중된 양상을 띠는 반면, 주요우울 삽화는 자기비판적이고 비관적인 반추 양상을 보인
다. 또 사별에서는 자존감이 비교적 잘 유지되지만, 주요우울삽화에서는 무가치감과
자기혐오의 감정이 흔하게 나타난다.

　만일 자기경멸적 사고가 애도에서 나타난다면, 이는 전형

적으로 세상을 떠난 사람에 관한 인지왜곡과 연관이 있다
(예 자주 방문하지 않은 점, 죽은 이 생전에 그를 얼마나 사랑했는
지 말해 주지 않은 점). 사랑하는 이를 떠나보낸 사람이 죽음에
대해 생각하는 경우, 이는 보통 먼저 세상을 떠난 사람을 따라 죽는 것에 초점이 맞춰
진다. 반면, 주요우울삽화에서의 죽음은 무가치감과 우울증의 고통을 견딜 수 없어
생을 마감하는 것에 초점이 맞춰져 있다는 특징이 있다.

　주요우울삽화 기간 동안 자살행동의 가능성은 항상 존재한다. 자살시도 또는 위협
과거력은 주요 위험요인으로 간주되지만, 자살완수 사례의 대부분은 자살시도 실패
가 선행되지 않았다. 또한 남성, 미혼, 독거, 절망감이 현저한 경우, 자살완수 위험성
이 높다. 특히, 경계성 성격장애가 있는 사람은 자살시도 가능성이 매우 높다. 사별로
인한 애도는 경험의 내적 측면에 속한다. 만일 애도기간 동안 심각도(9개 증상 중 5개

이상), 기간(거의 하루 종일, 2주 이상 거의 매일), 그리고 임상적으로 현저한 고통이나 손상이 있다는 진단기준을 충족하지 못한다면, 주요우울장애로 진단해서는 안 된다.

◆ 복습문제 ◆

🌷 다음 밑줄 친 부분에 알맞은 말을 쓰시오.

1. 우울증은 「특수교육법」 제15조(특수교육대상자의 선정)의 _____장애에 해당한다. 또 우울증은 DSM-5(APA, 2013)에서 _____(으)로 불린다.

2. _____은/는 우울 기분이 마치 가면을 쓰고 있는 것처럼 겉으로 잘 드러나지 않는 상태를 뜻한다. 이런 양상으로 인해 아동 · 청소년기 우울장애는 흔히 _____(으)로 불리기도 한다.

3. _____은/는 뇌척수액에서 발견되는 신경대사물질로, 뇌를 순환하며 신경전달 기능을 한다. 오늘날 우울증 치료제 대부분은 이 물질의 _____을/를 막아, 뇌에 더 오래 머물게 하는 것들이다. 이에 비해 _____은/는 생체시계 역할을 하는 호르몬으로, 수면과 연관이 있다. 이에 이 물질이 부족할 경우, _____에 시달리게 된다.

4. _____장애는 아동이 _____장애로 과잉진단 · 치료를 받게 될 잠재적 우려로 인해, 지속적인 과민한 기분과 극단적인 _____ 곤란 증상이 있는 아동을 위한 진단명으로 DSM-5에 새로 추가된 장애다.

5. 우울장애군을 대표하는 전형적인 질환인 _____장애는 ____, ____, 생장 기능의 명백한 변화를 수반하는 삽화가 거의 매일, 거의 하루 종일, __주 이상 지속되는 양상이 특징이다.

6. _____은/는 아동 · 청소년은 __년 이상, 성인은 __년 이상, 우울 기분이 없는 날보다 있는 날이 더 많고, 하루 대부분 지속하는 우울 기분이 있는 것이 특징이다.

7. ____이/가 공허감과 상실감이 우세한 정동이라면, _____삽화는 행복 또는 흥미를 느낄 수 없고, 우울감이 지속되는 상태다.

8. 우울증 치료에 효과적인 인지행동치료로는 벡의 _____치료, 엘리스의 _____치료, 그리고 마이켄바움의 _____이/가 있다.

9. 파괴적 기분조절부전장애는 만성, 고도 _____이/가 특징이다. 이 장애의 두 가지 임상적 징후 중 하나는 빈번한 _____(으)로, 보통 좌절에 대해 언어/행동 반응으로 나타난다.

10. 우울장애 판별을 위한 심리검사로는 _____이/가 있다. 이 검사는 1961년 애런 벡(A. Beck)이 우울증 측정을 위해 개발한 성인용 _____식 검사로, 총 ____문항으로 되어 있다.

◆ 소집단 활동 ◆

※ 다음은 우울 증상의 정도를 측정하기 위한 검사이다. 이 검사는 인지·정서·동기·신체 증상 영역을 포함하는 21문항으로 구성되어 있다. 각 문항을 읽고, 지난 2주일 동안 당신의 상태를 가장 잘 나타내는 문장의 표시란에 ○표 한 후 소집단으로 나누어 검사 결과에 대해 소감을 나누어 보자.

번호	문항	표시
1	나는 슬프지 않다.	0
	나는 슬프다.	1
	나는 항상 슬프고 기운을 낼 수 없다.	2
	나는 너무나 슬프고 불행해서 도저히 견딜 수 없다.	3
2	나는 앞날에 대해 별로 낙담하지 않는다.	0
	나는 앞날에 대한 용기가 나지 않는다.	1
	나는 앞날에 대해 기대할 것이 아무 것도 없다고 느낀다.	2
	나는 앞날은 아주 절망적이고 나아질 가망이 없다고 느낀다.	3
3	나는 실패자라고 느끼지 않는다.	0
	나는 보통 사람보다 더 많이 실패한 것 같다.	1
	내가 살아온 과거를 뒤돌아 보면 실패투성이인 것 같다.	2
	나는 인간으로서 완전한 실패자라고 느낀다.	3
4	나는 전과 같이 일상생활에 만족하고 있다.	0
	나의 일상생활은 예전처럼 즐겁지가 않다.	1
	나는 요즘에는 어떤 것에서도 별로 만족을 얻지 못한다.	2
	나는 모든 것이 다 불만스럽고 싫증난다.	3
5	나는 특별히 죄책감을 느끼지 않는다.	0
	나는 죄책감을 느낄 때가 많다.	1
	나는 거의 언제나 죄책감을 느낀다.	2
	나는 항상 죄책감에 시달리고 있다.	3

번호	문항	표시
6	나는 벌을 받고 있다고 느끼지 않는다.	0
	나는 어쩌면 벌을 받을 지도 모른다는 느낌이 든다.	1
	나는 벌을 받을 것 같다.	2
	나는 지금 벌을 받고 있다고 느낀다.	3
7	나는 나 자신에게 실망하지 않는다.	0
	나는 나 자신에게 실망하고 있다.	1
	나는 나 자신에게 화가 난다.	2
	나는 나 자신을 증오한다.	3
8	내가 다른 사람보다 못한 것 같지는 않다.	0
	나는 나의 약점이나 실수에 대해 나 자신을 탓하는 편이다.	1
	내가 한 일이 잘못되었을 때는 언제나 나를 탓한다.	2
	일어나는 모든 나쁜 일은 모두 내 탓이다.	3
9	나는 자살 같은 것은 생각하지 않는다.	0
	나는 자살할 생각을 가끔 하지만 실제로 하지는 않을 것이다.	1
	자살하고 싶은 생각이 자주 든다.	2
	나는 기회만 있으면 자살하겠다.	3
10	나는 평소보다 더 울지는 않는다.	0
	나는 전보다 더 많이 운다.	1
	나는 요즈음 항상 운다.	2
	전에는 울고 싶을 때 울 수 있었지만, 요즈음은 울래야 울 기력조차 없다.	3
11	나는 요즈음 평소보다 더 짜증을 내는 편이 아니다.	0
	나는 전보다 더 쉽게 짜증이 나고 귀찮아진다.	1
	나는 요즈음 항상 짜증을 내고 있다.	2
	전에는 짜증스럽던 일이 요즈음은 너무 지쳐서 짜증조차 나지 않는다.	3
12	나는 다른 사람들에 대한 관심을 잃지 않고 있다.	0
	나는 전보다 사람들에 대한 관심이 줄었다.	1
	나는 사람들에 대한 관심이 거의 없어졌다.	2
	나는 사람들에 대한 관심이 완전히 없어졌다.	3

번호	문항	표시
13	나는 평소처럼 결정을 잘 내린다.	0
	나는 결정을 미루는 때가 전보다 더 많다.	1
	나는 전에 비해 결정을 내리는 데 더 큰 어려움을 느낀다.	2
	나는 더 이상 아무 결정도 내릴 수 없다.	3
14	나는 전보다 내 모습이 나빠졌다고 느끼지 않는다.	0
	나는 매력 없어 보일까 봐 걱정한다.	1
	나는 내 모습이 매력 없이 변해 버린 것 같은 느낌이 든다.	2
	나는 내가 추하게 보인다고 믿는다.	3
15	나는 전처럼 일을 할 수 있다.	0
	어떤 일을 시작하는 데 전보다 더 많은 노력이 든다.	1
	무슨 일이든 하려면 나 자신을 매우 심하게 채찍질해야만 한다.	2
	나는 전혀 아무 일도 할 수가 없다.	3
16	나는 평소처럼 잠을 잘 수 있다.	0
	나는 전만큼 잠을 자지는 못한다.	1
	나는 전보다 일찍 깨고 다시 잠들기 어렵다.	2
	나는 평소보다 몇 시간이나 일찍 깨고 한 번 깨면 다시 잠들 수 없다.	3
17	나는 평소보다 더 피곤하지는 않다.	0
	나는 전보다 더 쉽게 피곤해진다.	1
	나는 무엇을 해도 피곤해진다.	2
	나는 너무나 피곤해서 아무 일도 할 수 없다.	3
18	내 식욕은 평소와 다름없다.	0
	나는 요즈음 전보다 식욕이 좋지 않다.	1
	나는 요즈음 식욕이 많이 떨어졌다.	2
	요즈음에는 전혀 식욕이 없다.	3
19	요즈음 체중이 별로 줄지 않았다.	0
	전보다 몸무게가 2kg가량 줄었다.	1
	전보다 몸무게가 5kg가량 줄었다.	2
	전보다 몸무게가 7kg가량 줄었다.	3

번호	문항	표시
	나는 현재 음식 조절로 체중을 줄이고 있는 중이다. ___예 ___아니요	
20	나는 건강에 대해 전보다 더 염려하고 있지는 않다.	0
	나는 여러 가지 통증, 소화불량, 변비 같은 신체적 문제로 걱정하고 있다.	1
	나는 건강이 너무 염려되어 다른 일을 생각하기 힘들다.	2
	나는 건강이 너무 염려되어 다른 일을 아무것도 생각할 수 없다.	3
21	나는 요즈음 성^{sex}에 대한 관심에 별다른 변화가 없다.	0
	나는 전보다 성에 대한 관심이 줄었다.	1
	나는 전보다 성에 대한 관심이 상당히 줄었다.	2
	나는 성에 대한 관심을 완전히 잃었다.	3
	합계	점

> **해석** **점수 범위:** 0~63점
> ☐ **0~9점:** 우울하지 않은 상태   ☐ **10~15점:** 경도 우울 상태
> ☐ **16~23점:** 중등도 우울 상태   ☐ **24~63점:** 고도 우울 상태

소감 _____

_____

_____

_____

_____

_____

_____

_____

_____

불안장애학생 상담

☑ 개요

■ 불안장애의 정의와 특징
■ 불안장애의 원인
■ 불안장애의 분류
  – 분리불안장애
  – 선택적 함구증
  – 틱장애
  – 외상후 스트레스장애
☐ 복습문제
☐ 소집단 활동

☑ 학습목표

1. 불안장애의 정의 및 관련 개념을 이해 · 설명할 수 있다.
2. 분리불안장애의 정의 및 관련 개념을 이해 · 설명할 수 있다.
3. 선택적 함구증의 정의 및 관련 개념을 이해 · 설명할 수 있다.
4. 틱장애의 정의 및 관련 개념을 이해 · 설명할 수 있다.
5. 외상후 스트레스장애의 정의 및 관련 개념을 이해 · 설명할 수 있다.
6. 이들 장애에 대한 사정 · 진단방법을 이해 · 적용할 수 있다.

교실에서 발표하는 게 너무 부담스럽고 긴장돼요. 선생님은 제가 너무 떤다고 수행평가 점수를 깎겠다고 하시는데, 저로서도 어쩔 수가 없어요. 아무리 떨지 않으려고 해도 너무 떨리고 긴장되니까요. 노력을 많이 하는데도 마음대로 되지 않아요. 그런데 다른 아이들은 하나도 떨지 않고 발표도 잘하는 모습을 보면 부럽기도 하면서도 너무 속상해요. 또 아이들이 저한테 "야, 이제 그만 좀 떨어!"라는 말을 들으면, 너무 화나요. 저도 정말 떨지 않고 잘하고 싶은데, 어떻게 해야 할지 모르겠어요.

불안^{anxiety}은 누구나 일상생활에서 경험하곤 하는 정신적 무질서 증상의 하나다. 이 증상은 마음이 조마조마하고 걱정이 있는 상태로, 대개 신체·심리적 반응을 수반한다. 즉, 심장박동 수 증가, 호흡이 빨라짐, 떨림, 발한, 설사, 근육 긴장 등에 변화가 생긴다. 여러 사람 앞에서 발표를 해야 하거나, 중요한 시험을 앞두고 있을 때, 사람들은 종종 불안을 느낀다. 쥐, 뱀, 거미, 지네 등 위험한 동물과 조우하거나 가파른 절벽 위에 섰을 때, 불안과 공포가 엄습한다. 이처럼 생존에 위협이 되는 상황에서 유기체가 경험하는 정서반응이 불안이다. 이런 정도의 불안은 유기체의 정상적인 반응이다.

  불안을 느끼면, 유기체는 부정적인 결과를 초래하지 않도록 긴장하고, 경계하며, 행동에 주의하게 된다. 그러나 위협적인 상황에서 벗어나면, 유기체는 안도감을 느껴 긴장을 풀고, 다시 편안한 상태를 회복한다. 이러한 점에서 불안은 위험 또는 위협적인 상황에 처하면 작동하는 경계 경보 장치다. 그렇지만, 이 장치가 지나치게 민감하거나 과도하게 반응한다면, 유기체는 혼란에 빠져 부적응적인 양상으로 작동하는 병적 불안^{pathological anxiety} 상태, 즉 불안장애가 발생한다.

  우울장애와 마찬가지로, 불안장애는 DSM-5(APA, 2013)에서 진단명이 아니라, 진단군 명칭으로 사용되며,「특수교육법」제15조(특수교육대상자의 선정)의 정서·행동장애에 해당한다. 불안장애와 관련 장애는 아동·청소년의 학업발달, 개인·사회성 발달, 진로발달을 크게 저해할 수 있다. 이에 이 장에서는 불안장애의 정의·특징·원인·분류를 비롯해서, 아동·청소년기에 흔히 발생하는 정신장애, 즉 ① 분리불안장애, ② 선택적 함구증, ③ 틱장애, ④ 외상후 스트레스장애에 관해 살펴보기로 한다.

불안장애의 정의와 특징

불안장애^{Anxiety Disorders}는 보통 발생할 수 있는 수준을 훨씬 초
과하는 불안과 공포 증상이 개인에게 고통('주관적 고통')을
주고, 일상생활에 지장을 초래하는 상태('기능이상')가 특징
인 정신장애군이다. 이 장애군은 다양한 형태의 비정상적이
고 병리적인 불안 · 공포 · 신체증상(두통, 심박수 · 호흡수 증

가, 위장관계 이상 등)으로 일상활동(직장생활, 대인관계, 학교생활 등)에 고통과 기능이
상을 초래하는 것이 특징이다. 불안장애에는 다양한 진단이 포함되며, 각각 특징적인
정의와 진단기준이 마련되어 있다.

불안과 공포^{fear}는 당면한 위험에 대한 경고 신호로, 정상적인 정서반응이다. 그러나
과도한 경우, 상황에 대한 적절한 대처를 더 어렵게 하고, 정신적 고통과 신체적 증상
을 유발한다. 무서운 동물이 나타날 것 같은 상황 또는 중요한 시험을 앞둔 상황에서
겪는 불안은 정상이다. 그러나 만일 사람들 앞에서 발표할 때, 보통 수준보다 훨씬 더
심한 불안감이 엄습하여 고통스러워하고, 학업에 부정적인 영향을 준다면, 이는 불안
장애를 의심해 볼 수 있다.

불안장애는 아동 · 청소년의 13%가 겪을 정도로, 이들이 겪는 가장 흔한 정신장애
중 하나다. 이 장애는 특정 상황에서 개인에게 실제 위협이 되고, 학업 · 가족 · 사회
정서적 기능을 저해하며, 지각된 위협에 대해 과도한 정서적 · 생리적 반응이 나타나
는 것이 특징이다. 불안은 신체 · 행동 · 인지 영역에서 변화를 초래하는데, 그 내용은
표 11-1과 같다.

표 11-1. 불안으로 인한 신체 · 행동 · 인지 영역에서의 변화

영역	변화내용
1. 신체	○ 안절부절못함, 떨림, 긴장, 복부 · 흉부 압박감, 발한, 땀에 젖은 손바닥, 현기증, 구강 건조, 호흡곤란, 두근거림, 식은 땀, 배탈, 구토 등
2. 행동	○ 회피행동, 의존 행동, 불안한 행동 등
3. 인지	○ 근심, 미래에 대한 걱정/두려움, 신체감각에의 몰두, 통제 상실에 대한 두려움, 불안유발 사고에의 집착, 지리멸렬 사고, 집중력 저하, 통제불능에 대한 생각 등

　아동 · 청소년의 경우, 불안장애 증상은 흔히 신체화 증상과 통증(두통, 복통), 수면 곤란, 극단적인 수줍음, 즐거운 활동에의 참여 거부 또는 망설임, 통제할 수 없는 것에 대한 끊임없는 걱정 등이 있다. 불안장애는 관련 증상[잦은 다양한 의료상황, 물질(알코올 등) 사용, 스트레스 증가, 가정환경의 기능장애, 또는 아동의 생활환경에서의 문제]이 자주 동반 발생한다. 불안장애로 의심되는 아동은 반드시 전문가에 의해 아동의 불안이 충분히 오랜 기간 지속되어 왔는지(6개월 이상), 아동의 일상적인 기능을 저해하고 있는지, 아동에 대한 불안의 영향 등에 관해 평가받을 필요가 있다.

불안장애의 원인

불안장애는 각기 다른 특징의 정신장애(분리불안장애, 선택적 함구증, 특정공포증 등)들로 구분된다는 점에서 원인을 한마디로 규정하기 어렵다. 그러나 일반적으로, 정서 기능을 담당하는 뇌 신경회로의 신경전달물질 부족 또는 과다, 유전적 소인, 뇌 영상 연구를 통해 밝혀진 뇌의 기능 또는 구조 변화, 사회심리학적 요인, 과거의 경험과 현재의 받아들인 정보를 해석 · 판단하는 인지행동적 요인 등이 병적인 불안을 일으키는 원인으로 꼽히고 있다.

불안장애의 분류

DSM-5(APA, 2013)에 의하면, 불안장애는 ① 분리불안장애separation anxiety disorder, ② 선택적 함구증selective mutism, ③ 특정공포증specific phobia, ④ 사회불안장애social anxiety disorder(사회공포증social phobia), ⑤ 공황장애panic disorder, ⑥ 광장공포증agoraphobia, ⑦ 범불안장애generalized anxiety disorder(GAS)로 나뉜다. 불안장애의 진단명에 따른 전형적인 증상은 표 11-2와 같다.

표 11-2. 불안장애의 진단에 따른 전형적인 증상

진단명	증상
1. 분리불안장애	○ 애착 대상과의 분리에 대한 공포나 불안이 발달수준에 비춰볼 때 부적절하고 지나친 정도로 발생함

2. 선택적 함구증	○ 가까운 사람(부모, 형제)과는 대화에 문제가 없지만, 특정 사회적 상황 (예 학교)에서는 입다물고 말을 하지 않음
3. 특정공포증	○ 특정 대상/상황(예 높은 곳, 뱀, 곤충, 혈액, 주사기 바늘 등)에 대한 공포가 과도하여 이에 노출되면 거의 예외 없이 지나친 공포를 보임(울면서 주저앉거나, 의식소실, 공황발작)
4. 사회불안장애 (사회공포증)	○ 타인에게 면밀하게 관찰되거나(예 음식을 먹고 마시는 자리), 부정적 평가를 받을 수 있는 1개 이상의 사회적 상황(낯선 사람과의 대화, 연설)에의 노출을 극도의 공포와 불안을 경험함
5. 공황장애	○ 반복적으로 예상치 못한 공황발작(갑작스럽게 극심한 공포와 고통이 수분 내 최고조에 이르고, 호흡곤란, 가슴 답답함, 심장 박동 증가, 발한 등과 같은 신체적 증상과 극심한 불안, 죽을 것 같은 두려움 등과 같은 정신적 증상)이 나타남
6. 광장공포증	○ 대중교통 이용, 열린 공간(예 공원), 밀폐 공간(예 영화관)에 있는 것, 줄을 서거나 군중 속에 있는 것, 집 밖에 혼자 있는 것 같은 상황에서 극심한 공포와 불안을 느낌
7. 범불안장애	○ 사소하고 일상적인 일에 대한 과도한 불안과 걱정이 6개월 이상 그렇지 않은 날보다 그런 날이 더 많음

여기서는 아동·청소년기에 보통 처음 진단되는 불안장애인 ① 분리불안장애와 ② 선택적 함구증, 그리고 각각 신경발달장애와 외상 및 관련 스트레스장애에 속하는 ③ 틱장애와 ④ 외상후 스트레스장애에 관해 좀 더 구체적으로 살펴보기로 한다.

분리불안장애

주오(초 2)는 아주 잠깐이라도 엄마가 보이지 않으면, 무척 불안해하며 엄마를 찾곤 한다. 이런 이유로, 주오 엄마는 아이를 집에 혼자 두고는 잠시도 집 밖으로 나가지 못한다. 심한 경우, 학교수업이 끝날 때까지 교실 밖에서 기다리곤 한다. 아침이 되면, 주오의 집안은 소란스러워진다. 학교에 가지 않겠다고 보채는 주오 때문이다. 주오는 복통을 호소하거나, 심하면 토하기도 한다. 주오의 부모는 아이를 애써 달래 보기도 하고, 으름장을 놓기도 하다가 억지로 주오를 학교에 데려다 주는 등 별별 시도를 해 보지만, 주오의 행동은 크게 나아지지 않는다.

분리불안장애^separation anxiety disorder(SAD)는 개인이 자신과 강한 정서적 애착이 형성된 장소 또는 사람들과의 분리에 대해 과도한 불안을 느끼는 상태다. 이 장애는 DSM-IV

에서는 '유아기, 아동기, 또는 청소년기에 보통 처음 진단되는 장애' 군에 속해 있었다. 그러나 특성상 불안장애와 연결되어 있고, 성인기로 이어진다는 일련의 연구결과로 인해 DSM-5에서는 불안장애군으로 옮겨졌다. 영유아가 애착대상(모, 부, 조모, 조부 등) 또는 익숙한 환경에서 떨어지는 것에 대해 불안을 느끼는 것은 발달상 자연스러운 현상이다. 그러나 이 현상이 6~7세가 지난 후에도 계속되고, 고통과 일상활동에 지장을 초래한다면, 분리불안장애를 의심해 봐야 한다. 초등학교 아동의 약 5%, 중학생의 약 2%가 분리불안장애를 겪는다고 한다. 분리불안장애의 특징은 다음과 같다.

특징. 분리불안장애(SAD)는 개인이 자신과 강한 정서적 애착이 형성된 장소(예 집) 또는 애착대상과의 분리에 대한 과도한 공포 또는 불안이 특징이다. 그러나 더 중요한 점은 이런 공포/불안이 발달상 기대되는 것보다 지나치다는 것이다. 분리불안 separation anxiety 은 부모(특히, 모)와 떨어지지 않으려는 상태를 말한다('격리불안'으로도 불림). 이는 영유아의 생존을 위해 중요한 기제로, 보통 생후 8~12개월에 발생했다가 2세 전후로 사라진다. 이 시기에 아이는 엄마를 알아보고, 엄마에게서 심리적 안정을 찾는다. 일부 아동은 초등학교 시기와 10대에 분리불안을 겪기도 한다.

유병률과 경과. 분리불안장애(SAD)는 12세 미만 아동에게 가장 흔한 불안장애다. 이 장애의 유병률은 아동은 약 4%(청소년 1.6%, 성인 0.9~1.9%)로, 성인기에 들어서면서 감소한다. 분리불안장애 유병률에서 성차는 없으나, 장애가 지속되면 흔히 정서장해(특히 우울증)가 빈번히 나타난다. 애착대상으로부터 분리불안이 높아지는 현상은 정상적인 영유아기 발달과정의 일부로, 안전한 애착관계 발달을 의미한다(예 생후 12개월 전후에 아이가 낯선 사람에 대한 불안 또는 낯가림).

분리불안장애는 아동기(학령전기 포함)에 발생할 수 있고, 청소년기 발병은 드문 편이며, 악화와 완화 시기가 있다. 분리에 대한 불안과 집/가족을 떠나야 하는 상황의 회피는 성인기 내내 지속되기도 한다. 그러나 대부분은 분리불안장애로 평생 동안 생활에 지장을 초래하지는 않는다. 불안은 분리 상황에서만 나타난다. 아동기에 걱정이 나타나기 시작하는데, 걱정의 대부분은 특정 위협(예 사고, 유괴/납치, 강도, 죽음) 또는 애착대상과 다시 만나지 못할 것 등에 대한 것이다.

분리불안장애의 발현은 연령에 따라 다르다. 초등학교 저학년 아동의 경우, 등교 회피 행동으로 나타난다. 이런 양상은 특히 여아에게서 더 자주 나타난다. 남아는 분리공포를 간접적인 방식으로 표출하는 경향이 있다(예 독립적 활동 또는 외출 회피, 부모와 연락이 닿지 않는 곳을 꺼림). 이에 비해, 성인은 환경 변화(예 이사, 결혼)를 어려워할 수 있다. 이 증상은 자녀/배우자에 대한 과도한 걱정 또는 이들과 분리될 때 극심한 고통으로 발현된다. 그런가 하면 일 또는 사회 경험을 중단하기도 한다. 이는 중요한 대상의 소재지와 안녕을 지속적으로 확인하기 위해서인 경우가 대부분이다.

원인. 분리불안장애(SAD)의 원인은 ① 환경적 요인, ② 유전적 · 생리적 요인으로 나뉜다. 첫째, 환경적 요인으로는 부모의 과잉보호와 과도한 간섭이 있다. 이는 상실[loss](예 친척/반려동물의 죽음, 본인/이웃/친척의 질병, 전학, 부모의 이혼, 이사, 이민, 애착 대상으로부터의 분리를 초래한 재난) 같은 스트레스 상황 이후에 종종 발생한다. 둘째, 유전적 요인에 의해 발생할 수 있다. 6세 쌍생아의 경우, 유전성은 73%였고, 유전적 요인의 효과는 여아에게서 더 높았다(APA, 2013). 분리불안은 촉발요인과 연합되면, 발생 가능성이 커진다. 촉발요인의 예는 글상자 11−1과 같다.

글상자 11−1. 분리불안장애(SAD)의 촉발요인

---

1. 예민하고 낯을 심하게 가리는 기질
2. 불안수준이 높은 부모의 과잉보호 또는 지나치게 허용적인 양육방식
3. 혼자 있는 상황에서 아이의 극심한 공포경험(예 길을 잃음)
4. 불안정한 가정환경(예 부모의 별거 또는 이혼)
5. 극심한 스트레스 또는 트라우마 경험(예 교통사고로 인한 가족원의 심한 부상 또는 사망, 갑작스런 질병으로 인한 입원, 친한 또래의 유괴/납치 사건 목격, 낯선 곳으로의 갑작스런 이사)

진단. 분리불안장애(SAD)의 진단에는 흔히 DSM−5가 사용된다. DSM−5에 제시된 분리불안장애의 진단기준은 글상자 11−2와 같다.

글상자 11−2. 분리불안장애(SAD) 진단기준 요약

A. 애착대상과의 분리에 대해 발달상 부적절하고 과도한 공포/불안이 다음 중 3개 이상의 증상으로 나타난다.
   1. 집 또는 주 애착대상과 떨어져야 할 때, 반복적인 과도한 고통
   2. 주 애착대상의 상실 또는 손상(예 질병, 부상, 재해, 죽음)에 대한 지속적인 과도한 걱정
   3. 뜻밖의 사건(예 길 잃음, 유괴, 사고, 질병)으로 주 애착 대상과 분리될 것에 대한 지속적인 과도한 걱정
   4. 분리공포로 인해 외출, 등교, 출근, 또는 다른 장소로의 이동에 대한 지속적인 주저함 또는 거부

---

5. 집 또는 다른 장소에서 주 애착대상 없이 있거나 혼자 있는 것에 대한 지속적인 과도한 두려움 또는 주저함

6. 집을 떠나 잠을 자는 것 또는 주 애착대상 곁이 아닌 곳에서 자는 것에 대한 지속적인 과도한 주저함 또는 거부

7. 분리 주제와 연관된 반복적 악몽

8. 주 애착대상과 떨어지거나 떨어질 것으로 예상될 때, 반복적인 신체 증상(예 두통, 복통, 메스꺼움, 구토) 호소

B. 공포, 불안, 또는 회피 반응이 아동·청소년은 최소 4주, 성인은 전형적으로 6개월 이상 지속된다.

C. 장해가 사회적, 직업적, 또는 기타 중요한 기능영역에서 임상적으로 현저한 고통 또는 손상을 초래한다.

D. 장해가 다른 정신장애로 더 잘 설명되지 않는다.

분리불안장애로 진단되는 아동은 특정한 사물 또는 상황(예 동물, 어둠, 강도, 유괴/납치, 교통사고, 비행기, 괴물, 귀신 등)에 불안을 느끼고, 죽음에 대한 공포심이 있다. 이들 중 다수는 등교거부로 학업수행 저조, 자신감 결여, 사회성 기술 부족 등의 문제가 수반된다. 게다가, 주 애착대상과 강제로 분리되는 상황이라도 생기면, 공격성을 표출하기도 한다. 때로 혼자 있어야 하는 경우(저녁 또는 야간), 혼자 있는 것에 대한 극심한 불안으로 인해 헛것을 보거나 듣기도 한다("어떤 사람이 창문 밖에서 날 쳐다보고 있었어요." "마당에서 발자국소리가 들려요.").

분리불안장애는 때로 성인기로 이어진다. 이 장애가 있는 성인은 솔로 여행(예 호텔 투숙)을 불편해하면서, 분리불안과 관련된 내용의 악몽을 반복적으로 꾼다(예 화재, 살인, 재난에 의한 가족붕괴). 유아기 또는 아동기에 발생한 분리불안장애를 조기에 치료하지 않으면, 성인이 된 후에도 직장 및/또는 결혼생활에 큰 지장을 초래할 수 있다. 이러한 문제가 계속되면, 우울장애, 공황발작 등 2차 장애가 발생하기도 한다.

중재방안. 분리불안장애(SAD)에 대한 중재방안으로는 ① 인지행동치료, ② 노출치료, ③ 사회기술훈련, ④ 부모교육과 상담, ⑤ 놀이치료가 있다.

☐ **인지행동치료.** 첫째, 인지행동치료는 인지 변화를 통해 정서와 행동 변화를 유발시키기 위한 접근법이다. 이 접근법에서 주로 사용되는 기법의 예로는 불안유발 상황(예 등교 직전, 혼자 남겨지기 직전)에서 떠오르는 비합리적 자동사고irrational automatic thought

를 합리적 사고로 수정하도록 돕는 것이다(강진령, 2022a). 예를 들어, 등교 직전에 떠오르는 부정적이고 왜곡된 사고("엄마 없이 탄 학교버스가 큰 트럭과 충돌해서 죽게 되면 어떡하지?" "혼자 길 가다가 다치면 다시는 엄마를 볼 수 없을 거야!")를 이성적이고 현실적인 사고("지금까지 학교버스는 단 한 번도 사고가 없었어!" "내가 넘어져서 다칠 확률은 그리 높지 않고, 설령 넘어진다 해도 주위 어른들에게 도와달라고 하면 되잖아!")로 대체·수정하도록 돕는다.

□ **노출치료.** 둘째, 노출치료exposure therapy는 불안을 촉발하는 대상 또는 환경에 노출하여 불안 또는 고통 감소를 돕는 행동치료 기법이다. 이 기법은 불안장애(범불안장애, 사회불안장애, 강박장애, 외상후 스트레스장애, 특정공포증 등)와 공포증 치료에 효과가 있다는 증거가 있다. 또 심상노출법imaginal exposure보다는 실제노출법in vivo exposure이 더 효과가 있는 것으로 밝혀졌다(Hazlett-Stevens & Craske, 2008).

실제노출법의 목적은 외상적 자극에 대한 체계적이고 통제된 치료적 노출을 이용하여 정서조절 능력을 향상시키는 것이다. 주 애착대상과 분리되는 상황을 참도록 강요하는 것은 오히려 아동을 더 불안하게 하고, 불안유발 상황에 대한 회피행동을 강화한다. 이에 불안을 유발하는 분리 상황에 단계적으로 접하게 하여, 불안을 점차 줄여 나간다. 분리불안이 있는 초등학교 1학년 아동에 대한 노출훈련의 예시는 글상자 11-3과 같다(강진령, 2022a).

글상자 11-3. 단계적 노출훈련 예시

> 1. 혼자 교실에 들어갔다가 엄마와 함께 집에 돌아오기
> 2. 혼자 교실에 들어갔다가 혼자 집에 돌아오기
> 3. 혼자 학교에 가서 1시간 수업을 들은 후, 엄마를 만나 집에 오기
> 4. 혼자 학교에 가서 2시간 수업을 들은 후, 엄마를 만나 집에 오기
> 5. 혼자 학교에 가서 3시간 수업을 들은 후, 혼자 집에 돌아오기

□ **사회기술훈련.** 셋째, 분리불안장애아동은 빈약한 사회기술과 내성적인 경우가 많아, 사회기술훈련을 통해 자기주장 행동과 의사소통 기술 습득이 요구된다. 예를 들어, 집 밖에서 또래들과 놀게 하거나, 자기주장을 통해 다른 사람과 타협하는 방법을 익히거나, 타인의 감정을 공감·이해하는 방법의 습득을 돕는 것이다. 또 자신의 강점을 찾고, 정적인 어조로 감정을 표현할 수 있게 하여 자신감 증진을 돕는다. 그리고 가정에서 아동이 스스로 할 수 있는 일(식사, 숙제)을 점진적으로 수행하게 하여 독립

심을 길러 준다.

☐ **부모교육과 상담.** 넷째, 분리불안장애는 부모의 양육태도 또는 집안환경과 밀접한 관계가 있다. 이에 부모교육과 상담을 병행함으로써, 부모의 자녀양육에 대한 불안 감소와 자신감 증진을 돕는다. 이는 부모-자녀 상호작용의 질을 높임으로써 가능한데, 이를 위한 절차는 표 11-3과 같다.

표 11-3. 부모-자녀 상호작용의 질을 높이기 위한 단계

단계	내용
1. 자녀중심 상호작용	○ 부모-자녀 관계의 질 향상을 목표로, 주의 기울이기, 칭찬 등을 통해 자녀의 안전감을 강화함
2. 용기중심 상호작용	○ 자녀가 불안을 느끼는 이유에 대한 부모교육을 실시함 ○ 불안을 유발하는 상황과 관련해서 능동적 반응에 대한 보상체계를 수립함
3. 부모중심 상호작용	○ 자녀와의 효과적인 의사소통 방법에 관한 부모교육을 실시함 ○ 부모가 아동의 비생산적인 행동 관리를 위한 도움을 제공함

☐ **놀이치료.** 다섯째, 놀이치료play therapy는 놀이를 통해 수행되는 심리치료의 한 방법이다. 이는 보통 2~12세 아동을 대상으로 하며, 보통 주 1회, 40~50분간 진행된다. 그러나 치료주기와 진행시간은 아동의 발달연령에 따라 차이가 있다. 놀이치료를 통해 아동은 현실생활에서 분리된 공간에서 치료자와 신뢰관계를 형성하고, 그 관계 속에서 다양한 경험(수용, 존중, 공감, 지지, 격려 등)을 통해 문제행동을 해결할 방법을 찾게 된다. 놀이치료는 분리불안장애아동이 보호자에 대한 신뢰감과 안정감을 가지게 하는 데 효과적이다.

선택적 함구증

선택적 함구증Selective Mutism(SM)은 정상적인 발화능력이 있음에도, 특정한 사회적 상황에서 말을 하지 못하는 장애를 말한다(APA, 2013). 이 장애의 주요 특징은 사회적 상호작용에서 전혀 말을 하지 않는 것이다('사회불안장애'와 유사함). 선택적 함구증 아동은 가정에서 가까운 가족과는 말을 하지만, 이외의 사람들 앞에서는 말을 하지 않는다. 선택적 함구증의 문제는 교사가 아동의 읽기능력을 평가할 수 없게 하는 등, 학업에 지장을 초래하는 것이다. 때로 아동은 비언어적 수단(예 중얼거림, 가리킴, 쓰기)을 통해 소통하거나, 말이 필요 없는 사회적 상황에 참여하고자 하나, 사회적 소통은 거의 불가능하다.

선택적 함구증의 증상 정도와 말하지 않는 상황은 아동에 따라 다양하다(⑩ 집에서는 말을 하지만, 학교 또는 낯선 이들이 있는 환경에서는 말하기를 거부함). 이들은 말 대신 고개 끄덕임, 글, 단음절 소리 등으로 소통하고, 말할 수 있는 친구나 보호자에게 의존하기도 한다. 이로 인해 사회적 기능(수업 참여, 학업, 또래관계 등)에 부정적인 영향을 미친다. 때로 선택적 함구증 증상은 대화 거부 신호 또는 반항적 행동으로 해석되기도 한다. 일부 아동은 말하지 않아도 되는 사회활동에는 잘 참여하는 모습을 보이기도 한다.

유병률과 경과. 선택적 함구증(SM)은 주로 5세 이전에 발병한다. 이 장애의 유병률은 1% 미만으로, 낮은 편이며, 여아의 유병률이 더 높다. 선택적 함구증은 보통 3~4세에 발병하나, 주로 초등학교 입학 후 증상이 드러나면서 치료를 받게 된다(Bergman et al., 2002). 장애의 지속기간은 다양하다. 임상 보고에 의하면, 다수의 아동이 자연스럽게 선택적 함구증을 극복하지만, 장애의 경과에 대해서는 잘 알려져 있지 않다.

그렇지만 증상 발현 초기에 진단받고, 적절한 치료를 받으면 호전된다. 집에서는 말을 잘 하는 아이가 단음절 발화 또는 제스처만으로 소통하는 것은 이 장애의 전형적인 징후다. 선택적 함구증의 동반증상으로는 과도한 수줍음, 사회적으로 당혹스러움에 대한 공포, 사회적 고립과 위축, 매달리기, 강박적 특성, 거부증^{negativism}, 분노발작, 사소한 반항 행동이 있다.

원인. 선택적 함구증(SM)은 언어발달 시기의 충격적 경험(⑩ 형제/자매 출생, 가족원의 죽음, 모와의 분리)으로 인해 발생할 수 있다. 일단 증상이 나타나면, 학습된 행동패턴으로 사회적 강화에 의해 유지된다. 때로 언어의 비유창성으로 인해 주변 사람들로부터 놀림을 받으면서 증상이 강화되기도 한다(Cunningham et al., 2004).

또 발달 초기에 낯선 사람에 대한 반응이 고착 또는 퇴행되어 증상으로 나타난다. 이 경우, 아동은 낯선 사람으로 인해 고통스러워하고, 이에 불안을 느낀 부모가 아동을 과보호하게 되면서 밀착관계가 형성되고, 아동은 밀착관계 유지를 위해 침묵을 택하게 된다. 이는 아동의 건강한 자아발달을 저해하고, 사회적 회피를 고착화하여 사회불안 증상으로 확대된다. 이 장애는 정신적 충격, 가족 내 갈등, 불안증^{anxiolytics}으로 인해 발생하지만, 아동이 성장하면서 자연스럽게 사라지기도 한다.

진단. 선택적 함구증(SM)은 가족 이외의 사람에게 말하지 못하는 심리장애다. 이 장애로 진단하려면, 특정 상황에서 말하지 않는 증상이 1개월 이상 학업 또는 직업과 사회적 소통에 지장을 주어야 한다. 단, 새 학기가 시작한 첫 달은 예외로 한다. 또 말하지 않는 이유가 언어 몰이해 또는 질문에 대한 지식 부족으로 인한 것이 아니어야 한다. 가족의 관점에서는 아동이 말하는 데 문제가 없다고 보기 때문에, 아동이 고의로 말을 하지 않는 것으로 오해하여 아동에게 윽박지르거나 혼내는 경우가 발생하기도 한다. 선택적 함구증(SM)의 진단기준은 글상자 11-4와 같다.

글상자 11-4. 선택적 함구증(SM) 진단기준 요약

A. 다른 상황에서는 말을 할 수 있지만, 말을 해야 하는 사회적 상황(예 학교)에서 일관되게 말을 하지 않는다.
B. 장해가 학습, 직업상의 성취, 또는 사회적 소통을 저해한다.
C. 증상이 1개월 이상 지속된다. (학교생활의 첫 1개월은 제외)
D. 사회적 상황에서 필요한 말에 대한 지식 부족 또는 언어가 익숙하지 않음으로 인해 말하지 않는 것이 아니다.
E. 장해가 의사소통장애(예 아동기 발병 유창성장애)로 더 잘 설명되지 않고, 자폐스펙트럼장애, 조현병, 또는 다른 정신병적 장애의 경과 중에만 발생되지 않는다.

중재방안. 선택적 함구증(SM)은 아동에게 또래들과의 사회적 상호작용에 대한 불안을 증가시켜 사회적 기능손상을 초래한다. 이들은 자라면서 사회적 고립이 심화된다. 예를 들어, 학교에서 교사에게 학업상 또는 개인적 필요(예 숙제에 대한 질문, 화장실에 가고 싶다고 말하기)를 말하지 못해 학교 부적응 또는 학업적 기능손상을 초래하는 것이다. 이로써, 또래로부터 놀림 받는 등, 학교와 사회에서 심각한 기능손상이 발생한다. 선택적 함구증 아동은 때로 사회적 상황에서의 불안 감소를 위한 보상전략으로 자신의 증상을 이용하기도 한다. 이 장애의 대표적인 치료방법으로는 ① 부모교육과 상담, ② 놀이치료가 있다. 이들에 대한 중재는 말하기와 관련된 불안 감소에 중점을 둔다.

□ **부모교육과 상담.** 첫째, 부모교육과 상담을 통해 아동의 타인에 대한 부담감 감소를 돕는 한편, 사회환경(학교, 유치원 등)에서 단계적으로 말하기 연습을 돕는다. 또 가족, 교사, 또래들이 협력하여 편안하고 안전한 환경을 조성하여, 아동의 불안 감소를 돕는다. 선택적 함구증 아동의 불안 감소를 돕기 위한 지침은 글상자 11-5와 같다.

글상자 11-5. 선택적 함구증(SM) 아동의 불안 감소를 돕기 위한 지침

> 1. 규칙적인 집단 활동에 참여시킨다.
> 2. 보상 또는 벌을 사용하는 것은 오히려 침묵을 유지하게 하므로 피한다.
> 3. 아동이 편안해하는 상황에서 책 읽기, 이야기 만들기 등의 활동 참여를 격려한다.
> 4. 집에 아는 사람을 많이 데려오게 하고, 아동이 위협을 느끼지 않는 상황에서 타인과의 대화를 돕는다.
> 5. 가정과 학교에서 성인과의 비언어적 활동이 점진적으로 늘 수 있도록 격려한다.
> 6. 학교에서 교사와 아동 사이에 신뢰관계가 형성되면, 교사는 조심스럽게 아동이 사적인 이야기를 할 수 있도록 격려한다.

☐ **놀이치료.** 둘째, 놀이치료는 아동이 편안하게 말할 기회를 제공함으로써, 대화의 빈도를 높여 갈 수 있다는 이점이 있다. 이 방법은 선택적 함구증 치료에 효과가 있음이 입증되었으나, 치료기간이 너무 길다는 한계가 있다. 놀이치료에서 치료자는 아동에게 말하도록 강요하지 않고, 다만 놀이에서 표현된 의미에 주목한다. 아동은 놀이를 통해 자신에 대한 느낌을 안전하게 표현하고, 치료자는 아동이 표현하는 느낌을 적극 수용해 줌으로써, 아동의 감정표출을 방해했던 침묵을 스스로 포기하도록 돕는다. 또 말하기 놀이를 통해 아동이 자연스럽게 말할 수 있도록 하는 동시에, 말하는 대상을 점차 확대하도록 돕는다. 이 과정에서 치료자는 아동의 가족과의 갈등, 스트레스 등을 놀이 주제로 활용하면서, 정기적으로 아동을 집단활동에 참여시킨다.

틱장애

초등학교 3학년 동재는 어려서부터 시력이 좋지 않아 관심 있는 것을 볼 때마다 습관적으로 얼굴을 찡그리곤 했다. 그러나 맞벌이하는 부모는 그저 단순한 습관으로 여겨 대수롭지 않게 여겼다. 그런데 최근 들어서는 얼굴 찡그림에 눈 깜박임이 더해져, 동시에 이상한 소리를 내기 시작했다. 수업시간에도 예외가 아니어서 동재는 이러한 행동으로 선생님과 다른 아이들의 이목을 집중시키곤 했다. 선생님의 반복적인 지적은 오히려 동재의 행동을 더 악화시켰고, 문제의 심각성을 인식한 담임교사는 급기야 동재의 부모에게 면담을 요청했다.

틱장애^{Tic Disorders}(TD)는 불수의적으로 갑작스럽고 빠르며 반복적이고 비율동적인 동작 또는 음성 증상이 신체 부위에서 나타나는 운동장애다. 틱은 개인이 이유 없이 자신

도 모르게 얼굴이나 목, 어깨, 몸통 등의 신체 일부분을 아주 빠르게 반복적으로 움직이거나('운동 틱') 이상한 소리를 내는 것('음성 틱')이다. 이 두 가지 틱 증상이 1년 넘게 나타나는 상태를 뚜렛장애Tourette's Disorder라고 한다. DSM-5에서 틱장애는 4개 진단범주, 즉 ① 투렛장애, ② 지속성(만성) 운동 또는 음성 틱장애, ③ 잠정적 틱장애, ④ 달리 명시된, 또는 명시되지 않은 틱장애로 구성된다.

특징. 틱장애(TD)는 목적성 없이 특정 근육에 발생하는 불수의적 운동이다. 불수의적involuntary이라는 것은 고의로 그러는 것이 아니라는 뜻이다. 즉, 아동이 일부러 이런 행동을 보이는 것이 아니므로, 부모나 교사가 아동에게 화를 내거나 나무라는 것은 증상 완화에 도움이 되지 않는다. 틱은 시간의 경과에 따라 증상의 정도가 변한다. 악화와 완화를 반복하며, 영향을 받는 근육 군 또는 음성이 시간에 따라 변화한다. 즉, 파도가 밀려오듯이 갑자기 증상이 심해졌다가 며칠 뒤에는 잠잠해지는 식으로 증상의 정도에 변화가 많다. 증상을 보이는 해부학적 위치도 어느 날은 눈을 깜빡이다가 며칠 후에는 코를 킁킁거리는 식으로 변할 수 있다.

아동이 성장함에 따라, 틱이 나타나기 전에 전조 충동(틱이 발생하기 전의 체성 감각)을 느끼며, 틱이 나타난 후에는 긴장이 완화되는 것을 느낀다고 한다. 아동에 따라서는 강박적으로 특정 방식으로 틱을 해야 한다거나, "이젠 됐다."는 느낌이 들 때까지 반복할 필요가 있다고 느낄 수 있다. 틱은 대개 눈 깜빡임에서 시작한다. 틱 증상의 심각도는 악화와 완화를 반복하며, 스트레스 수준에 따라 오르내린다. 또한 틱이 없는 기간이 수주에서 수개월간 지속되기도 한다. 아동에게서 흔히 나타나는 틱 양상은 글상자 11-6과 같다.

글상자 11-6. 아동에게서 흔히 나타나는 틱 양상

○ 머리 흔들기	○ 코를 킁킁거림	○ 한숨을 내쉼
○ 얼굴 찡그림	○ 헛기침	○ 이상한 소리(꿀꿀거림) 내기
○ 눈 깜빡임	○ 팔, 다리, 어깨 움찔거림	

틱 증상은 운동 틱과 음성 틱으로 구분되고, 각각 단순 틱과 복합 틱의 형태로 나타난다. 이로써 틱 증상은 ① 단순 운동 틱simple motor tics, ② 단순 음성 틱simple vocal tics, ③ 복합 운동 틱complex motor tics, ④ 복합 음성 틱complex vocal tics으로 구분되는데, 각 증상에 관한 설명은 표 11-4와 같다.

표 11-4. 틱 증상의 종류

틱의 종류	설명
□ 단순 운동 틱	○ 짧은 시간(1/1000초 단위) 동안 지속되는 행동(눈 깜빡임, 얼굴 찡그림, 머리 흔들기, 입 내밀기, 어깨 들썩임, 팔다리 뻗기 등)
□ 단순 음성 틱	○ 주로 횡격막이나 구강 인두 근육의 수축에 의해 발생하는 행동(예) 헛기침, 킁킁거림, 꿀꿀거림, 가래 뱉는 소리, 기침소리, 빠는 소리, 쉬 소리, 침 뱉는 소리 내기 등)
□ 복합 운동 틱	○ 긴 시간(초 단위) 동안 2개 이상의 틱의 동시 발현(예) 머리 돌리기와 어깨 들썩임), 성적 · 외설적 몸짓(자신의 성기 부위 만지기, 외설적 행위 등), 또는 타인의 행동 모방('반향운동증echopraxia')처럼 목적성 있는 행동처럼 보이기도 함(자기 때리기, 제자리 뛰기, 다른 사람 또는 물건 만지기, 물건 던지기, 손 냄새 맡기 등 포함)
□ 복합 음성 틱	○ 사회적 상황과 관계없는 소리/단어 반복('동어반복증palilalia'), 마지막에 들은 남의 말 따라하기('반향언어증echolalia'), 사회적으로 용납되지 않는 단어[민족, 인종, 종교적 비방, 외설('욕설증') 등] 말하기, 특별한 이유 없이 얼굴, 목, 어깨, 몸통 등의 신체 일부를 아주 빠르게 반복적으로 움직이거나 이상한 소리를 냄

표 11-4에서 욕설증coprolalia은 갑자스럽고, 날카롭게 짖거나 꿀꿀거리듯 소리를 내는 것으로, 사회적 상호작용에서 사용되는 부적절한 말에서 보이는 운율이 없는 것이 특징이다.

유병률. 틱은 아동기에 흔히 발생하지만, 대부분 일시적으로 나타났다가 사라진다. 전체 아동의 10~20%가 일시적인 틱을 나타낼 수 있는데, 증상은 7~11세에 가장 많이 나타난다. 일과성 틱은 학령기 아동의 5~15%에서 나타나는데, 만성 틱은 그중 1%의 아동에게 발생하고, 남성이 여성보다 3~5배 많다. 또 만성 틱은 투렛장애보다 2~4배 많고, 일과성 틱장애는 5~18% 정도 발생한다(홍강의 외, 1996). 투렛장애의 추정 유병률은 학령기 아동 1,000명당 3~8명이다. 남성이 여성보다 더 흔하여 남녀 성비는 2:1에서 4:1 정도다(APA, 2013). 틱은 여성보다 남성에게서 더 흔히 발생하지만, 틱 유형, 발병시기, 경과에 대한 성별의 차이는 없다. 단, 지속성 틱장애가 있는 여성은 불안과 우울을 경험할 가능성이 더 크다(APA, 2013).

경과. 틱의 경과는 매우 다양하다. 대개 2~13세 사이에 시작되고, 7~11세에 주로 발병하며, 7~15세에 증상이 가장 심하고, 증상 악화와 완화가 반복되면서 청소년기에 점차 약해진다. 틱은 눈을 깜박거리는 증상부터 시작하는 경우가 가장 흔하지만, 시간이 경과하면서 어떤 날은 눈을 깜빡이다가 며칠 후에는 코를 킁킁거리는 등, 한

가지 증상이 다른 증상으로 대체되기도 한다. 수일 또는 수개월에 걸쳐 저절로 증상이 생겼다가 없어졌다 하는 경우도 많다. 갑자기 증상이 심해졌다가 며칠 뒤에는 잠잠해지는 식으로 증상의 정도도 시시각각 달라진다. 일시적인 틱은 대체로 저절로 사라지지만, 일부는 투렛장애 또는 만성 틱장애로 발달한다. 성인기에도 증상이 지속적으로 심각하거나 악화될 가능성은 작다. 10대와 성인기에 새로운 틱 증상의 발현은 극히 드물다.

틱장애는 경도 또는 중등도 정도의 아동·청소년은 기능 면에서 고통 또는 손상을 경험하지 않고, 자신의 틱에 대해 의식하지 않기도 한다. 그러나 증상이 더 심한 경우, 일상생활에서 손상이 더 심하지만, 중등도 또는 고도의 틱 장애가 있는 아동도 기능적으로 잘 지낼 수 있다(APA, 2013). 단, 동반 질환(ADHD, 강박장애)이 있는 경우, 기능상 심각한 영향을 받을 수 있다. 이보다는 드물게, 틱은 일상활동의 기능 방해(사회적 고립, 대인관계 갈등, 또래들의 괴롭힘)를 야기하고, 업무 또는 학업 수행을 저해하며, 삶의 질을 저하시켜 심리적 고통을 초래하기도 한다. 투렛장애의 드문 합병증으로는 안구손상(스스로 얼굴을 쳐서 생김)과 정형외과적·신경학적 손상(머리, 목의 무리한 움직임으로 인한 디스크 질환) 같은 신체손상이 발생할 수 있다.

원인. 틱장애는 유전적 요인, 뇌의 구조·기능·생화학적 이상, 호르몬, 출산과정에서의 뇌 손상, 세균감염 관련 면역반응 이상 등에 의해 발병하고, 학습요인, 심리적 요인 등이 틱의 발생과 악화에 영향을 미치는 것으로 알려져 있다. 예를 들어, 경미한 정도의 일시적인 틱은 주위의 관심이나 환경적 요인에 의해 강화되어 나타나거나, 특정 사회적 상황과 연관되어 나타난다. 틱장애의 발생원인은 ① 기질적 요인, ② 환경적 요인, ③ 유전적·생리적 요인으로 구분된다.

☐ **기질적 요인.** 첫째, 기질적 요인의 관점에서 틱은 불안, 흥분, 탈진으로 의해 악화되고, 차분하며 활동에 집중할 때에는 호전된다. 방과 후 집에서 휴식을 취할 때나 저녁 시간보다는 학교 공부나 과제를 할 때 틱이 덜 발생할 수 있다. 스트레스를 유발하는 일 또는 즐겁고 신나는 일(예 시험 보기, 흥미로운 활동 참여)은 대개 틱을 악화시킨다.

☐ **환경적 요인.** 둘째, 환경적 요인의 관점에서 틱장애는 일상생활 관련 요인(스트레스 상태의 지속, 부모의 자녀에 대한 과도한 기대, 강압적 훈육체계 적용)과 면역학적 요인(임신과 주산기 문제, 물질사용, 일반적인 의학적 상태, 면역체계 이상)으로 인해 발생할 수 있다(정용우, 박태원, 2010). 이 장애가 있는 아동은 타인의 행동 또는 소리를 관찰하고,

이와 비슷한 행동 또는 소리를 낼 수 있다. 이로 인해 이들은 타인으로부터 의도적으로 따라한다는 오해를 받을 수 있다. 특히, 권위가 있는 인물(예 교사, 감독관, 경찰)을 대할 때 복잡한 문제가 발생할 수 있다.

☐ **유전적 · 생리적 요인.** 셋째, 유전적 · 생리적 요인은 틱 증상 표출과 강도에 영향을 준다. 쌍생아 연구에 의하면, 일란성 쌍생아의 틱장애 일치율은 77~100%, 이란성 쌍생아의 일치율은 23%였다. 특히 투렛장애의 경우, 일란성 쌍생아는 53~56%, 이란성 쌍생아는 8%의 일치율을 보였다. 이에 비해 만성 틱장애의 경우, 일란성 쌍생아는 77~94%, 이란성 쌍생안는 23%의 일치율을 나타냈다. 투렛장애/만성 틱 장애의 생물학적 직계가족 틱의 유병률은 15~53%로, 이는 일반인구가 1~1.8%인 것에 비해 10~50배 높은 수치다(김동일 외, 2016).

진단과 사정. 틱장애(TD)는 DSM-5에서 신경발달장애, 즉 중추신경계의 발달지연 또는 뇌손상과 관련된 정신장애로 분류된다. 틱장애 진단은 ① 운동 틱 또는 음성 틱의 유무, ② 틱 증상의 기간, ③ 발병 연령에 근거하며, 다른 의학적 상태나 물질사용 같은 알려진 원인이 없어야 한다. 틱장애는 제시된 순서[① 투렛장애, ② 지속성(만성) 운동 틱장애 또는 지속성(만성) 음성 틱장애, ③ 잠정적 틱장애, ④ 달리 명시된, 또는 명시되지 않는 틱장애], 즉 계층구조가 있어서, 일단 특정 진단이 내려지면, 더 낮은 단계의 진단은 내릴 수 없다.

투렛장애Tourette's Disorder는 운동 틱과 음성 틱이 모두 나타나야 하는 반면, 지속성(만성) 운동 또는 음성 틱장애Persistent (Chronic) Motor or Vocal Tic Disorder는 운동 틱이나 음성 틱 중 하나만 있으면 된다. 잠정적 틱장애Pvovisional Tic Disorder는 운동 틱 또는 음성 틱이 있었으면 진단할 수 있다. 기타 특정형/불특정형 틱장애는 운동장애 증상이 틱으로 가장 잘 설명되지만, 비전형적인 양상이나 발병연령, 또는 알려진 의학적 원인이 있는 경우에 진단할 수 있다. 틱장애의 진단기준 요약은 글상자 11-7과 같다.

글상자 11-7. 틱장애 진단기준 요약

> **투렛장애**
> A. 여러 가지 운동성 틱과 1개 이상의 음성 틱이 질병 경과 중 일부 기간 동안 나타난다.
>   2가지 틱이 반드시 동시에 나타날 필요는 없다.
> B. 틱 증상은 자주 악화 · 완화를 반복하나, 처음 틱이 나타난 시점부터 1년 이상 지속된다.
> C. 18세 이전에 발병한다.

A. 장애는 물질(예 코카인)의 생리적 효과나 다른 의학적 상태(예 헌팅턴병, 바이러스성 뇌염)로 인한 것이 아니다.

지속성(만성) 운동 또는 음성 틱장애

A. 한 가지 또는 여러 가지의 운동 틱 또는 음성 틱이 장애의 경과 중 일부 기간 동안 존재하지만, 운동 틱과 음성 틱이 모두 나타나지는 않는다.
B. 틱 증상은 자주 악화·완화를 반복하나, 처음 틱이 나타난 시점부터 1년 이상 지속된다.
C. 18세 이전에 발병한다.
D. 장해는 물질(예 코카인)의 생리적 효과나 다른 의학적 상태(예 헌팅턴병, 바이러스성 뇌염)로 인한 것이 아니다.
E. 투렛장애의 진단기준에 맞지 않는다.
　다음의 경우 명시할 것:
　　운동 틱만 있는 경우
　　음성 틱만 있는 경우

잠정적 틱장애

A. 1개 이상의 운동 틱 또는 음성 틱이 있다.
B. 틱은 처음 틱이 나타난 시점으로부터 1년 미만으로 나타난다.
C. 18세 이전에 발병한다.
D. 장해는 물질(예 코카인)의 생리적 효과나 다른 의학적 상태(예 헌팅턴병, 바이러스성 뇌염)로 인한 것이 아니다.
E. '투렛장애'나 '지속성(만성) 운동 또는 음성 틱장애'의 진단기준에 맞지 않는다.

　　틱장애 사정을 위한 도구로는 한국판 예일 틱증상 평가척도가 있다. 예일 틱증상 평가척도[Yale Global Tic Severity Scale](YGTSS)는 6~17세 아동·청소년의 정신장애(틱장애, 투렛증후군, 강박장애 등) 증상의 심각도와 빈도 측정을 위해 개발된 질문지다. 이 질문지는 총 3부로 나뉘는데, 1부에서는 운동 틱과 음성 틱 증상, 심각도, 발병연령을 확인한다. 2부는 강박장애(OCD) 증상, 심각도, 발병연령을 조사하는 문항으로 구성되어 있다. 3부에서는 증상에 대한 환경의 영향을 조사한다(부록 A 참조). YGTSS는 부모/보호자가 작성하며, 15~20분 정도 소요된다. YGTSS는 6점 리커트 척도로, 채점은 운동 틱과 음성 틱 점수와 심각도를 합한 값을 전체 점수로 합산하는데, 점수가 높을수록 증상이 심한 것으로 해석된다. 최근 연구에 의하면, 이 질문지는 틱의 심각도에 대한 신뢰도와 타당도가 높게 나타났다.

중재방안. 틱장애(TD)에 대한 중재방법으로는 ① 부모·교사교육, ② 심리상담, ③ 약물치료가 있다.

☐ **부모·교사교육.** 첫째, 부모·교사교육을 실시한다. 부모 또는 교사들은 흔히 자녀가 고의로 틱 증상을 나타내는 것으로 오해할 수 있다. 이로써 아동의 틱 증상에 대해 과도한 관심을 보이거나, 매번 지적함으로써 그 행동을 하지 못하게 할 수 있다. 이는 아동에게 스트레스를 가중시켜 증상을 악화시킬 수 있다. 틱 증상은 아동의 위축, 열등감, 학업부진, 자존감 저하 등의 원인이 되어, 아동의 일상생활을 저해할 수 있다. 틱 장애는 아동뿐 아니라, 함께 생활하는 다른 또래들을 위해서라도 병에 대해 충분히 이해하고 있는 교사의 협력이 요구된다. 또래아동들이 틱장애아동을 따돌리게 되면, 아동의 사회성에 문제가 생길 수 있으므로, 교사가 긍정적·지지적인 교실환경을 조성할 필요가 있다.

틱 증상은 일부러 혹은 고의로 증상을 만들어 내는 것이 아니다. 이에 상담교사는 부모와 교사 대상의 교육을 통해 틱장애가 뇌의 이상에서 비롯되는 병이므로, 아이를 꾸중, 비난, 조롱, 지적 등을 피하게 한다. 만일 가족이 틱의 증상을 오해하여, 창피를 주거나 벌을 주어 증상을 제지하고자 한다면, 아동은 정서적으로 불안해져 증상이 오히려 악화될 수 있기 때문이다. 증상 초기에 가장 효과가 좋은 대책은 증상을 무시하고 관심을 주지 않는 것이다. 이에 부모교육에서는 가족이 아동의 틱 증상에 대해 일일이 반응하지 않는 대신, 아동의 스트레스 요인을 파악하여 해소하도록 돕는다. 그리고 자녀의 바람직한 행동을 적극 칭찬하여 강화해 주는 한편, 강점을 드러내어 줌으로써 자존감을 높일 수 있도록 돕는다.

☐ **심리상담.** 둘째, 심리상담을 실시한다. 틱장애는 흔히 독특한 증상에 대한 오해, 편견, 그리고 주위의 압력으로 인해 심리적 문제로 확대된다. 이에 틱장애가 있는 아동은 우울, 불안, 자신감 결여 등의 증상 해소를 위한 지지적 상담이 요구된다. 특히, 투렛장애는 성인기에도 호전과 악화를 반복할 수 있다는 점에서, 조기에 전문가의 처치(◉ 행동수정, 인지행동치료)를 받을 필요가 있다. 이는 틱장애가 장기화되면, 심한 경우 자살사고 또는 시도로 이어지기 때문이다. 이에 틱장애의 2차 정신장애의 예방과 중재가 요구된다.

☐ **약물치료.** 셋째, 틱장애가 중등도 이상이거나 만성인 경우, 약물치료가 효과적인 것으로 알려져 있다. 일과성 틱장애가 아닌 만성 틱장애, 투렛장애의 경우, 대개 약물

치료가 시행된다. 약물치료 기간은 환자의 증상의 호전 정도에 따라 다르지만, 대개 12~18개월 정도 복용한 뒤에는 양을 줄이기도 한다. 틱은 만성질환이지만, 전체적으로 예후는 좋은 편이다. 음성 틱은 완전히 사라지는 경우가 많고 근육 틱 역시 호전되는 경우가 많기 때문이다. 틱장애 치료에 효과적인 약물로는 할로페리돌^{haloperidol}이 있으나, 약물의 부작용이 있다는 점에서 심한 투렛장애가 있는 경우에 한해 사용이 권장된다. 증상이 다소 약한 경우, 클로니딘^{clonidine}(알파 아드레날린 길항제)이 적합한데, 보통 8~12주 정도가 지나서야 효과가 나타난다(김동일 외, 2016).

외상후 스트레스장애

인하(중 2)는 초등학교 4학년 때 학교 화장실에서 당시 6학년 아이들에게 맞은 경험이 있다. 그 사건이 있은 후, 인하는 학교 화장실 사용에 어려움을 겪었다. 그러던 어느 날, 학교 화장실에서 한 아이가 다른 아이들에게 폭행당하는 광경을 목격하게 되었다. 그러나 인하는 극도의 불안감을 느끼는 동시에, 과거에 자신이 당했던 폭행 사건의 기억이 엄습했다. 그 후 인하는 어떻게 그곳을 벗어났는지 전혀 기억하지 못했다. 다만, 운동장 구석에서 넋을 잃고 서 있다가 같은 반 아이들에게 발견되어 담임교사에게 인계되었다.

사람들은 삶에서 때로 놀라는 일을 겪는다. 놀란 가슴은 며칠씩 진정되지 않거나, 위험했던 상황이 자꾸 떠오르거나, 자다가 소스라치게 놀라기도 한다. 다행스럽게도, 이런 일은 대부분 시간이 가면서 점차 잊히게 되어 안정을 되찾게 된다. 하지만 그렇지 않은 경우도 있다. 정신적 충격을 주는 사건/사고를 당한 사람 중에는 1개월 이상 악몽에 시달리고, 사고에 대한 불안과 긴장이 가시지 않으며, 작은 소리에도 놀랄 정도로 극도로 예민한 상태로 무기력하게 지내기도 한다.

이처럼 과도한 불안은 개인의 일상생활을 제한할 뿐 아니라, 심하면 집 또는 방 밖을 나가지 않는 사회적 위축 현상으로 이어지기도 한다. 그런데 이런 경험으로 인해 발생하는 장애는 정신적으로 약하거나 의지가 약해서 그런 것이 결코 아니다. 또 성별 또는 나이에 관계 없이 발병한다. 다행히도, 이 장애는 외상사고 초기에 적절히 대처한다면, 심각한 상태로 악화되는 것을 막을 수 있고, 사고에 대한 충격과 불안에서 더 빨리 회복할 수 있다. 이 장애를 외상후 스트레스장애라고 한다. DSM-5에서 이 장애는 불안장애가 아니라, 외상 및 스트레스 관련 장애 군에 속해 있다.

정의. 외상후 스트레스장애$^{Posttraumatic\ Stress\ Disorder}$(이하 'PTSD')는 개인이 스트레스 감내력의 한계를 뛰어넘는 외상사건을 경험한 후, 그 사건에 공포감을 느껴, 지속적인 재경험으로 고통이 수반되고, 고통에서 벗어나기 위해 에너지를 소비하게 되어, 정상적인 생활이 어려운 상태를 말한다. 외상사건$^{traumatic\ event}$의 예로는 참전 경험, 위협적/실제적인 신체폭력(신체공격, 약탈, 강도, 아동기 신체학대 등), 위협적/실제적인 성폭력(강제적 성적 침해, 물질로 촉발된 성적 침해, 학대적인 성적 접촉, 접촉이 없는 성학대, 인신매매 등), 납치, 인질, 테러, 고문, 전쟁, 포로, 감금, 자연재해, 교통사고 등이 있다.

아동의 경우, 성인들에게 나타나는 사고에 대한 악몽, 불안감 등이 나타날 수 있다. 특히, 학령전기 아동에게는 흔히 분리불안(보호자와 떨어지는 것에 대한 극심한 두려움)이 나타난다. 심한 경우, 퇴행^{regression}이 나타나기도 한다. 잠들기 힘들어하고, 자주 깨서 보채는 등의 행동은 아동이 사고와 관련된 자극을 회피하려는 시도다. 그러나 시간이 지나면서 아동은 놀이를 통해 사고 경험과 관련된 불안 해소를 시도한다.

특징. PTSD의 주요 특징은 외상사건에의 노출로 인한 1개 이상의 증상 발현이다. ① 침습, ② 회피, ③ 인지와 기분의 부정적 변화, ④ 과각성이 있다.

□ **침습.** 첫째, 침습^{intrusion}이란 외상사건 관련 단서와 접촉하면서 발현된 외상경험이 심리적 항상성을 깨고 일상생활을 방해하는 현상을 말한다. 이 현상은 외상사건에 대한 생각, 느낌, 감각이 재현되는 것('재경험')으로, 보통 깨어 있는 동안에는 플래시백^{flashback}(갑자기 예기치 못한 상태에서 외상사건의 장면 또는 경험이 떠오르는 현상), 수면 중에는 악몽^{nightmare}으로 나타난다. 외상사건의 재경험은 외상사건과 관련된 자극에 의해 유발된다. 예를 들어, 감전사고를 당했던 사람이 벼락/번개에 소스라치게 놀라거나, 화재사고를 겪은 사람이 타는 냄새에 예민한 것이다. 때로 사고와 관련된 사람(사고 당시 함께 있었던 사람)을 피하거나, 사고 때 다친 상처가 자극이 되기도 한다. 이러한 재경험의 회피 시도는 흔히 일상생활의 위축과 공포 및/또는 불안의 원인이 된다.

□ **회피.** 둘째, 회피^{avoidance}는 외상사건의 재경험을 유발하는 자극이나 상황을 의식적/무의식적으로 멀리하려는 노력이다. 이러한 노력은 사회적 고립(좋아하던 활동에 대한 흥미·참여 감소, 대인관계 무관심, 긍정적 정서 둔화 등)으로 나타난다. 특히, 외상 반응의 촉발 가능성이 있다고 판단되는 상황에서는 외상관련 사고, 감정, 감각을 피

하기 위해 사고를 떠올리는 자극으로부터 피하려는 경향성이 생긴다. 예를 들어, 사고 발생 시 신속한 탈출을 위해 출입문 가까운 쪽에 앉거나, 화재사고를 경험한 사람이 불을 켜 놓고 자는 것이다. 회피가 지나치면, 흔히 불안감 증폭으로 이어진다. 이런 상태의 장기화는 해리증상이 나타나거나, 물질·인터넷·관계 중독이 현실도피 수단으로 사용되기도 한다.

☐ **인지와 기분의 부정적 변화.** 셋째, 인지와 기분의 부정적 변화는 외상사건 이후에 사람, 사회, 또는 환경이 안전하다는 믿음이 사라지게 되면서 다양한 부정적 감정(두려움, 죄책감, 불신, 피해의식 등)이 생겨난다는 의미다. 이는 재난 직후 또는 신체손상이 동반되어 상당 기간 타인의 도움에 의지해야 하는 경우, 타인의 도움 수용을 어렵게 한다.

☐ **과각성.** 넷째, 과각성hypervigilance이란 신경계통이 감각정보를 정확하게 여과하지 못해 감각 민감성이 고양된 상태를 말한다. 이는 침습/재경험이 언제 발생할지 몰라 늘 전전긍긍하는 상태로, 종종 감정(짜증, 분노) 조절곤란으로 나타난다. 재경험의 고통을 피하기 위해 외상사고 경험자는 자신도 모르게 쉼 없이 신경을 곤두세우게 된다. 이런 극도의 과민상태 지속은 개인을 쉽게 피곤해지고 잘 놀라게 만든다. 이로 인해 수면개시와 유지를 어렵게 하고, 수면 중 자주 깨는 것도 흔한 증상에 속한다.

유병률과 경과. PTSD는 충격적인 사건 자체가 일차적인 원인이지만, 충격적인 사건을 경험했다고 해서 필연적으로 이 장애를 유발하는 것은 아니다. 일반인 중 60%의 남자와 50%의 여자가 상당히 의미 있는 사건을 경험하지만, 실제 이 질환의 평생 유병률은 6.7% 정도다. PTSD는 일생 동안 여성에게서 더 자주 발생하고, 더 오래 지속된다. 이는 외상사건 노출의 큰 가능성(강간, 관계폭력 등)에서 기인하는 것으로 추정된다. 이 장애의 유병률은 외상사건의 종류에 따라 차이가 있는데, 강간, 전쟁, 학대·사고·재해, 폭력 순으로 높다(김동일 외, 2016). PTSD는 동반이환comorbidity(관련이 없는 2개 이상의 병리적 또는 질병과정이 공존하는 상태)이 높은 정신장애로, 남성은 알코올중독(52%), 여성은 우울장애(50%)를 수반할 가능성이 더 크다.

　PTSD는 생후 1년 이후를 기점으로, 모든 연령에서 발생할 수 있다. 증상은 대체로 외상사건 경험 후, 첫 3개월 이내에 시작한다. 그렇지만 진단기준을 충족하기 전, 일부 증상은 즉시 나타나지만, 수개월에서 수년 정도 지연될 수 있다. 증상기간 역시 다양해서, 성인의 50%는 3개월 내에 완전히 회복되지만, 증상이 1~50년 이상 남아 있는 경우도 있다. 증상은 사건 암시, 생활 스트레스, 또는 새로운 외상사건으로 인해 재발할 수 있다.

침습/재경험의 임상적 표현은 발달과정에 걸쳐 다양하다. 어린 아동은 외상사건과 무관한 내용의 악몽을 꾼다. 6세 이하(학령전기) 아동은 상징놀이를 통해 외상경험을 재현하곤 하는데, 이 과정에서 공포 반응을 나타내지 않을 수 있다. 외상사건 관련 자극에 대한 회피는 제한된 놀이 또는 탐색, 새로운 활동 참여 감소(학령기 아동), 또는 청소년에서의 발달적 기회 추구(예) 데이트, 운전)에 대한 저항으로 나타난다.

나이 든 아동·청소년은 자기를 겁쟁이로 여기기도 하고, 사회적으로 바람직하지 않으며, 또래로부터 멀어졌다고 믿을 수 있고("이제 난 다시는 어울릴 수 없을 거야."), 미래에 대한 희망을 잃을 수도 있다. 아동의 외상사건 관련 인지와 기분의 부정적 변화는 주로 보호자에 의해 관찰·보고된다. 과각성과 반응성 변화는 아동의 또래관계와 학교생활에서 부적응을 초래한다. 또 이들의 무모한 행동은 자신/타인의 부상, 스릴/위험한 행동을 시도하게 한다.

PTSD 증상은 치료하지 않는 경우, 30%가 정상으로 돌아오고, 40% 정도는 가벼운 증상을 지속적으로 나타낸다. 이 중에서 20% 정도는 중등도 증상이 지속적으로 나타나고, 10%는 증상에 호전이 없고, 심지어 악화되기도 한다. 일반적으로, 나이가 매우 어리거나 고령에 발생한 경우, 중장년층에 비해 더 큰 어려움을 겪는다. PTSD는 다른 정신장애와 함께 발생하는 경우, 예후가 좋지 않다. 반면, 외상사건 발생 전에 사회적 관계가 좋았던 사람은 예후가 좋은 것으로 알려져 있다.

원인. PTSD의 원인은 세 가지, 즉 ① 외상사건, ② 신경생리학적 생존시스템 활성화, ③ 다른 정신장애의 영향, ④ 외상사건 이전의 심리적·생물학적 요인으로 구분할 수 있다.

☐ **외상사건.** 첫째, 외상사건traumatic event은 사람이 보통 겪는 위기상황을 훨씬 뛰어넘는 정도의 자극을 말한다(실제적/위협적 죽음, 심각한 부상, 또는 성폭력에의 노출). PTSD는 아동·청소년이 외상사건을 직접 겪었거나, 생생하게 목격했거나, 가까운 친척 또는 친구에게 일어난 사실을 알게 되는 것으로 인해 발생할 수 있다. 이런 경험은 종종 증상을 유발하는데, 증상으로 인해 사고와 관련된 기억을 하지 못하기도 한다. 이는 사건 회상이 심한 고통을 유발하여 심리적 억압 현상으로 인해 사건 기억이 잘 나지 않는 경우다. 이 경우, 주변 사람의 관찰 또는 정황으로 확인할 필요가 있다.

그러면 외상사건의 정도가 심할수록, PTSD의 발생 가능성이 더 커지는가? 그렇지 않다. PTSD는 매우 주관적인 정신장애로, 오히려 개인의 기질, 경험, 사고의 반복이 더 영향을 미치는 것으로 알려져 있다. 즉, 과거에 위험한 일을 당해 크게 놀란 적이 있거나, 재난(지진, 홍수)같이 위험 상황이 지속되는 경우, 발생위험이 높다. 또 신체 손상을 동반한 교통사고나 성폭력 피해처럼 신체적 고통 또는 재판 진행으로 인해 사건/사고를 계속 떠올려야 하는 상황에서 고통수준은 높아지게 된다.

☐ **신경생리학적 생존시스템 활성화.** 둘째, 신경생리학적 생존시스템 활성화다. 폴 맥린 (MacLean, 1967)의 삼중뇌 이론$^{Triune brain theory}$[인간의 뇌가 실제로는 세 개의 뇌(파충류 뇌/생존의 뇌, 포유류 뇌/감정의 뇌, 인간 뇌/이성의 뇌)가 하나로 결합되어 있다고 제안한 이론]에

폴 맥린
(Paul D. MacLean,
1913~2007)

의하면, PTSD 증상은 변연계와 대뇌피질 사이의 연결성이 차단되고, 변연계$^{limbic system}$(특히 편도체^{amygdala})가 과다 활성화되어 유발되는 반응이다(강진령, 2023). 뇌에는 위험한 상황에서 신체를 대비시키는 편도체가 있다. 이 부분이 활성화되면, 위험을 의식하기 전에 신속히 몸을 움직여 위험을 피할 준비상태를 만든다. 위험이 사라지면, 전대상피질$^{anterior cingulate cortex}$이 활성화되어 경보 신호를 끄고 항상성을 유지한다. 그러나 PTSD는 이런 경보장치가 불필요하게 작동할 뿐 아니라, 잘 꺼지지도 않는 상태다.

☐ **다른 정신장애의 영향.** 셋째, 다른 정신장애의 영향이다. 즉, 이미 다른 정신장애(우울장애, 물질관련장애 등)를 가지고 있는 경우, PTSD의 발생 위험이 높고, 사고로 인해 증상이 생긴 경우 역시 다른 정신장애의 위험이 크다. 이에 사고 이후에 아동·청소년이 불면 또는 불안을 물질사용(흡연, 음주 등)으로 해결하려고 시도하지 않도록 주의가 필요하다. 또 아동학대 같은 외상사건은 아동·청소년의 자살위험을 높인다. PTSD는 자살 생각과 시도의 원인을 제공한다. PTSD에 취약한 환경적 요인으로는 사건의 물리적 근접성, 외상반응의 심각도, 사건 후 외부의 지지와 도움, 여성, 낮은 교육수준, 낮은 연령층, 이전의 충격적 사건 경험의 유무, 정신의학적 문제(병력, 가족력), 가족·친지·친구의 지지, 일상생활에서의 스트레스 수준 등이 있다.

☐ **외상사건 이전의 심리적·생물학적 요인.** 넷째, 외상사건 이전의 심리적·생물학적 요인이다. 특히, 생물학적 요인으로는 신경전달 물질인 도파민, 노르에피네프린, 벤조

다이아제핀 수용체, 그리고 시상하부–뇌하수체–부신 축의 기능 등이 PTSD 발생과 연관이 있는 것으로 보고되고 있다. PTSD 발생과 연관된 심리적·생물학적 위험요인은 글상자 11-8과 같다.

글상자 11-8. PTSD 발생과 연관된 위험요인

1. 어린 시절 경험한 심리적 상처	5. 정신과 질환에 취약한 유전적 특성
2. 성격 장해 또는 문제	6. 최근의 과도한 생활 스트레스
3. 부적절한 가족/동료의 정서적 지원	7. 과음
4. 여성	

이 외에도, 정신역동적 접근에서는 어렸을 때 정신적 충격과 관련하여 해결되지 않은 심리적 갈등들이 현재의 사건과 맞물려 다시 일깨워지는 것으로 본다. 반면, 인지행동적 접근에서는 조건화된 자극이 지속적으로 공포 반응을 일으켜, 그 자극에 대한 회피행동이 문제를 유발하는 것으로 설명한다.

진단과 사정. PTSD는 일반적으로 정신건강 전문가의 면담(병력 확인, 질의·응답 등)에 기초하여 진단된다. PTSD 진단에서 우선적으로 고려할 사항은 사고 당시 뇌 손상에 의한 증상 발생 가능성을 배제rule-out하는 것이다. 이에 뇌 자기공명영상(MRI) 촬영 등 뇌 손상 정도 평가에 관한 검사가 필요할 수 있다. 또한 알코올 등의 물질 남용, 간질 등의 기질적 질환에 대한 감별이 이루어져야 하고 이에 필요한 뇌파 검사 등의 검사가 필요할 수 있다.

이러한 점에서 PTSD는 고비용, 높은 수준의 의료비, 고도의 사회·직업·신체장애와 연관이 있다. 손상된 기능은 사회·대인관계·발달·교육·직업·신체 건강에 걸쳐 나타난다. 또 빈약한 사회적·가족적 관계, 직장 결근, 낮은 수입 그리고 낮은 교육적·직업적 성공과 연관이 있다. 이 장애로 진단을 내리려면, 사건 경험 후 1개월 동안 증상 관찰과 평가가 요구된다. 단, 뇌 MRI 검사나 혈액검사는 필요로 하지 않는다. PTSD의 진단기준은 글상자 11-9와 같다.

글상자 11-9. 외상후 스트레스장애(PTSD) 진단기준

A. 실제적/위협적 죽음, 심각한 부상, 또는 성폭력에의 노출이 다음 중 1개 이상에서 나타난다.   1. 외상사건에 대한 직접 경험

2. 타인에게 일어난 사건을 생생하게 목격함

3. 외상사건이 가족, 가까운 친척 또는 친한 친구에게 일어난 것을 알게 됨(☞ 가족, 친척 또는 친구에게 생긴 실제적이거나 위협적인 죽음은 그 사건이 폭력적이거나 돌발적으로 발생한 것이어야 함).

4. 외상사건의 혐오스러운 세부 사항에 대한 반복적이거나 지나친 노출의 경험(예 변사체 처리의 최초 대처자, 아동학대의 세부 사항에 반복적으로 노출된 경찰관) (☞ 진단기준 A4는 노출이 일과 관계된 것이 아니고, 전자미디어, 텔레비전, 영화, 사진을 통해 노출된 경우는 적용되지 않음)

B. 외상사건 발생 후 시작된, 외상사건 관련 침습 증상이 다음 중 1개 이상에서 나타난다.

1. 외상사건의 반복적 · 불수의적 · 침습적인 고통스러운 기억(☞ 7세 이상의 아동에게는 외상사건의 주제/양상이 표현되는 반복적 놀이로 나타날 수 있음)

2. 꿈의 내용과 정동이 외상사건 관련 고통스러운 꿈의 반복적 발현(☞ 아동에게는 내용을 알 수 없는 악몽으로 나타나기도 함)

3. 외상사건이 재생되는 것처럼 느껴지고 행동하게 되는 해리성 반응(예 플래시백) (☞ 아동에게는 외상의 특정한 재현이 놀이로 나타날 수 있음)

4. 외상사건을 상징하거나 유사한 내부/외부의 단서에 노출되는 경우, 극심하거나 장기적인 심리적 고통 경험

5. 외상사건을 상징하거나 닮은 내부 또는 외부의 단서에 대한 뚜렷한 생리적 반응

C. 외상사건 발생 후 시작된, 외상사건 관련 자극에 대한 지속적인 회피가 다음 중 1개 또는 2개 모두에서 현저하다.

1. 외상사건에 대한 또는 밀접한 관련이 있는 고통스러운 기억, 생각, 또는 감정의 회피 또는 회피하려는 노력

2. 외상사건에 대한 또는 밀접한 관련이 있는 고통스러운 기억, 생각 또는 감정을 불러일으키는 외부적 암시(사람, 장소, 대화, 행동, 사물, 상황)를 회피 또는 회피하려는 노력

D. 외상사건 발생 후 시작 또는 악화된, 외상사건 관련 인지와 감정의 부정적 변화가 다음 중 2개 이상에서 나타난다.

1. 외상사건의 중요한 부분을 기억할 수 없는 무능력(두부 외상, 알코올 또는 약물 등의 이유가 아니며 전형적으로 해리성 기억상실에 기인)

2. 자신, 다른 사람 또는 세계에 대한 지속적이고 과장된 부정적인 믿음 또는 예상(예 "나는 나쁘다." "누구도 믿을 수 없다." "이 세계는 전적으로 위험하다." "나의 전체 신경계는 영구적으로 파괴되었다.")

3. 외상사건의 원인/결과에 대한 지속적 인지왜곡으로 자신 또는 타인을 비난함

4. 지속적으로 부정적인 감정 상태(예 공포, 경악, 화, 죄책감 또는 수치심)

    5. 주요 활동에 대해 현저하게 저하된 흥미 또는 참여

    6. 다른 사람과의 사이가 멀어지거나 소원해지는 느낌

    7. 긍정적 감정을 경험할 수 없는 지속적인 무능력(예 행복, 만족 또는 사랑의 느낌을 경험할 수 없는 무능력)

E. 외상사건 발생 후 시작 또는 악화된, 외상사건 관련 각성과 반응성의 현저한 변화가 다음 중 2개 이상에서 현저하다.

    1. (자극이 거의 없거나 아예 없이) 전형적으로 사람 또는 사물에 대한 언어적 또는 신체적 공격성으로 표출되는 민감한 행동과 분노폭발

    2. 무모하거나 자기파괴적 행동

    3. 과각성

    4. 과장된 놀람 반응

    5. 집중력 문제

    6. 수면장해(예 수면 개시/유지 곤란 또는 불안정 수면)

F. 장해(진단기준 B~E)의 기간이 1개월 이상이다.

G. 장해가 사회적, 직업적, 또는 기타 중요한 기능영역에서 임상적으로 현저한 고통/손상을 초래한다.

H. 장해가 물질(예 치료약물, 알코올)의 생리적 효과나 다른 의학적 상태로 인한 것이 아니다.

다음 중 하나를 명시할 것:

해리증상 동반: 개인의 증상이 PTSD의 기준에 해당하고, 또한 스트레스에 반응하여 그 개인이 다음에 해당하는 증상을 지속적이거나 반복적으로 경험한다.

1. 이인증: 스스로의 정신 과정 또는 신체로부터 떨어져서 마치 외부 관찰자가 된 것 같은 지속적 또는 반복적 경험(예 꿈속에 있는 느낌, 자신 또는 신체의 비현실감 또는 시간이 느리게 가는 감각을 느낌)

2. 비현실감: 주위 환경의 비현실성에 대한 지속적 또는 반복적 경험(예 개인을 둘러싼 세계를 비현실적, 꿈속에 있는 듯한, 멀리 떨어져 있는, 또는 왜곡된 것처럼 경험) (☛ 해리증상은 물질의 생리적 효과(예 알코올중독 상태에서의 일시적 기억상실, 행동)나 다른 의학적 상태(예 복합 부분 발작)로 인한 것이 아니어야 함)

다음의 경우 명시할 것:

    지연 발현되는 경우: 사건 이후 최소 6개월이 지난 후에 모든 진단기준을 만족할 때(어떤 증상의 시작과 발현은 사건 직후 나타날 수 있음)

6세 이하 아동의 PTSD 포함

A. 6세 이하 아동에게는 실제적/위협적 죽음, 심각한 부상, 또는 성폭력에의 노출이 다음 중 1개 이상에서 나타남

1. 외상사건에 대한 직접적인 경험
2. 사건이 타인(특히 주 보호자)에게 일어난 것을 생생하게 목격함(☞ 목격이 전자미디어, 텔레비전, 영화 또는 사진을 통한 경우는 포함되지 않음)
3. 외상사건이 부모 또는 보호자에게 일어난 것을 알게 됨

B. 외상사건 발생 후 시작된 외상사건 관련 침습 증상이 다음 중 1개 이상에서 나타난다.
   1. 외상사건의 반복적 · 불수의적 · 침습적인 고통스러운 기억(☞ 자연발생적 · 침습적 기억이 고통스럽게 나타나야 하는 것은 아니고, 놀이를 통한 재현으로 나타날 수도 있음)
   2. 꿈의 내용과 정동이 외상사건과 관련되는 반복적으로 나타나는 고통스러운 꿈(☞ 꿈의 무서운 내용이 외상사건과의 연관성 확신이 가능하지 않을 수 있음)
   3. 외상사건이 재생되는 것처럼 아동이 느끼고 행동하게 되는 해리반응(예 플래시백). 외상의 특정한 재현은 놀이로 나타날 수 있음
   4. 외상사건을 상징하거나 유사한 내부/외부의 단서에 노출되는 경우, 극심하거나 장기적인 심리적 고통을 유발함
   5. 외상사건의 상기로 인한 현저한 생리적 반응

C. 외상사건 발생 후 시작 또는 악화된, 외상사건 관련 자극의 지속적인 회피 또는 외상사건 관련 인지와 기분의 부정적 변화를 가리키는 다음 중 1개 이상의 증상이 있다.
   자극의 지속적 회피
   1. 외상사건을 상기시키는 활동, 장소, 물리적 암시 등을 회피 또는 회피하려는 노력
   2. 외상사건을 상기시키는 사람, 대화, 대인관계 상황 등을 회피 또는 회피하려는 노력
   인지의 부정적 변화
   3. 부정적 감정 상태의 뚜렷한 빈도 증가(예 공포, 죄책감, 슬픔, 수치심, 혼란)
   4. 놀이의 축소를 포함하는, 주요 활동에 대해 현저하게 저하된 흥미 또는 참여
   5. 사회적으로 위축된 행동
   6. 긍정적인 감정 표현의 지속적인 감소

D. 외상사건 발생 후 시작 또는 악화된, 외상사건 관련 각성과 반응성의 변화가 다음 중 2개 이상에서 명백하다.
   1. 사람/사물에 대한 언어적/신체적 공격성(극도의 분노발작 포함)으로 표출되는 민감한 행동과 분노폭발(자극이 거의 또는 전혀 없음)
   2. 과각성
   3. 과장된 놀람 반응
   4. 집중력 저하
   5. 수면장해(예 수면개시/유지 곤란 또는 불안정 수면)

E. 장해 기간이 1개월 이상이다.

F. 장해가 부모, 형제, 또래, 또는 기타 보호자와의 관계 또는 학교생활에서 임상적으로 현저한 고통이나 손상을 초래한다.

G. 장해가 물질(⑩ 치료약물, 알코올)의 생리적 효과나 다른 의학적 상태로 인한 것이 아니다.

다음 중 하나를 명시할 것:

해리증상 동반: 개인의 증상이 PTSD의 기준에 해당하고, 다음의 증상을 지속적/반복적으로 경험함

1. 이인증: 스스로의 정신과정 또는 신체로부터 떨어져서 마치 외부 관찰자가 된 것 같은 지속적/반복적 경험(⑩ 꿈속에 있는 느낌, 자신 또는 신체의 비현실감 또는 시간이 느리게 가는 감각을 느낌)

2. 비현실감: 주위 환경의 비현실성에 대한 지속적/반복적 경험(⑩ 개인을 둘러싼 세계를 비현실적이고, 꿈속 또는 멀리 떨어져 있는 듯한, 또는 왜곡된 것 같은 경험)[☞ 이 아형을 쓰려면 해리증상은 물질의 생리적 효과(⑩ 일시적 기억상실)나 다른 의학적 상태(⑩ 복합 부분 발작)로 인한 것이 아니어야 함]

다음의 경우 명시할 것:

지연 발현되는 경우: 사건 이후 최소 6개월이 지난 후에 모든 진단기준을 만족할 때(어떤 증상의 시작과 발현은 사건 직후 나타날 수 있음)

외상사건 직후, 수일간 반복적으로 사건 생각이 나거나 악몽을 꾸는 것은 정상이다. 그러나 신체손상이 심한 경우, 수일에서 1주 정도 후에 증상이 심해지기도 한다. 대부분은 1~2주 사이에 좋아지나, 1개월까지 지속되는 경우도 있다. 이처럼 1개월 이내로 증상이 지속되는 경우, '급성 스트레스 장애^(acute stress disorder)(ASD)'로 진단한다. 이에 비해, 증상이 사고 후 1개월 이상 지속되는 경우에 PTSD로 진단된다. 이는 증상이 1개월 이상인 경우, 증상의 정도와 지속기간이 심각하다고 간주하기 때문이다.

PTSD 사정을 위한 도구로는 외상후 진단척도^(Posttraumatic Diagnostic Scale)(PDS)가 있다. 이 척도는 포아 등(Foa et al., 1997)이 개발한 것으로, 총 4개 부분으로 구성되어 있다. 1부에는 외상사건 12가지가 제시되어 있어서 피검자가 자신이 겪은 외상적 사건을 표시하고, 간략히 기술하도록 되어 있다. 2부는 1부에 응답한 사건 중 현재 증상에 가장 영향을 미치는 사건을 표시하게 되어 있다. 3부는 지난 1개월 동안 증상을 경험한 빈도를 보고할 수 있는 질문지 형식으로 되어 있다. 끝으로, 4부에서는 증상으로 인한 장해 정도를 측정한다(이 장의 '소집단 활동' 참조). 이 장애는 다른 정신장애로 오진되는 경우가 있으므로, 불안장애, 우울장애, 통증장애, 물질사용장애 등으로 진단된 아

동·청소년은 PTSD 가능성을 확인해야 한다.

중재방안. PTSD는 내담자가 자신이 안전하다는 경험을 할 수 있게 하는 안정화가 중요하다. 만일 증상이 심하고 만성적으로 가는 경향이 있다면, 초기 발견과 지속적 중재가 요구된다. 외상사건 발생 직후, 증상이 있는 것은 자연스러운 현상이다. 그러나 심각한 외상사건 후 1주일이 지나도 증상 호전이 없거나 악화되는 경우, 전문가에게 의뢰해야 한다. 증상이 심한 급성기$^{acute\ phase}$에는 약물치료를 주로 시행해 재경험이나 과각성 증상을 주로 조절한다. 반면, 사고기억을 다룰 수 있을 정도라면 상담/심리치료에 집중한다. 이때 사용되는 방법으로는 ① 안정화, ② 심리교육, ③ 인지재구조화, ④ 지속노출법, ⑤ 약물치료가 있다.

☐ **안정화.** 첫째, 안정화^{stabilization}는 무의식적인 불안으로 인한 경직된 자세를 의식하는 한편, 편안하고 안정된 자세를 취함으로써, 몸의 긴장을 줄이고 이로 인해 유발되는 불안한 생각을 줄이는 것이다. 불안과 긴장은 몸으로 기억된다. 이에 불안 또는 두려움을 느낄 때, 사람은 순간 긴장상태가 된다. 이는 몸의 위축, 목·어깨·근육 등에 힘이 들어가며, 호흡·맥박수를 증가시킨다. 이러한 변화는 불안과 공포 유발 등의 증상 악화로 이어지는 악순환의 원인이 된다.

안정화 기법으로는 ① 호흡훈련(심호흡, 복식호흡 등), ② 근육이완훈련, ③ 그라운딩이 있다. 특히, 그라운딩^{grounding}('접지')은 수직접지(두 발로 서는 직립자세)와 수평접지(바닥에 눕는 자세)를 통해 개인과 환경의 흐름이 상호작용하게 하는 작업이다 (Najavits, 2002). 이 기법들은 초기 불안 감소에 효과가 있음이 입증되었다.

☐ **심리교육.** 둘째, 심리교육에서는 PTSD에 관한 정보제공을 통해 아동·청소년이 정신적 외상의 신경생리학적 영향을 이해하고, 외상 사건과 반응을 구분할 수 있도록 돕는다. 또 외상반응은 생존회로에 기초한 정상반응이지만, 반응이 오래 지속되면 급성 스트레스 장애 또는 PTSD로 이어질 수 있음을 인식시킨다. PTSD 상담은 내담자의 신체·환경·경제·심리·법적 안전 구축이 요구된다는 점에서 여러 분야의 전문가들의 협력이 요구된다. 심리교육은 내담학생의 정서적 안정감을 스스로 획득·조절하는 방법을 가르칠 수 있다는 점에서 유용하다.

☐ **인지재구조화.** 셋째, 인지재구조화를 적용하여 비합리적·부적응적 사고를 합리적·적응적 사고로의 대체를 돕는다. 인지재구조화$^{cognitive\ restructuring}$는 비합리적 사고를

재구성하여 내담자의 진술을 수정하도록 하는 절차다. 이 절차에서는 내담학생의 각성수준이 안전범위 내에 있는지 수시로 확인한다. 또 과각성으로 인해 재외상화 또는 저각성으로 인해 해리반응이 일어나지 않도록 휴식 · 중단 · 회복을 조절한다. 인지재구조화 절차에 관한 설명은 글상자 11-10과 같다.

글상자 11-10. 인지재구조화 절차

☐ **1단계**: 인지재구조화의 일반 원리를 설명한다.
☐ **2단계**: 내담자의 유형에 따라 각자의 비합리적 사고를 탐구하도록 한다.
☐ **3단계**: 내담자 스스로 문제를 분석하고 해결방법을 찾아보게 한다.
☐ **4단계**: 행동실행과 실제연습을 통해 합리적인 대처행동 방법의 습득을 돕는다.

☐ **지속노출법.** 넷째, 지속노출법prolonged exposure(PE)은 행동치료와 인지행동치료를 결합한 PTSD 치료법이다. 이 치료법은 ① 심상노출법imaginal exposure과 ② 실제노출법in vivo exposure으로 나뉜다. 전자는 의도적 · 반복적으로 외상기억을 재진술하는 것인 반면, 후자는 외상사건을 상기시키거나 위험한 느낌이 들게 하는 상황, 장소, 대상을 점진적으로 직면하게 하는 기법이다. PTSD 중재방법에 대한 흔한 오해는 외상사건에 대한 공포를 떠올리게 하는 자극 차단이 회복에 도움이 될 것으로 생각하는 것이다. 그러나 다른 기억과 마찬가지로, 외상사건과 관련된 기억 역시 시간이 지나면서 점차 잊히게 된다. 심지어 어려서 물에 빠졌던 경험으로 인해 물에 대한 공포가 있는 사람도 성인이 되어 자녀와 함께 물놀이를 즐길 수 있게 된다. 이에 내담학생이 감당할 수 있는 자극에의 노출은 두려움에 대한 내성 형성에 더 효과가 있다.

☐ **약물치료.** 다섯째, 정신건강 전문의에게 약물치료를 의뢰하는 것이다. PTSD는 정신건강의학과 장애 중 심각한 질환에 속한다. 이 장애는 만성화되기 쉽고, 기능손상도 심한 편이다. 사고 직후에 경미한 증상이 나타나는 것은 자연스러운 현상이라는 점에서 약물치료가 필요하지 않을 수 있다. 그러나 증상이 심하거나 1개월 이상 지속되는 경우, 교감신경 차단제 등의 약물치료가 권장된다. 치료 초기의 과각성, 불면 등은 약물치료와 안정화 기법 등을 중심으로 하고, 증상이 안정되면 회피증상에 초점을 맞춰 EMDR, 노출치료 등을 시행한다.

그렇다면 약물치료가 필요한 이유는 무엇인가? 사고충격으로부터의 회복은 사고에 대한 기억조절과 안정화에 달려 있다. 회복은 일상생활에서 자연스럽게 일어나고,

또 전문가의 도움을 통해 더 효율적으로 이루어질 수 있다. 그러나 심한 불면 또는 긴장으로 인해 일상생활에 지장이 생기거나, 공포/불안이 심한 경우, 회복이 지연된다. 약물치료는 정상적인 회복을 저해하는 요소를 없애 주는 역할을 한다.

◆ 복습문제 ◆

🌱 다음 밑줄 친 부분에 알맞은 말을 쓰시오.

1. ____은/는 위험 또는 위협적인 상황에 처하면 작동하는 경계경보 장치다. 반면, 이 장치가 지나치게 민감하거나 과도하게 반응한다면, 유기체는 혼란에 빠져 부적응적인 양상으로 작동하는 _____ 상태, 즉 _____이/가 발생한다.

2. _____은/는 개인이 자신과 강한 정서적 애착이 형성된 장소 또는 사람들과의 분리에 대해 과도한 불안을 느끼는 상태다. 이 장애는 DSM–IV에서는 '유아기, 아동기, 또는 청소년기에 보통 처음 진단되는 장애' 군에 속해 있었다.

3. ____불안은 부모(특히, 모)와 떨어지지 않으려는 상태로, ____불안이라고도 한다. 이는 영유아의 생존을 위해 중요한 기제로, 보통 생후 __~__개월에 발생했다가 __세 전후로 사라진다.

4. _____치료는 인지 변화를 통해 정서와 행동 변화를 유발시키기 위한 접근법이다. 이 접근법에서 주로 사용되는 기법의 예로는 불안유발 상황(예 등교 직전, 혼자 남겨지기 직전)에서 떠오르는 _____사고를 _____ 사고로의 수정을 돕는 것이다.

5. 정상적인 발화능력이 있음에도, 특정한 사회적 상황에서 말을 하지 못하는 장애를 _____(이)라고 한다. 이 장애는 주로 __세 이전에 발병하며, 주요 특징은 _____에서 전혀 말을 하지 않는 것이다.

6. __장애는 불수의적으로 갑작스럽고 빠르며 반복적이고 비율동적인 동작 또는 ____ 증상이 신체 부위에서 나타나는 운동장애다. DSM–5에서 이 장애는 4개 진단범주, 즉 ① _____, ② 지속성(만성) 운동 또는 음성 틱장애, ③ _____, ④ 달리 명시된, 또는 명시되지 않은 틱장애로 구성된다.

7. _____은/는 갑작스럽고, 날카롭게 짖거나 꿀꿀거리듯 소리를 내는 것으로, 사회적 상호작용에서 사용되는 부적절한 말에서 보이는 운율이 없는 것이 특징이다.

8. _____장애의 주요 증상에 속하는 ____ 증상이란 외상사건 관련 단서와 접촉하면서 발현된 외상경험이 심리적 항상성을 깨고 일상생활을 방해하는 현상을 말한다. 이 현상은 외상사건에 대한 생각, 느낌, 감각이 재현되는 것('재경험')으로, 보통 깨어 있는 동안에는 _____, 수면 중에는 ____(으)로 나타난다.

9. PTSD는 관련이 없는 2개 이상의 병리적 또는 질병과정이 공존하는 상태, 즉 _____이/가 높은 정신장애로, 남성은 _____, 여성은 _____을/를 수반할 가능성이 더 크다.

10. PTSD 진단 시, '____증상 동반'을 명시해야 한다. 이 증상에는 스스로의 정신 과정 또는 신체로부터 떨어져서 마치 외부 관찰자가 된 것 같은 지속적 또는 반복적 경험을 나타내는 _____와/과 주위 환경의 비현실성에 대한 지속적 또는 반복적 경험을 의미하는 _____이/가 포함되어 있다.

◆ 소집단 활동 ◆

불안장애 간편 체크리스트

※ 다음은 당신의 불안수준을 알아보기 위한 간편 체크리스트이다. 지난 2주 동안 다음에 제시된 문제로 인해 얼마나 자주 괴로움을 겪었는지를 우측에 제시된 번호에 ○표 하시오.

문항	전혀 없음	1~3일	4~6일	거의 매일
1. 과민하거나 불안 또는 초조한 느낌이 들었다.	0	1	2	3
2. 걱정을 멈추거나 조절할 수 없었다.	0	1	2	3
3. 여러 일에 대해서 너무 많이 걱정했다.	0	1	2	3
4. 편안하게 쉬는 느낌을 가질 수 없었다.	0	1	2	3
5. 매우 초조하여 가만히 앉아 있을 수 없었다.	0	1	2	3
6. 쉽게 화나거나 흥분되었다.	0	1	2	3
7. 무서운 일이 일어날까 봐 두려웠다.	0	1	2	3
소계		점	점	점
합계				점

해석 ※ 다음은 합계점수에 따른 해석입니다.

☐ **5점 이하**: 경도 불안   ☐ **6~9점**: 중등도 불안

☐ **10점 이상**: 고도 불안 ☛ 전문가와의 상담 권고

PTSD 진단척도

※ 다음은 충격적인 사건 또는 경험 후, 사람들에게 나타날 수 있는 현상이다. 지난 1개월 동안 경험한 것을 잘 생각해 본 다음, 각 경험의 발생 빈도에 해당하는 척도(0=전혀 없음/단 1회, 1=주당 1회/가끔, 2=주당 2~4회, 3=주당 5회 이상)에 ✓표 하시오.

문항	척도			
1. 그 일에 대해 생각하고 싶지도 않을 때, 불쑥 생각나거나 머릿속에 그려진다.	0	1	2	3
2. 그 일과 관련된 악몽을 꾼다.	0	1	2	3
3. 그 일이 재현되듯 생생하게 느껴지고, 그때 당시처럼 행동하게 된다.	0	1	2	3
4. 그 일을 떠올리면 괴롭다(예 두려움, 분노, 슬픔, 죄책감).	0	1	2	3
5. 그 일을 떠올리면 신체반응이 느껴진다(예 진땀난다. 심장이 뛴다).	0	1	2	3
6. 그 일에 대해서는 생각하거나 말하지 않으려 하고, 당시의 느낌조차 떠올리지 않으려고 애쓴다.	0	1	2	3
7. 그 일을 생각나게 하는 활동, 사람, 장소를 가급적 피하려 한다.	0	1	2	3
8. 그 일과 관련된 중요한 기억의 한 부분이 도무지 생각나지 않는다.	0	1	2	3
9. 지금 내 삶에서 중요한 것에 대해 흥미/의욕이 떨어졌다.	0	1	2	3
10. 주위 사람들과 멀어지거나 단절된 느낌이다.	0	1	2	3
11. 정서가 메마른 것처럼 무감각하다(예 눈물이 나지 않음, 애정 어린 기분을 느낄 수 없음).	0	1	2	3
12. 미래의 계획이 뜻대로 이루어질 것 같지 않고, 희망이 없다는 느낌이 든다(예 제대로 된 직장/가족을 가지지 못할 거야. 오래 살지 못할 거야).	0	1	2	3
13. 잠이 잘 오지 않고 자더라도 자주 깬다.	0	1	2	3
14. 짜증이 잘 나고 신경질을 종종 부린다.	0	1	2	3
15. 집중하기 어렵다(예 대화 중 딴생각을 함, TV 드라마를 보다가 줄거리를 놓침, 방금 읽은 내용을 기억하지 못함).	0	1	2	3
16. 지나친 긴장 상태에 있다(예 누가 있는지 자꾸 확인함, 문 쪽으로 등을 돌리고 있으면 불안함).	0	1	2	3
17. 작은 일에도 쉽게 놀란다(예 누가 뒤에서 걸어오는 것을 느낄 때).	0	1	2	3
총점				점

해석 점수 범위: 0~63점
☐ 20점 이하=정상   ☐ 21~25점=중등도   ☐ 36점 이상=고도

PTSD 간편 검사

※ 두려웠던 일, 끔찍했던 일, 또는 힘들었던 일로 인해 지난 1개월 동안 다음에 제시된 문항에 해당하는 경험 여부를 해당란에 ✓표 하시오.

문항	예	아니요
1. 그 경험에 관한 악몽을 꾸거나, 생각하고 싶지 않은데도 그 경험이 떠오른 적이 있었다.		
2. 그 경험에 대해 생각하지 않으려고 애쓰거나, 그 경험을 떠오르게 하는 상황을 피하기 위해 특별히 노력했다.		
3. 늘 주변을 살피고 경계하거나, 쉽게 놀라게 되었다.		
4. 타인, 일상 활동, 또는 주변 상황에 대해 가졌던 느낌이 없어지거나, 그것에 대해 멀어진 느낌이 들었다.		
5. 그 사건 또는 그 사건으로 인해 생긴 문제에 대해 죄책감을 느끼거나, 나 자신 또는 다른 사람에 대한 원망을 멈출 수 없었다.		
합계		점

해석

□ 정상 (0~1점)	☛ 일상생활 적응에 지장을 초래할만한 외상사건 경험 또는 관련된 인지·정서·행동문제가 거의 없음
□ 경도 (2점)	☛ 외상사건 관련 반응으로 불편감이 있고, 평소보다 일상생활 적응에 어려움이 있다면, 추가평가 또는 정신건강 전문가의 도움 요청이 권장됨
□ 고도 (3~5점)	☛ 외상사건 관련 반응으로 심한 불편감이 있는 상태로, 평소보다 일상생활 적응에 어려움이 있음 ☛ 추가평가 또는 정신건강 전문가의 도움 요청이 필요함

소감 _____

_____

_____

_____

_____

품행관련장애학생 상담

☑ 학습목표

1. 적대적 반항장애의 정의 및 관련 개념을 이해·설명할 수 있다.
2. 간헐적 폭발장애의 정의 및 관련 개념을 이해·설명할 수 있다.
3. 품행장애의 정의 및 관련 개념을 이해·설명할 수 있다.
4. 품행관련장애의 사정·진단방법을 이해·적용할 수 있다.

나는 뭔가를 잘 할 수 없을 때, 엄청 화가 나요. 다른 모든 사람이 날 싫어하는 것

같고, 한꺼번에 달려들어 날 괴롭힐 것 같은 생각이 들어요. 이런 생각이 들면, 그냥 돌아버릴 것 같아요. 우리 학교에 나를 이해해 주는 선생님은 단 한 명도 없어요. 아예 내 말은 전혀 듣지도 않고 화만 내세요. 내 기분을 알아 주지 않을 때, 정말 화가 나요. 목이 터져라 화를 내고 싶을 만큼 답답하고 미쳐 버릴 것 같아요. 선생님은 나한 테 또 진정하라고 말할 테고, 그냥 그런 말조차 듣고 싶지도 않고 내 감정조절에 별로 도움이 되지는 않아요.

격노^{rage}라는 말은 고대 그리스의 시성_{詩聖} 호메로스 (Homēros, 영어로는 Homer)가 트로이 전쟁에 관해 쓴 '일리아드(Iliad)'(라틴어로는 Ilias)에서 처음 사용 한 단어이면서, 이 작품의 주제였다. B.C. 750년 경에 발표된 것으로 알려진 호머의 시는 억제되지 않은 분노로 인해 전쟁, 죽음, 파괴로 점철된 비극

ΟΔΥΣΣΕΙΑ

Ἄνδρα μοι ἔννεπε, Μοῦσα, πολύτροπον, ὃς μάλα πολλὰ πλάγχθη, ἐπεὶ Τροίης ἱερὸν πτολίεθρον ἔπερσε· πολλῶν δ᾽ ἀνθρώπων ἴδεν ἄστεα καὶ νόον ἔγνω, πολλὰ δ᾽ ὅ γ᾽ ἐν πόντῳ πάθεν ἄλγεα ὃν κατὰ θυμόν, ἀρνύμενος ἥν τε ψυχὴν καὶ νόστον ἑταίρων. ἀλλ᾽ οὐδ᾽ ὧς ἑτάρους ἐρρύσατο, ἱέμενός περ· αὐτῶν γὰρ σφετέρῃσιν ἀτασθαλίῃσιν ὄλοντο, νήπιοι, οἳ κατὰ βοῦς Ὑπερίονος Ἠελίοιο ἤσθιον· αὐτὰρ ὁ τοῖσιν ἀφείλετο νόστιμον ἦμαρ.

그림 12-1.
그리스어로 기록된 호메로스의 오디세이

적 결말을 묘사하고 있다(Nevid et al., 2020). 격노는 DSM-5의 파괴적, 충동조절 및 품행 장애^{disruptive, impulse-control and conduct disorder}(DICCD) 군의 핵심 증상이다. 이 진단군은 반복 적으로 충동적이고 통제할 수 없는 격노로, 타인에게 피해를 주거나 재산을 파괴하는 등의 특징이 있는 충동조절장애의 한 유형이다.

그림 12-2. 불타는 트로이

파괴적, 충동조절 및 품행장애(DICCD)는 총 8개 진단, 즉 ① 적대적 반항장애, ② 간헐적 폭발장애, ③ 품행장애, ④ 반사회성 성격장애, ⑤ 방화광, ⑥ 도벽광, ⑦ 달리 명시 된 DICCD, ⑧ 달리 명시되지 않는 DICCD로 구성되어 있 다. 이 진단군에 속하는 모든 장애가 정서·행동 조절 문제 를 포함하지만, 2개 유형의 자기조절 문제 중 상대적으로 어디를 더 강조하는지에 따라 진단명이 구분된다. 또 정서·행동에 대한 자기조절 문제의 원인은 장애마다 다르고, 진단범주 내에서도 개인마다 다양하다.

예를 들어, 간헐적 폭발장애의 초점은 정서조절 문제로, 분노표출이 대인관계 스트레 스, 촉발자극 또는 기타 심리사회적 스트레스에 비례하지 않는 특징이 있다. 이에 비 해, 품행장애의 초점은 행동조절 문제(타인의 권리침해, 사회규범 위반)로, 이런 행동(예 공격성)은 정서조절 곤란으로 인해 나타난다. 이 두 장애의 중간에 해당하는 적대적 반

항장애는 정서(분노, 과민성)와 행동(논쟁적·반항성) 조절문제가 동일한 정도로 강조되는 장애다. 이 외에도, 방화광과 도벽광은 내적 긴장을 완화하는 행동(방화, 절도)과 관련된 충동조절 곤란이 초점이다. 이 두 장애는 학교현장에서 그리 흔한 진단이 아니라는 점에서 여기서는 다루지 않기로 한다.

'파괴적, 충동조절 및 품행장애' 군에 기술된 일련의 증상은 전형적인 발달과정에서 종종 나타나는 행동이다. 따라서 증상이 특정 장애에 부합하는지를 결정할 때, 진단기준과 관련되는 행동의 빈도, 지속성, 다양한 상황에 만연된 정도, 손상 정도를 개인의 연령, 성별, 문화의 정상 규준을 고려할 필요가 있다. 이에 이 장에서는 「특수교육법」 제15조(특수교육대상자의 선정)의 정서·행동장애에 해당하고, 아동·청소년의 학업, 진로, 개인·사회성 발달에 크게 영향을 미치는 ① 적대적 반항장애, ② 간헐적 폭발장애, ③ 품행장애를 중심으로 살펴보기로 한다.

적대적 반항장애

> 중학교 2학년 연수는 교사의 지시에 큰 소리로 대들거나 때로 심한 욕설을 하며 따지곤 한다. 숙제를 제출하라고 하면, 내가 왜 해야 하냐며 소리를 지르며 반항적인 태도를 보인다. 교사가 이런 태도를 지적하면, 교실 바닥에 침을 뱉는 등 불손한 행동을 보여 교사의 화를 북돋곤 한다. 잘못한 행동에 대해 교사가 나무랄라 치면, 자기는 잘 모르는 일이라거나, 자기가 하지 않았다고 발뺌하거나, 다른 아이를 탓하면서 책임을 떠넘기곤 한다. 연수는 수시로 문제행동을 저지르면서도, 결코 자신의 잘못을 인정하는 일이 없고, 위기 모면을 위해 심지어 거짓말을 일삼는다.

적대적 반항장애^{oppositional defiant disorder}(ODD)는 ① 분노/과민한 기분, ② 논쟁적/반항적 행동, 또는 ③ 보복적 특성이 빈번하고 지속적으로 나타나는 것이 특징이다. 즉, 권위 있는 어른(부모, 교사)에게 화를 내고 짜증을 내는 등 적대적·반항적 행동의 지속적·반복적 발현이 특징인 장애다. 부정적 기분 문제 없이 행동문제만 있는 경우도 종종 있다. 그러나 적대적 반항장애는 전형적으로 행동문제와 분노 또는 과민한 기분 증상이 함께 나타난다. 이러한 증상은 단일 상황, 즉 가정에서만 제한적으로 나타나는 경우가 가장 흔하다(APA, 2013).

적대적 반항장애는 아동·청소년기에 흔히 처음으로 진단되는 행동장애다. 이 장애의 특징은 발달수준에서 기대할 수 있는 정도 이상으로 나타나는 부정적인 행동의 발현이다(타인 위협 또는 귀찮게 하기, 어른에게 반항 또는 적대감 표출 등). 적대적 반항장애 학생은 자존감, 정서조절, 가정·학교·지역사회에서 대립적 관계와 관련된 문제를 일으킨다. 이들은 대부분의 경우 어른의 한계를 시험해 보려고 하거나, 어른이 정해 놓은 범위를 벗어나려는 시도를 한다.

학교에서의 잦은 공격적인 행동 표출은 학업성취도를 크게 떨어뜨리고, 다른 학생을 괴롭히며, 학교에서 준수해야 할 규범을 무시하곤 한다. 이들은 자의에 의해 비행을 저지르는 경우가 많지만, 때로는 약물 부작용(성마름, 피로, 침착성 결여), 정서조절기술 결여, 학교를 비롯한 생활 영역에서의 스트레스(부모와의 갈등, 이사), 우울 같은 정신건강 문제로 인해 행동문제를 일으킨다.

유병률과 경과

적대적 반항장애(ODD)는 전형적으로 취학 전(3세경)에 시작되나, 8세경에 현저히 나타났다가 청소년기를 지나면서 사라진다. 초기 청소년기 이후에 발병하는 경우는 매우 드물다. 유병률은 1~11%(평균 유병률은 약 3.3%)이고, 연령 또는 성별에 따라 다르다. 청소년기 이전에는 남자가 여자보다 1.4배 더 많이 발생하나, 청소년기 이후에는 성차는 없다(APA, 2013).

적대적 반항장애는 사회경제적 지위(SES)가 낮거나 가정문제가 있는 아이들에게 자주 진단된다. 특히, 아이들은 부모의 행동을 보고 배우거나, 부모의 정신건강 문제가 자녀의 적대적 반항장애 진단에 영향을 미친다. 적대적 반항장애 극복을 도울 보호요인으로는 긍정적 자존감, 타인에 대한 공감기술, 장래목표 수립, 취미활동 개발 및 참여, 가정·학교에서의 지원체제 등이 있다.

교사와 학교 관계자들은 때로 적대적 반항장애 진단이 소위 말해서 '못된 아이' 또는 '나쁜 아이'에 대한 '변명'으로 사용될 수 있다는 우려를 나타내기도 한다. 왜냐하면 지난 수십 년 동안 이 장애로 진단되거나, 잘못 진단된 아동·청소년의 수가 급증했기 때문이다. 적대적 반항장애 아동과 '못된 아이' 또는 '나쁜 아이'의 차이는 이 장애가 있는 아동에게는 때로 행동의 결과가 잘 이해되지 않을 수 있기 때문에 일반적인 인과관계가 적용되지 않는다는 점이다.

적대적 반항장애 아동의 정서조절 곤란은 타인의 감정 파악 또는 공감을 어렵게 한다. 이는 타인의 감정을 상하게 하거나 타인의 권리를 침해하는 경우, 이들이 자책감을 느끼지 않거나 자신의 행동에 신경 쓰지 않는 것처럼 보이게 할 수 있다. 적대적 반항장애 아동이 비록 신체적 손상을 입지는 않았지만, 이들의 정신적 · 정서적 상태는 또래아이들의 일반적인 정신적 · 정서적 상태와는 다르다. 이에 적대적 반항장애 아동에게는 학교 경험의 사회적 · 정서적 측면과 관련하여 이들의 역기능적 학습 환경을 개선할 개별화교육계획, 치료적 지원, 교사의 보조 등 특별한 관심과 조치가 요구된다.

원인

적대적 반항장애(ODD)의 원인은 크게 ① 개인요인과 ② 환경요인과 관련이 있다.

개인요인. 적대적 반항장애의 발생의 개인요인으로는 아동의 ① 기질, ② 사회인지가 있다.

☐ **기질.** 첫째, 적대적 반항장애 아동의 기질, 즉 정서적 과민반응과 좌절에 대한 내성은 사회적 상호작용에서 발생하는 적대적 반항장애 발병에 영향을 준다. 아동의 생애 초기 기질적 요인(부정적 정서, 융통성이 결여된 성격 등)은 향후 아동의 발현된 품행문제 예측이 가능하다(Sanason & Prior, 1999). 연구에 의하면, 파괴적 행동은 불안정한 회피와 부모와의 불안정한 애착관계(DeVito & Hopkins, 2001)와 유의한 관련이 있었다.

적대적 반항장애 증상은 종종 부적응적 상호작용 양상으로 나타난다. 게다가 이 장애가 있는 아동 · 청소년은 자기가 화를 잘 내거나 반항적이라고 생각하지 않고, 자신의 행동을 부당한 요구에 대한 반응으로 합리화한다는 특징이 있다. 이에 장애와 관련된 개인적 요인과 아동이 경험하는 부적응적 상호작용 간의 상대적 기여의 구분은 어렵다. 예컨대, 적대적인 양육 경험이 있는 아동의 경우, 아동의 행동이 부모의 양육에 영향을 주었는지, 부모의 적대적 양육이 아동의 문제행동에 영향을 주었는지, 아니면 이 두 요인이 상호작용했는지의 확인은 불가능하다. 그렇지만 적대적 반항장애는 열악한 조건(보호시설, 학대/방임 가정, 보호자가 바뀌어 보살핌이 부족한 가정, 엄격하거나 비일관적 · 방임적 양육을 하는 가정)에서 더 자주 나타난다(APA, 2013).

☐ **사회인지.** 둘째, 파괴적 행동을 나타내는 아동 · 청소년은 사회인지(대인관계)과정에서 결함이 있다. 사회적 문제해결 실험연구에서 적대적 반항장애 남아와 ADHD 남아는 사회적 단서에 대한 부호화와 반응에 어려움을 보였다. 적대적 반항장애 남아

는 문제에 대해 더 공격적인 행동을 나타냈을 뿐 아니라, 공격성을 표출하는 자신의 능력에 자신감을 느낀다고 보고했다(Matthys et al., 1999). 이 장애는 자살시도 위험을 증가시키고, 종종 ADHD와 품행장애가 동반 발생한다.

환경요인. 적대적 반항장애(ODD)의 발생의 환경요인으로는 부적절한 양육태도, 부부갈등, 가족의 낮은 결속력, 권력지향적·지배적인 부모, 물질사용, 부모의 정신장애(예 반사회적 성격장애) 등이 있다(Greene et al., 2002). 이 연구자들은 다수의 사례에서 ODD 아동의 부모는 가혹하고, 일관성이 없는 방임적인 양육방식을 사용했으며, 대부분 권력 지향적이고 지배적인 특성이 있음을 확인했다. 이러한 양육방식은 특히 기질적으로 자기주장적이고 독립성이 강한 아동에게 적대적 태도와 파괴적 행동의 원인이 될 수 있다.

행동주의적 관점에서 볼 때, 아동의 적대적·파괴적 행동은 중요한 타인(부모/보호자/양육자)과의 상호교류 과정에서 조작적 조건화를 통해 강화될 수 있고, 모델링을 통해 학습될 수 있다. 즉, 아동의 문제행동은 자신의 요구 관철 또는 부모의 요구 철회를 위한 보상적 결과를 통해 강화된 것이다. 또한 부모의 관심 증가 역시 아동의 문제행동의 강화요인으로 작용한다는 것이다.

진단과 사정

적대적 반항장애(ODD) 아동은 지난 6개월 이내에 4개 이상의 반항행동이 또래에 비해 발생빈도를 초과하여 지속적이고 반복적으로 나타난다는 특징이 있다. 이러한 문제행동의 지속적·반복적인 발현은 가정 또는 학교 같은 장면에서 다양한 문제를 일으키며, 품행장애 기준에 충족되지 않는 경우, 적대적 반항장애로 진단된다. 가정에서만 이런 문제를 보인다 하더라도 진단적 역치를 충족하는 증상이 있다면, 현저한 사회기능 손상이 있을 수 있다.

그러므로 학생이 다양한 상황(예 대인관계)에서 반항행동을 보이는지에 대한 정확한 평가가 중요하다. 반항행동은 형제자매 간 외에 타인과의 상호작용에서도 나타나는지 확인해야 한다. 또 증상이 면담 또는 검사장면에서 잘 드러나지 않을 수 있지만, 전형적으로 성인과의 상호작용이나 개인적으로 잘 아는 또래와의 관계에서 나타나는 경향이 있다는 점을 고려할 필요가 있다. 적대적 반항장애(ODD)의 진단기준 요약은 글상자 12-1과 같다.

글상자 12-1. 적대적 반항장애(ODD) 진단기준 요약

A. 분노/과민한 기분, 논쟁/반항행동, 또는 보복양상이 6개월 이상 지속되고, 다음 중 4개 이상의 증상이 있다. 이러한 증상은 형제/자매를 제외한 1인 이상의 타인과의 상호작용에서 나타난다.

분노/과민한 기분

1. 자주 욱하고 화를 냄
2. 자주 과민하고 쉽게 짜증냄
3. 자주 화를 내고 크게 분개함

논쟁적/반항적 행동

4. 자주 권위자와 논쟁함(아동·청소년의 경우, 성인과 논쟁함)
5. 자주 적극적으로 권위자의 요구나 규칙을 무시 또는 거절함
6. 자주 고의로 타인을 귀찮게 함
7. 자주 자신의 실수나 잘못된 행동을 남탓으로 돌림

보복 양상

8. 지난 6개월 내에 2회 이상 악의에 차 있거나 앙심을 품음[☞ 주의: 진단기준에 부합하는 행동의 지속성과 빈도는 정상 범위 내에 있는 행동과 구별되어야.함. 다른 언급이 없다면, 5세 이하 아동인 경우, 최소 6개월간 거의 매일, 주 1회 이상 상기 행동이 나타나야 함(진단기준 A8)].

B. 행동장해가 개인 자신에게, 또는 자신에게 직접 관련 있는 사회적 환경(⑩ 가족, 또래집단, 동료) 내에 있는 상대에게 고통을 주고, 그 결과 사회적, 학업적, 직업적, 또는 기타 중요한 기능 영역에서 부정적인 영향을 준다.

C. 행동은 정신병적 장애, 물질사용장애, 우울장애, 또는 양극성장애의 경과 중에만 나타나지 않아야 하고, 파괴적 기분조절부전장애 진단기준을 충족하지 않아야 한다.

현재의 심각도 명시할 것:

○ 경도^{mild.}: 증상이 1개 상황(⑩ 집, 학교, 직장, 또래집단)에서만 나타나는 경우

○ 중등도^{moderate}: 증상이 적어도 2개 상황에서 나타나는 경우

○ 고도^{severe}: 증상이 3개 이상의 상황에서 나타나는 경우

적대적 반항장애로 진단되지 않는 아동·청소년도 때로 적대적이고 공격적인 행동을 나타낼 수 있다. 이에 이런 행동이 적대적 반항장애 기준에 부합되는지를 결정하려면, 2개 사항을 고려해야 한다(① 지난 6개월간 진단역치를 넘는 4개 이상의 증상이 있는가? ② 증상이 같은 연령, 성별, 문화의 타인에게서 전형적으로 관찰되는 것보다 더 지속적이고 빈번한가?). 예를 들어, 미취학 아동이 매주 분노발작^{temper tantrum}[욕구가 충족되지 않

을 때, 강한 분노표출 행동(예 바닥에 뒹굴며 울부짖거나, 물건을 던지거나 발로 참)을 보인다면, 이는 유별난 것으로 간주되지 않는다. 그러나 이런 행동이 지난 6개월간 거의 매일 발생하고, 3개 이상의 다른 진단기준에 부합되며, 이로 인해 현저한 손상(예 분노발작 시 재산파괴로 인해 유치원 퇴원 요구를 받음)을 초래했다면, 적대적 반항장애의 증상으로 간주된다.

중재방안

적대적 반항장애(ODD) 학생을 돕기 위해서는 이들의 ① 정서문제, ② 사회적 행동 문제, ③ 한계 명시, ④ 긍정적 행동 강화에 중점을 둘 수 있다.

정서문제. 적대적 반항장애 아동은 화가 나거나 슬프거나 좌절감이 들 때, 정서조절에 어려움이 있다. 정서적으로 지지적인 교실, 타임아웃을 위한 공간, 자기성찰을 위한 공간(벌을 주거나 잠시 안정을 취할 수 있도록 만든 교실의 한 공간) 등은 교사가 학생을 지도하는 데 도움이 된다. 이 공간은 다른 학생과 활동에서 잠시 떨어져 있게 할 수 있고('타임아웃'), 아동은 분노를 촉발한 대상으로부터 잠시 거리를 둠으로써, 감정 상태가 안정된 후에 다시 수업 또는 활동에 복귀할 수 있다는 이점이 있다.

사회적 행동 문제. 적대적 반항장애 아동은 다른 또래들과 어울리거나 교우관계를 형성하는 데 어려움을 겪는다. 이들은 대인관계에서 자신의 책임을 느낄 필요가 있다. 자신의 행동에 대한 책임의식 결여는 다른 또래들로부터 배척당하는 결과를 초래한다. 이에 상담교사는 학생들에게 적대적 반항장애 아동이 겪는 어려움에 관한 정보를 제공할 필요가 있다. 동시에, 적대적 반항장애 아동이 원하는 것을 사전에 파악함으로써, 이들이 다른 학생들과 더 잘 통합될 수 있게 하는 한편, 어른들의 관심을 받을 수 있는 방법에 관한 프로그램을 고안·적용할 수 있다.

한계 명시. 적대적 반항장애 아동은 사회적 한계를 침범하려는 경향이 있다. 이에 이들에게는 적어도 두 가지 대안이 주어져야 한다. 만일 두 가지 대안을 제공할 수 없는 상황이라면, 첫 번째 대안을 다소 변경하여 두 번째 대안으로 제공한다. 이들은 전적으로 자신이 대안을 선택하기를 원할 수 있지만, 대안 선택은 반드시 성인에 의해 이루어지게 해야 한다. 만일 아동이 대안 선택을 거부한다면, 잠시 두 가지 대안에 대해 생각해 볼 시간을 준다. 대안 선택이 이루어질 때까지 아동은 활동 또는 수업에 참여할 수 없다. 이 과정에서 교사는 온화한 태도로 조용한 목소리로 지시함으로써 상황을 악화시키지 않도록 한다.

긍정적 행동 강화. 적대적 반항장애 아동은 칭찬과 격려에 잘 반응한다. 아동이 아주 사소하더라도 긍정적인 행동을 했을 때, 이에 대해 칭찬과 긍정적인 인정 반응을 나타내는 것은 긍정적 행동을 강화한다. 적대적 반항장애 아동은 장차 성인이 되었을 때 고용 가능성이 낮고, 잦은 이직의 가능성이 크다. 이에 적대적 반항장애로 진단받은 학생은 자신의 능력을 확인하는 한편, 대인관계 기술을 익히며, 상급자의 지시를 적절히 이행할 수 있는 안내와 연습이 요구된다.

간헐적 폭발장애

간헐적 폭발장애intermittent explosive disorder(IED)는 반복적으로 충동을 조절하지 못해 공격적 행동폭발('발작성')을 간헐적으로 반복하는 장애다. 이 장애는 전형적으로 전구기prodromal stage(장애 증상의 명백한 발현에 앞서 불특정 증상을 나타내는 기간)가 거의 또는 전혀 없다는 특징이 있다. 이 장애가 있는 사람은 학교, 가정, 사회생활에 어려움을 겪게 되고, 흔히 공격적 행동으로 인해 법적 문제를 일으키기도 한다.

간헐적 폭발장애 아동·청소년은 갑자기 통제력을 잃고, 폭발적 격노를 보이면서 손에 닿는 물건(휴대전화, 컴퓨터 모니터, 키보드, 리모컨 등)을 집어던지거나, 탁자, 벽 등을 주먹으로 치거나, 타인을 때리려고 하는 등의 행동을 나타낸다. 이들은 아주 사소한 자극에도 갑자기 공격적 행동을 표출하고 나면, 편안한 상태가 되기도 한다. 또 자신의 행동을 정당화하고, 자신의 행동으로 인해 야기된 결과에 대해 후회 또는 유감을 표하기도 한다. 택시기사 폭행 또는 가정폭력 사건은 때로 이 장애의 사례에 등장한다. 초기의 연구와는 달리, 최근의 연구는 간헐적 폭발장애가 다수의 정신장애와 유사하다는 사실을 입증하고 있다.

공격성aggression이란 타인에게 상처를 입히거나 소유물에 해를 입히는 행동을 하는 성질을 뜻한다. 이에 충동적인 공격적 행동폭발은 유형적 대상 여부에 상관없이 대상 손상/파괴, 사람/동물을 구타하거나 상해를 입히는 것을 의미한다. 그러나 충동적인 공격적 행동폭발의 본질적 특성과는 달리, 간헐적 폭발장애의 핵심 특성은 분노발작, 장황한 비난, 논쟁/언어적 다툼은 있으나, 기물 파괴, 동물/타인에 대한 상해가 없는 공격행동이다.

   공격적 행동폭발은 보통 30분 이내로 지속하다가 빠르게 사라진다. 이 증상은 주로 가까운 사람의 사소한 자극 또는 보통 분노폭발을 일으키지 않을 정도의 사소하고 주관적인 촉발자극(예 심리사회적 스트레스)에 대한 반응으로, 충동적인 공격행동을 통제하지 못한 결과다. 또 공격적 행동폭발은 계획적/도구적이기보다는 충동적이고 분노로 촉발되는 것으로, 발작적·간헐적으로 반복되어 현저한 고통 또는 심리사회적 기능손상을 유발한다.

유병률과 성차

간헐적 폭발장애(IED)의 1년 유병률은 미국의 경우, 2.7%이다. 이 장애는 50세 이상보다 35~40세 이하의 사람들, 그리고 교육수준이 고등학교 교육 이하인 사람에게서 더 자주 나타난다. 또 여성보다 남성에게서 더 흔히 나타난다. 이 사실은 이 장애로 진단받은 2%의 정신과 입원환자 중 80%가 남성이었다는 사실로 알 수 있다(Saddock et al., 2007). 반복적·충동적이고 문제가 되는 공격성은 대개 아동기 후반 또는 청소년기에 시작되나, 40세 넘어서 처음 나타나는 경우는 드물다.

원인

간헐적 폭발장애(IED)의 발병원인에 관한 경험적 연구는 많지 않다. 정신분석에서는 폭발적 분노표출을 자기애적 상처를 주는 사건에 대한 방어로 본다. 이에 간헐적 폭발장애 남성은 신체적으로는 성장했지만, 남성적 정체성이 약하고 의존적 상태에 있는 것으로 묘사된다. 즉, 자신이 쓸모없고 무력하다는 느낌, 환경적 여건에 변화를 줄수 없다는 느낌, 또는 불안·우울·죄책감·수치감 수준이 고조될 때, 공격적 행동폭발이 표출된다는 것이다. 다른 한편으로는 불우한 어린 시절의 경험(예 알코올 의존, 신체학대, 생존위협)이 간헐적 폭발장애의 원인이 된다는 견해도 있다. 또 분만 중 외상, 유아기 발작, 두부외상, 뇌염, 미세 뇌기능손상, 과잉행동을 간헐적 폭발장애 발병의 예측요인으로 보는 견해도 있다.

유전적·생리적 요인. 일차 친족에게 간헐적 폭발장애가 있는 경우, 가족원에 간헐적 폭발장애 발병위험이 높다. 쌍생아 연구에서도 충동적인 공격성 발현에 유전적 요인이 큰 영향을 주는 것으로 밝혀졌다. 신경생리학적 관점에서 간헐적 폭발장애는 안

드로겐 수준이 높거나 세로토닌이 비정상적으로 과다 분비되는 경우에 발현될 수 있다. 또 변연계(전대상회로)와 안와전두피질 부분의 이상이 공격성에 영향을 주는 것으로 보는 견해가 있다. 분노자극에 대한 편도체의 반응을 기능자기공명영상(fMRI)으로 관찰한 결과, 건강한 사람에 비해 간헐적 폭발장애로 진단된 사람들에게서 분노자극에 대한 편도체의 반응이 더 컸다(APA, 2013).

환경 · 문화적 요인. 생애 초기 20년 동안 신체적 · 정서적 외상 경험자들은 그렇지 않은 사람들보다 간헐적 폭발장애로 진단될 위험이 높다. 또 아시아, 중동지역, 또는 기타 국가(루마니아, 나이지리아 등)의 간헐적 폭발장애 유병률은 미국에 비해 더 낮다. 이 통계자료는 이들 지역에서는 문화적 요인으로 인해 실제로 이런 행동이 덜 나타날 수 있음을 시사한다. 그러나 다른 관점에서는 반복적 · 충동적이고, 문제를 유발하는 공격행동에 대한 문제 제기가 되지 않았기 때문으로 추정되기도 한다.

진단

간헐적 폭발장애(IED)에서는 사람/동물에게 언어적 공격 및/또는 손상을 주지 않거나, 비파괴적이거나 해를 가하지 않는 신체적 공격성 같이 덜 심각한 삽화가 더 심각하고 파괴적 · 공격적 삽화 사이에 나타날 수 있다(APA, 2013). DSM-5에 수록된 간헐적 폭발장애의 진단기준을 요약 · 정리하면 글상자 12-2와 같다.

글상자 12-2. 간헐적 폭발장애(IED) 진단기준 요약

> A. 공격적 충동조절 실패로 인한 반복적 행동폭발이 다음 중 1개로 나타난다.
>   1. 언어적 공격(예 분노발작, 장황한 비난, 논쟁/언어적 다툼) 또는 재산, 동물, 타인에 대한 신체적 공격이 3개월간 평균 주당 2회 이상 발생함. 신체적 공격은 재산피해/파괴를 초래하지 않고, 동물/타인에게 상해를 입히지 않음
>   2. 재산피해/파괴 및/또는 동물/타인의 상해를 초래할 신체적 폭행을 포함한 폭발적 행동을 12개월 이내에 3회 보임
> B. 공격적 행동폭발 동안 표출된 공격성 정도는 심리사회적 스트레스 요인에 의한 촉발/유발 정도를 훨씬 넘어선다.
> C. 반복적인 공격적 행동폭발은 사전에 계획된 것이 아니고(예 충동/분노로 유발된 행동), 유형적 대상에 한정된 것이 아니다(예 돈, 권력, 친밀감).
> D. 반복적인 공격적 행동폭발은 개인에게 현저한 심리적 고통을 유발하고, 직업/대인관계 기능손상과 경제적/법적 문제와 관련된다.

E. 생활연령^{chronological age}은 6세(또는 6세에 상응하는 발달수준) 이상이어야 한다.

F. 반복적인 공격적 행동폭발은 다른 정신장애로 더 잘 설명되지 않아야 하고, 다른 의학적 상태나 물질의 생리적 효과로 인한 것이 아니어야 한다. 6~18세의 경우, 적응장애 증상으로 보이는 공격행동을 이 진단의 증상으로 고려해서는 안 된다.

중재방안

간헐적 폭발장애(IED) 치료를 위해 특별히 개발된 심리치료는 거의 없을 뿐 아니라, 이 장애로 진단된 사람들 역시 치료를 피하는 경향이 높다. 또 이 장애는 반복적인 공격적 행동폭발로 인해 적어도 중재 초기에는 상담이나 심리치료만으로 도움 제공이 어려울 수 있다. 이 경우, 치료약물(향정신성 약물, 기분조절제, 항불안제 등)을 통한 약물치료를 병행함으로써, 행동수정의 효과를 높일 수 있다. 만일 공격적 행동폭발이 기질적 원인에 의한 것이라면, 발작 역치를 낮추는 약물은 증상을 악화시킬 수 있으므로 주의해야 한다(홍강의 외, 2014).

품행장애

품행장애^{conduct disorder}(CD)는 지속적·반복적인 타인의 권리 침해와 연령에 적절한 사회규범·규칙 위반 같은 행동 양상이 특징이다. 이런 행동은 4개 영역, 즉 ① 사람/동물에 대한 공격성, ② 재산 파괴, ③ 사기/절도, ④ 심각한 규칙 위반으로 구분된다(〈표 12-3〉 참조). 품행장애로 진단되려면, 이 중 3개 이상의 행동이 지난 12개월간, 1개 이상의 행동이 지난 6개월간 나타나야 한다. 또 이런 행동장해가 사회, 학업, 또는 직업적 기능 영역에서 임상적으로 현저한 손상을 초래하고, 다양한 장면(가정, 학교, 지역사회)에서 나타나야 한다. 품행장애 아동은 자신의 문제행동을 축소하려는 경향이 있으므로, 진단 시 추가 정보를 참조한다.

품행장애학생은 종종 공격적 행동을 표출하고, 타인에게 공격적으로 반응한다. 즉, 타인을 괴롭히거나, 위협 또는 협박을 하거나(문자나 인터넷 기반 소셜미디어를 통한 괴롭힘 포함), 자주 신체적인 싸움을 걸거나, 타인에게 심각한 신체적 손상을 입힐 수 있는 무기를 사용하거나(예 방망이, 벽돌, 깨진 병, 칼, 총), 사람/동물에게 신체적으로 잔인하게 대하거나, 피해자가 보는 앞에서 물건을 훔치거나(예 노상강도, 소매치기, 강탈,

무장강도), 타인에게 성적 활동을 강요한다.

신체폭력은 강간, 폭행, 상해/살인 같은 형태로 표출될 수도 있다. 고의적인 재산파괴에는 심한 손해를 입힐 목적으로 일부러 방화를 계획하는 경우와 다른 방식(예 자동차 창문 가격, 학교 기물 파손)을 사용하여 고의로 타인의 재산을 파괴하는 경우가 포함된다. 사기/절도 행위에는 타인의 가옥, 건물, 또는 자동차 파손, 물건을 손에 넣거나 환심을 사기 위해 또는 의무를 피하기 위한 잦은 거짓말, 그리고 피해자와 비대면 상황에서 귀중품을 훔치는 것(예 파괴와 침입이 없는 도둑질, 문서위조)이 포함된다.

품행장애아동은 가정, 학교, 사회에서 심각할 정도로 자주 규칙을 위반한다. 이들은 13세 이전부터 자주 밤늦게까지 귀가하지 않을 뿐 아니라, 가출 양상도 보인다. 이 장애의 증상에 부합되려면, 2회 이상의 가출이 있어야 한다(또는 장기간 귀가하지 않은 가출 1회 이상). 단, 가출이 신체 또는 성 학대의 결과로 인한 경우는 해당하지 않는다. 품행장애 아동은 13세 이전부터 자주 무단결석을 한다. 품행장애의 진단기준 요약은 글상자 12-3과 같다.

글상자 12-3. 품행장애(CD) 진단기준 요약

> A. 타인의 기본권리를 침해하고, 연령에 적절한 사회규범·규칙 위반이 지속적·반복적 행동 양상이 지난 12개월간 다음 15개 기준 중 3개 이상에 해당하고, 지난 6개월간 1개 이상의 기준에 해당한다.
>
> □ 사람·동물에 대한 공격성
> 1. 자주 타인을 괴롭히거나, 위협하거나, 협박함
> 2. 자주 신체적인 싸움을 걸음
> 3. 타인에게 심각한 신체손상을 입힐 수 있는 무기 사용(예 방망이, 벽돌, 깨진 병, 칼, 총)
> 4. 타인에게 신체적으로 잔인하게 대함
> 5. 동물에게 신체적으로 잔인하게 대함
> 6. 피해자가 보는 앞에서 물건을 훔침(예 노상강도, 소매치기, 강탈, 무장강도)
> 7. 타인에게 성적 활동을 강요함
> □ 재산 파괴
> 8. 심각한 손상을 입히려는 의도로 고의로 불을 지름
> 9. 타인의 재산을 고의로 파괴함(방화로 인한 것은 제외)
> □ 사기/절도
> 10. 타인의 집, 건물, 또는 자동차를 망가뜨림

11. 물건을 얻거나, 환심을 사기 위해, 또는 의무를 피하려고 거짓말을 자주 함(즉, 타인을 속임)

12. 피해자와 비대면 상황에서 귀중품을 훔침(부수거나 침입하지 않고 상점에서 물건 훔치기, 문서위조)

☐ 심각한 규칙 위반

13. 부모의 제지에도 불구하고 13세 이전부터 자주 밤늦게까지 집에 들어오지 않음

14. 친부모/양부모와 함께 사는 동안 야간에 2회 이상 가출, 또는 장기간 귀가하지 않은 가출이 1회 있음

15. 13세 이전에 무단결석을 자주 함

B. 행동장해가 사회적/학업적/직업적 기능 영역에서 임상적으로 현저한 손상을 초래한다.

C. 18세 이상인 경우, 반사회성 성격장애(APD)의 기준에 부합하지 않아야 한다.

유병률과 경과

품행장애(CD)의 연간 유병률은 2~10% 범위로 추정되며(중앙값=4%), 여성보다 남성이 더 높다. 다양한 인종 또는 민족으로 구성된 국가의 경우, 이 장애는 일관성 있게 나타난다. 품행장애는 보통 아동기(중기)나 청소년기(중기)에 처음으로 증상이 현저하게 나타나지만, 취학 전에 발병하기도 한다. 이 장애는 다양한 양상으로 나타나지만, 대부분 성인기가 되면 사라진다. 품행장애는 성인기에도 진단될 수 있지만, 대체로 16세 이후에 발병하는 경우는 드물다(APA, 2013).

특히, 청소년기 발병형 품행장애가 있으면서 증상이 별로 없거나 경미한 경우, 성인으로서 적절한 사회적 · 직업적 적응을 보일 수 있다. 그러나 아동기 발병형은 성인기에 예후가 더 나쁘고 범죄행위, 품행장애, 물질관련장애를 보일 위험이 더 높다. 또 이 장애가 있는 아동은 성인이 되었을 때 기분장애, 불안장애, 외상후 스트레스장애, 충동조절장애, 정신병적 장애, 신체증상장애, 물질관련장애를 보일 위험이 높다.

원인

품행장애(CD)의 발병원인은 기질적 요인(까다롭고 통제하기 어려운 기질, 보통 수준 이하의 인지기능, 낮은 언어성 IQ 등)을 비롯하여 ① 유전적 요인, ② 신경생물학적 요인, ③ 환경적 요인으로 구분된다.

유전적 요인. 첫째, 유전적 요인은 품행장애의 발병에 영향을 준다. 가족 · 쌍생아 · 입양아 대상의 연구에 의하면, 유전적 요인과 역기능적 환경 간의 상호작용이 품행문제 발생에 영향을 미친다. 품행장애로 진단받았던 친부모/양부모/형제자매를 둔 아동의 경우, 품행장애 발병 위험이 높다. 또 친부모가 심한 정도의 알코올사용장애, 우울/양극성 장애, 또는 조현병 병력이 있었거나 친부모가 이전에 ADHD 또는 품행장애 과거력이 있는 아동의 경우, 품행장애 발병이 더 흔한 경향이 있다.

신경생물학적 요인. 둘째, 품행장애는 신경생물학적 요인들에 의해 발생할 수 있다. 품행장애 발병에 미치는 신경생물학적 요인으로는 높은 수준의 혈액 내 세로토닌 농도와 높은 5-하이드록시인돌아세트산$^{5-hydroxyindoleacetic\ acid}$(5-HIAA, 척수핵 내의 세로토닌 대사물) 상태를 들 수 있다. 신경생물학^{neurobiology}은 뇌와 신경계를 연구하는 학문 분야다. 기질적^{organic} 문제(뇌손상, 뇌기능장애)는 품행장애 발병의 원인이 될 수 있다. 자기공명영상$^{magnetic\ resonance\ imaging}$(MRI) 결과를 통해 건강한 대조군에 비해 품행장애가 있는 아동에게서 전두엽, 측두엽, 해마, 뇌섬엽$^{insular\ lobe}$(대뇌반구에서 가쪽 고랑 깊은 곳에 묻혀 있는 대뇌 겉질) 등의 부피가 감소되는 등 뇌의 구조적 이상이 있음이 밝혀졌다(조수철 외, 2014). 그러나 뇌영상 결과는 품행장애의 진단지표가 아니다.

환경적 요인. 셋째, 품행장애 발병원인의 환경적 요인으로는 ① 가족, ② 또래관계, ③ 지역사회의 위험요인을 들 수 있다.

☐ **가족.** 첫째, 가족의 위험요인으로는 부모의 강압적 · 권위적 · 처벌적 양육태도, 무관심하고 방임적인 양육태도, 비일관적 양육태도, 신체 또는 성 학대, 감독 결여, 생애 초기에의 보육시설 생활, 잦은 보호자 변경, 대가족, 부모의 반사회적 태도/범죄와 물질사용, 가족원의 정신병력 등이 있다. 이러한 위험요소는 적대적 반항장애(ODD)와 양상이 비슷하다. 또 부모의 이혼 역시 품행장애의 촉발요인이 될 수 있지만, 실제로는 부모 사이의 적대감, 분노, 고통이 지속되는 상황이 아동의 부적응 행동 발생에 더 중요한 원인으로 작용한다. 이 외에도 부모의 정신장애는 아동 · 청소년의 품행장애 촉발요소로 작용한다.

☐ **또래관계.** 둘째, 또래관계는 아동의 품행장애에 영향을 미친다. 또래 거부, 비행 아동 · 청소년과의 어울림, 청소년 음주는 품행장애의 진단기준에 속하는 공격적 행동 증가에 영향을 준다. 즉, 공격성이 높은 아동은 또래들로부터 거부당할 가능성이 크

고, 거부 경험은 아동의 공격성을 한층 높일 수 있으며, 이는 시간이 지남에 따라 품행문제 악화로 이어진다. 또래집단으로부터 거부당한 아동·청소년은 대체로 일탈한 집단과 사귀게 되어, 결국 이들을 모방·강화되며, 반사회적 행동을 할 가능성이 커진다(Dishion et al., 1995).

☐ **지역사회의 위험요인.** 셋째, 지역사회의 위험요인으로는 사회경제적 지위(SES), 이웃폭력에의 노출이 있다. 연구에 의하면, SES가 낮은 환경의 아동은 품행장애 촉발의 고위험군에 속한다. 부모의 실직, 지지적인 소셜 네트워크 부족, 폭력적인 지역사회 환경 등은 품행장애 발생의 전형적인 위험요소다. 주변 환경적 요인의 하나로, 열악한 지역사회 환경은 이웃폭력에의 노출로 인해 아동의 품행문제 촉발에 직간접적으로 영향을 줄 뿐 아니라, 공격성의 수용 가능성에 대한 아동의 생각과 판단에 영향을 미친다(Guerra et al., 2003).

사정

품행장애에서 보이는 행동문제를 평가하기 위해서는 적대적·반항적·공격적 행동의 이유와 상황에 관한 심층면담이 요구된다. 또 가족을 비롯한 아동이 생활하는 역기능적인 주변환경 전반에 대한 생태학적 평가가 필요하다. 이 작업을 위해 교사, 부모 등 이 장애가 있는 학생과 많은 시간을 보내는 성인을 대상으로 요구조사가 수행되어야 한다. 그러나 부모나 교사의 정서상태, 과거 경험 등이 아동·청소년의 행동에 대한 지각에 영향을 미칠 수 있다(Eddy, 2006)는 점에서 심층면담 외에 학생의 행동 관찰과 진단도구를 활용할 필요가 있다. 아동·청소년의 행동문제 사정을 위한 검사로는 ① 한국판 아동행동평가척도(K-CBCL), ② 한국판 청소년 자기보고척도(K-YSR)가 있다.

한국판 아동행동평가척도. 첫째, 한국판 아동행동평가척도^{Korean-Child Behavior Checklist}(K-CBCL)는 미국의 아헨바흐와 에델브록(Achenbach & Edelbrock, 1983)이 개발한 아동행동평가척도^{Child Behavior Checklist}(CBCL)를 1990년 오경자 등이 번안한 표준화된 검사다. K-CBCL은 4~18세 아동·청소년을 대상으로 성별(남·여)과 연령(4~11세, 12~18세)에 따라 총 4개 범주로 표준화했다.

    K-CBCL은 가장 최근 판인 1991년의 CBCL(Achenbach)을 기초로 하여 크게 ① 사회능력 척도와 ② 문제행동증후군 척도로 구성되어 있다. 사회능력 척도는 ① 사회성

Social 영역(친구나 또래와 어울리는 정도, 부모와의 관계 등의 사회성을 평가함)과 ② 학업 수행 School 영역(교과목 수행정도, 학업수행상의 문제 여부 등을 평가함)으로 나뉘어 있다. 이 두 영역을 합해 산출한 총 사회능력 평가점수가 높을수록, 정상범위로 볼 수 있다. 반면, 문제행동증후군 척도는 119개 문항이 3점 척도로 평가되어 점수가 낮을수록 문제의 정도가 약함을 나타낸다.

문제행동증후군은 다시 내재화와 외현화로 나뉘며, 두 합계점수와 문제행동 증후군의 8개 영역(① 공격행동 aggressive behavior, ② 불안/우울 anxious/depressed, ③ 주의문제 attention problems, ④ 규칙위반행동 rule-breaking behavior, ⑤ 신체불만 somatic complaints, ⑥ 사회성 문제 social problems, ⑦ 사고문제 thought problems, ⑧ 위축/우울 withdrawn/depressed)을 합해 전체 점수를 합산한 후, CBCL 메뉴얼에 따른 프로파일을 연결한다.

K-CBCL은 대상 아동의 부모가 평가한다. 부모가 부재한 경우, 대상 아동·청소년을 잘 아는 사람이 대신하며, 개인검사의 소요시간은 15~20분이다. 집단으로 실시하는 경우는 검사지 배부 후, 다음 날 회수하는 방식으로 실시할 수 있다. 검사는 시작 전에 검사 목적, 결과의 용도, 검사결과의 사용에 관해 상세히 설명한다. 또 각 문항에 빠짐없이 체크하게 하여 신뢰도를 높인다.

한국판 청소년 자기보고척도.   둘째, 한국판 청소년 자기보고척도 Korean-Youth Self Report (K-YSR)는 1991년 아헨바흐가 개발한 것을 1998년 하은혜 등이 번안하여 표준화한 검사다. 이 검사는 4~17세 아동·청소년이 자신의 정서·행동의 적응수준을 평가할 수 있도록 고안되었다. K-YSR은 크게 ① 사회능력척도, ② 문제행동증후군 척도로 구성되어 있다. 사회능력척도는 3개 하위척도, 즉 ① 사회성 척도(친구나 또래와 어울리는 정도, 부모와의 관계 등 평가)와 ② 학업수행 척도(교과목수행 정도, 학업수행상 문제 여부 평가), ③ 총 사회적 능력 점수로 구성된다.

반면, 문제행동증후군 척도는 10개 하위척도(① 위축, ② 신체증상, ③ 우울/불안, ④ 사회적 미성숙, ⑤ 사고의 문제, ⑥ 주의집중, ⑦ 비행, ⑧ 공격성, ⑨ 내재화 문제, ⑩ 외현화 문제)에 총 문제행동 척도를 합해 11개 척도로 구성된다. 문제행동 증후군 척도는 총 119개 문항으로 이루어져 있고, 3점 리커트 척도(전혀 없다=0점, 가끔 보인다=1점, 매우 심하다=2점)로 평가한다. K-YSR은 수차례 표준화를 거친 뒤 2010년에 개정되었다.

중재방안

행동문제가 있는 아동·청소년의 특성은 발달단계에 따라 다르다. 이에 13세 이전에 치료받게 하는 것이 효과적이다(Webster-Stratton & Reid, 2010). 품행장애 아동·청소년 중재를 위한 지침은 글상자 12-4와 같다(Sprague & Walker, 2000).

글상자 12-4. 품행장애 아동·청소년 중재를 위한 지침

> 1. 가급적 조기에 치료를 받게 한다.
> 2. 행동적 위험요인과 함께 학생의 강점을 살려 교육과 상담에 활용한다.
> 3. 가족원을 치료의 동반자/협력자로 참여시킨다.
> 4. 반사회적 행동감소를 위한 효과적인 치료에 중점을 둔다.

품행장애 아동·청소년을 위한 중재방안으로는 ① 사회기술훈련, ② 부모교육, ③ 약물치료가 있다.

사회기술훈련. 첫째, 적절한 사회기술(효과적인 의사소통, 부모·또래·교사와의 상호작용 등) 증진을 위한 훈련을 시행한다(Donohue et al., 2001). 중재효과를 높이기 위해서는 학생 개개인에게 적합하게 개별화되고, 장기적으로 진행한다. 취학 전 아동의 경우, 사회적 의사소통과 행동관리 방법을 가르치고, 직접중재를 통해 적절한 의사소통행동과 또래들과의 상호작용 연습을 통해 적응행동의 습득을 지원한다. 특히, 모델링, 연습, 역할연습, 체계적 보상 등을 조합하여 구조화된 사고와 긍정적인 사회행동을 가르치는 인지행동치료 기반 문제해결기술 훈련프로그램이 품행장애학생에게 효과가 있음이 입증된 바 있다(Kazdin, 2010).

중재과정에서 상담교사는 학생과 함께 게임과 과제 해결을 통해 습득한 사회기술을 실제 상황에 적용·일반화하도록 돕는다(오경자 외 역, 2014). 이 프로그램에서 품행장애 학생은 자신의 문제행동을 성찰하고, 문제해결기술을 통해 충동적·역기능적 행동을 감소시키는 한편, 대안적인 적응행동을 익히게 된다. 이 외에도, 분노대처기술훈련을 통해 자신의 분노를 더 효과적으로 관리하고, 문제를 효과적으로 해결하며, 사회기술을 습득하여 또래들과 더 만족스러운 상호작용을 할 수 있는 방법을 터득하게 된다(Lochman et al., 2011).

부모교육. 둘째, 품행장애학생의 부모를 교육한다. 부모교육[parent education]은 부모가 본

연의 역할 수행에 효과성을 높이도록 돕기 위한 교육적 활동이다. 이 활동은 부모로 서의 역량을 키우고 효과적인 자녀양육 방법을 개발하도록 도와주는 교육 프로그램을 통해 수행된다. 부모/보호자는 부모교육과 훈련 프로그램에 참여함으로써, 부모로 서의 역할을 강화하고, 아동의 문제행동에 효과적으로 대처하며, 아동을 일관성 있게 대하는 방법을 습득하게 된다. 부모가 자녀를 대하는 태도가 변하면, 자녀와의 소통과 상호작용의 질이 높아지고, 관계도 개선될 수 있다(김청송, 2014).

☐ **부모-자녀 상호작용치료.** 특히, 취학전 아동을 위한 중재방법으로는 부모-자녀 상 호작용치료가 있다(Querido & Eyberg, 2005; Zisser & Eyberg, 2010). 이 치료에서 상담교 사는 부모가 아동과 긍정적으로 상호작용하고, 적절하게 아동의 행동을 제한해 주며, 일관성 있게 행동하고, 훈육결정을 공정하게 하며, 자녀에 대해 더 적절한 기대를 하 도록 가르친다. 아동에게는 사회기술을 가르치되, 더 어린 아동에게는 '동영상 모델 링' 기법을 사용하여 사회기술의 습득을 돕는다(오경자 외 역, 2014; Webster-Stratton & Reid, 2010).

☐ **부모관리훈련.** 품행장애학생을 위한 부모교육으로는 부모관리훈련이 있다. 부모 관리훈련은 아동이 학령기에 이를 때 사용하는 프로그램으로, 가족치료적 중재를 적 용한 방법이다. 이 프로그램에서 부모는 자녀와 함께 행동지향적 가족치료에 참여함 으로써, 효과적인 자녀양육방법을 습득하게 된다(Forgatch & Patterson, 2010). 이 과정 에서 치료자와 가족원들은 변화를 위한 특정 목표를 수립한다.

그런 다음, 매뉴얼, 치료실습, 과제 등을 통해 부모가 더 잘 자녀의 문제행동을 발 견하게 하고, 일관성 있게 바람직하지 않은/부적절한 행동에 대해 보상해 주지 않는 대신, 바람직한/적절한 행동에 적극 보상해 주는 방법을 습득하게 된다. 이 훈련 프 로그램은 행동문제가 있는 아동의 행동수정과 부모관리 역량 향상에 효과가 있음이 입증되었다(오경자 외 역, 2014; Forgatch & Patterson, 2010). 부모교육에서 아동의 공격 성 감소를 위한 지침은 글상자 12-5와 같다.

글상자 12-5. 부모교육에서 아동의 공격성 감소를 위한 지침

> 1. 부모는 자신이 아동의 중요한 행동 모델임을 인식하고, 신체적인 벌의 사용을 제한한다.
> 2. TV 폭력물 시청을 제한하고, 아동이 폭력장면에 노출되었을 때는 폭력을 사용할 수 없 음을 아동에게 주지시킨다.

3. 아동이 공격적 행동을 하는 경우, 부모는 단호하게 금지한다. 이렇게 하지 않는 경우, 아동은 부모가 공격행동을 승인한 것으로 해석할 수 있다.

4. 아동이 공격행동을 하고 있거나, 막 시도할 때, 비폭력적인 대안행동으로 대체할 수 있도록 돕는다(예 "민수야, 하경이에게 장난감을 바꿔서 놀자고 말해 보는 것이 어떨까?").

5. 처벌 대신 행동수정 방법에서 유도기법에 의한 훈육과 생략훈련(바람직하지 않은 행동을 하지 않을 때, 보상을 제공하는 훈련)을 실시한다.

6. 총 또는 칼 같은 공격성을 자극 또는 유발하는 장난감을 아동에게 제공하지 않는다.

약물치료. 셋째, 품행장애학생의 증상 감소를 위한 중재방법으로는 약물치료가 있다. 그러나 이들의 증상 호전을 위해 약물치료만을 적용하는 방법은 효과적이지 않다는 점에서 이들에게 약물치료를 적용하는 것은 흔치 않다(김동일 외, 2016). 단, 즉각적인 치료가 요구되는 공존장애(ADHD, 우울, 불안 등)가 있거나, 문제행동(과민성, 공격성 등)을 즉시 조절할 필요가 있는 경우에 한해, 증상 호전을 위해 약물치료를 시행한다(조수철 외, 2014).

품행장애학생의 공격적 행동조절을 위한 약물로는 리튬^{lithium}과 리스페리돈^{risperidone}(향정신성 약물$^{psychoactive\ drugs}$, 즉 인간의 중추신경계에 작용하는 약물의 총칭), 발프로익 에시드$^{valproic\ acid}$(기분조절제), 클로니딘^{clonidine}, 프로프라놀롤^{propranolol}(베타차단제) 등이 있다. ADHD가 공존하는 경우, 메틸페니데이트^{methylphenidate}와 클로디닌이 효과가 있다. 이에 비해, 우울장애와 품행장애가 공존하는 경우, 이미프라민^{imipramine}이 효과가 있다고 알려져 있다(조수철 외, 2014; Meltzer et al., 2011).

◆ 복습문제 ◆

🌱 **다음 밑줄 친 부분에 알맞은 말을 쓰시오.**

1. 간헐적 폭발장애의 초점은 _____ 문제로, _____이 대인관계 스트레스, 촉발자극 또는 기타 심리사회적 스트레스에 비례하지 않는 특징이 있다. 이에 비해 품행장애의 초점은 _____ 문제(타인의 권리침해, 사회규범 위반)로, 이런 행동(예 공격성)은 _____ 곤란으로 인해 나타난다.

2. 간헐적 폭발장애와 품행장애의 중간에 해당하는 _____장애는 ____와/과 ____ 조절문제가 동일한 정도로 강조되는 장애다.

3. _____와/과 _____은/는 내적 긴장을 완화하는 방화 또는 절도 행동과 관련된 곤란이 초점으로, DSM-5의 _____장애군에 속해 있다.

4. 적대적 반항장애는 ① ____/과민한 기분, ② 논쟁적/_____ 행동, 또는 ③ _____ 특성이 빈번하고 지속적으로 나타나는 것이 특징이다.

5. _____장애는 반복적으로 충동을 조절하지 못해 _____을/를 간헐적으로 반복하는 장애다. 이 장애는 전형적으로 장애 증상의 명백한 발현에 앞서 불특정 증상을 나타내는 기간, 즉 _____이/가 거의 또는 전혀 없다는 특징이 있다.

6. _____(이)란 타인에게 상처를 입히거나 소유물에 해를 입히는 행동을 하는 성질을 뜻한다. 이에 충동적인 _____은/는 유형적 대상 여부에 상관없이 대상 손상/파괴, 사람/동물을 구타하거나 상해를 입히는 것을 의미한다.

7. ____장애는 지속적·반복적인 타인의 ____ 침해와 연령에 적절한 사회규범·규칙 위반 같은 행동 양상이 특징이다. 이런 행동은 4개 영역, 즉 ① 사람/동물에

대한 공격성, ② _____ 파괴, ③ 사기/절도, ④ 심각한 _____ 위반으로 구분된다.

8. 미취학 아동이 매주 요구가 충족되지 않을 때, 강한 분노표출 행동, 즉 _____ 을/를 보인다면, 이는 유별난 것으로 간주되지 않는다. 그러나 이런 행동이 지 난 __개월간 거의 매일 발생하고, __개 이상의 진단기준에 부합되며, 이로 인해 현저한 손상을 초래했다면, _____장애의 증상으로 간주된다.

9. ODD에서 증상이 3개 이상의 상황에서 나타나는 경우, 현재의 심각도는 ____(이)라고 명시해야 한다.

10. ODD는 전형적으로 취학 전, 즉 __세경에 시작되나, __세경에 현저히 나타났다가 청소년기를 지나면서 사라진다. 초기 _____기 이후에 발병하는 경우는 매우 드 물다.

◆ 소집단 활동 ◆

충동성 검사

※ 다음에 제시된 문항을 읽고, 자신의 생각에 적합한 번호에 ○표 하시오. 검사의 점수를 합산한 후, 소집단으로 나누어 각자 소감을 나누어 보자.

문항	매우 그렇다	그렇다	보통이다	그렇지 않다	전혀 그렇지 않다
1. 일을 시작하기 전에 면밀한 계획을 세운다.	1	2	3	4	5
2. 깊이 생각해 보지 않고 일을 시작한다.	5	4	3	2	1
3. 여행을 떠나기 전에 오랜 시간 동안 세밀한 계획을 세운다.	1	2	3	4	5
4. 나 자신을 스스로 억제할 수 있다.	1	2	3	4	5
5. 어떤 일이든지 쉽게 몰두할 수 있다.	1	2	3	4	5
6. 정기적으로 저축을 한다.	1	2	3	4	5
7. 한군데 오랫동안 잘 앉아 있을 수 있다.	1	2	3	4	5
8. 실수를 저지르지 않기 위해 신중하게 생각한 후 행동한다.	1	2	3	4	5
9. 어떤 일을 시작하기 전에 그 일이 안전한가를 깊이 검토한다.	1	2	3	4	5
10. 말을 할 때는 늘 깊이 생각하고 한다.	1	2	3	4	5
11. 복잡한 문제를 놓고 생각하는 것이 좋다.	1	2	3	4	5
12. 한 가지 일이 채 끝나기도 전에 또 다른 일을 시작한다.	5	4	3	2	1
13. 충분한 사전 계획 없이 행동한다.	5	4	3	2	1
14. 복잡한 일을 하려고 하면 곧 싫증이 난다.	5	4	3	2	1
15. 앞뒤 생각 없이 행동한다.	5	4	3	2	1

문항	매우 그렇다	그렇다	보통이다	그렇지 않다	전혀 그렇지 않다
16. 한 가지 문제를 붙잡으면 그것이 해결될 때까지 계속 붙들고 늘어진다.	1	2	3	4	5
17. 이리저리 자주 옮겨 다니며 사는 것이 좋다.	5	4	3	2	1
18. 특별한 계획 없이 기분 나는 대로 물건을 산다.	5	4	3	2	1
19. 일단 시작한 일은 어떤 일이 있어도 끝맺으려고 한다.	1	2	3	4	5
20. 용돈/월급을 타는 날이 되기도 전에 다 써 버린다.	5	4	3	2	1
21. 깊이 생각하던 일도 다른 생각이 떠오르면 그것 때문에 크게 방해를 받는다.	5	4	3	2	1
22. 가만히 있어야 하는 상황(수업시간이나 친구들과 얘기할 때)에서 오랫동안 가만히 있기 힘들다.	5	4	3	2	1
23. 장래계획을 구체적으로 세운다.	1	2	3	4	5
소계	점	점	점	점	점
합계					점

주. 합계 점수가 높을수록, 충동성이 높음을 의미함.

소감

특수아 상담
Counseling Children
with Special Needs

다문화학생 상담

☑ 학습목표

1. 다문화의 정의 및 관련 개념을 이해 · 설명할 수 있다.
2. 다문화 가족과 아동의 정의를 이해 · 설명할 수 있다.
3. 다문화특수아 상담의 정의 및 관련 개념을 이해 · 설명할 수 있다.
4. 다문화학생의 중재방안을 이해 · 적용할 수 있다.

선아는 한국인 아버지와 인도네시아 어머니 사이에서 출생한 다문화학생이다. 선아는 초등학교 때부터 국어를 특별히 잘하지는 못했지만, 그렇다고 다른 아이들보다 뒤떨어지는 편은 아니었다. 어느 날, 학교 선생님이 선아의 어머니는 인도네시아 출신이고, 선아의 친구 어머니는 베트남 출신이라는 이유로, 선아한테는 '인도네시아', 선아의 친구에게는 '베트남'이라고 불렀다. 선아는 이 사실을 어머니에게 말씀드렸다. 그러자 선아의 어머니는 "네가 참아!"라고 말하지 않고, 곧바로 교장선생님께 찾아가 "어떻게 아이들에게 이런 말을 할 수 있냐? 아이들이 받을 상처는 생각 안 하냐?"고 항의했다. 선아의 어머니는 선아에게 오히려 당당해지라고 말해 주었고, 아무렇지 않아 했다. 그 후, 선아는 어머니를 창피하게 여기지 않도록 더 열심히 살기로 다짐했다. 이 일을 계기로 선아의 어머니는 선아의 학교에서 다문화 인식개선 수업을 맡게 되었다.

잠깐✋ 다음에 제시된 미완성 문장의 밑줄 친 부분을 채워 보자.

○ 다문화가정은 _____

○ 다문화부모는 _____

○ 다문화청소년은 _____

만일 "다문화가정은 가난할 것이다." "다문화부모는 외국인 근로자일 것이다." "다문화청소년은 당연히 외국어를 잘할 것이다."라고 답했다면, 당신의 답변에는 편견이 작용하고 있다. 편견^{bias}이란 공정하지 않고 한쪽으로 치우친 생각을 말한다. 과연 다문화가정 출신이라서 다른 것일까? 아니면 편견 때문에 달라 보이는 것일까? 과연 다문화를 구분 짓는 것은 무엇일까? 다문화학생이라면, 왠지 국어를 잘 못할 것 같고, 어딘가 부족할 것 같고, 뭔가 잘 못할 것 같은 생각의 근거는 무엇일까?

다문화학생은 법적으로 특수교육대상자는 아니다. 그러나 다문화학생에 대한 오해와 편견으로 인해 일반장애학생 못지않게 다문화학생과 다문화특수아들이 어려움을 겪고 있는 현실을 고려할 때, 이들에 대한 이해와 조력방안을 모색해 보는 것은 그 자체로 의의가 있다고 할 수 있다. 이에 이 장에서는 ① 다문화의 정의, ② 다문화사회, ③ 다문화 가족과 아동, ④ 다문화교육, ⑤ 다문화특수아 상담, ⑥ 다문화학생 중재방안, ⑦ 다문화특수아 상담의 전망에 관해 살펴보기로 한다.

다문화의 정의

많을 다$_多$, 글월 문$_文$, 될 화$_化$, 즉 다문화는 단일문화와 대조되는 개념이다. 다문화$_{多文化}$란 한 국가 또는 사회 등에 서로 다른 배경(인종, 민족, 종교 등)의 다양한 집단이 공존하는 상태를 말한다(강진령, 2022b). 이 상태는 전 세계적으로 확대되고 있는 현상으로, 다문화를 바라보는 사회구성원들의 입장과 견해는 각기 다르다. 이와 마찬가지로, 다문화는 틀린 게 하니라, 다른 것이다. 그 다름은 특별함이다.

좁은 의미에서의 다문화^{multiculture}는 인종, 민족, 다양한 문화적 배경을 지닌 사람들이 공존하는 상태를 말한다. 그러나 넓은 의미에서는 단순히 피부색 또는 민족이 다른 사람들이 함께 살아가는 것만을 의미하지 않는다. 대신, 인구통계학적 배경(연령, 성별, 계층, 가치관, 종교 등)이 다양한 영역에서 상이한 문화적 집단이 사회에 공존하는 상태를 의미한다. 이런 상태는 '다양성^{diversity}'이라는 말로 불리기도 한다.

따라서 다문화사회로 일컬어지려면, 외국인이 주류문화에 동화 또는 흡수되지 않고, 고유의 문화적 정체성을 유지하면서 거주할 수 있어야 한다. 예를 들어, 미국과 캐나다는 상당수의 소수집단이 고유의 문화적 정체성을 고수하면서 주류문화 속에서 더불어 살고 있다는 점에서 다문화사회로 간주할 수 있다. 이러한 변화 요구에 적극 대처하고, 국가와 민족의 공존과 번영을 위해서는 다문화교육이 선행되어야 한다. 그렇다면 ① 다문화사회란 무엇이고, ② 다문화 가족과 아동은 누구이며, ③ 다문화시대에 걸맞은 사회통합의 촉진을 위한 다문화교육은 무엇인가?

다문화사회

다문화사회$^{multicultural\ society}$란 다양한 문화적 배경(언어, 민족, 인종, 종교, 관습, 가치관 등)을 지닌 여러 사회적 집단으로 이루어진 사회를 말한다. 이런 형태의 사회는 전통적으로 혈통 중심적 단일민족의식이 강한 한국 사회가 다문화가족과 함께 살게 된 상황은 예전에는 경험하지 못했던 도전이다. 다문화사회의 조성은 크게 ① 동화주의적 접근과 ② 다문화주의적 접근으로 나뉜다(강진령, 2022b).

동화주의

첫째, 동화주의^{assimilationism}란 다수의 문화가 함께 있지만, 소수/비주류 문화들이 주류문화에 흡수되는 것을 지향하는 사조(시대의 일반적인 사상의 흐름)를 말한다. 이 접근은 여러 민족의 고유한 문화들이 사회의 지배적인 문화 내에서 변화를 일으키고, 서로에게 영향을 주어 새로운 문화 창출을 지향한다. 1960년대까지 미국에 이주한 다양한 문화적 배경의 인종과 민족을 주류집단[백인·앵글로-색슨·청교도^{White Anglo-Saxon Protestant}(WASP)] 문화에 동화시키고자 했던 역사적 배경이 그 예다. 당시 미국은 동화주의에 따라 다양한 문화 공존을 지양하고, 구성원들을 하나의 주류문화에 흡수하는 정책을 시행했다. 이처럼 동화주의는 소수 문화가 정체성을 상실하고, 다문화에 흡수됨으로써, 궁극적으로 단일문화주의를 추구한다는 점에서 '용광로^{melting pot}('멜팅 팟')식 접근'으로 불린다. 동화주의와 상대되는 개념으로는 다문화주의가 있다.

다문화주의

둘째, 다문화주의^{multiculturalism}란 하나의 사회 또는 국가에 복수의 문화가 공존하는 것을 인정하는 한편, 문화적 다양성을 존중하는 사상 또는 원칙을 말한다. 이러한 원칙은 사회의 주류와 비주류 문화의 구성원 모두에게 동등한 권리가 있음을 전제로, 다문화 보장, 주류와 비주류사회 간의 상호이해 촉진, 소수민족 집단 간의 교류, 사회평등 보장, 구조적 불평등과 차별 극복, 사회통합 등 다문화사회를 위한 이념적 가치를 추구한다(구견서, 2003). 다문화주의에서는 특히 주류문화의 존재를 인정하지 않고, 다양한 문화가 평등하게 인정되어야 한다고 전제한다.

다문화주의를 표방하는 사회는 흔히 다양한 재료가 큰 그릇에 담겨, 하나의 음식이 되는 샐러드 볼^{salad bowl}에 비유된다. 이 접근은 20세기 후반, 전 세계가 세계화 시대로 진입하면서 제기된 다문화교육 이론의 바탕을 이루고 있다. 이는 국가나 민족의 경계를 허물고, 이민자들이 주류문화에 동화되는 것이 아니라, 각자의 정체성을 고수할 수 있도록 방향을 제시하고 있다. 다문화주의를 지향하는 사회는 다양한 인종, 언어, 문화를 가진 여러 집단의 사람들이 고유한 정체성을 잃지 않고 조화를 이루며 살아간다는 점에서 모자이크 사회^{mosaic society}로도 불린다.

다문화 가족과 아동

2020년 제정된 「다문화가족지원법」 제2조에 의하면, 다문화가족^{multicultural family}이란 결혼이민자와 「국적법」에 따라 대한민국 국적을 취득한 자로 이루어진 가족을 말한다. 이 용어는 종전의 혼혈가족(서로 다른 인종 사이에서 태어난 자녀에 초점) 또는 국제결혼가족(국경을 초월한 결혼의 형태)같이 차별적이고 부정적인 이미지를 갖는 용어를 대체하기 위해 고안된 것이다. 그러나 안타깝게도 이 정의에는 외국인 근로자, 유학생, 체류자, 난민자, 북한이탈주민 가족, 재혼과 입양으로 이루어진 가족 등이 배제되어 있다.

한국 사회에서 다문화가족의 개념은 법적인 의미보다 더 넓은 범위를 포함한다. 즉, 다문화가족은 다른 인종, 민족, 또는 문화적 배경을 지닌 사람들이 속한 가족을 지칭하는 동시에, 다양성(언어, 인종, 민족, 문화, 가치, 종교, 생활양식 등)을 강조하는 개념으로 사용된다. 이에 특수아 상담에서는 다문화아동과 다문화가족의 개념을 넓은 범위의 의미로 이해할 필요가 있다.

「다문화가족지원법」은 다문화가족이 안정적인 생활을 영위하고, 사회구성원으로서의 역할과 책임을 다하게 하며, 삶의 질 향상과 사회통합의 촉진을 목적으로 제정되었다. 이 법에 의하면, 아동·청소년이란 24세 이하인 사람을 말한다. 다문화아동이란 초등학교 학령기에 해당하는 7~12세 다문화가정의 자녀를 말한다. 한 다문화아동이 자신의 경험을 쓴 일기의 내용은 글상자 13-1과 같다.

글상자 13-1. 초등학교 아동이 쓴 일기 내용의 일부

> 며칠 전, 학부모 참관일에 반장 엄마가 오셨다. 근데 그 엄마는 우리 반 친구들을 보더니 "와! 완전 다문화 반이네."라고 하셨다. 내 짝꿍 서현이는 엄마가 베트남에서 왔고, 내 앞에 앉는 기주는 엄마가 캄보디아 사람이다. 나? 나는 엄마 아빠가 모두 한국 사람인 토종 한국인이다. 그런데 서현이나 기주도 사실 피부색만 약간 다를 뿐이지, 그 외엔 다 똑같다. 선생님도 늘 우리는 다 같은 한국인이라고 말씀하신다.

다문화교육

다문화교육^{multicultural education}은 학생들이 가정, 학교, 사회에서 문화적 다양성을 수용·존중하고, 평등을 실천할 수 있도록 가르치고 지도하는 일련의 활동이다. 이 활동은 교육과정 개혁을 통해 학생과 교사가 다문화 역량을 갖추고, 사회정의를 실천할 수 있도록 돕는 교육실천 운동이다(Bennett, 2018). 이러한 점에서 다문화교육은 반편견·반차별 교육이다. 이는 학생의 문화적 배경(성별, 인종, 민족, 사회계층 등)을 토대로 편견 또는 차별에 대해 학생들이 비판적으로 사고하고, 다양한 사람과 상호작용하며, 사회적 정의를 옹호할 수 있도록 가르치는 것이다.

다문화교육은 다문화주의에 기초한다. 특히, 평등교육은 경제적 소외계층, 사회적 소수집단, 교육적 불평등을 겪는 학생에게 공평한 교육 기회의 제공을 목적으로 한다(강진령, 2022b). 다문화교육은 서구의 민권운동과 반성적 시민운동에 기원을 두고 있다. 이는 서구적이면서 분열된 국가를 통합하기 위해 사회의 다양한 구성원 간의 공유와 참여를 강조한다(Banks, 2019). 이를 기반으로 다문화교육은 주류문화에 내재된 타문화에 대한 편견과 고정관념을 깨고, 비주류 문화권 사람들이 문화동화 과정에서 겪는 고통과 차별을 고착화하는 사회구조를 개선하며, 다양한 가치와 문화가 상존하는 사회를 지향한다(Banks, 2019).

다문화교육에서는 학교구성원의 성별, 인종, 언어, 문화, 종교 등의 차이가 존중되고, 차이가 장점과 경쟁력으로 인정받을 수 있도록 지원한다. 이런 점에서 다문화교육은 사회 또는 학교 구성원의 차이를 동등하게 인정하는 교육이다(Ghosh & Galczynski, 2016). 이에 다문화교육은 다양한 가치와 문화를 지닌 소수집단을 사회·학교 환경에서 통합하여 이들 소수집단 학생이 안전하게 교육받고, 역량을 발휘할 수 있도록 교사, 학생, 학교, 사회 환경의 변화를 추구한다.

다문화특수아 상담

다문화특수아의 수는 얼마나 될까? 이들의 비율은 일반가정의 특수아 비율보다 더

높을까? 안타깝게도 다문화특수아에 관한 자료는 거의 없는 실정이다. 국내 다문화
가족 자녀의 장애와 관련된 유일한 지료로는 여성가족부(2013)에서 실시한 2012년
전국 다문화가족 실태조사의 '다문화가족 장애인 현황'이 있다. 이 자료에 의하면, 가
족원 중 1명 이상의 등록 장애인이 있는 가구의 비율은 전체 다문화가구의 8.6%였다.

이는 다문화가족의 장애인 가구 비율이 일반 가구(15.6%; 김성희 외, 2014)에 비해
절반 정도였다. 또 다문화장애인 가구의 약 83%는 자녀가 아니라, 배우자(60.4%)와
배우자의 부모(22.8%)에게 장애가 있는 것으로 조사되었다(김동일 외, 2016). 특수교
육통계(교육부, 2022)에도 다문화특수아에 관한 항목이 없어 이들에 대한 현황을 파악
할 수 없는 실정이다. 이러한 상황에서 다문화배경으로 인해 다문화자녀의 장애발
생 비율이 일반자녀보다 높을 거라고 예상하는 것은 이들에 대한 전형적인 편견 중
하나다.

다문화학생들은 다문화배경을 가졌다는 이유로, 이미 다양한 편견에 노출되어 있
다. 특히, 이들이 장애에 취약하고, 능력이 부족하며, 장래성이 낮을 것이라는 사회적
인식과 기대는 다문화학생이 성장·발달해 나가는 과정에서 다양한 난관에 부딪칠
가능성을 높이는 한편, 이러한 난관을 성공적으로 해결해 나가게 하는 동력을 낮추는
역할을 할 수 있다. 전국 5개 교육대학의 3학년 학생 451명을 대상으로 실시된 다문
화아동에 대한 예비교사의 인식조사에서 응답자들은 다문화아동의 능력, 성격, 장래
성 영역에서 5점 척도에서 2.49~2.90으로 평가했다. 이 중에서 다문화아동의 장래
성에 대해 가장 낮게 평가했다(심우엽, 2015). 이 수치는 일반초등학생의 다문화친구
에 대한 인식조사(심우엽, 2010) 결과(3.18~3.40)보다 더 낮은 수치로, 교사들이 학생
들보다 다문화학생에 대한 기대가 더 낮을 것으로 추정함을 알 수 있다.

만일 교사가 다문화학생에 대한 기대가 낮거나 부정적으로 인식한다면, 다문화학
생의 학업부진, 사회적 위축, 진로장벽 등을 당연하게 여기고 향상을 기대하지 않음
으로써, 악순환으로 이어지게 할 수 있다. 더욱이, 다문화학생에 대한 교사의 부정적
인식과 낮은 기대는 다문화학생의 학업발달, 진로발달, 개인·사회성 발달에 부정적
인 영향을 줄 수 있다. 국내의 다문화가족이 경제적인 어려움에 처한 경우가 많고(여
성가족부, 2013), 어려운 가정환경은 학업수행에 부정적인 영향을 줄 수 있다. 그러나
그렇다고 해서 다문화배경이 특정 결과에 대한 당연한 이유가 될 수는 없다. 다문화
특수아에 대한 접근방법은 글상자 13-2와 같다.

글상자 13-2. 다문화학생 및 다문화특수아 상담을 위한 지침

1. 다문화학생에 대한 섣부른 추측 또는 편견을 갖지 않는다.
2. 다문화학생이 나타내는 특수한 증상에 대한 원인을 파악하여 정확한 진단을 내리도록 최선을 다한다.
3. 다문화학생을 단일집단으로 간주하지 않는다. ☛ 이들은 인종, 언어, 성별, 종교, 문화, 사회경제적 수준이 각기 다르다.
4. 다문화학생의 특수성 평가는 신중해야 하고, 언어와 문화적 요소를 고려한다.
5. 통상적인 상담은 주 1회(50분) 실시하지만, 다문화특수아 상담에서는 상황을 고려한 유연성을 발휘한다.
6. 한 번에 한 가지 문제행동에만 집중한다.
7. 지역사회와 공공시설과의 협력관계를 구축한다.

다문화학생의 중재방안

다문화학생들은 종종 사회적으로 취약한 환경에서 살고 있다. 예컨대, 결혼으로 인해 외국에서 이주한 어머니의 경우, 언어 등 다양한 이유로 한국 사회에의 적응과 자녀양육에 어려움을 겪고 있을 수 있다. 타문화권에서 교육받은 부모는 한국 학교의 체계 또는 특성을 이해하는 데 한계가 있다. 따라서 다문화학생이 가정으로부터 학교생활에 대한 안내와 조언을 받을 기회는 상대적으로 적을 수 있다. 게다가 교육의 가치에 대한 기대와 인식이 문화권에 따라 다르다는 점에서, 자녀의 학업성취와 학교생활에 대한 기대수준이 높지 않을 수 있다. 이러한 상황은 한국 사회에서 교육의 중요성을 강조하는 사회적 풍토와 차이가 있을 수 있고, 부모의 태도는 자녀와 교사에게도 영향을 줄 수 있다.

다문화가정의 학생들은 종종 사회적 차별, 교사의 몰이해, 경제적 곤란 등 다양한 부정적 경험을 한다. 이는 이들의 자존감과 자기상$^{self-image}$에 부정적인 영향을 주어 심리적·정서적 발달을 저해할 수 있다. 교사와 상담교사가 관심을 가져야 할 다문화 가정의 학생들이 학교생활에서 겪는 어려움은 크게 ① 개인발달, ② 사회성 발달, ③ 학업발달, ④ 진로발달 영역으로 나눌 수 있다.

개인발달

첫째, 개인발달은 다문화학생의 자아정체성, 자기개념, 자기존중감(자기효능감, 자기
가치감) 등 성격 형성에 영향을 주는 제반 요소들을 포함한 영역이다. 자아정체성$^{ego-}$
^{identity}은 '나는 누구인가'에 대한 총체적인 느낌과 인지를 말한다. 이는 개인의 독특성
에 대해 안정된 느낌을 지니는 것으로, 행동·사고·느낌의 변화에도 자신이 누구
인지 일관되게 인식하는 것을 말한다. 정체성은 자아의 내면 발달과 외부의 피드백
을 통해 지속적으로 발달한다. 청소년기는 정체성 형성에 중요한 시기다. 만일 다문
화학생이 어려서부터 차별, 편견, 소외, 부정적 피드백을 받는다면, 이들은 자존감 손
상, 부정적 자기개념 형성, 정체성 확립에 어려움을 겪게 될 수 있다.

특히, 다문화학생이 정체성 형성과정에서 받게 되는 사회적 차별과 편견은 개인의
문화적·민족적 특성의 인식을 저해한다. 이들은 흔히 정체성 발달과정에서 자신에
대한 태도, 동일한 문화적 배경을 공유하는 집단, 다른 소수집단, 주류집단의 태도에
의해 영향을 받는다. 이 과정에서 학생은 자신에 대한 태도를 수정하게 된다. 정체성
발달이 순조롭게 진행된다면, 개인은 순응, 불일치, 저항·흡수, 자기성찰, 통합적 명
료화, 그리고 인식 단계를 거쳐, 성숙한 수준에서 자신 또는 다양한 소수집단, 주류집
단 모두에 대해 긍정적인 태도를 형성하게 된다. 그러나 정체성 발달이 순조롭지 않
다면, 순응, 불일치, 또는 저항·흡수 단계에 고착될 수 있다. 이는 다문화학생에게서
종종 관찰된다(Atkinson et al., 1997).

다문화학생은 흔히 부모와는 다른 내·외적 경험을 하게 되면서 독자적인 가치관
과 생활양식을 형성한다. 이들은 어려서부터 최소한 둘 이상의 문화를 경험하고, 그
문화의 영향을 받는다. 이 과정에서 서로 다른 문화 속에서 겪게 되는 혼란은 이들의
정체성 형성에도 영향을 주게 된다. 이와 관련하여 다문화학생들의 균형 있는 정체
성 형성을 돕기 위한 지침은 글상자 13-3과 같다.

글상자 13-3. 다문화학생의 정체성 형성을 돕기 위한 지침

1. 정체성 혼란은 청소년기에 흔히 겪게 되는 경험임을 알려 준다.
2. 부/모의 출신 국가를 수용할 수 있도록 돕는다.
3. 특정 문화가 더 우월하거나 더 가치 있지 않음에 대한 인식을 돕는다.
4. 출신 국가의 경제 수준으로 학생을 평가하지 않도록 한다.
5. 주류집단과 다른 자신과 가족을 있는 그대로 수용하도록 돕는다.

6. 한국 문화와 부/모의 문화를 이해 · 수용하도록 돕는다.
7. 출신 국가와 한국의 문화적 전통을 수용하되, 자신만의 정체성을 확립하도록 돕는다.

사회성 발달

둘째, 다문화학생은 어려서부터 사회적 편견, 차별, 몰이해를 경험할 수 있다. 이러한 경험은 이들에게 부정적 정서(부적절감, 위축, 열등감, 억울감, 수치심 등)를 유발하여 정서발달을 저해할 수 있다. 이들이 경험하는 부정적 정서(불안, 분노, 우울, 두려움, 적대감, 역겨움 등)는 사회에 대한 불신, 타인에 대한 분노와 공격적 충동/행동, 인터넷 과다사용 같은 행동과 부정적 대인관계로 표출되곤 한다(권오현 외, 2013).

부정적 정서의 지속은 이들의 자존감, 소극적 태도, 자기비하(김미선, 2009), 그리고 자기개념과 자존감 저하를 초래한다. 이는 다시 가족관계, 또래관계, 교사와의 관계로 이어져서 교칙 위반, 일탈행동의 원인으로 작용할 수 있다. 물론 다문화학생의 정서발달과 대인관계 문제는 학생의 개인적 특성과 가정문제에 기인한 것일 수 있다. 다문화교육의 핵심은 존중과 수용이다. 이에 교사는 다문화학생들을 포함하여 전교생이 서로 존중하고 있는 그대로 수용하는 태도를 형성하도록 도울 필요가 있다. 특히, 다문화학생의 존중과 수용 경험 제공을 위한 지침은 글상자 13-4와 같다.

글상자 13-4. 다문화학생의 존중과 수용 경험 제공을 위한 지침

1. 학생의 표면적인 문제에만 집중하지 않는다.
2. 문제행동을 다룰 때, 비난으로 받아들여지지 않도록 한다.
3. 문제행동의 의도를 충분히 이해해 준다.
4. 학생의 말에 귀를 기울여서 충분히 표현할 수 있도록 돕는다.

다문화학생이 부당한 대우 또는 차별을 받게 되는 경우, 상담교사는 소극적 대응으로 피해를 입거나 과도한 대응으로 곤란한 상황에 빠지지 않도록 적절한 자기주장 self-assertiveness 능력을 길러 줄 필요가 있다. 이를 위한 다문화학생의 자기주장 능력 향상을 위한 중재지침은 글상자 13-5와 같다.

글상자 13-5. 다문화학생의 자기주장 능력 향상을 위한 중재지침

> 1. 놀리거나 괴롭히는 학생에게 자신의 생각을 논리적으로 표현하는 방법의 습득을 돕는다.
> 2. 다른 학생의 언행이 자신에게 미친 영향을 명확하게 표현하는 연습을 시킨다.
> 3. 자기주장 행동의 효과에 관해 이야기를 나눈다.
> 4. 공격적 언행을 어떻게 자제 또는 표현했는지 면밀히 검토해 본다.
> 5. 괴롭힘 또는 차별을 받는 경우, 담임교사 및/또는 부모에게 조치하도록 요청하게 한다.

학교 안팎에서 또래관계에 어려움을 겪는 다문화학생들을 돕기 위한 방안은 글상자 13-6과 같다.

글상자 13-6. 또래관계에 어려움을 겪는 다문화학생들을 돕기 위한 방안

> 1. 친구들과 함께할 수 있는 놀이를 탐색해 보게 한다.
> 2. 친구의 이야기를 잘 들어 주는 방법을 가르치고 연습해 보게 한다.
> 3. 사귀고 싶은 친구에게 다가가는 방법을 가르치고 연습해 보게 한다.
> 4. 친구가 어려운 상황에 처할 때, 돕는 방법을 가르치고 연습해 보게 한다.
> 5. 사귀고 싶은 친구에게 자신에 관해 무엇을 어떻게 알리면 좋을지 말할 기회를 준다.

학업발달

셋째, 다문화학생의 학업문제는 크게 ① 언어문제, ② 학업부진, ③ 학습동기와 태도에서의 어려움으로 나타난다.

언어문제. 언어문제는 부모가 한국어를 모국어로 사용하지 않는 가정상황에서 흔히 발생한다. 이 경우, 학생은 발음, 표현, 문법 등을 제대로 습득하지 않은 채, 초·중·고교에 입학하게 되면서 소통과 학업에 어려움을 겪게 된다. 설령 일상생활에서의 언어 사용에는 큰 문제가 없다고 하더라도, 글쓰기 또는 상위 수준의 학습이 요구되는 경우, 다른 원어민가정의 학생들에 비해 어려움을 겪게 된다. 다문화학생의 언어적 제약은 학업은 물론, 학교생활 전반에 영향을 미칠 수 있다. 이는 자연스럽게 학업부진으로 이어진다.

학업부진. 다문화학생의 학업부진은 선행학습 부족, 가정에서의 지도 부재 등이 그 원인으로 작용한다. 학업부진은 학년이 높아질수록 더 현저하게 나타나는 경향이 있다. 학업부진은 이들의 학습동기와 태도에 부정적인 영향을 미친다.

학습동기와 태도. 학업에 대한 긍정적 태도가 형성되지 않는다면, 이들은 학업부진 상태가 이어져 무동기 또는 학습된 무기력에 빠지게 될 수 있다. 이러한 복합적인 문제는 다문화학생의 학업중단을 부추기고 있다. 다문화학생의 학업중단율과 학업중단 사유별 현황은 각각 그림 13-1과 그림 13-2와 같다.

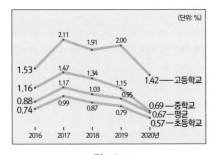

그림 13-1.
다문화학생 학교 등급별 학업중단율

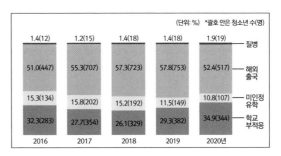

그림 13-2.
다문화학생 학업중단 사유별 현황

다문화학생이 학업문제를 겪는 경우, 문제가 악화되지 않도록 신속하게 개입한다. 학업부진 또는 결손누적이 발견되는 경우, 이를 돕기 위한 지침은 글상자 13-7과 같다.

글상자 13-7. 다문화학생의 학업능력 향상을 돕기 위한 지침

1. 한국어 읽기, 쓰기, 듣기, 말하기 능력 평가를 통해 언어발달 수준을 확인한다.
2. 현재 과목별 학업성취 수준이 몇 학년에 해당하는지 평가한다.
3. 학업동기가 낮은 학생에게 동기수준을 높이기 위한 도움을 제공한다.
4. 학업 목적, 그리고 공부를 잘하면 뒤따를 수 있는 결과를 생각해 볼 기회를 준다.
5. 공부와 진로의 관계, 그리고 공부의 필요성에 대해 논의한다.
6. 선행학습의 보충 계획을 함께 수립하여 학습을 도울 사람을 찾아본다.
7. 현재의 공부방법을 들어보고, 효과적인 학습방법을 탐색한다.
8. 지속적인 지도를 통해 자율적인 학습방법의 습득을 돕는다.
9. 학생의 흥미, 적성, 능력을 향상시킬 수 있는 방법을 모색ㆍ적용한다.
10. 진로ㆍ직업에 대해 긍정적인 태도를 형성하고, 미래에 대해 희망을 갖도록 돕는다.

진로발달

넷째, 다문화학생들이 겪을 수 있는 어려움 영역으로는 진로발달이 있다. 이들의 진로발달에 미치는 걸림돌로는 ① 학업부진, ② 진로장벽, ③ 진로모델 부재를 꼽을 수

있다. 첫째, 다문화배경이 다문화학생에게 미치는 부정적인 영향은 학업부진으로 인한 진로에 대한 좌절감이다. 이는 자연스럽게 낮은 학업 자기효능감, 낮은 진로발달, 낮은 진로포부로 이어질 수 있다.

둘째, 다문화학생은 개인적·가정적·사회적 취약점으로 인해 다양한 진로장벽을 경험할 수 있다. 게다가 진로장벽의 극복 의지와 방법에서 어려움을 겪는다. 셋째, 바람직한 진로모델의 부재다. 다문화가정의 부모들이 대체로 사회경제적 지위(SES)가 낮다는 점을 고려할 때, 이들의 자녀들은 진로결정에서 상대적으로 취약한 부모의 역할모델을 기대하기 힘들 수 있다.

다문화특수아 상담의 전망

향후 한국 사회는 다문화가정 아이들을 한민족이 아닌 대한민국 국민으로서의 삶을 영위할 수 있도록 도와야 한다. 언어가 다르고, 문화가 달라서 오는 어려움이 이들의 삶에 누적된 결핍이 되지 않도록 적극 배려할 필요가 있다. 민족 정체성을 넘어서 국가의 정체성을 숙고해야 할 때가 이미 도래했다. 다문화가정 자녀들은 이중 문화와 언어를 습득할 수 있는 여건에서 자란다.

다문화가정에 대한 인식은 성인들의 편견이 크게 작용할 수 있다. 아직까지 다문화가 한국 사회에 익숙하지 않은 측면이 있기 때문에 기존의 사회적 통념 속에서 성장했던 기성세대들의 눈에서 보면, 그런 우려가 충분히 가능하다. 한국 국민들은 자라나는 세대들의 유연성에 대해 재고할 필요가 있다. 다문화가정 학생들과 어울리는 것은 자연스럽게 새로운 문화를 체험할 기회가 된다.

향후 국내 다문화아동 비율이 지속적으로 증가할 것으로 전망된다. 이러한 전망을 고려하건대, 다음 두 가지 시사점을 발견할 수 있다. 하나는 현재 학령기 다문화가족 자녀에 대한 연구와 시의적절한 상담과 교육적 중재가 절실하다는 것이다. 다른 하나는 이들의 상급학교 진학, 군 입대, 취업, 결혼 등 발달과업이 향후 수년 내에 급속히 이루어질 것이라는 것이다(강진령, 2022b). 이 과정에서 다문화가정 자녀들은 학업중단, 학교 부적응, 진로결정 곤란 등 다양한 쟁점에 대한 효과적인 중재방안의 마련이 절실히 요구될 것이다.

◆ 복습문제 ◆

🌱 다음 밑줄 친 부분에 알맞은 말을 쓰시오.

1. 한 국가 또는 사회 등에 서로 다른 배경(인종, 민족, 종교 등)의 다양한 집단이 공존하는 상태를 _____(이)라고 한다. 이는 넓은 의미에서는 인구통계학적 배경이 다양한 영역에서 상이한 문화적 집단이 사회에 공존하는 상태를 의미하며, _____(으)로 불리기도 한다.

2. 다문화사회의 조성방식의 하나인 _____(이)란 다수의 문화가 함께 있지만, 소수/비주류 문화들이 주류문화에 흡수되는 것을 지향하는 사조를 말한다. 이 방식은 단일문화주의를 추구한다는 점에서 _____(으)로 불린다.

3. 미국의 경우, 1960년대까지 미국에 이주한 다양한 문화적 배경의 인종 · 민족을 주류집단인 WASP, 즉 _____ 문화에 동화시키고자 했던 역사적 배경이 있다.

4. _____(이)란 하나의 사회 또는 국가에 복수의 문화가 공존하는 것을 인정하는 한편, 문화적 다양성을 존중하는 사상 또는 원칙을 말한다. 이를 표방하는 사회는 흔히 다양한 재료가 큰 그릇에 담겨, 하나의 음식이 되는 _____에 비유된다.

5. 다문화주의를 지향하는 사회는 다양한 인종, 언어, 문화를 가진 여러 집단의 사람들이 고유한 정체성을 잃지 않고 조화를 이루며 살아간다는 점에서 _____(으)로도 불린다.

6. 2020년 제정된 _____법 제2조에 의하면, _____(이)란 결혼이민자와 「국적법」에 따라 대한민국 국적을 취득한 자로 이루어진 가족을 말한다. 이 용어는 종전의 혼혈가족 또는 _____ 가족같이 차별적이고 부정적인 이미

지를 갖는 용어를 대체하기 위해 고안된 것이다.

7. _____은/는 학생들이 가정, 학교, 사회에서 문화적 다양성을 수용·존중하고, 평등을 실천할 수 있도록 가르치고 지도하는 일련의 활동이다. 이 활동은 교육과정 개혁을 통해 학생과 교사가 _____을/를 갖추고, _____을/를 실천할 수 있도록 돕는 교육실천 운동이다.

8. _____은/는 '나는 누구인가'에 대한 총체적인 느낌과 인지를 말한다. 이는 개인의 독특성에 대해 안정된 느낌을 지니는 것으로, 행동·사고·느낌의 변화에도 자신이 누구인지 일관되게 인식하는 것을 말한다.

9. _____법에 의하면, 아동·청소년이란 ___세 이하인 사람, 그리고 _____은/는 초등학교 학령기에 해당하는 __~___세 다문화가정의 자녀로 규정되어 있다.

10. 한국 사회에서 _____은 다른 인종, 민족, 또는 문화적 배경을 지닌 사람들이 속한 가족을 지칭하는 동시에, 언어, 인종, 민족, 문화, 가치, 종교, 생활양식 등 _____을/를 강조하는 개념으로 사용된다.

◆ 소집단 활동 ◆

외톨이 성향 척도

※ 친구관계에서 보이는 모습이 자신의 경우와 비슷하다고 생각되는 번호에 ✓표 하시오. 소집단으로 나누어 검사결과에 관한 소감을 나누어 보세요.

문항	전혀 그렇지 않다	그렇지 않다	보통 이다	약간 그렇다	매우 그렇다
□ 소외 · 외로움					
1. 친구를 집으로 데리고 오지 않는다.	0	1	2	3	4
2. 친구 집에 놀러 가는 일이 없다.	0	1	2	3	4
3. 친구들과 전화를 주고받는 일이 없다.	0	1	2	3	4
4. 다른 친구들과 잘 어울린다.	4	3	2	1	0
5. 같이 어울릴 친구가 없어 소풍이나 체육대회를 걱정한다.	0	1	2	3	4
6. 점심시간에 혼자서 점심을 먹는다.	0	1	2	3	4
7. 학교에서 혼자라는 느낌이 든다.	0	1	2	3	4
소계	점	점	점	점	점
□ 사회적 유능감					
8. 우리 반 친구들이 나를 싫어하는 것 같다는 느낌이 든다.	0	1	2	3	4
9. 친구들과 함께 운동하기를 좋아한다.	4	3	2	1	0
10. 내가 부탁을 할 때마다 친구들이 이유 없이 거절한다.	0	1	2	3	4
11. 체육시간, 단체활동에 아무도 나와 함께하려 하지 않는다.	0	1	2	3	4
12. 학교에서 새로운 친구들을 사귀는 것은 쉬운 일이다.	4	3	2	1	0

문항	전혀 그렇지 않다	그렇지 않다	보통 이다	약간 그렇다	매우 그렇다
13. 나는 친구가 많다.	4	3	2	1	0
소계	점	점	점	점	점
□ 또래들과의 상호교류					
14. 나는 다른 친구들과 잘 지내지 못한다.	0	1	2	3	4
15. 나는 우리 반에서 인기가 있다.	4	3	2	1	0
16. 나는 다른 친구들과 함께하는 일을 잘한다.	4	3	2	1	0
소계	점	점	점	점	점
합계					점

출처: 이시형 외. (2001).

소감　_____

_____

_____

_____

_____

_____

_____

_____

_____

_____

_____

_____

_____

PART
3

특수아 지원체제와의 협력

특수아 상담

Counseling Children
with Special Needs

Chapter
14

특수아 부모 자문

✓ 학습목표

1. 부모 자문의 정의 및 관련 개념을 이해·설명할 수 있다.
2. 특수아 부모의 스트레스와 해소방안을 이해·적용할 수 있다.
3. 특수아 부모와 가족을 이해하고 협력관계를 형성·유지할 수 있다.
4. 특수아 부모를 위한 중재방안을 이해·적용할 수 있다.

부 모는 아이가 뱃속에 있을 때부터 시작해서 자라는 내내 불안하다. 행여 아이가 잘못되지는 않을까? 지금 아이를 제대로 키우고 있는 것일까? 앞으로 제 밥벌이는 하고 살 수 있을까? 그러다가도 아이의 안색이라도 좋지 않으면 가슴이 철렁 내려 앉는다. 부모역할이 컴퓨터 게임이라면, 문제가 생길 때 리셋하고 다시 시작하면 그만이다. 그렇지만 자녀교육은 그럴 수도 없으니 참으로 답답할 노릇이다. 첫 아이 때의 실수를 둘째에게는 하지 않으리라 다짐해 보지만, 막상 둘째를 키우다 보면 상황도 첫째 때와 같지 않아 불안과 염려는 여전하다. 그럴 때마다 아이를 이해해 주려고 노력해 보지만, 뜻대로 되지 않아 다그치기 일쑤다. 게다가 아이는 이제 머리가 조금 컸다고 부득부득 대들곤 한다. 한 번 엇나가면 따라잡기가 점점 더 어려워진다는데, 아이에게 장애까지 있으니, 우리 부부에게 문제라도 생기면 아이는 어떻게 살아갈 수 있을까 라는 생각에 자다가도 눈이 떠지고, 두근거리는 가슴은 좀처럼 진정되지 않는다.

특수아 상담에서 부모는 협력collaboration의 중심에 있다. 부모는 특수아의 아버지 또는 어머니로, 아동을 보호·양육할 책임이 있다. 또 법적으로는 미성년자 자녀에 대해 친권을 행사하고, 법적 의사결정권을 가지고 있다. 부모는 특수아의 출생부터 양육과 교육을 책임져 왔고, 일반적으로 아동의 장래에도 관심이 크다. 이런 부모가 학생과 함께한 기간에 비하면, 교사가 학생을 담임하는 1년은 무척 짧은 시간이다. 이러한 점에서 부모는 특수아 상담과 지도에서 협력해야 할 가장 중요한, 교사 또는 상담교사의 동반자다.

교사는 학교에서 학생들에게 지식을 전달하고, 기본 생활태도를 가르치는 교육자다. 이러한 본연의 임무수행 과정에서 교사는 부모 면담을 통해 학생지도와 관련된 방안을 협의해야 할 때가 있다. 특히, 학년 초가 되면, 교사는 부모 총회 또는 전체 부모 면담 시간에 부모들과 만나게 된다. 이때 자연스럽게 학생의 특성 또는 문제에 관해 대화를 나누는 기회는 교사-부모의 협력관계 구축과 부모 자문을 위한 중요한 기틀이 된다.

특수아를 돕기 위한 상담교사의 노력은 특수아에 한정되지 않는다. 대신, 아동을 둘러싼 환경, 즉 가족의 변화가 함께 일어날 수 있도록 노력할 필요가 있다. 특수아는 스스로 변화를 위해 노력할 수 있는 범위가 제한되어 있을 수 있고, 주변 사람들로부터 특수한 도움이 필요할 수 있다. 이에 이 장에서는 ① 부모 자문의 정의, ② 특수아 부모의 스트레스 요인, ③ 특수아 부모의 상담교사에 대한 기대, ④ 특수아 부모의 대상상실 애도작업, ⑤ 특수아 가족의 이해, ⑥ 특수아 부모와의 협력, ⑦ 특수아 부모를 위한 중재방안에 관해 살펴보기로 한다.

부모 자문의 정의

자문^{consultation}이란 제3자를 돕는 과정에서 다른 전문직 또는 집단에 속한 두 전문가 사이에 자발적·협력적 관계에서 이루어지는 간접적인 활동을 말한다(강진령, 2019). 부모 자문은 면담을 통해 이루어진다. 부모 자문$^{parent\ consultation}$은 교사가 학생의 부모 또는 보호자(가정에서 보호할 형편이 안 되는 만 19세 미만의 아동·청소년을 맡아 보호하는 사람 또는 기관)를 만나 학생의 당면과제 해결을 돕기 위해 협의하는 과정이다(강진령, 2022b).

특수아의 부모는 자녀(내담자 또는 제3자)가 당면한 문제해결을 돕기 위해 교사 또는 상담교사의 도움을 받는 피자문자의 위치에 있다. 자문자(컨설턴트)와 피자문자(의뢰인)의 관계는 비위계적 관계, 즉 어느 한쪽이 더 크고 중요한 역할을 하는 주/종, 갑/을, 상전/하인 같은 관계가 아니다. 이 관계는 학생의 성장·발달을 도모한다는 공동목표 성취를 위한 협력적 파트너십을 기반으로 형성된다. 교사와 부모의 협력적 파트너십

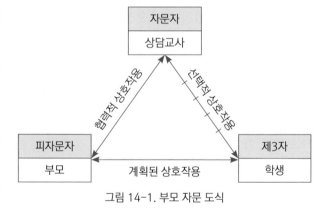

그림 14-1. 부모 자문 도식

관계를 도식으로 나타내면 그림 14-1과 같다.

특수아 부모의 스트레스 요인

특수아 부모는 자녀의 장애로 인해 취약한 처지에 놓이곤 한다. 역사적으로, 자녀의 장애를 부모의 탓으로 여기던 때가 있었다. 특히 19~20세기 초까지는 대부분의 장애를 유전에 의한 것으로 간주하여 결혼을 금하거나, 심지어 불임을 제도화하기도

했다. 이러한 제도는 1930년대에 들어서면서 점차 사라졌다. 일례로 '냉장고형 어머니 refrigerator mother'(차갑고 비반응성이 특징)로 인해 자녀가 자폐아가 된다는 주장이 있었다. 이러한 주장은 자녀를 낳아 기른 어머니에게 자녀의 장애 발생에 대한 책임을 전가하던 시대적 트렌드와 크게 다르지 않다. 장애가 유전 또는 부모의 양육태도에서 기인한다는 분위기는 여전히 사회에 남아 있다.

장애아동의 부모라는 사실

첫째, 특수아의 부모는 무엇보다도 장애아동의 부모라는 사실에 부담을 느낀다. 자녀에게 장애가 있다는 사실을 알게 되는 순간, 부모는 감당하기 힘든 충격과 일상의 문제에 직면하게 된다. 이들은 자녀의 장애에 적응하는 일뿐 아니라, 교육·의료 검사와 평가, 가족 관련 문제, 기타 다양한 사회적 문제에 압도당하곤 한다. 이러한 사안들을 한꺼번에 고려해야 한다면, 장애자녀를 둔 부모에게는 엄청난 스트레스가 될 것이다.

부모의 스트레스 수준이 상승할수록 부모-자녀 관계의 질은 떨어진다. 부모의 스트레스 수준과 자녀의 정신건강 사이에는 유의한 관계가 있다(Kobe & Hammer, 1994; Mahoney et al., 1998). 특수아 부모에게는 대인관계 또는 심리적인 어려움도 있지만, 현실적으로는 생활문제가 더 크고 심각하다. 이들의 생활상의 문제로는 재정적 어려움, 양육부담, 여가활동 부족 등이 있는데, 구체적인 내용은 표 14-1과 같다.

표 14-1. 특수아 부모의 생활상의 문제

문제	내용
1. 재정문제	○ 특수아의 교육·치료를 위한 과다한 비용 부담으로, 가계 유지에 어려움을 겪을 수 있음
2. 양육부담	○ 특수아 양육을 혼자 부담해야 하는 상황에서 오는 정신적 스트레스 또는 육체적 부담이 크게 느껴질 수 있고, 이로 인해 부부 또는 가까운 가족들과의 갈등이 발생할 가능성이 커짐
3. 시간부족	○ 특수아의 교육 또는 치료를 위해 동행해야 할 뿐 아니라, 가정 안팎에서 돌봐야 하는 상황에서 하루 24시간이 힘겹게 느껴질 수 있음
4. 여가활동 부족	○ 특수아 돌봄에 시간과 노력을 기울이다 보면, 자신을 위한 여유가 없고, 여가 또는 취미활동은 생각조차 할 수 없게 됨

전문가의 무성의한 태도와 행동

둘째, 특수아의 부모는 종종 자녀를 돕는 전문가의 무성의한 태도와 행동으로 상처받기도 한다. 이들은 자녀의 학습능력에 심각한 문제가 있을 것에 대해 두려워하고, 명확한 진단을 받지 못해 좌절하거나 낙담하기도 한다(Seligman, 2000). 적잖은 부모들은 의료서비스 전문가와 갈등을 겪기도 한다. 이 과정에서 스트레스와 좌절감이 누적되고, 이러한 경험은 다른 전문가들과의 관계, 즉 학교 관계자와의 관계에도 영향을 미친다. 학교 관계자가 부모에게 이야기한 예를 들어 보자("아이가 앞으로 10년 이내에 혼자 가게에 가서 스스로 먹을 것을 살 수 있다면, 어머니는 정말 기쁘실 거예요." "저는 대학 진학을 원하는 학습장애 학생을 지도하느라 시간 낭비하고 싶지 않아요. 왜냐면 이런 학생은 대학에 진학하기 힘들거든요. 설령 진학하더라도 다른 학생들을 따라가지 못한다고요.").

특수아 부모들은 자녀가 학교의 학업적·사회적 요구 충족에 어려움을 겪는 것은 그럴 만한 이유가 있다고 믿는다. 반면, 교사는 이렇게 말하는 부모들에게 오히려 부모의 교육이 잘못되었거나 가정교육이 안 되었기 때문이라고 말한다. 이에 상담교사는 부모의 이런 부정적인 태도가 어떻게 형성되었는지 이해하는 한편, 이를 불식시키기 위해 노력해야 할 것이다. 전문가에게 장애자녀를 둔 부모에 대한 선입견 또는 고정관념이 있다면, 부모와 전문가의 관계는 긴장의 연속이 될 수밖에 없기 때문이다. 이외에도, 정신건강 전문가의 도움을 필요로 하는 특수아 부모의 스트레스 요인은 글상자 14-1과 같다.

글상자 14-1. 정신건강 전문가의 도움을 필요로 하는 특수아 부모의 스트레스 요인

> 1. 가족 중 장애아가 있음으로써 겪는 신체적·심리적·재정적 부담
> 2. 가족 중 장애아가 있음으로써 생기는 형제자매의 심리적 문제
> 3. 아동의 문제에 대한 부 또는 모의 차별화된 반응과 역할
> 4. 가족원에게 깊은 상처를 주는 부모와 전문가의 성의 없는 답변
> 5. 아동의 가족과 친지들의 편견이 담긴 따가운 시선과 반응

특수아 부모의 상담교사에 대한 기대

상담교사는 조력전문가로서, 부모를 돕는 다양한 상담전략 개발과 특수아의 부모와

의 협력관계 형성에 힘써야 한다. 이 과정에서 상담교사는 자신이 제공한 도움이 도움받는 사람의 입장에서 실제로 도움으로 여겨지는지 살펴봐야 한다. 이처럼 도움을 제공하더라도 도움을 받는 특수아 부모들에게는 도움으로 인식되지 않는 경우가 있기 때문이다. 100세대가 넘는 가정을 대상으로 수행된 설문조사(Prezant & Marshak, 2006)에서 특수아 부모들이 전문가에게 진정으로 바란다고 응답한 내용은 글상자 14-2와 같이 세 가지로 구분되었다.

글상자 14-2. 부모들이 상담교사에게 바라는 행동

> 1. 자신들의 이야기를 경청하고 존중해 주기
> 2. 해박한 지식을 갖추고 있으면서 자신들에게 필요한 정보를 제공해 주기
> 3. 부모와 협력관계를 유지하면서 의사소통하기

글상자 14-2에 제시된 것처럼, 특수아 부모들은 상담교사가 자신들의 이야기에 귀 기울여 주고 존중해 주는 것을 소중히 여긴다. 물론 모든 문제 또는 안건에 대해 동의하지는 않겠지만, 다양한 사안에 대해 부모의 참여를 존중해 주고, 협력관계를 기반으로 원활한 의사소통을 통해 특수아에게 최상의 교육 기회를 제공하기 위해 함께 노력하는 것을 소중히 여긴다. 또한 특수아 부모들은 상담교사가 자신들을 특수아에 관한 중요한 정보를 제공해 주는 요원으로 활용해 주기를 기대한다. 글상자 14-2에 제시된 것과는 달리, 특수아 부모는 글상자 14-3에 제시된 행동은 도움이 되지 않는다고 응답했다(Prezant & Marshak, 2006).

글상자 14-3. 특수아 부모들이 도움이 되지 않는다고 응답한 상담교사의 행동

> 1. 부모의 이야기 무시
> 2. 학생 또는 부모에 대해 품위를 손상시키는 행동
> 3. 통합교육 참여에 대한 의지 꺾기
> 4. 권위 남용
> 5. 낮은 기대

글상자 14-3에 제시된 상담교사의 행동을 경험하게 될 때, 특수아 부모는 상담교사 또는 학교와의 관계에서 신뢰를 잃게 된다. 신뢰를 잃은 관계는 때로 갈등과 분쟁의 원인이 된다. 화난 특수아 부모와의 효과적인 의사소통을 위한 지침은 글상자 14-4와 같다.

글상자 14-4. 화난 특수아 부모와의 효과적인 소통을 위한 지침

> 1. 화난 부모가 전화한 경우, 면담을 주선한다.
> 2. 특정 쟁점에 대해 격앙된 경우, 그 쟁점에 대해 깊은 관심을 가지고 있음을 확신시켜 주고, 편안한 상태에서 감정을 표현하도록 돕는다.
> 3. 감정에 동요되기보다는 침착성을 유지한다.
> 4. 주의 깊은 경청을 통해 부모가 자신의 불만사항을 말할 수 있도록 허용한 다음, 문제해결을 위한 대안을 함께 모색한다.
> 5. 이해하기 어려운 내용으로 인한 오해에서 발생한 문제라면, 이에 대해 충분히 설명한다.
> 6. 교사의 실수로 인한 것이라면, 먼저 사과하고, 이후의 과정에 대해 논의하여 동의에 도달하게 한다.
> 7. 교사가 해결할 수 없는 사안인 경우, 문제해결이 가능한 사람과의 면담을 주선한다.

특수아 부모의 대상상실 애도작업

자녀에게 특수한 문제 또는 장애가 발생하면, 가족에게는 위기가 찾아온다. 자녀가 장애 진단을 받게 되면, 부모는 충격과 당혹감에 휩싸인다. 자녀에게 장애가 있다는 사실에 직면하게 될 때, 대부분의 부모는 마음의 중심을 잃고, 실망, 분노, 혼란, 죄책감 등의 심리적 과정을 겪는다. 이는 대상상실의 애도과정과 크게 다르지 않다. 이 같은 최초의 충격은 곧바로 가족의 위기로 이어질 수 있다. 이는 다른 위기와 마찬가지로 가족붕괴의 위험성을 지니고 있다.

이후의 가족기능은 가족이 이 같은 위기를 어떻게 극복해 가느냐에 따라 크게 달라진다. 특수아 부모가 자녀의 장애를 현실적으로 수용할 수 있도록 돕기 위해서는 대상상실의 애도작업이 요구된다. 대상상실의 애도작업이란 사랑하는 대상을 상실할 때 겪는 고통과 이에 대한 방어, 고통 속에서의 현실검증, 새로운 적응시도, 상실대상의 단념을 통해 고통에서 벗어나는 일련의 과정을 말한다.

모자관계의 시작

임부妊婦(임신한 여자)는 흔히 임신과 함께 마음속 깊은 무의식에서 새로 태어날 자녀의 이미지를 형성해 간다. 이는 어머니가 되기 위한 심리적 준비과정이다. 자녀가 태어나면, 산모産母(아기를 갓 낳은 여자)는 자신이 그렸던 이미지를 현실의 자녀모습으로

대체함으로써 모자관계가 시작된다. 그러나 장애를 가진 자녀의 출현은 산모로 하여금 충격과 함께 자신이 그려온 건강하고 예쁜 자녀의 이미지와 크게 다르다고 느껴 심한 괴리감을 느끼게 한다. 이 과정에서 산모는 마음속에 그려 왔던 건강하고 예쁜 아기를 상실하는 경험을 하게 된다.

아버지 역시 어머니와 유사한 감정 경험 과정을 거친다. 이로써 부모의 마음에는 깊은 상실감, 잃어버린 자녀에 대한 갈망, 받아들이기 힘든 운명에 대한 분노, 장애가 있는 자녀에 대해 거부감을 갖는 것에 대한 죄책감 등 이루 말로 형용하기 힘든 복합적인 감정을 단계적으로 느끼게 된다. 만일 부모가 이런 감정을 충분히 표출해서 극복하지 못한다면, 장애가 있는 자녀의 수용이 극히 어렵게 된다.

상실감과 애도

태어나면서부터 장애를 가진 자녀를 둔 부모는 종종 극도의 상실감을 겪는다. 상실감 sense of loss은 임신 중에 기대했던 건강하고 예쁜 아이를 잃어버린 것에 대한 것이다. 이 감정은 단순한 슬픔 이상의 복잡한 감정, 보통 이런 감정은 쉽게 사라지지 않는다. 그러나 대부분의 부모는 슬픔을 뛰어넘어 자신들이 얻게 된 자녀를 축복하게 된다. 이에 상담교사는 이 같은 상실감을 극복한 과정에 관한 이야기에 귀 기울일 필요가 있다. 특정 장애(예 자폐장애)가 있는 학생의 부모는 종전에는 대화가 되던 아이가 언어능력을 상실하고, 사회적 관계를 단절하며, 사람보다 물건을 더 선호하는 모습을 지켜봐야 하는 경험을 하게 된다. 특수아 부모들의 이러한 경험과정은 퀴블러-로스의 애도단계와 크게 다를바 없다.

퀴블러-로스의 애도단계. 엘리자베스 퀴블러-로스(Kübler-Ross, 1969)는 임종을 앞둔 환자들과의 인터뷰를 통해 저서『죽음과 임종(On Death and Dying)』을 출간했다. 이 책에서 그녀는 인간이 죽음을 앞두고 겪게 되는 경험을 5단계('애도단계' '슬픔과 상실의 5단계' 'DABDA' 로도 불림), 즉 ① 부인denial(D) → ② 분노anger(A) → ③ 타협 bargaining(B) → ④ 우울depression(D) → ⑤ 수용acceptance(A) 단계로 설명했다. 장애가 있는 자녀를 출산한 산모는 애도단계와 유사한 과정을 거쳐 자녀를 수용하게 된다. 이와 유사하게, 던컨 (Duncan, 1977)은 장애자녀에 대한 부모의 반응을 6단계, 즉

엘리자베스 퀴블러-로스
(Elisabeth Kübler-Ross,
1926~2004)

① 최초의 충격, ② 부인, ③ 타협, ④ 분노, ⑤ 우울, ⑥ 수용 단계로 개념화했다.

퀴블러-로스와 던컨의 애도단계이론은 장애가 있는 자녀를 둔 부모가 자녀의 장애를 이해·수용하는 과정에서 극도의 우울/분노를 겪게 되는 시기가 있다는 사실을 이해하는 데 도움을 준다. 그러나 문제의 원인이 실제로는 외부에 있음에도, 이들 이론에 근거하여 부모의 감정적 반응의 원인이 마치 내부에 있는 것으로 지레 판단하는 것은 바람직하지 않다. 사랑하는 사람의 상실로 인한 애도과정에 관한 단계이론은 퀴블러-로스와 던컨의 것 외에도, 클라우스와 케넬의 애도과정이론이 있다.

클라우스와 케넬의 애도과정. 일찍이 클라우스와 케넬(Klaus & Kennell, 1975)은 선천성 기형을 가진 상태에서 태어난 자녀의 출생 직후에 부모가 나타내는 반응을 연구하여, 애도 과정, 반응 강도, 시간적 추이를 정리·발표했다. 이들이 발표한 애도과정은 ① 충격^{shock}, ② 부인^{denial}, ③ 슬픔^{sadness}·분노^{anger}, ④ 적응^{adaptation}, ⑤ 재조직^{reorganization} 단계 순으로 이루어지는데, 이에 관한 설명은 표 14-2와 같다.

표 14-2. 클라우스와 케넬의 애도과정

단계	특징
1. 충격	○ 자녀에게 장애가 있다는 사실을 알게 된 시기 ○ 부모는 마치 세상이 무너지는 것 같은 극심한 충격과 혼란을 경험함
2. 부인	○ 충격완화를 위해 진단결과를 부인하면서 재진단을 위해 의사쇼핑$^{doctor\ shopping}$(병원을 전전하면서 의사를 바꿈) 또는 기적을 바라면서 종교나 민간요법에 의지하기도 함 ○ 때로는 전혀 전문가를 찾지 않으면서, '정상일 거야!'라는 생각으로, 적절한 치료 또는 교육 시기를 놓치기도 함
3. 슬픔·분노	○ 주체하기 힘든 슬픔("그렇게 고대해 왔던 건강한 아이는 어디로 갔단 말인가?"), 분노("왜 이 같은 시련이 우리 부부에게 닥쳤는가?"), 불안("과연 이 아이를 계속 돌볼 수 있을까?")으로 우울을 겪게 됨 ☞ 분노는 대개 신神, 배우자, 친인척, 의료진을 향함 ○ 어떤 위로에도 기분은 좀처럼 나아지지 않고, 자녀에 대해 거부감을 가졌다는 사실에 대해 죄책감과 절망감을 느끼면서, 자녀의 존재를 부담스러워 함 ○ 앞날을 비관한 나머지, 자녀와 함께 동반자살을 생각하기도 함 ○ 죄책감으로 인해 자녀에 대한 과잉보호 또는 무관심한 태도가 나타나기도 함
4. 적응	○ 힘든 감정(슬픔, 분노, 불안, 우울 등)의 정점을 경험한 후, 감정이 정리되면서 점차 정상을 되찾게 됨 ○ 장애를 가진 자녀에 대해 피할 수 없는 사실을 체념하게 되면서 점차 이를 현실로 받아들이게 됨

5. 재조직	○ 자녀를 가족원으로 끌어안으면서 부모로서의 책임을 다하기 시작함
	○ 1~4단계를 거치며 위기를 성공적으로 극복하면서, 위기대처 능력도 갖추게 됨
	○ 자녀를 돌보는 과정에서 발생하는 부수적인 문제처리 능력도 서서히 갖추게 됨

　표 14-2에 제시된 애도과정에서 1~2단계에서의 상담은 주로 특수아 부모에 대한 공감적 이해와 수용으로 이루어진다. 상담교사는 답답하겠지만, 인내심을 가지고 기다려야 한다. 3단계에서 부모는 감정폭발과 함께 주변의 중요한 타인, 즉 진단을 담당한 의사 또는 상담교사, 남편은 아내에게, 아내는 남편에게 화를 내거나 비난하기도 한다. 분노의 정도와 기간은 사람마다 다르지만, 상담교사에게는 이 시기가 가장 힘이 든다. 자녀가 처한 상황에 대해 수긍은 하지만, 정서적인 충격으로 인한 혼란으로 자녀의 문제를 직시하지 못하기 때문이다. 이에 상담에서는 부모의 분노와 원망을 표현하도록 적극적으로 돕는다. 동시에, 주변의 타인들이 이러한 감정의 대상이 아니므로, 상대방에게 상처 주지 않도록 해야 한다는 사실을 인식하도록 돕는다. 또한 장애아나 부모 모두는 가치 있는 사람이며, 많은 사람이 장애아와 부모를 보살피고 도울 수 있음을 인식할 수 있도록 돕는다. 이 단계는 부모에게 무한한 지지와 격려가 필요한 시기다.

　이 시기에 자신에게 닥친 현실을 부정할 수 없는 상태가 되면, 충격과 격한 감정이 가라앉고, 자녀의 장애를 받아들이고 현실과 타협한다. 그러나 동시에 죄책감에 빠지게 된다. 부모로서 자녀에게 소홀했던 일, 야단쳤던 일 등을 떠올리면서 후회, 슬픔, 무력감에 휩싸여 희망이 없음에 크게 낙심한다. 이 시기에 부모는 종종 우울로 고통스러워한다. 이에 상담은 주로 슬픈 감정을 허용해 주며, 용기를 북돋워 주는 작업에 집중된다. 부모와 조용히 시간을 함께 하면서 지지와 격려를 통해 힘을 북돋워 줌으로써, 속히 우울과 죄책감에서 벗어나도록 돕는다. 상담은 자녀의 장애원인에 대한 합리적인 시각을 갖도록 도우면서, 자녀의 긍정적인 면에 초점을 둔다.

　4단계에서의 상담은 구체적이고 실질적인 정보제공을 통해 문제해결을 위한 계획수립에 중점을 둔다. 일반적으로, 특수아 부모의 감정은 일련의 과정을 거치면서 점차 정상을 되찾게 된다. 그러나 부모의 상태가 이내 호전되지 않고, 적응단계에 도달하는 기간이 길어질수록, 특수아의 성장과 발달을 저해할 수 있다. 특수아 부모가 적응단계에 도달해야 자녀의 행동 · 정서 · 성격 발달을 비롯하여 생활 전반에 대해 이해할 수 있게 된다. 이에 상담교사는 일차적으로 부모의 감정표현을 돕고, 관련 문제

해결을 위한 노력을 아끼지 않아야 한다.

자녀에게 장애가 있다는 사실을 알게 된 부모를 위한 상담은 일련의 과정을 거치고 나서도 재차 반복되기도 한다. 그러나 재차 반복되는 경우의 상담은 더 짧게 진행되고, 도중에 타협과정을 거치기도 한다. 즉, 자녀의 상황을 기꺼이 받아들이고, 결단을 통해 자신의 노력에 따라 자녀에게 큰 변화가 있을 것으로 예상하고 노력하게 된다. 그렇지만 자녀에게 큰 변화가 일어나는 것 같지 않은 경우, 다시 낙심, 좌절, 낙담하는 과정을 반복한다. 이러한 과정을 통해 부모는 자녀의 작은 변화에 대한 희망을 갖게 되고, 자녀의 상황이 자신에게도 성장의 발판이 됨을 깨닫게 되면서, 점차 현실을 받아들이고 적응하게 된다.

부모의 자녀장애 수용. 특수아 부모가 자녀의 장애를 수용하는 과정은 직선적이지 않다. 또한 누구나 이 과정을 단계에 따라 순차적으로 경험하지 않는다. 슬픔과 상실의 단계를 비교적 쉽게 극복하는 부모도 있겠지만, 대부분의 부모는 발달 관련 사건으로 인해 지속적으로 상실감을 겪게 된다. 특히, 자녀와 비슷한 나이의 아이들이 발달과업을 성공적으로 수행하는 것을 볼 때, 장애자녀를 둔 부모는 자신의 아이가 정상 기준에서 상당한 정도로 뒤처져 있다고 인식하게 되어 새로운 슬픔과 상실 단계로 접어든다. 글상자 14-5는 장애가 있는 자녀를 둔 아버지의 일화다.

글상자 14-5. 장애가 있는 자녀를 둔 아버지의 일화

> 발달장애가 있는 아이에게 수년간 공을 던지고 받는 법을 가르친 아빠가 있었다. 아빠의 끈질긴 노력 끝에 아이는 결국 그 방법을 터득했고, 아빠는 날아갈 듯이 기뻤다. 이 경험을 통해 아빠는 자신의 아이도 배울 수 있고, 집중적으로 연습하면 진척이 있음을 확신했다. 그런데 아이에게 오랜 시간 동안 공을 던지고 받는 법을 가르치는 동안, 다른 아이들은 이미 야구는 물론 농구와 축구 같이 다양한 종목의 경기를 하고 있다는 사실을 알게 된 순간, 아이를 통한 성취감은 온데간데없이 사라졌다. 한순간 최고의 성취감을 주었던 것이 순간 또 다른 슬픔과 상실의 원인이 되어 버린 것이다. 아이의 아빠는 순간 이런 경험은 계속될 것이고, 아이의 전 생애에 걸쳐 순간순간 일어날 것임을 깨닫게 되었다.

자녀의 장애수용 과정은 부모에 따라 상당한 차이가 있다. 자녀의 장애에 대해 애도과정을 전혀 겪지 않는 부모가 있는가 하면, 자녀의 진정한 잠재성을 인식하는 부모도 있다. 물론 특수아 가정은 일반가정에 비해 자녀의 장애로 인한 어려움을 겪게 된다. 그러나 그렇다고 해서 특수아 부모에게 동일한 원칙을 적용해서는 안 된다. 즉,

슬픔과 상실감 외에도 과잉보호, 아동의 능력에 대한 교사의 과소평가, 생애전환 관련 문제 등에 대해 신중한 태도가 요구된다(Taub, 2006). 특히, 장애자녀의 사회기술 부족은 부모의 염려를 자아낼 수 있다(글상자 14-6 참조).

글상자 14-6. 자녀의 사회기술 부족이 부모에게 미치는 영향에 관한 일화

> 방과 후, 아이를 차에 태우려고 할 때 무력감을 느꼈다. 왜냐하면 아이가 친구들을 집으로 초대하려고 같은 반 아이들에게 물어봤지만 면전에서 거절당하는 광경을 보았기 때문이다. 나한테 아이가 친구를 잘 사귈 수 있도록 돕는 능력이 있었다면, 그렇게라도 하고 싶은 심정이었다. 아이에게 이전에 했던 말을 또다시 되풀이한다. "아마 아이들이 너의 초대를 거절한 것은 해야 할 일이 있어서였을 거야. 언젠가 시간이 되면, 그때는 너랑 놀아 줄 수 있을 거야. 그렇지?"라고 말이다. 이 말 외에는 딱히 해 줄 말이 떠오르지 않는다.

모든 부모가 자녀의 장애에 대해 부정적인 감정과 씨름하는 것은 아니다. 대다수 부모는 자녀와 자신이 가야 할 길을 기꺼이 받아들인다(Naseef, 1999).

글상자 14-7. 자녀의 장애를 기꺼이 수용한 부모의 고백

> 저는 아이를 내가 원하는 아이로 바꿀 수 있을 거라고 생각했어요. 그런데 아이가 날 변화시켰지요. 내가 어떤 사람이 되어야 하는지를 깨닫게 해 줬고, 또 그렇게 변하게 해 주었어요. 또 아이는 나에게 조건 없는 사랑의 의미를 알려 주었지요. 아이의 성취나 외모, 또는 아이가 벌 수 있는 돈의 액수가 아니라, 아이의 존재 자체가 사랑받아 마땅한 신성한 권리가 있음을 알게 되었어요. 마치 부처님처럼 침묵을 통해 진정으로 값진 가르침을 내게 주었답니다.

특수아 가족의 이해

가족family은 가족원 사이에 상호작용이 이루어지는 하나의 체제다. 체제system는 부부의 상호작용으로 유지되고, 하위체제는 상위체제의 부분으로 작용한다(Nichols & Davis, 2017). 특수아의 가족은 특수아가 이 체제의 한 부분으로 상호작용하고, 비장애 아동의 가족체제와는 다른 모습을 보이게 된다. 가족은 가족원의 특성과 이들 간의 상호작용 방식에 따라 다양한 역동이 일어나는 독특한 체제로 기능한다. 장애가 있는 가족원의 출현은 가족의 역동에 영향을 미친다. 이로 인한 가족의 어려움은 다음과 같다.

특수아로 인한 가족의 어려움

장애아동을 둔 가족은 일반가족에 비해 가족원의 상호작용에서 여러 문제를 겪을 수 있다. 만일 부모가 특수아 자녀의 반응을 이해하지 못하거나, 반대로 자녀가 부모의 대응방법을 제대로 파악하지 못한다면, 가족관계가 크게 악화될 수 있다. 특히, 부모가 져야할 심리적 · 신체적 부담은 일시적인 것이 아니라, 평생 짊어지고 가야 하는 것이기 때문이다. 특수아가 가족에게 미치는 영향은 매우 다양하고 복잡한 양상으로 얽혀 있다. 그러나 비교적 보편적인 영향요인으로는 ① 신체적 영향, ② 심리적 영향, ③ 사회관계에의 영향, ④ 경제적 · 재정적 부담, ⑤ 일상생활에의 영향을 들 수 있다.

신체적 영향. 첫째, 특수아는 가족에게 신체적인 영향을 미친다. 특수아가 있는 가족은 장애아를 키운다는 사실만으로 이미 큰 부담을 안고 있다. 주 양육자인 어머니는 자녀를 돌보는 데 많은 시간과 에너지를 소비해야 하므로, 언제나 쉬임없이 바쁘게 생활하게 된다. 이러한 상황은 어머니로 하여금 누적되는 심신의 피로로 인해 만성 과로와 질병발생의 가능성을 증가시킨다.

심리적 영향. 둘째, 특수아는 가족에게 심리적인 영향을 미친다. 부모의 대부분은 태어날 자녀가 건강할 것으로 기대한다. 이에 자녀가 장애를 가지고 태어나거나 성장 과정에서 장애가 발견되는 것은 부모를 비롯한 가족원에게 상당한 충격을 준다. 특수아의 가족원들은 때로 다양한 스트레스 요인으로 인해 성격적 어려움까지 겪게 된다. 이는 가족 내에 특수아의 출현으로 인한 변화로 볼 수 있다. 가족관계와 역동의 변화에 적응하게 되면서, 부모를 비롯한 가족원의 정서반응은 서서히 정상을 되찾게 된다.

사회관계에의 영향. 셋째, 특수아는 가족의 사회관계에 영향을 미친다. 사회관계는 ① 가족 내에서의 관계와 ② 가족과 외부와의 관계로 구분할 수 있다. 가족 내에서의 관계의 경우, 특수아의 출현은 가족관계 또는 가족생활주기에 직접적으로 영향을 미치지 않을 수 있다. 그러나 특수아는 통상 독립할 나이가 되어도 부모에게 의존해야 하는 경우가 많다. 이로 인한 가족생활주기의 정체는 흔히 가족의 역할갈등의 원인으로 작용한다. 즉, 가족원들은 각자 가족원으로서의 일반적인 역할 외에, 부모는 특수아에 대한 돌봄이 역할을, 다른 가족원은 특수아의 형제/자매라는 독특한 역할을 계속해서 떠맡게 된다.

이에 비해 가족원과 외부 사람들과의 관계의 경우, 부모는 사회의 편견과 선입견에 민감해진 나머지, 종종 타인과의 접촉을 피하는 경향이 나타난다. 이는 부부 또는 가족 나들이, 여행, 손님 접대 등에 대한 제약으로 이어진다. 이처럼 특수아의 가족과 사회의 원활한 상호작용 제약의 장기화는 가족원의 스트레스 증가는 물론, 다양한 스트레스 요인의 발생으로 이어질 수 있다.

경제적·재정적 부담. 넷째, 특수아는 가족에게 경제적·재정적 부담을 안겨 줄 수 있다. 가족원 중에 특수아가 있다는 것은 종종 가정의 재정적 수입 감소의 원인이 된다. 특수아의 출현으로 가정의 재정수입에 부정적인 영향을 미치는 경우는 다음 두 가지다. 하나는 부부 중 한 사람이 자녀를 돌보기 위해 직장을 그만두는 것이다. 게다가, 자녀를 돌보기 좋은 곳으로 주거지를 옮겨야 하는 경우, 부 또는 모가 직장을 옮김으로 인해 수입 감소를 초래할 수 있다. 다른 하나는 특수아로 인한 가구 파손, 주택의 개보수, 특수 기기 구입, 치료비 등으로 특별한 지출이 필요한 경우가 많아지는 것이다.

일상생활에의 영향. 다섯째, 특수아는 가족의 일상생활에 영향을 준다. 가족원들은 일상생활에서 특수아로 인해 발생하는 다양한 문제 또는 상황에의 대처에 어려움을 겪을 수 있다. 예를 들어, 다운증후군 자녀를 둔 어머니가 자녀와의 관계에서 어려움을 겪는 것이다. 그런가 하면, 자폐스펙트럼장애(ASD) 아동의 부모는 자녀의 발작, 편식, 수면장해, 과도한 움직임 등의 문제로 인해 가족생활 전반에 미치는 부정적인 영향을 호소할 수 있다. 이에 상담교사는 부모가 특수아에 대해 적절한 접촉방법을 습득하도록 도울 수 있다. 이는 특수아와 가족원 간의 스트레스를 완화시킬 수 있다는 점에서 적극 권장된다.

특수아의 심리적 안녕에 영향을 미치는 요소

특수아의 심리적 안녕과 건강에 영향을 미치는 것은 부모의 심리적 안녕과 건강이다. 이러한 점에서 특수아로 인한 어려움은 부부관계의 질 또는 가족원 간의 결속력/응집력이 강한 가족에게는 부정적인 영향을 미치는 정도가 상대적으로 약하다. 또 가족의 적응력은 특수아로 인한 문제가 발생하기 전의 가족원들의 건강상태와 안녕 수준, 그리고 가족원들이 이 환경을 얼마나 불행한 것으로 인식하는가에 달려 있다. 설령 특수아 가족원들의 스트레스 수준이 실질적으로 증가한다고 하더라도, 스트레스 증가가 반드시 모든 가족원에게 공통적으로 나타나는 것은 아닐 뿐 아니라, 가족의 부적응 또는 병리적인 문제의 원인이 되는 것은 아니다.

특수아를 돌보는 것이 가족원에게 항상 부정적인 요인으로만 작용하는 것은 아니다. 때로 부모는 특수아를 양육하는 어려운 과정에서 긍정적인 의미를 발견하는 가치의 전환을 이룰 수 있다. 특수아 양육을 위해 시간, 노력, 비용 등이 요구되는 가정에서 결혼생활의 어려움이 더 클 거라는 가정은 꽤 설득력이 있어 보인다. 그러나 특수아를 둔 부모는 오히려 이러한 요구들을 충족시켜 가면서 부부의 감정적 유대감을 더 강하게 형성하기도 한다.

특수아 부모와의 협력

특수아 부모와의 관계에서 협력^{collabooration}이란 부/모 또는 보호자와 1인 이상의 정신건강 전문가가 친밀하고 생산적인 관계를 기반으로, 공동목표 성취를 위해 사전 동의한 역할을 수행하는 것을 뜻한다. 특수아의 부모와 협력관계를 유지하는 것은 그 자체로 가치가 있고, 특히 갈등상황 중재와 논쟁해결에서도 중요한 역할을 한다. 또 부모와 상담교사의 서로 다른 역량은 잠재적으로 시너지 효과를 일으켜 특수아의 성장과 발달에 영향을 준다.

부모는 대체로 자녀에 관해 누구보다도 가장 잘 알고 있고, 자녀의 장애와 장래를 위해 가장 헌신적이다. 교사는 일시적으로 자녀를 돕다가 헤어지지만, 부모는 그 후에도 계속해서 자녀를 돌보게 된다. 대부분의 부모는 자녀의 장애에 관해 상당한 지식을 갖추고 있다. 상담교사는 부모의 염려와 문제를 경청하고, 문제해결을 돕거나 제안하며, 필요한 경우 외부 전문가와 연결해 주는 역할을 한다. 또한 학교, 가정, 지역사회를 연결해 주는 역할을 담당해야 할 것이다.

통합교육의 성패는 상담교사와 부모가 얼마나 협력하는지, 그리고 부모와 교직원들 사이에서 얼마나 협력관계를 촉진하는지에 달려 있다고 해도 과언이 아니다. 일단 협력관계가 형성되면, 상담교사는 부모를 위한 중요한 자원이 된다. 상담교사는 학생과 가정의 요구를 이해하는 발달 전문가로서, 학생의 중요한 옹호자 역할을 담당한다. 이런 협력관계의 일부로는 특수아가 학교생활에서 겪는 확대된 요구에 대해 부모들이 반응할 수 있도록 돕는 것이다.

흔히 일반아동의 부모들은 특수아에 대해 선의를 지니고 있을 것이라고 가정하기 쉽다. 그러나 이러한 가정과는 달리, 일부 부모는 특수아를 위한 교육적 중재를 자기 자녀의 학교교육의 질을 크게 떨어뜨릴 위협으로 인식하기도 한다. 특수아의 부모는 이러한 문제에 봉착할 때, 종종 상담교사가 자신들의 옹호자가 되기를 기대하며 의지할 대상으로 여긴다.

협력관계 형성의 저해요인

아무리 선한 의도를 가진 상담교사라 할지라도, 특수아의 부모가 지닌 지식을 무시하거나, 이들의 인내심, 소통방식, 또는 의견을 간과한다면, 부모와 긍정적인 관계 형성에 걸림돌이 될 수 있다. 특수아 부모와의 협력관계 형성을 저해하는 요인은 글상자 14-8과 같다.

글상자 14-8. 부모와의 협력관계 형성을 저해하는 요인

1. 마치 부모보다 더 많은 권한이 있는 것처럼 행동하는 경우 ☞ 부모는 동등하지 못한 이중체계(상담교사는 권력자, 자신은 추종자)로 인식한다.
2. 부모가 이전의 학교관계자에 대해 부정적인 경험이 있어서 상담교사를 불신 또는 경계하는 경우 ☞ 부모의 반응을 개인적으로 받아들이기보다 이들과의 신뢰관계 회복을 위한 의도적인 노력을 기울인다.
3. 부모를 부정적인 태도로 대하는 경우 ☞ 이런 태도는 부모와의 성격적 마찰, 편견, 소문 등에 의해 형성되므로, 편견을 내려놓고 학생의 이익에 관심을 기울인다.
4. 부모와의 상호작용에서 전문가로서 거리감을 유지하려는 경우 ☞ 객관성 유지를 통해 편향된 행동을 방지하기 위한 조치로 여기지만, 일부 부모는 자신에 대한 무관심으로 인식할 수 있으므로, 필요한 경우 자문 또는 수퍼비전을 받는다.

특수아 부모와의 협력전략

특수아 부모와의 협력관계 형성을 위한 만남은 면담에 응하는 것이 마음 편치 않고, 쉽지 않았음을 공감해 주고, 감사의 뜻을 전하는 것으로 시작한다. 상담교사는 부모가 편안해질 수 있도록 따뜻하고 부드러운 시선으로 고개를 끄덕여 줌으로써, 수용과 존중의 자세를 나타낼 필요가 있다. 또한 이들의 이야기에 귀 기울여 주고, 진솔하고 성실한 태도로 대함으로써, 이들의 심정을 잘 헤아리고 있음을 전달한다. 특수아 부모와의 협력관계 형성·유지를 위한 지침은 글상자 14-9와 같다.

글상자 14-9. 특수아 부모와 협력관계 형성·유지를 위한 지침

> 1. 학생의 교육에서 부모의 협력을 매우 중요하게 여기고 있음을 언어·비언어로 전달한다.
> 2. 학생에 대한 정보를 부모와 공유함으로써, 협력적인 문제해결을 위해 노력한다.
> 3. 한계를 인정하고, 모르는 문제 또는 중재가 곤란한 사안에 대해서는 솔직하게 밝힌다.
> ☛ 학생과 가족의 모든 상황을 이해하기는 현실적으로 불가능하다.
> 4. 권위적인 관계는 지양하고, 협력적이고 민주적인 관계를 형성·유지한다.
> 5. 다양한 방법(전화, 메일, 문자메시지, 자동응답기 등)으로 학생에 관한 정보를 공유한다.
> 6. 일상적인 언어로 명확하게 소통한다.
> 7. 공감적·수용적·반영적 경청을 통해 의사소통 수준을 높인다.
> 8. 방어적인 태도를 지양하고, '잘 모르겠다'는 말을 두려워하지 않는다.
> 9. 협력에 방해되는, 서로에 대한 선입견이 있을 수 있음을 이해한다. ☛ 언제든지 공개적으로 논의한다.
> 10. 부모의 불안과 염려를 이해해 주고, 불안감을 표현할 때 기꺼이 공감해 준다.
> 11. 효과적인 대화는 일방적이 아니라, 양방적인 것(주거니 받거니)임을 기억한다.
> 12. 특수아를 위한 계획과 결정에 필요한 정보는 부모와 공유한다.
> 13. 가족을 비난하는 말 또는 단순한 호기심 충족을 위한 질문은 삼간다.

특수아 부모를 위한 중재방안

대상상실의 심리적 상처 치유는 상당한 시간과 노력이 든다. 장애자녀를 둔 부모의 애도작업 역시 긴 시간과 노력이 필요하다. 특히, 지적장애 또는 자폐아동의 경우, 가족의 상실감은 주위에서 기대하는 만큼 쉽게 사라지지 않는다. 발달장애 등 심한 장애를 가진 자녀를 둔 어머니의 비애감은 일반적으로 만성적으로 존재한다('만성 슬픔 chronic sorrow'). 밤낮을 가리지 않은 돌봄, 자녀의 신체적 발육에 따른 중재에 대한 부담 증가, 시간경과와 함께 나타나는 새로운 문제행동, 미래에 대한 불안 등 시간이 갈수록 어려운 문제가 가중되기 때문이다. 상담교사는 특수아와 관련된 부모들의 경험을 가치 있는 것으로 받아들여야 한다. 이에 미국학교상담자협회(ASCA, 2004)의 윤리기준에는 특수아의 부모를 대할 때 준수해야 할 기본 원칙이 제시되어 있다. 특수아 부모를 대할 때 준수해야 할 기본 원칙은 글상자 14-10과 같다.

글상자 14-10. 특수아의 부모를 대할 때 준수해야 할 기본 원칙

1. 학교가 특수아를 도울 때, 부모는 '안내 목소리' 역할을 한다. 부모는 자녀에 대한 희망
   과 꿈이 있고, 자녀에게 가장 훌륭한 권위가 있는 사람이다. 학교는 이런 부모의 권리
   와 책임을 존중해야 한다.
2. 학교생활에서 확대된 학업, 개인·사회성, 진로 요구가 학생에게 잘 전달되려면 부모
   와의 협력관계 유지가 필수다. 협력관계를 통해 학생은 중요한 발달영역에서 능력을
   성취하게 되고, 성취는 협력관계를 통해 극대화된다.

특수아의 부모를 상담하는 경우, 상담교사는 이들의 만성적 슬픔을 충분히 공감해 주고 이해해 줄 필요가 있다. 만일 애도과정을 다루지 않고, 부모의 어려움이 사라질 것으로 기대한다면, 부모는 자신의 진정한 감정을 표출하기 어려울 것이다. 만성 슬픔을 지닌 부모를 돕기 위해서는 부모가 이러한 감정을 인정하고, 반복해서 감정을 표현할 기회를 제공함으로써, 슬픔을 해소하게 하는 것이다. 이 방법은 부모의 만성 슬픔의 완전한 해소를 추구하는 것이 아니라, 단지 자녀의 장애에 조금씩 다가갈 수 있도록 돕는 것이다. 즉, 장애아동의 기능이 조금씩 나아지는 것에 기쁨과 보람을 느끼도록 돕는 것이다.

특수아 부모 면담

상담교사는 특수아 지도를 위해 부모를 면담할 때가 있다. 성공적인 부모 면담은 특수아 지도에 도움이 된다. 부모 면담을 통해 상담교사는 특수아의 가정생활, 행동방식, 습관 등에 관한 정보를 수집하여 기록·보관한다. 만일 변화가 필요하다고 판단되는 부적응 행동이 있다면, 부모 면담을 마친 후, 학생과의 면담을 통해 해결방법을 논의한다. 상담교사는 짧은 만남으로도 부모에게 희망과 용기를 줄 수 있는 반면, 장시간 면담하고도 부모를 크게 실망시킬 수도 있다. 이에 상담교사는 효과적인 부모 면담을 위한 단계별 지침을 숙지하고 있을 필요가 있는데, 그 지침은 표 14-3과 같다.

표 14-3. 효과적인 부모 면담을 위한 단계별 지침

단계	지침
1. 준비	○ 면담 전에 부모에게 면담 사유와 질문거리를 보낸다.
	○ 면담 일정이 부모에게 무리가 되지 않도록 세심하게 배려한다.
	○ 동석자가 있는 경우, 사전에 동의를 구한다.
	○ 면담을 저해할 수 있는 환경변인에 유의한다(예 소음, 냉난방 등).

2. 시작	○ 첫 만남이 긍정적인 경험이 될 수 있도록 노력한다. ○ 긴장을 풀 수 있도록 가벼운 인사로 시작하고, 면담 소요시간을 알려 준다. ○ 면담에서 나눈 이야기에 대해 비밀이 보장될 것임을 알린다.
3. 중간	○ 전문용어 사용은 지양하고, 쉽고 명확한 용어를 사용한다. ○ 부모의 의견을 구함으로써 학생에 대한 부모의 능력을 인정하고 있음을 표한다. ○ 질문 또는 의견이 있을 때는 자유롭게 말할 수 있도록 격려한다. ○ 부모의 이야기에 주의 깊게 경청하고, 기록으로 남긴다. ○ 부모가 요구하는 정보는 쉽게 이해할 수 있도록 설명해준다. ○ 대화를 주도하기보다 경청하고, 부모가 주로 이야기하도록 격려한다. ○ 답변 유도, 충고, 섣부른 결론, 과도한 질문, 상투적인 말, 성급한 공감은 피한다. ○ 비언어행동(표정, 눈 맞춤, 몸짓, 자세, 목소리 톤 등)으로 존중과 배려를 표현한다. ○ 면담 쟁점에 대해 충분한 토의시간을 확보하고, 면담시간이 길어지지 않게 한다.
4. 종결	○ 면담 참여에 대해 감사를 표하고, 필요한 경우 다음 면담에 대해 상의한다. ○ 첫 면담이 아닌 경우, 지난 면담 이후 부모가 기울인 노력 또는 기여를 인정해 　주고, 이로 인해 학생과 프로그램에 미친 긍정적 영향을 말해 준다.

특수아의 부모 면담 역시 상담교사는 부모에게 진실되고 성실하게 대하고, 상담교사의 기본 태도를 기반으로 수행해야 한다. 특수아의 부모는 거의 평생 신체적·심리적·경제적으로 큰 고통을 안고 살아가게 된다는 점에서, 상담교사는 부모를 비난하거나 설교하거나, 섣불리 판단해서는 안 된다. 대신, 무조건적 긍정적 존중을 통해 부모의 어려움 또는 자녀에 대한 염려를 수용적인 분위기를 조성·유지한다.

또 상담교사는 부모의 이야기를 적극적으로 경청하고, 이해하고 있음을 정확하게 알려 준다. 이때 상담교사는 부드러운 표정과 눈빛으로 "네, 그렇군요."와 같은 간단한 말과 함께 고개를 끄덕임으로써, 수용과 존중의 태도로 부모의 감정을 잘 반영해 준다. 반영^{reflection}이란 상대방의 감정 부분을 그 원인이 되는 사건, 상황, 대상, 또는 생각과 함께 동일한 의미의 참신한 말로 바꾸어 말해 주는 상담기술이다. 이 기술은 부모의 자기이해를 촉진하고, 부모가 상담교사로부터 이해를 받고 있다는 느낌이 들게 한다.

면담 전 준비. 면담에 앞서, 상담교사는 특수아의 행동(정서 상태, 부적응·문제행동 등)을 관찰·기록한 자료를 면밀히 검토한다. 이를 위해 상담교사는 학생의 행동과 관련하여 학교생활(수업태도, 학업능력, 교우관계 등)에 관한 자료와 전반적인 발달 상황을 수시로 또는 시기별(일별, 주별, 월별, 학기별, 학년별)로 관찰·기록한다. 필요한 경우, 교사는 증상 체크리스트를 활용하여 학생의 증상 또는 장애의 정도를 확인한다.

예컨대, ADHD 학생에게는 관련된 증상 체크리스트를 통해 증상 정도를 파악한다. 이 자료는 부모 면담 시 부모가 자녀의 증상을 객관적으로 확인할 수 있게 할 수 있다. 증상 체크리스트와 행동관찰 결과 등은 학생을 외부전문가에게 의뢰 시, 참조할 정보로 활용될 수 있다. 이런 자료를 수집하는 이유는 특수아의 행동이 일회성이 아니라, 장애의 특성에 따라 지속적으로 나타나는 것임에 대한 근거자료가 되기 때문이다. 또한 특이 증상을 객관적으로 제시할 수 있도록 진단 체크리스트 결과를 부모에게 제공함으로써, 부모가 자녀의 문제에 적시에 중재하여 자녀의 성장·발달에 도움을 줄 수 있도록 한다.

면담 절차. 특수아 부모 면담 시, 상담교사는 면담을 요청하게 된 이유와 배경을 구체적으로 설명한다. 이때 학생의 강점, 장점, 긍정적 행동에 관해 먼저 언급한다. 이는 상담교사가 학생에 관해 종합적으로 제대로 파악하고 있음을 인식시켜 주기 위함이다. 그런 다음, 학생의 전반적인 발달상의 정보를 제공한다(인지·정서·행동특성, 교사 및 급우들과의 관계, 학교생활, 적성, 흥미 등). 필요한 경우, 그동안 축적한 관찰결과를 부모에게 보여 준다. 이 과정에서 상담교사는 부드러운 어조로 정중하게 말함으로써, 학생에 대해 편견 또는 선입관이 없음을 명확하게 전달한다.

특수아 부모가 아동의 행동(문제행동, 부적응행동)을 어떻게 보고 있는지 확인한다. 특히, 교실에서 문제가 되는 행동 또는 상황을 부모는 어떻게 생각·이해하고 있는지 알아본다. 교사는 부모에게 학생의 문제·부적응 행동에 관한 관찰결과를 보여 주고, 이에 대한 상담교사의 평가결과를 전달한다. 자녀의 문제·부적응 행동을 해소하기 위해 어떤 지도방법을 활용했는지, 그 방법이 얼마나 효과가 있었는지 등에 관해서도 의견을 나눈다.

또 학교와 가정에서 학생의 문제행동 지도를 위해 시도할 방안에 관해 부모와 교사가 동의하고, 이를 수행할 때 나타날 수 있는 문제에 대해 논의한다. 특수아를 위한 교육은 정상아로 회복시키고자 하는 교육이 아니라, 학생이 보유하고 있는 잠재력을 극대화할 수 있도록 돕는 것이다. 그러므로 교사는 부모가 그 이상의 것을 바라기보다는 자녀를 있는 그대로 받아들이는 것의 중요성을 강조한다.

특수학급 입급 또는 특수학교 전학. 학생의 증상의 심각도에 따라, 상담교사는 전문가의 자문을 받아 특수학급 입급 또는 특수학교 전학을 권할 수 있다. 그러나 부모에 따라서는 이러한 제안에 대해 거부감 또는 불쾌감을 느낄 수 있다. 이 경우, 특수교사의 도움을 얻어 이에 관한 구체적인 정보를 부모에게 제공함으로써, 합리적인 결정을 내릴 수 있도록 돕는다. 특수반 입급을 거부하는 부모들은 자녀가 특수반 교육을 받게 되면, 다른 학생들과 멀어지거나 학교 내에서 교사나 급우들의 부정적인 시선으로 인해 자녀가 자신감을 잃게 될 것이 두려워 결정을 못하기도 한다.

이에 상담교사는 이러한 부모의 불안과 염려를 적극 공감해 주면서 자녀를 방치하면 긴장, 갈등, 또는 부적응 행동이 악화될 수 있음을 설명한다. 이를 통해 특수학급과의 관계를 통해 효과적인 지도방법을 모색할 수 있음을 설명해 준다. 이때 상담교사는 교사가 자녀를 다루기 힘들거나 귀찮아서 특수학급에 배치하려고 한다는 인상을 주지 않도록 유의한다. 대신, 담임교사가 지속적으로 자녀에게 애정과 관심을 가질 뿐 아니라, 특수학교 교사와의 협력으로 더 효과적인 교육이 이루어질 것임을 알린다.

부모 지지집단 활용

특수아를 둔 부모가 경험하는 여정은 도전의 연속이다. 상담교사는 부모가 이런 도전에 다양한 방식으로 대응하고 있고, 자녀의 요구에 기초하여 반응하고 있다는 사실을 인식해야 한다. 정보에 밝아 자녀의 요구를 잘 대변하는 부모는 자기신뢰가 높아서 학교의 지지와 도움이 필요하지 않을 수 있다. 또한 학교가 책무를 다하고, 부모들과 합의한 사항을 충실히 이해할 것을 요구할 수 있다. 반면, 자신의 권리를 행사하지 못하고, 학교의 지지와 도움이 필요한 부모들도 있다. 학교의 지지와 도움이 필요한 부모의 특징은 글상자 14-11과 같다.

글상자 14-11. 학교의 지지와 도움이 필요한 부모의 특징

> 1. 자녀의 장애로 인해 수치심을 경험하여 장애를 숨기거나 최소화하려고 노력한다.
> 2. 희귀 장애가 있는 자녀를 두고 있고, 최소한의 외부 자원을 지니고 있다.
> 3. 시골에 거주하고 있어서 자원에 대한 접근성이 제한적이다.
> 4. 도움 요청을 저해하는 문화적 장벽이 있다.
> 5. 다른 사람과의 네트워크를 형성할 시간이 없다고 믿는다.
> 6. 사회적으로 위축되고 고립되어 있다.
> 7. 필요한 자원을 이해할 능력이 부족하여 더 많은 도움이 필요하다.

　특수아 부모는 다양한 부정적 감정과 스트레스를 겪는다. 부모가 자녀의 학교를 방문하게 되는 것은 대부분 학교가 부모에게 출석을 요구하는 경우다. 부모는 주로 형식적인 회의 또는 자녀가 문제를 일으켜서 호출된다. 이러한 이유로 학교를 방문하는 경우, 부모는 학교로부터 존중 또는 배려받는 느낌이 들지 않을 수 있다. 이에 특수아 부모들을 위한 지지모임의 활성화가 요구된다. 이 모임은 특수아 부모들이 서로 심리적 지지를 제공하고, 동료애를 북돋워 주며, 정보를 교환하고, 서로의 고민거리와 문제해결을 위한 토론의 장으로 활용할 수 있다. 이러한 모임을 상담교사가 주관하는 것은 부모-전문가 협력관계 구축 등 여러 측면에서 도움이 된다.

　특수아 부모 자문은 특수아 상담과 마찬가지로, 개인과 집단 형태가 모두 가능하다. 부모 자문은 상담교사의 요청, 또는 부모의 요청에 의해 이루어질 수 있다. 부모 자문에 앞서, 상담교사는 학교장면에서 관찰한 특수아에 관한 기록과 자료를 준비한다. 부모 자문 또는 면담은 공식 서한(이메일) 또는 전화로 시간을 정한다. 부모에게는 면담에 필요한 자료와 도움을 받고 싶은 내용을 기록해 오도록 한다. 필요한 경우, 담임교사 또는 학교관계자가 부모 면담에 동석할 수 있다.

　특수아 부모 자문은 집단형태로도 가능하다. 이는 부모들이 서로의 경험담과 자녀지도 방법을 공유함으로써 도움을 받을 수 있다는 이점이 있다. 집단 크기는 6~8명 정도가 적당하고, 개인면담과 병행함으로써 효과를 극대화할 수 있다. 특수아 부모를 위한 집단상담은 서로의 감정을 공유하고, 해결방안을 공유할 수 있다는 이점이 있다. 집단경험을 통해 특수아 부모들은 자신이 혼자가 아니고, 자신과 같은 입장에 있는 다른 부모들과 도움을 주고받으면서 집단의 치료적 효과를 누릴 수 있다. 특수아 부모 자문을 위한 방법으로는 체계화된 집단 프로그램을 통한 방법이 있다. 이 방법의 이점은 글상자 14-12와 같다.

글상자 14-12. 체계화된 집단 프로그램을 통한 특수아 부모 자문의 이점

> 1. 특수아 상담에 필요한 정보(성장배경, 발달력, 병력, 생활방식, 행동특성, 장애의 심각도 등)를 수집할 수 있다.
> 2. 특수아의 스트레스 요인, 부적응 행동의 원인 등을 파악하여 효과적인 상담과 지도방법을 수립할 수 있다.
> 3. 가정에서 부모가 겪는 자녀지도의 어려움을 파악할 수 있고, 공감적 이해, 지지와 격려, 조언과 정보제공 등의 도움을 제공할 수 있다.

4. 담임교사, 상담교사와 협력하여 자녀의 성장·발달을 도움으로써, 부모 자신도 성장하고, 가정환경의 교육적 가치도 높일 수 있다.

5. 효과적인 자녀지도 방법(대화기술, 행동지도 방법 등)을 습득하여 가정에서 교육자로서의 역할을 담당함으로써, 부모역할에 대한 자신감, 가치감, 만족감을 얻을 수 있다.

6. 자신의 자녀와 유사한 문제를 지니고 있는 다른 부모들로부터 사회적·정서적 지지를 받고, 유대관계를 형성할 수 있다.

7. 학교를 비롯한 지역사회 전문가들과의 연계를 통해 학교, 교사, 사회에 대한 저항감을 해소하는 한편, 특수교육기관에서의 활동과 책무에 대해 새롭게 인식할 수 있다.

특수아 가족 지원을 위한 상담

상담교사는 특수아의 가족원 모두에게 영향을 주는 스트레스를 감소시키도록 도울 필요가 있다. 특수아의 가족 상담에서는 우울, 죄책감, 자기처벌, 분노 같은 정서 관련 쟁점을 다룰 수 있다. 가족원들은 특수아에 대한 책임감을 느끼거나, 이러한 상황에 대해 주로 부정적인 의식을 가지고 있을 수 있다. 특수아와 가족들은 타인들로부터 멀어질 것인지, 아니면 긍정적 변화를 시도할 것인지를 결정/선택할 수 있다.

상담교사는 가족 상담에서 이러한 선택과 결정에 초점을 맞출 필요가 있다("현 상태를 영구화하기 위해 당신은 무엇을 하고 있나요?" "다른 선택이 다른 결과를 가져온다는 것을 알고 있나요?"). 이러한 질문은 특수아와 그 가족들에게 자신들이 선택/결정할 수 있는 능력이 있음을 깨닫게 할 뿐 아니라, 힘을 북돋아 주는 효과가 있다. 학생의 장애를 문제로 보는 대신, 일련의 질문("어떻게 하면 지금 상황이 당신의 발전에 도움이 되게 할 수 있을까요?" "이 경험으로부터 무엇을 배웠나요?")을 통해 새로운 기회를 탐색·발견하는 재구조화를 가능하게 할 수 있다.

특수아 가족을 지원하기 위한 조력방안은 다음 두 가지다. 하나는 문제해결전략(① 문제정의 → ② 대안생성 → ③ 평가 → ④ 실행·성과평가)을 사용하여 가족원들의 자기효능감 증진과 대처기술 개발 능력 향상에 도움을 주는 것이다. 다른 하나는 상황의 요구에 부합하는 가족원들의 능력에 대해 긍정적인 관점을 개발('재구조화')함으로써, 특수아 돌봄이와 가족원 모두의 정서건강 향상에 도움을 주는 것이다.

◆ 복습문제 ◆

🌱 다음 밑줄 친 부분에 알맞은 말을 쓰시오.

1. 제3자를 돕는 과정에서 다른 전문직 또는 집단에 속한 두 전문가 사이에 자발적·협력적 관계에서 이루어지는 간접적인 활동을 ＿＿＿(이)라고 하고, 교사가 학생의 부모 또는 보호자를 만나 학생의 당면과제 해결을 돕기 위해 협의하는 과정을 ＿＿＿＿＿(이)라고 한다.

2. ＿＿＿＿＿＿＿작업이란 사랑하는 대상을 상실할 때 겪는 고통과 이에 대한 방어, 고통 속에서의 현실검증, 새로운 적응시도, 상실대상의 단념을 통해 고통에서 벗어나는 일련의 과정을 말한다.

3. 태어나면서부터 장애를 가진 자녀를 둔 부모는 종종 극도의 ＿＿＿＿을/를 겪는다. 이는 임신 중에 기대했던 건강하고 예쁜 아이를 잃어버린 것에 대한 것이다.

4. 퀴블러–로스(E. Kübler-Ross)는 임종을 앞둔 환자들과의 인터뷰를 통해 인간이 죽음을 앞두고 겪게 되는 경험을 5단계, 즉 ① ＿＿, ② ＿＿, ③ 타협, ④ ＿＿, ⑤ 수용 단계로 설명했다.

5. 던컨(Duncan, 1977)은 장애자녀에 대한 부모의 반응을 6단계, 즉 ① ＿＿＿＿, ② 부인, ③ 타협, ④ 분노, ⑤ ＿＿, ⑥ 수용 단계로 개념화했다.

6. 클라우스와 케넬(Klaus & Kennell, 1975)이 선천적 기형을 가진 상태에서 태어난 자녀의 출생 직후에 부모가 나타내는 반응에 대한 연구를 통해 발표한 애도과정은 ① ＿＿, ② 부인, ③ 슬픔·분노, ④ ＿＿, ⑤ ＿＿＿ 단계로 이루어져 있다.

7. 클라우스와 케넬(Klaus & Kennell, 1975)의 애도과정에서 ＿＿＿단계에서는 충격 완화를 위해 진단결과를 부인하면서 재진단을 위해 병원을 전전하면서 의사를

바꾸는 _____을/를 하거나 기적을 바라면서 종교나 민간요법에 의지하기도 한다.

8. 특수아 부모와의 관계에서 ____(이)란 부/모 또는 보호자와 1인 이상의 정신건강 전문가가 친밀하고 생산적인 관계를 기반으로, 공동목표 성취를 위해 사전 동의한 역할을 수행하는 것을 뜻한다.

9. 특수아 가족을 지원하기 위한 조력방안으로는 문제해결전략이 있다. 이는 ① _____, ② _____, ③ 평가, ④ 실행 · 성과평가를 사용하여 가족원들의 _____ 증진과 대처기술 개발 능력 향상에 도움을 주는 것이다.

10. 특수아 부모 면담의 기술 중, ____은/는 상대방의 감정 부분을 그 원인이 되는 사건, 상황, 대상, 또는 생각과 함께 동일한 의미의 참신한 말로 바꾸어 말해 주는 상담기술이다.

◆ 소집단 활동 ◆

> **십시일반** +匙一飯

※ 8~10명 정도의 인원을 한 조로 편성하여 조별로 둥글게 앉는다. 참여자들은 각자 최근에 겪고 있는 고민을 익명으로 활동지에 적어서 바구니에 담는다. 그런 다음, 한 사람씩 돌아가면서 바구니에 담긴 고민 쪽지를 집어 든다. 고민 쪽지를 읽은 다음, 고민에 대한 공감, 지지, 격려, 및/또는 해결방안을 적는다. 그리고 나서, 한 사람씩 자신이 뽑은 고민 쪽지의 내용을 읽고, 조원들과 해결방법에 관해 충분히 토의한 후, 각자 작성한 글을 읽어 준다. 조원 모두가 발표를 마치면, 서로의 소감을 나누어 보자.

소감 _____

_____

_____

_____

_____

_____

_____

_____

_____

_____

_____

특수아 상담

Counseling Children
with Special Needs

Chapter
15

전문가의 협력적 접근

☑ **학습목표**

1. 특수아 지원을 위한 상담교사의 과업을 이해 · 실행할 수 있다.
2. 특수아 지원을 위한 전문가 협력을 이해 · 적용할 수 있다.

특 수아 상담은 여러 전문가의 긴밀한 협력체제가 필요하다. 특수아를 상담 또는
지원하는 경우, 일반학생에 비해 추가로 다루어야 할 사안들이 있다. 즉, 부모/
보호자를 비롯한 다른 전문인력(특수교사, 보건교사, 언어치료사, 의사, 간호사, 영양사
등)과 협력적으로 작업할 필요가 있다('공동협력'). 다른 일반학생과는 달리, 특수아는
특별한 보호와 도움이 필요하다는 점에서 상담교사가 단독으로 작업하는 것은 거의
불가능하기 때문이다. 게다가, 특수아는 다양한 형태의 치료와 교육을 받으므로, 치
료 또는 교육 담당자와의 협력 역시 학생의 치료 또는 재활을 촉진한다. 이에 특수아
상담은 더 적극적이고 포괄적인 치료적 작업이 요구된다.

예를 들어, 언어장애가 있는 학생은 표현성 및/또는 수용성 언어의 발달지연이 있
거나, 정서행동 문제(예 ADHD)가 있을 수 있다. 이에 언어치료사는 학생의 언어문제
에 대한 사정·평가를 통해 문제의 유형과 심각도 등을 파악하여 진단을 내리고, 이
를 토대로 치료 목표와 계획을 수립해야 할 것이다. 언어발달 지연으로 인한 의사소
통의 어려움은 학생의 또래관계뿐 아니라, 학업에 어려움을 초래하기 때문이다.

특수아가 장애로 인한 역경을 능히 극복하고 성공적인 학교생활을 할 수 있으려면,
가정·학교·지역사회가 안전해야 함은 물론, 이들이 학업에 집중할 수 있는 여건이
마련되어야 한다. 또 건강한 신체와 정신, 문제해결 능력, 사회·정서적 기술이 뒷받
침되어야 한다. 이에 이 장에서는 ① 특수아 지원을 위한 상담교사의 과업, ② 특수아
지원을 위한 전문가 협력을 위한 노력에 관해 살펴보기로 한다.

특수아 지원을 위한 상담교사의 과업

특수아 지원을 위한 상담교사의 중요한 과업은 무엇보다도 장애가 있는 학생을 이해
하는 일이다. 즉, 특수아의 언어·비언어 메시지를 이해하고, 어떤 메시지를 전달하
고자 하는지를 파악하는 것이다. 상담교사가 일반학생 상담을 잘한다고 해서, 반드시
특수아를 효과적으로 도울 수 있는 것은 아니다. 상담의 성과는 특수아에 대한 신념
과 태도, 그리고 조력 시 문제가 될 수 있는 요소에 관한 지식 정도에 영향을 받기 때
문이다.

예를 들어, 특수아 사정·평가·진단에서 장애에 대한 편견이 작용한다면, 학생의
사고·정서·행동 등을 정확하게 인식하기 어려울 수 있다. 이처럼 상담교사 자신

도 미처 인식하지 못한 편견 또는 선입견은 특수아에 대한 지원과 조력활동을 저해한다. 특수아 지원에서 상담교사의 주요 과업으로는 ① 의뢰 전 중재, ② 중재반응, ③ 전문가와의 협력, ④ 학부모와의 협력, ⑤ 지역사회와의 공조가 있다.

의뢰 전 중재

첫째, 상담교사는 의뢰 전 중재를 통해 특수아를 지원할 수 있다. 의뢰 전 중재^{pre-referral}... intervention란 일반학급에 배치되었으나, 장애가 의심되는 아동에 대해 공식적인 진단과 평가를 통해 특수교육 지원이 결정될 때까지 교육결손 방지를 위해 아동에게 필요한 교육적 요구를 충족시켜 주는 교사와 특수교사의 협력적 교육절차를 말한다. 이 절차는 아동을 가급적 일반학급에서 교육함으로써, 통합교육의 이념을 실천하려는 것과 관계가 있다. 이 절차의 목적은 일반학교에서 학생과 교사의 논쟁을 조정하여, 특수교육 또는 상담서비스의 적격성을 결정하는 것이다.

의뢰 전 중재에서 일반교사는 행동문제가 있는 특수아를 위해 다양한 조정을 할 수 있다(예 좌석 재배치, 과제완성을 위한 시간 연장, 과제 분량 하향 조정 등). 이 외에도 학급 재배치, 관찰기록(학생 스스로 자신의 행동을 관찰하여 기록함) 또는 행동계약 체결, 행동 강화물 사용, 피드백 제공 같은 일시적 중재방법을 적용할 수 있다. 이를 통해 교사와 특수교사는 학생에게 감각, 심리운동, 신체, 학습, 인지 등에서 다른 장애가 있는지 관찰한다.

또한 일반교사, 특수교사, 상담교사가 팀을 이루어, 학급 내에서 해당 학생을 도울 방법과 전략을 협의한다. 그리고 필요한 경우, 다양한 영역의 교사들로 위기관리팀^{crisis} management team을 구성하여, 학생의 발달 · 문화 요인을 고려한 중재방법을 고안한다 (Ortiz et al., 2006). 만일 이러한 일시적 중재방법이 효과가 없다면, 교사는 학생을 학교의 상담교사에게 보낸다.

의뢰 전 중재에서 교사는 학생을 가르치고, 기능수준을 확인하면서 1차와 2차 중재를 수행한다. 이때 특수교사와 상담교사는 일반교사의 1, 2차 중재에 대한 자문을 제공하고, 3차 중재에서는 더 많은 개입을 한다. 학업 · 정서 · 행동 문제가 있는 학생이 중재를 받은 후, 별다른 문제가 발견되지 않는다면, 추후 사정과 평가는 하지 않는다. 이에 의뢰전 중재는 학생을 특수교육 또는 상담 프로그램에 배치하는 것을 방지하는 기능이 있다(Fuchs et al., 2002).

중재반응

둘째, 상담교사는 중재반응을 통해 특수아를 지도 · 지원할 수 있다. 중재반응^{response-} 아 된다. 중재반응^{response-}to-intervention(RTI)이란 특수교육 또는 상담서비스 여부를 결정하기 위해 교수활동에 대

한 아동의 반응을 지속적으로 평가하는 절차를 말
한다. 즉, 다양한 수준으로 중재한 후, 학생의 반응
에 따라 적절한 수준의 지원을 결정하는 절차다.
이 절차는 3단계 예방모형으로 개념화되어 있는
데, 구체적인 내용을 도식으로 나타낸 모형은 그림
15-1과 같다.

1차 중재('보편적 중재')는 학교 차원의 중재로, 전
교생을 대상으로 하되, 고위험 학생에 대한 집중적
인 개입을 중심으로 이루어진다. 2차 중재('개별화
중재')는 개별 학생 또는 학급을 대상으로 특정한
지원을 제공하는 것이다. 3차 중재('특수교육 · 상담
서비스')는 2차 중재로 문제가 완전히 해결되지 않
은 학생을 대상으로 강도 높은 개별화된 지원을 제
공하는 것이다.

1단계 / 보편적 선별 · 진전도 확인
○ 전교생에 대한 효과적 교수 ○ 고위험 학생에 대한 집중 개입

2단계 / 소집단 지도
○ 교사의 강력한 지원과 교육 ○ 상담 · 특수교사의 협력적 지원 ○ 진전 상황 정기점검

3단계 / 특수교육 · 상담서비스
○ 다영역 평가 ○ 개별평가 ○ 개별요구에 따른 지원 제공

그림 15-1. 중재반응 모형

중재반응은 본래 학습장애학생을 판별하기 위해 고안되었으나, 정서 · 행동장애
학생 판별을 위한 도구로도 활용되고 있다. 그림 15-1에 제시된 중재반응 모형에서
1단계(1차 중재)는 학교 차원의 중재가 전교생을 대상으로 실시된다. 2단계(2차 중재)
는 개별화된 중재가 개별학생 또는 학급을 대상으로 특정한 지원이 제공된다. 3단계
(3차 중재)에서는 2단계에서 중재로 유의한 효과가 없는 학생을 대상으로 더 높은 수
준의 개별화된 지원이 제공된다(Bradley et al., 2005).

중재반응(RTI)을 적용하려면, 교사는 각 수준에 적합한 중재방법을 고안해야 한다.
이를 위해 교사는 학생의 학업/행동 문제를 정확하게 정의하고, 효과적인 중재방법
을 개발 · 실행하고, 중재의 효과/성과를 확인한다. 만일 해당 학생이 1차 중재에서
적합한 반응을 보이면, 그 학생은 일반학급에서 지속적으로 학업적 진전을 보일 것으
로 판정한다. 그러나 만일 1차 중재에서 이렇다 할 진전을 보이지 않는다면, 2차 중재
를 제공한다. 2차 중재는 1차 중재보다 더 집중적인 중재인데, 이러한 중재에도 적합

한 반응이 나타나지 않는다면, 3차 중재가 적용된다. 3차 중재에서는 기능행동사정 functional behavior assessment(FBA), 행동중재계획behavior intervention planning(BIP), 또는 특수교사·상담교사의 전문적 개입이 이루어진다.

이 절차는 정서행동 문제로 학교에서 낙오될 위험이 있는 취학 전 아동 또는 학교에서 중재가 필요한 아동의 진단을 위해 개발되었다. 이 외에도 학생의 생활기록부와 검사도구(체크리스트, 척도, 검사, 관찰법)는 대상 학생 선별, 의뢰 전 중재, 중재반응점검에 도움을 준다. 일반교사의 판별의뢰는 특수교육 서비스 또는 상담서비스가 필요한 학생 선별을 위한 시작점이 될 수 있다. 서비스 개시에 앞서, 체계적인 선별을 할 수 있다면, 학생과 그 가정에 미치는 부정적인 영향을 최소화하고, 정서행동장애 발생을 예방할 수 있을 것이다.

특수아에게 최상의 교육기회 제공을 위해 상담교사는 발달, 정서, 및/또는 행동상의 문제가 있는 학생에게 다양한 형태의 도움을 제공할 수 있다(예 시력이 약한 학생을 교실의 앞자리로 이동·배치, 과제완수를 위한 시간 연장, 과제 분량 조정, 긍정적 행동에 대한 강화물 제공 등). 이처럼 상담교사는 다른 전문가 의뢰에 앞서 다양한 형태의 중재를 제공하고 나서, 학생의 반응에 따라 적정한 정도의 지원을 결정한다('중재반응').

전문가와의 협력

셋째, 다른 전문가와의 협력을 통해 특수아를 지도할 수 있다. 특수아의 요구에 효과적으로 부응하기 위해서는 포괄적인 서비스가 필요하다. 특정 영역에서의 발달지연 또는 일탈은 다른 영역의 발달에 영향을 미치게 된다. 이러한 점에서 다양한 영역의 전문가들의 협력적 접근이 요구된다. 이를 위한 핵심 주체는 일반교사, 특수교사, 상담교사다. 일반교사는 특수교사와 상담교사에게 특수아의 학업성취도, 사회성숙도, 필요한 지원, 의료적 요구사항, 보조장치, 상담서비스에 관한 정보를 공유한다. 전문가와의 협력은 통상적으로 특수아의 교육과 치료목표 공유, 각자의 역할 분담과 공동참여, 정기모임을 통해 학생의 진척상황에 대한 지속적인 모니터링으로 이루어진다.

학부모와의 협력

넷째, 학부모와의 협력을 통해 특수아 지도와 지원의 효과성을 높일 수 있다. 상담교사와 학부모의 협력은 성공적인 특수아 지도에 필수다. 특수아 상담 시, 상담교사는 학부모와 협력적 파트너십을 형성하여 교육성과를 극대화할 수 있도록 한다. 이때, 상담교사는 학부모가 자녀의 장애를 이유로 타인의 거부 또는 차별받은 경험으로 인해 마음의 상처가 남아 있을 수 있음을 기억해야 한다. 자녀에게 장애가 있음을 알게 되는 것은 부모에게 충격, 상실감, 당혹감, 좌절, 죄책감 등 매우 복잡한 감정상의 어려움을 준다.

이로 인해 특수아 자녀를 둔 부모들은 때로 상담교사의 학생에 대한 견해를 받아들이기 힘들어하고, 교사의 의도를 의심하거나, 교사를 비난하기 쉽다. 따라서 상담교사는 수용적 존중과 공감적 이해를 통해 학부모의 조력자임을 진솔하게 보이되, 섣부른 판단, 비판, 설교하려는 등의 행동은 삼갈 필요가 있다. 단, 학생의 문제 · 부적응 행동의 정도가 심하다고 판단되는 경우, 조속한 시일 내에 외부 전문가의 도움을 받도록 권한다. 또한 필요한 경우, 특수교사를 통해 장애 정도에 따른 교육과 치료와 관련된 복지정책에 관한 정보를 제공한다(http://www.socialservice.or.kr).

지역사회와의 공조

다섯째, 지역사회와의 협력과 공조를 통해 특수아를 위한 지원을 극대화할 수 있다. 특수아가 학교생활에의 적응수준은 개인의 능력과 환경과 관련이 있다. 사회생태학 모형에 의하면, 개인의 성장 · 발달 · 적응은 개인과 환경의 조화와 촉진, 그리고 개인이 필요로 하는 지원의 정도와 강도에 따라 달라진다. 개인의 삶이 능력만으로 결정되지 않는 것처럼, 특수아의 삶 역시 장애의 경중보다는 지원의 정도와 내용에 따라 달라질 수 있다.

상담교사가 단독으로 특수아에게 필요한 자원을 모두 제공하는 것은 거의 불가능하다. 더욱이, 특수아마다 고유한 특성이 있다는 점에서 각자 필요로 하는 지원의 내용과 범위 역시 매우 다양하다. 그러므로 특수아를 지도하는 교사나 상담교사는 학생 또는 가족이 필요로 하는 사회적 지원 또는 서비스 제공을 위해 지역사회의 다양한 자원 또는 프로그램에 대해 잘 알고 있어야 한다.

사회적 지원^{social support}이란 개인이 타인을 사회적 · 정서적으로 돕는 활동을 말한다. 사회적 지원을 제공하는 인적자원을 지원망^{support network}이라고 한다. 특수아에 대한 지원망 구축은 출생과 함께 부모의 지원망에서 시작한다. 이 지원망은 아동이 초등학교에 입학하게 되면서 급격히 확장된다. 이처럼 지역사회는 특수아가 성공적으로 일상생활을 영위하고, 학교교육 이수에 필요한 지원망을 자연스럽게 제공한다. 특수아는 교육 외에도 보육, 의료, 복지 등 다양한 서비스를 필요로 한다. 이러한 서비스를 통해 아동은 사회적·정서적·물질적 요구를 충족시키게 된다.

특히, 특수아를 위한 정책을 입안하는 행정부서가 있는 교육부(www.moe.go.kr), 보건복지부(www.mohw.go.kr), 여성가족부(www.mogef.go.kr) 홈페이지에는 관련 서비스를 받을 수 있는 기관에 관한 다양한 정보가 탑재되어 있다. 또 지역마다 주민의 건강, 의료, 복지를 담당하는 주민지원센터, 건강가족지원센터, 정신보건센터, 청소년상담복지센터, 특수교육지원센터, 사회복지관, 장애인복지관, 보건소 등 국가 또는 지자체에서 운영하는 기관과 시설이 있다.

생애주기에 따라 특수아에게 필요한 서비스는 지속적으로 변한다. 이에 상담교사는 지역사회 내에 어떤 기관과 시설이 있는지, 그리고 그곳에서 어떤 서비스를 제공하는 지에 관해 잘 알고 있을 필요가 있다. 이로써 필요한 경우, 조정자('코디네이터 coordinator') 역할을 통해 여러 전문가들을 연계해 줌으로써, 특수아와 그 가족에게 효과적인 도움을 제공할 수 있다.

최근 들어 지역사회 시설과 기관은 유기적인 협력관계를 유지하고 있다. 기관 간 협력은 중복 서비스를 줄일 수 있고, 특수아에게 필요한 서비스 수혜 만족도를 높일 수 있다는 이점이 있다. 또 특수아의 성장·발달에 대한 지속적인 모니터링을 통해 이들의 진로계획을 도움으로써, 졸업 후의 진학 또는 취업, 그리고 성공적인 사회진출을 돕기 위해 다양한 지역사회 기관과 시설과도 협력할 필요가 있다.

특수아 지원을 위한 전문가 협력

전문가 협력이란 다양한 분야의 관련 전문가들 간의 협력을 통한 팀 접근을 말한다. 이는 상담과 교육적 중재가 필요한 아동에게 다양한 서비스를 제공한다는 목적이 있다. 전문가 협력은 ① 전문가의 기본 태도, ② 협력을 위한 전문 영역, ③ 전문가 협력 방법, ④ 협력 대상자의 역할로 구분할 수 있다.

전문가의 기본 태도

첫째, 특수아와 가족 지원의 효과성을 극대화하기 위해 전문가들이 갖추어야 할 태도는 지원 대상자들이 겪는 어려움을 공감적으로 이해하는 일이다. 이는 장애를 가진 자녀로 인해 부모를 비롯한 가족원들이 일상생활에서 크고 작은 어려움이 많을 것이고, 제대로 준비할 기회가 거의 없었을 것이라는 가정에 기반한 것이다. 특수아 가족에 대한 공감적 이해는 유연하고 개방적인 의사소통 기술에 기초하여 이루어진다. 또한 가족의 이야기에 적극적으로 경청함으로써, 상호신뢰에 기반한 관계가 형성될 수 있다.

협력을 위한 전문 영역

둘째, 장애로 인해 독특한 양상을 나타내는 학생의 어려움 해결을 돕기 위해서는 포괄적인 서비스 제공이 요구된다. 특정 영역에서의 발달 지연 또는 일탈은 또 다른 영역의 발달에 영향을 미치게 되므로, 다양한 전문 분야의 전문가들의 협력이 필요하다. 특히, 교육과 상담에서 다양한 영역의 전문가 협력은 아동에 대한 교육적 성과를 공고히 하는 데 중요한 역할을 한다.

　장애아동의 교육과 상담에서 전문가 협력은 진단에서 시작된다. 아동에 대한 진단은 단일 검사자에 의해 진단결과가 확정되어서는 안 된다. 왜냐하면 아동의 발달상태에 대한 정확한 진단에 필요한 영역(특수교육, 의학, 심리학, 간호학, 사회복지학, 영양학, 언어병리학 등)의 전문가들의 참여가 필수적이기 때문이다. 물론 모든 아동에 대해 모든 전문 영역의 전문가들이 참여해야 하는 것은 아니다. 다만, 특정 아동의 진단을 위한 필요성에 따라 참여할 전문영역과 전문가가 결정된다. 영역별 전문가의 역할은 표 15-1과 같다.

표 15-1. 영역별 전문가의 역할

영역	역할
1. 심리학	○ 특수아와 가족의 기능에 대해 종합적 견해를 제시하고, 심리학적 중재를 판별 · 실시 · 평가함
2. 특수교육	○ 특수아의 개별적 욕구 충족을 위해 특별히 계획하고 체계적으로 실행되는 교수를 제공함
3. 사회복지	○ 특수아와 그 가족원의 삶의 질 향상을 위해 사회복지 서비스를 제공함
4. 의학	○ 건강서비스를 제공함으로써, 가족원들이 특수아가 최적의 건강, 성장, 발달을 이룰 수 있도록 보조함
5. 간호학	○ 특수아의 실제적/잠재적 질병을 진단 · 치료하고, 건강과 발달상태 촉진의 극대화하며, 아동의 장애로 인한 가족원 삶의 변화 · 적응을 도움

6. 영양학	○ 가족과 지역사회 환경에서 발달에 적합한 영양서비스를 제공함으로써, 특수아가 최적의 건강과 영양상태를 유지할 수 있도록 도움
7. 언어병리	○ 학교와 지역사회에서 특수아가 또래/가족원과의 상호작용 맥락 내에서 소통기술의 발달을 촉진하도록 도움

전문가 협력방법

셋째, 지역사회의 다양한 영역의 전문가들이 상호 밀접한 의사소통을 통해 아동에 대한 진단, 상담, 교육 프로그램을 통합적 형태로 운영되려면, 전문가들 간의 협력을 통한 접근이 요구된다. 이는 ① 다학문적 접근multidisciplinary approach, ② 간학문적 접근 interdisciplinary approach, ③ 초학문적 접근transdisciplinary approach으로 나눌 수 있는데, 그 내용은 표 15-2와 같다.

표 15-2. 전문가 협력방법의 유형

유형	설명
1. 다학문적 접근	○ 다양한 영역의 전문가들이 대상 아동을 진단·중재함 ☛ 전문가들이 각자의 전문성에 따라 독자적으로 작업하므로, 진정한 의미에서 협력적 접근으로 볼 수 없고, 부모는 자녀의 교육과 관련된 정보의 통합적 수용이 어려워 혼란을 초래할 수 있다는 문제가 있음
2. 간학문적 접근	○ 학문 간의 협력을 강조하는 프로그램임 ☛ 다양한 영역의 전문가들이 진단·중재를 독립적으로 진행하고, 상호 정보를 공유하며, 함께 계획하지만, 전문가의 전문영역에 대한 폐쇄성으로 인해 전체 과정을 가족과 함께 협력할 수 없다는 한계가 있음
3. 초학문적 접근	○ 간학문적 접근의 강점을 기반으로 생성된 접근방법임 ☛ 간학문적 접근의 한계를 극복하기 위해 역할공유와 주 서비스 제공자 개념을 도입함으로써, 서비스가 중복되지 않으면서도 가족의 적극적인 참여를 촉진한다는 장점이 있음

협력 대상자의 역할

넷째, 장애아동에 대한 지원은 다양한 영역의 전문가(교사, 특수교사, 상담교사, 치료사, 의사, 사회복지사, 영양사 등)를 필요로 한다. 이들 간의 체계적이고 긴밀한 협력은 장애아동에게 최상의 교육서비스 제공을 촉진한다. 장애아동 교육의 성패는 이들 간의 원활한 소통과 지원, 서비스의 질에 달려 있고, 서비스 제공과정에서 발생할 수 있는 다양한 문제를 공동 노력으로 해결해 나가는 데 있다.

학교현장에서 가장 핵심적인 공동협력의 주체는 일반교사, 특수교사, 상담교사 간의 협력이다. 이들은 특수아를 준비시키고 가르치기 위한 계획을 함께 수립해야 한다. 특히, 일반교사는 학생의 학업성취도, 사회성숙도, 필요한 지원, 의료적 요구, 보조장치, 상담서비스에 관한 정보를 특수교사 · 상담교사와 공유한다. 이러한 정보를 바탕으로, 교사는 목표와 성취수준을 정하고, 필요한 교육자료와 교수방법을 선택하여 교육을 실행한다. 실행과정에서 이들은 수시로 상담을 실시하고, 일반 교육과정의 조정, 특수학급에서의 지원 수업 등을 협의 · 평가한다. 이들의 협력 범위 또는 형태는 학생 개개인의 요구, 학교 · 학급환경, 교사의 요구에 의해 결정된다.

이들은 또한 정보교환, 모델링, 코칭, 모니터링, 조언 등을 통해 팀티칭을 할 수 있다. 팀티칭을 위해서는 함께 계획을 수립하고, 교육과정을 조정하며, 수업 시 각자의 역할을 정하는 등의 세심한 노력이 요구된다. 그러나 이 과정에서 이들은 각자의 전문성을 침해당하는 느낌이 들 수 있고, 서로에 대한 불만으로 인한 갈등을 겪을 수 있다(Salend et al., 1992). 팀티칭 구성원 간의 협력을 저해하는 요인은 철학의 차이와 책임감 부족이다.

그러나 이들 간의 협력은 ① 정보, 지식, 기술, ② 학급과 기관의 공간, ③ 아이디어와 창의성, ④ 자원(시간, 자료, 장비 등), ⑤ 책임감 공유가 이루어질 때, 가장 원활하게 이루어진다. 그러므로 팀 티칭을 하는 경우, 공동으로 협력하여 발전할 수 있는 부분이 무엇인지, 각자의 장점이 무엇인지, 각자 책임져야 하는 부분이 무엇인지를 분명히 하고, 서로 다른 입장을 존중하는 태도가 필수로 요구된다(Salend et al., 1992).

◆ 복습문제 ◆

🌱 다음 밑줄 친 부분에 알맞은 말을 쓰시오.

1. 특수아 지원을 위한 상담교사의 과정 중, _____은/는 일반학급에 배치되었으나, 장애가 의심되는 아동에 대해 공식적인 진단과 평가를 통해 특수교육 지원이 결정될 때까지 교육결손 방지를 위해 아동에게 필요한 교육적 요구를 충족시켜 주는 교사와 특수교사의 협력적 교육절차를 말한다.

2. _____(이)란 특수교육 또는 상담서비스 여부를 결정하기 위해 교수활동에 대한 아동의 반응을 지속적으로 평가하는 절차를 말한다.

3. 고위험 학생에 대한 집중적인 개입을 중심으로, 전교생을 대상으로 이루어지는 중재를 __차 중재라고 한다. 이는 _____ 중재로도 불린다.

4. 2차 중재로 문제가 완전히 해결되지 않은 학생을 대상으로 강도 놓은 개별화된 지원을 제공하는 것을 __차 중재라고 하는데, _____서비스라고도 한다.

5. 3차 중재에서는 _____사정, _____계획, 또는 특수교사 · 상담교사의 전문적 개입이 이루어진다.

6. _____(이)란 개인이 타인을 사회적 · 정서적으로 돕는 활동을 말한다. 이를 제공하는 인적자원을 _____(이)라고 한다.

7. 특수아 지원을 위한 영역별 전문가의 역할에서 _____ 영역의 전문가는 특수아의 개별적 욕구 충족을 위해 특별히 계획하고 체계적으로 실행되는 교수를 제공한다.

8. 학교와 지역사회에서 특수아가 또래/가족원과의 상호작용 맥락 내에서 의사소통 기술의 발달을 촉진하도록 돕는 역할은 _____ 영역의 전문가가 담당한다.

9. 특수아 지원을 위한 전문가의 협력방법에서 다양한 영역의 전문가들이 대상 아동을 진단·중재하는 방법을 _____ 접근이라고 한다.

10. _____ 접근은 간학문적 접근의 강점을 기반으로 생성된 접근방법으로, 간학문적 접근의 한계를 극복하기 위해 역할공유와 주 서비스 제공자 개념을 도입함으로써, 서비스가 중복되지 않으면서도 가족의 적극적인 참여를 촉진한다는 장점이 있다.

◆ 소집단 활동 ◆

비언어 의사소통

※ 소집단으로 나누어 다음에 제시된 활동을 해 보고, 서로 소감을 나누어 보자.

1. 5~8명으로 조를 나누어, 테이블 없이 원형으로 둘러 앉는다. 종이 쪽지 한 장에 아래의 감정목록에 제시된 감정 한 가지씩 적어서 바구니에 넣고 뒤섞은 다음, 바구니를 원의 한 가운데 의자 위에 올려놓는다. 그런 다음, 한 사람씩 나와서 쪽지를 뽑아, 쪽지에 적힌 감정을 비언어(예 몸짓, 표정, 시선, 자세 등)로 표현한다. 이때, 다른 집단원들은 이 집단원이 비언어 행동으로 표현하고자 하는 감정을 말한다. 만일 집단원이 감정을 맞추면, 순서대로 돌아가면서 이 과정을 반복한다. (□ 감정목록: 기쁨, 슬픔, 분노, 역겨움, 두려움, 놀람, 즐거움, 우울, 공황, 격노, 만족감, 외로움, 불안, 공포, 초조, 분함, 억울함)

2. 한 사람씩 돌아가면서 각자 가장 멋지다고 생각하는 표정을 만들어 집단원들 앞에서 과시해 보자. 어떤 집단원의 반응이 가장 마음에 드는가? 그 이유는?

3. 가장 멋진 또는 아름다운 표정을 짓는 집단원에게 미소를 지어 달라고 요청한 다음, 자신의 느낌을 표현해 보자.

4. 가장 미소를 짓지 않는 집단원에게 미소를 지어 달라고 요청한 다음, 그가 미소 지을 때, 자신의 느낌을 표현해 보자.

5. 차례로 돌아가면서 요즘 가장 많이 짓는 표정과 가장 짓고 싶은 표정을 각각 지어 보고, 다른 집단원들의 피드백을 들어 보자.

6. 소집단 활동을 모두 마치면, 서로 소감을 나누어 보자.

소감 _____

_____

_____

_____

_____

복습문제 해답

PART 1 특수아 상담의 이해

Chapter 01 특수아 상담의 기초

1. 확산
2. 예방적
3. 신뢰관계 형성(또는 라포 형성), 정보수집
4. 법정장애, 준장애, 특수교육
5. 특수교육진흥, 장애인 등에 대한 특수교육
6. 기능, 사회
7. 장애인복지법, 뇌성마비, 뇌졸중
8. 사회, 사회구성개념, 소수자
9. 특수교육, 통합교육, 특수학급
10. 적응유연성, 회복탄력성

Chapter 02 특수아 상담 관련 법률

1. 장애인 등에 대한 특수교육, 특수교육
2. 발달, 자폐성, 10
3. 장애아동 복지지원, 지방자치단체 또는 지자체
4. 장애인차별금지 및 권리구제, 장애인차별금지, 사회참여, 평등권
5. 아동낙오방지, 책무성, 학업성취
6. 개별화교육계획, 3
7. 적법절차, 부모, 동의
8. 최소제한환경, 통합
9. 기능행동사정, 행동중재계획
10. 적절한, 비차별적

Chapter 03 특수아를 위한 학교 상담

1. 분리, 통합, 최소제한
2. 보조공학기기, 독립성
3. 호혜적 우정
4. 자아정체성, 인간성, 개별성
5. 자기인식
6. 사회
7. 확장적 현실주의
8. 위기, 사회장벽
9. 도구적, 합의된
10. 진로자기결정, 진로자기옹호

PART **2** 장애별 특수아 상담

Chapter 04 신체장애학생 상담

1. 지체, 의사소통, 발달지체
2. 시각, 맹, 저시력, 약시
3. 전음성, 청각처리, 단어농
4. 개별화전환계획, 취업
5. 청각, 농, 난청
6. 말소리, 언어
7. 지체, 팔다리, 몸통, 장애인 등에 대한 특수교육
8. 사회기술훈련, 특화된 사회기술훈련
9. 건강, 양성, 악성
10. 발달, 뇌성마비

Chapter 05 지적장애학생 상담

1. 발달기, 개념, 실행, 적응, 정신지체
2. 다운, 프래더-윌리
3. 제한, 확장
4. 사회성숙도, 적응행동, 장애인증명서
5. 6, 0, 16, 11, 15
6. 국립특수교육원 적응행동, 21, 5, 17
7. 기능 교육과정
8. 자성예언, 자기충족예언
9. 자기결정, 대리결정
10. 직접교수, 안내를 동반한 연습, 재교수

Chapter 06 자폐스펙트럼장애(ASD) 학생 상담

1. 오이겐 블로일러, 의사소통, 강박
2. 초기 유아기, 자폐성 정신병
3. 신경발달
4. 전반적 발달, 자폐, 아스퍼거
5. 형태론, 화용론, 관용어구
6. 사회적 의사소통, 상호작용, 초기 발달
7. 사회인지, 마음이론
8. 반향어, 동일성
9. 응용행동분석, 선행사건, 행동결과
10. 자폐성 영재, 서번트, 다운증후군

Chapter 07 주의력결핍 과잉행동장애 (ADHD)학생 상담

1. 부주의성, 충동성
2. 전두피질, 피질하
3. 연속수행, 선택주의, 주의집중
4. 지속성, 선택성
5. 과잉행동-충동, 주의력 결핍
6. 씽크 얼라우드, 인지행동
7. 심리교육
8. 사회성 증진, 개성화
9. 자극제, 교감신경계
10. 교실 자리 배치, 상호교수법

Chapter 08 학습장애학생 상담

1. 학습, 학업
2. 특정학습, 읽기, 수학
3. 난독증, 읽기장애
4. 난산증, 수학적 추론, 단어
5. 내용, 문맥, 음절화
6. 어휘, 추론적
7. 학습결손, 학업성취, 학습된 무기력
8. 응용행동, 행동, 결과
9. 멘토링, 멘토, 사회인지, 관찰
10. 감춰진, 사회낙인, 사회정체성

Chapter 09 영재 상담

1. 천재, 수재, 영재
2. 영재, 영재아, 영재아동, 영재교육진흥
3. 영재교육, 특수, 리더십, 정신운동
4. 렌줄리, 세 고리, 창의성, 과제집중력
5. 자기지향, 타인지향, 사회규정
6. 민감한 지각력, 직관력
7. 메타인지, 고차원, 상위인지
8. 과흥분성
9. 장애영재, 교차특수아
10. 창의성

Chapter 10 우울장애학생 상담

1. 정서 · 행동, 우울장애
2. 가면성 우울증, 위장된 우울증
3. 세로토닌, 재흡수, 멜라토닌, 불면증
4. 파괴적 기분조절부전, 양극성, 행동통제
5. 주요우울, 정동, 인지, 2
6. 지속성 우울장애(기분저하증), 1, 2
7. 사별, 주요우울
8. 인지, 합리정서행동, 인지행동수정
9. 과민성, 분노발작
10. 벡우울검사, 자기보고, 21

Chapter 11 불안장애학생 상담

1. 불안, 병적 불안, 불안장애
2. 분리불안장애
3. 분리, 격리, 8~12, 2
4. 인지행동, 비합리적 자동, 합리적
5. 선택적 함구증, 5, 사회적 상호작용
6. 틱, 음성, 투렛장애, 잠정적 틱장애
7. 욕설증
8. 외상후 스트레스, 침습, 플래시백, 악몽
9. 동반이환, 알코올중독, 우울장애
10. 해리, 이인증, 비현실감

Chapter 12 품행관련장애학생 상담

1. 정서조절, 분노표출, 행동조절, 정서
   조절
2. 적대적 반항, 정서, 행동
3. 방화광, 도벽광, 충동조절, 파괴적, 충
   동조절 및 품행장애
4. 분노, 반항적, 보복적
5. 간헐적 폭발, 공격적 행동폭발, 전구기
6. 공격성, 공격적 행동폭발
7. 품행, 권리, 재산, 규칙
8. 분노발작, 6, 3, 적대적 반항
9. 고도
10. 3, 8, 청소년

Chapter **13** 다문화학생 상담

1. 다문화, 다양성
2. 동화주의, 용광로식 접근
3. 백인 · 앵글로–색슨 · 청교도
4. 다문화주의, 샐러드 볼
5. 모자이크 사회
6. 다문화가족지원, 다문화가족, 국제결혼
7. 다문화교육, 다문화 역량, 사회정의
8. 자아정체성
9. 다문화가족지원, 24, 다문화아동, 7, 12
10. 다문화가족, 다양성

PART **3** 특수아 지원체제와의 협력

Chapter **14** 특수아 부모 자문

1. 자문, 부모 자문
2. 대상상실의 애도
3. 상실감
4. 부인, 분노, 우울
5. 최초의 충격, 우울
6. 충격, 적응, 재조직
7. 부인, 의사쇼핑
8. 협력
9. 문제정의, 대안생성, 자기효능감
10. 반영

Chapter **15** 전문가의 협력적 접근

1. 의뢰 전 중재
2. 중재반응
3. 1, 보편적
4. 3, 특수교육 · 상담
5. 기능행동, 행동중재
6. 사회적 지원, 지원망
7. 특수교육
8. 언어병리
9. 다학문적
10. 초학문적

참고문헌

강진령. (2019). 집단상담의 실제(3판). 학지사.

강진령. (2022a). 상담과 심리치료: 이론과 실제(2판). 학지사.

강진령. (2022b). 학생 생활지도와 상담. 학지사.

강진령. (2023). 쉽게 풀어 쓴 심리학개론. 학지사.

교육부. (2022). 2022 특수교육통계. 저자.

구견서. (2003). 범세계화와 문화 변동: 다문화주의의 이론적 체계. 현상과 인식. 27(3), 29-53.

국립특수교육원. (2009). 특수교육학 용어사전. 저자.

권오현, 고홍월, 권순희, 김경수, 모경환, 박동열, 박선운, 박성혁, 성상환, 안경환, 우희숙, 윤희원, 조영달, 한용택. (2013). 다문화 교육의 이해. 서울대학교출판문화원.

권정연. (2005). 부모-자녀 의사소통 및 정서 상태와 청소년 문제행동간의 관계연구. 서울여자대학교 특수치료전문대학원 석사학위논문.

김동일, 고은영, 고혜정, 김병석, 김은향, 김혜숙, 박춘성, 이명경, 이은아, 이제경, 정여주, 최수미, 최종근, 홍성두. (2016). 특수아 상담. 학지사.

김미선. (2009). 자아존중감 증진 프로그램이 다문화 가정 아동의 자아존중감과 학교생활 적응에 미치는 효과. 숙명여자대학교 대학원 석사학위논문.

김선희. (2008). 부모-자녀 의사소통이 우울감에 미치는 영향: 정서인식의 명확성과 정서조절 양식을 매개로. 이화여자대학교 대학원 석사학위논문.

김성희, 이연희, 황주희, 오미애, 이민경, 이난희, 강동욱, 권선진. 오혜경, 윤상용, 이선우. (2014). 2014년 장애인 실태조사. 보건복지부.

김영숙, 윤여홍. (2009). 교사와 부모를 위한 특수아 상담의 이해(개정판). 교육과학사.

김청송. (2014). 사례중심의 이상심리학. 싸이북스.

박승희, 신현기 역. (2002). 정신지체 개념화: AAMR 2002년 정신지체 정의, 분류, 지원체계(Mental retardation). AAMR 저. 교육과학사. (원저는 1991년 출판).

송윤조. (2005). 주의력결핍 과잉행동장애 아동 및 가족 특성이 양육 스트레스에 미치는 영향. 이화여자대학교 대학원 석사학위논문.

신희선, 한경자, 오가실, 오진주, 하미나. (2002). 한국형 Denver II 검사지침서. 현문사.

심우엽. (2010). 초등학생의 다문화아동에 대한 인식과 태도. 초등교육연구, 23(4), 43-63.

안동현, 김세실, 한은선. (2004). 주의력결핍장애 아동의 사회기술훈련. 학지사.

여성가족부. (2013). 2012년 전국 다문화가족 실태조사. 저자.

오경자, 정경미, 송현주, 양윤란, 송원영, 김현수 역. (2014). 이상심리학[Fundamentals of abnormal psychology]. Comer, R. J. 저. 시그마프레스 (원저는 2013년 출판).

유희정. (2007). 한국판 사회적 의사소통 설문지(SCQ). 학지사.

유희정, 곽영숙. (2009). 한국판 자폐증 진단관찰 스케줄(ADOS). 학지사.

이시형, 김은정, 김미영, 김진영, 이규미, 구자경. (2001). 외톨이 청소년의 심리사회적 특성과 부적응. 삼성생명 공익재단 사회정신건강연구소.

이영준 역. (2015). 외톨이 사자는 친구가 없대요. 나카노 히로카주 저. 한림출판사.

정범모. (1996). 우리나라 영재교육의 과제. 1996년도 한국영재학회 춘계학술세미나.

정용우, 박태원. (2010). 틱장애의 환경적 요인. 소아청소년정신의학, 21(5), 942-944.

조수철 외. (2014). 생물소아정신의학. 시그마프레스.

한국교육심리학회. (2000). 교육심리학 용어사전. 학지사.

홍강의, 신민섭, 조성준. (2004). 주의력장애 진단시스템 사용설명서. ㈜ 아이큐빅.

Achenbach, T. M., & Edelbrock, C. (1983). *Manual for the Child Behavior Checklist and revised child behavior profile*. University of Vermont Press.

Altshuler, S. J., Mackelprang, R. W., & Baker, R. L. (2008). Youth with disabilities: A standardized self-portrait of how they are faring. *Journal of Social Work in Disability and Rehabilitation, 7*(1), 1-18.

American Association on Mental Retardation. (2002). *Support intensity scale users manual*. Author.

American Psychiatric Association. (2000). *Diagnostic and statistical manual of mental disorders* (4th ed.). Author.

American Psychiatric Association. (2013). *Diagnostic and statistical manual of mental disorders* (5th ed.). Author.

American Psychiatric Association. (2022). *Diagnostic and statistical manual of mental disorders, text revision* (5th ed.). Author.

American Psychological Association. (2001a). *Aging and human sexuality resource guide*. Author.

American School Counselor Association. (2004). *The professional school counselor and students with special needs*. Retrieved May 4, 2022, from http://www.schoolcounselor.org

American School Counselor Association. (2008). *Student-to-counselor rations*. Retrieved December 30, 2022, from http://www.schoolcounselor.org

American School Counselor Association. (n.d.). The ASCA nationalal model: A framework for school counseling programs. Retrieved November 2, 2022, from http://www.schoolcounselor.org/files/partner%20in%20achievement.ppt

Assouline, S. G., Nicpon, M. F., & Huber, D. H. (2006). The impact of vulnerabilities and strengths on academic experiences of twice-exceptional students: A message to school counselors. *Professional School Counseling, 10*(1), 14−24.

Atkinson, D. R., Morten, G., & Sue, D. W. (1997). *Counseling American minorities*. McGraw.

Baker, K., & Donnelly, M. (2001). The social experiences of children with disability and the influence of environment: A framework for intervention. *Disability and Society, 16*(1), 71−85.

Baker, S. B. (2000). *School counseling for the 21st century*. Merrill.

Banks, J. A. (2019). *An introduction to multicultural education* (6th ed.). Pearson.

Barkley, R. A. (2006). *Attention deficit hyperactivity disorder: A handbook for diagnosis and treatment* (3rd ed.). The Guilford Press.

Beck, A. (1976). *Cognitive therapy and the emotional disorders*. International Universities Press.

Beime-Smith, M., Patton, J. R., & Kim, S. H. (2006). *Mental retardation* (7th ed.). Merrill/Prentice Hall.

Bennett, (2018). *Comprehensive multicultural education: Theory and practice* (9th ed.). Pearson.

Bergman, R. L., Piacentini, J., & McCracken, J. T. (2002). Prevalence and description of selective mutism in a school-based sample. *Journal of the American Academy of Child and Adolescent Psychiatry, 41*(8), 938–946.

Bettelheim, B. (1967). *The empty fortress: Infantile autism and the birth of self*. Free Press.

Biedeman, J., & Faraone, S. V. (2002). Current concepts on the neurobiology of attention deficit/hyperactivity disorder. *Journal of Attention Disorders, 6*, 7–16.

Blum, R. W. (2005). Adlescents with disabilities in transition to adulthood. In D. W. Osgood, E. M. Foster, C. Flanagan, & G. R. Ruth (Eds.), *On your own without a net* (pp. 323–348). University of Chicago Press.

Buffington, P. (1987). Perfection: Impossible dream? *Sky, 16*(8), 31–34.

Calabro, T. (2005, September 28). Disabilities complicate adolescence: Social issues loom large as children with disabilities enter their teens. Pittsburgh Post-Gazette. Retrieved March 1, 2023, from http://www.post-gazette.com

Carpenter, D., & Miller, L. J. (1982). Spelling ability of reading disabled. In M. L. Batshaw (Ed.), *Children with disabilities* (pp. 471–497). Brooks.

Chambers, C. R., Wehmeyer, M. L., Saiito, Y., Lida, K. M., Lee, Y., & Singh, V. (2007). Self-determination: What do we know? Where do we go? *Exceptionality, 15*(1), 3–15.

Cheng, M. M., & Udry, J. R. (2002). Sexual behaviors of physically disabled adolescents in the United States. *Jurnal of Adolescent Health, 31*(1), 48–58.

Cimera, R. E., & Cowan, R. J. (2009). The costs of services and employment outcomes achieved by adults with autism in the US. Autism, 13(3), 285–302.

Clark, B. (2012). *Growing up gifted: Developing the potential of children at school and at home* (8th ed.). Pearson Education Inc.

Clarke, L., Ungerer, J., Chahoud, K., Johnson, S., & Stiefel, I. (2002). Attention deficit hyperactivity disorder is associated with attachment insecurity. *Clinical Child Psychology and Psychiatry, 7*, 179–198.

Colangelo, N. (2004). Counseling gifted students: Issues and practices. In N. Colangelo & G. A. Davis (Eds.), *Handbook of gifted education*. Allyn & Bacon.

Comer, R. J., and Comer, J. S. (2019). *Fundamentals of abnormal psychology* (9th ed.). Worth Publishers.

Cooper, J. O., Heron, T. E., & Heward, W. L. (2019). *Applied behavior analysis* (3rd ed.). Pearson.

Cunningham, C. E., McHolm, A., Boyle, m. H., & Patel, S. (2004). Behavioral and emotional adjustment, family functioning, academic performance, and social relationships in children with selective mutism. *Journal of Child Psychology and Psychiatry, 45*(8), 1363−1372.

Cunningham, S., Dixon-Thomas, P., & Warschausky, S. (2007). Gender differences in peer relations of children with neurodevelopmental conditions. *Rehabilitation Psychology, 52*, 334−337.

Davis, G. A., & Rimm, S. A. (2017). *Education of the gifted and talented: What's new in special education* (7th ed.). Pearson.

Davis, N. M. (2005). Depression in children and adolescents. *Journal of School Nursing, 21*(6), 311−317.

Dawson, G., Mellzoff, A. N., Osterling, J., & Rinaldi, J. (1998). Neuropsychological correlates of early symptoms of autism. *Child Development, 69*, 1276−1285.

Deslie, J. (2006). *Parenting gifted kids*. Sourcebooks Inc.

Dettmer, C., Simpson, R. L., Myles, B. S., & Ganz, J. B. (2000). The use of visual supports to facilitate transitions of students with autism. *Focus on Autism and Other Developmental Disabilities, 15*(3), 163−169.

DeVito, C., & Hopkins, J. (2001). Attachment, parenting, and marital dissatisfaction as predictors of disruptive behavior in preschoolers. *Developmental Psychopathology, 13*, 215−231.

DeWolfe, N. A., Byrne, J. M., & Bawden, H. N. (2000). ADHD in preschool children: Parent-rated psychosocial correlated. *Developmental Medicine, 42*, 825−830.

Diamond, K. E. (1996). Preschool children's conceptions of disabilities:The salience of disability in children's ideas about others. *Topics in Early Children Special Education, 16*(4), 458−475.

Dishion, T. J., Andrews, D. W., & Crosby, L. (1995). Antisocial boys and their friends in early adolescence: Relationship characteristics, quality, and interactional process. *Child Development, 66*, 139−151.

DuPaul, G. J., & Stoner G. (2003). *ADHD in the school*. The Guilford Press.

DuPaul, G. J., Power, T. J., Anastopoulos, A. D., & Reid, R. (1998). *ADHD Rating Scale-IV: Checklist, norms and clinical interpretation*. The Guilford Press.

Eddy, J. M. (2006). *Conduct disorders: The latest assessment and treatment strategies*. Compact Clinicals.

Erickson, W., & Bjelland, M. (2007). *The 2006 annual disability status report*. Cornell University.

Falvo, D. R. (2005). *Medical and psychological aspects of chronic illness and disability*. Jones & Bartlett Publishers.

Field, S., Martin, J., Miller, R., Ward, M., & Wehmeyer, M. L. (1998). *A practical guide for teaching self-determination*. Council for Exceptional Children.

Foa, E. B., Cashman, L., Jaycox, L., & Perry, K. (1997). The validation of a self-report measure of posttraumatic stress disorder: The Posttraumatic Diagnostic Scale. *Psychological Assessment, 9*(4), 445–452.

Forgatch, M. S., & Patterson, G. R. (2010). Parent management training-Oregon model: An intervention for antisocial behavior in children and adolescents. In J. R. Weisz & A. E. Kazdin (Eds.), *Evidence-based psychotherapies for children and adolescents* (pp. 159–177). Guilford Press.

Foxx, R. M. (2008). Applied behavior analysis treatment of autism: The state of the art. *Child and Adolescent Psychiatric Clinics of North America, 17*(4), 821–834.

Fuchs, L. S., Fuchs, D., & Speece, D. L. (2002). Treatment validity as a unifying contruct for identifying learning disabilities. *Learning Disability Quarterly, 25*, 33–45.

Gargiulo, R. M., & Kilgo, J. (2000). *Young children with special needs*. Delmar.

Gleeson, C. (2006). Young people with health problems: Their views on how schools can help. *Education and Health, 24*(2).

Grealy, L. (1994). *Autobiography of a face*. Houghton Mifflin.

Greene, R. W., Biederman, J., Zerwas, S., Monuteaux, M. C., Goring, J. C., & Faraone, S. V. (2002). Psychiatric comorbidity, family dysfunction, and social dysfunction, and social impairment in referred youth with oppositional defiant disorder. *The American Journal of Psychiatry, 159*, 1214–1224.

Greydanus, D. E., Rimsza, M. E., & Newhouse, P. A. (2002). Adolescent sexuality and disability. *Adolescent medicine: State of the Art Reviews, 13*(2), 223–247.

Guerra, N. G., Huesman, L. R., & Spindler, A. (2003). Community violence exposure, social cognition, and aggression among urban elementary school childre. *Child Development, 74*, 1561–1576.

Gumpel, T. (1994). Social competence and social skills training for persons with mental retardation: An expansion of a behavioral paradigm. *Education and Training in Mental Retardation and Develpmental Disabilities, 29*(3), 194–201.

Hallahan, D. P., Kauffman, J. M., & Lloyd, J. W. (1985). *Introduction to learning disabilities*. Prentice–Hall.

Hankin, B. L., Abramson, L. Y., Moffit, T. E., Silva, P. A., McGee, R., & Angell, K. E. (1998). Development of depression from preadolescence to young adulthood: Emerging gender differences in a 10-year longitudinal study. *Journal of Abnormal Psychology, 197*, 128–140.

Happé, F. G. (1994). An advanced test of theory of mind: Understanding of story characters'thoughts and feelings by able austic, mentally handicapped, and normal children and adults. *Journal of Autism and Developmental Disorders, 24*(2), 129–154.

Heward, W. L. (2018). *Exceptional children: An introduction to special education* (11th ed.). Pearson.

Hazelett-Stevens, H., & Craske, M. G. (2008). Live (in vivo) exposure. In W. O'Donohue & J. E. Fisher (Eds.), *Cognitive behavior therapy: Applying empirically supported techniques in your practice* (2nd ed., pp. 309–316). Wiley.

Individuals with Disabilities Education Act (IDEA), Public Law §105–17 c.f.r. 300.5 (1997).

Jordan, D. (2006). Functional behavioral assessment and positive intervention: What parents need to know. In Pacer Center (Ed.), *Action sheet: PHP–c79*. Pacer Center.

Kazdin, A. E. (2010). Problem-solving skills training and parent management training for oppositional defiant disorder and conduct disorder. In J. R. Weisz & A. E. Kazdin (Eds.), *Evidence-based psychotherapies for children and adolescents* (2nd ed., pp. 211–226). Guilford Press.

Kemple, K. M. (2004). *Let's be friends: Peer competence and social inclusion in early childhood programs*. Teachers College Press.

Kendall, P. C., & Braswell, L. (1985). *Cognitive-behavioral self-control therapy for impulsive children*. The Guilford Press.

Kirk, S., Gallagher, J., Coleman, M., & Anastasiow, N. (2009). *Educating exceptional children*. Wadsworth.

Klaus, K., & Kennell, J. (1975). The adaptation of parents to the birth of an infant with a congenital malformation: A hypothetical model. *Pediatrics, 56*, 710-731.

Kobe, F. H., & Hammer, D. (1994). Parenting stress and depression in children with mental retardation and developmental disabilities. *Research in Developmental Disabilities, 15*, 209-221.

Kriegsman, K. J., Zaslow, E., & D'Zmura-Rechsteiner, J. (1992). *Taking charge: Teenagers talk about life and physical disabilities*. Woodbine House.

Kübler-Ross, E. (1969). *On death and dying*. Macmillan.

Ladnier, R. D., & Massanari, A. E. (2000). Treating ADHD as attachment deficit hyperactivity disorder. In T. M. Levy (Ed.), *Handbook of attachment interventions* (pp. 27-65). Academic Press.

Ldonline, J. (2008). Auditory processing disorders in children. Retrieved June 28, 2023, from https://www.Idonline.org/article/Auditory_Processing_Disotder_inChildren

Lilienfeld, M., & Alant, E. (2005). The social interaction of adolescent who uses ACC: The evaluation of a peer-training program. *Augmentative and Alternative Communication, 21*(40), 278-294.

Lochman, J. E., Powell, n. P., Boxmeyer, C. L., & Jimenez-Camargo, L. (2011). Cognitive-behavioral therapy for externalizing disorders in children and adolescents. *Child and Adolescent Psychitric Clinics of North America, 20*(2), 305-318.

Lyon, G. R., & Rumsey, J. M. (1996). *Neuroimaging: A window to the neurological foundations of learning and behavior in children*. Brooks Publishing Company.

Mahoney, G., Boyce, G., Fewell, R. R., Spiker, D., & Wheeden, C. A. (1998). The relationship of parent-child interaction to the effectiveness of early intervention services for at-risk children and children with disabilities. *Topics in Early Childhood Special Education, 18*, 5-16.

Mainzer, R. W., Deshler, D., Coleman, M. R., Kozleski, E., & Rodriguez-Walling, M. (2003). To ensure the learning of every child with a disability. *Focus on Exceptional Children, 35*(5), 1-12.

Marshak, L., Prezant, F., & Hulings-Shirley, H. (April, 2006). *Facilitating vocational self-concepts in children with disabilities: Books and beyond.* Session presented at the annual conference of the Council for Exceptional Children. Salt Lake City, UT.

Matheson, C., Olsen, R. J., & Weisner, T. (2007). A good friend is hard to find: Friendship among adolescents with disabilities. *American Journal of Mental Retardation, 112*(5), 319-329.

Matthys, W., Cuperus, J. M., & Van Engeland, H. (1999). Deficient social problem-solving in boys with ODD/CD, with ADHD, and with both disorders. *Journal of the American Academy of Child and Adolescence Psychiatry, 38*, 311-321.

McGuffin, P., Katz, R., Watkins, S., & Rutherford, J. (1996). A hospital-based twin register of the heritability of DSM-IV unipolar depression. *Archives of General Psychiatry, 53*, 129-136.

Medina, C., & Luna, G. (2004). Learning at the margins. *Rural Special Education, 23*(4), 10-16.

Meichenbaum, D. H., & Asamow, J. (1979). Cognitive-behavioral modification and metacognitive development implications for the classroom. In P. Kendall & S. Hollon (Eds.), *Cognitive-behavioral interventions: Theory, research, and procedures.* Academic Press.

Meichenbaum, D. H., & Goodman, J. (1971). Training impulsive children to talk to themselves: A means of developing self-control. *Journal of Abnormal Psychology, 77*(2), 11

Meltzer, B., Castro, M., & Frazier, J. A. (2011). Aggression. In a. Martin, L. Scahil, & C. J. Kratochwil (Eds.), *Pediatric psychopharmacology: Principles and practice* (2nd ed., pp. 671-681). Oxford University Press.

Mercer, C. D. (1991). *Students with learning disabilities* (4th ed.). Macmillan.

Middleton, L. (1999). *Disabled children: Challenging social exculsion.* Blackwell Science.

Minner, S. (1990). Teacher evaluation of case descriptions of learning disabled gifted children. *Gifted Child Quarterly, 34*(1), 37−39.

Miyahara, M., & Piek, J. (2006). Self-esteem of children and adolescents with physical disabilities: Quantitative evidence from meta-analysis. *Journal Developmental and Physical Disabilities, 18*(3), 219−234.

Morrissey, P. A. (2008, April 15). *Life's transition points*. Paper presented at the Pac Rim 2008 Info, Maui, HI.

Mpofu, E., & Harley, D. (2006). Racial and disability identity. Implications for the career counseling of African Americans with disabilities. *Rehabilitation Counseling Bulletin, 50*, 14−23.

Myles, B. S. (2007). The hidden curriculum: unwritten rules that students with disabilities often miss. Retrieved January 5, 2023, from http://www.cec.sped.org

Myles, B. S., & Southwick, J. (1999). *Asperger syndrome and difficult moments: Practical solutions for tantrums, rage, and meltdowns*. Autism Asperger Publishing Company.

Najavits, L. M. (2002). *Seeking safety: A treatment manual for PTSD and substance abuse*. Guilford Press.

Naseef, R. A. (1999). Big boys don't cry: At least on outside. Retrieved October 2, 2022, from http://www.fsma.org/FSMACommunity/GriefLoss/griefandlossfiles/index.cfm/D =2433&TYPE=1312

National Institute on Deafness and Other Communication Disorders. (2008). What to do if your baby's screening reveals a possible hearing problem. Retrieved December 17, 2022, from http://www.nidcd.nih.gov/health/hearing/baby_screening.asp

National Library of Medicine. (2009). Speech and communication disorders: MedLinePlus, Retrieved December 15, 2022, from http://www.nim.nih.gov/medlineplus/ speechandcommunicationdisorders.html#cat8

Neihart, M. (2004). *Gifted children with attention deficit hyperactivity disorder*, Retrived from http://www.ldonline.org/article/5631

Neil, J. (2006). What is psychological resilience? Retrieved April 3, 2023, from http:// wilderdom.com/psychology/resilience/PsychologicalResilience.html

Nevid, J. S., Rathus, S. A., & Greene, B. (2020). *Abnormal psychology in a changing world* (11th ed.). Pearson.

NICHCY. (2008). Intellectual disability. Retrieved November 14, 2022 from http://www. nich.org/Disabilities/Speific/Pages/IntellectualDisability.aspx

Nichols, M. P., & Davis, S. (2017). *Family therapy: Concepts and methods* (11th ed.). Pearson.

Notbohm, E. (2019). *Ten things every child with au tism wishes you knew* (3rd ed.). Future Horizons, Inc.

Olkin, R. (1999). *What psychotherapists should know about disability.* Guilford Press.

Ortiz, A. A., Wilkinson, C. Y., Roberton-courtney, P., & Kushner, M. I. (2006). Considerations in implementing intervention assistance teams to support English language learners. *Remedial and Special Education, 27*(1), 53−63.

Pichowkski, M. M. (1991). Emotional development and emotional giftedness. In N. Colangelo & G. A. Davis (Eds.), *Handbook of giftedness education.* Ally & Bacon.

Pledge, T. K. (1982). Giftedness among handicapped children: Identification and programming development. *Journal of Special Education, 16*(2), 211−227.

Preis, J. (2007). Strategies to promote adaptive competence for students on the autism spectrum. *Support for Learning, 22*(1), 17−23.

Prezant, F. P., & Marshak, L. (2006). Helpful actions seen through the eyes of parents of children with disabilities. *Disability and Society, 21*(1), 31−45.

Querido, J. G., & Eyberg, S. M. (2005). Parent-child interaction therapy: Maintaining treatment gains of preschoolers with disruptive behavior disorders. In E. D. Hibbs & P. S. Jensen (Eds.), *Psychosocial treatments for child and adolescent disorders: Empirically based strategies for clinical practice* (2nd ed., pp. 575−597). American Psychological Association.

Rapp, (2007). *Poster child: A memoir.* Bloomsbury.

Rappaport, G. C., Omoy, A., Tenebaum, A. (1998). Is early intervention effective in preventing ADHD? *Israel Journal of Psychiatry & Related Sciences, 35,* 271−279.

Reinherz, H. Z., Giaconia, M. S., Hauf, R. M.m Wasseman, A. M., & Paradis, A. D. (2000). General and specific childhood risk factors for depression and drug disorders by early adulthood. *Journal of American Academy of Child and Adolescent Psychiatry, 39*(2), 223−231.

Resnick, R. J. (1998). Attention-deficit/hyperactivity disorder through the life span. In G. P. Koocher, J. C. Norcross, & S. S. Hill III. (Eds.), Psychologists desk reference (pp. 39–41). Oxford University Press.

Rodis, P., Garrod, A., & Boscardin, M. L. (2001). *Learning disabilities and life stres*. Allyn & Bacon.

Rutter, M. (2000). Genetic studies of autism: From the 1970s into the millennium. *Journal of Abnormal Child Psychology, 28*(1), 3–14.

Sadock, B. J., Kaplan, H. I., & Sadock, V. A. (2007). *Synopsis of psychiatry*. Lippocott Williams & Wilkins.

Salend, S. J., Jantzen, N. R., & Giek, K. (1992). Using a peer confrontation system in a group setting. *Behavior Disorders, 17*, 211–218.

Sanason, A., & Prior, M. (1999). Temperament and behavioral precursors to oppositional defiant disorder and conduct disorder. In H. C. Quay & A. E. Hogan (Eds.), *Handbook of disruptive behavior disorders* (pp. 397–417). Kluwer Academic/Plenum.

Sandstrom, K. (2007). The lived body-experiences from adults with cerebral palsy. *Clinical Rehabilitation, 21*, 432–441.

Schachar, R., & Tannock, R. (2002). syndromes of hyperactivity and attention deficit. In M. Rutter, & E. Taylor (Eds.), *Child and adolescent psychiatry* (pp. 399–418). Blackwell Publishing Company.

Schenker, R., Coster, W., & Parush, S. (2006). Personal assistance, adaptations and participation in students with cerebral palsy mainstreamed in elementary schools. *Disability and Rehabilitation, 28*, 1061–1069.

Schuler, P. A. (1999). *Voice of perfectionism: Perfectionistic gifted adolescents in a rural middle school*. National Research Center on the Gifted and Talented.

Seligman, M. (2000). *Conducting effective conferences with parents of children with disabilities: A guide for teachers*. Guilford Press.

Shah, A., & Frith, U. (1993). Why do autistic individuals show superioro performance on the block design task? *Journal of Child Psychology and Psychiatry, 34*(8), 1351–1364.

Shopler, E., Reichler, R., & Renner, B. R. (1986). *The Childhood Ausism Rating Scale (CARS) for diagnostic screening and classification of autism*. Irvington.

Silverman, L. K. (1993). Counseling needs and programs for the gifted. In K. A. Heller, F. J. Monks, & A. H. Passow. (Eds.), *International handbook of research and development of gifted and talented* (pp. 631−647). Pergamon Press.

Smart, J. (2001). *Disability, society, and the individual*. Aspen.

Smith, A. J., Brown R. T., Bunke, V., Blount, R. L., & Christophersen, E. (2002). Psychosocial adjustment and peer competence of siblings of children with attention-deficit/hyperactivity disorder. *Journal of Attention Disorders, 5*, 165−177.

Smith, T., Scahill, L., Dawson, G., Guthrie, D. Lord, C., Odoom, S., ... & Wagner, A. (2007). Designing research studies on psychosocial interventions in autism. *Journal of Autism and Developmental Disorders, 37*(2), 354−366.

Snow, K. (2007). 101 reproducible articles: Revolutionary common sense for a new disability paradigm. BraveHeart Press, 2.

Spiegler, M. D., & Guevremont, D. C. (2010). *Contemporary behavior therapy* (5th ed.). Wadsworth.

Sprich, S., Biedeman, J., Crawford, M. H., Mundy, E., & Faraone, S. V. (2000). Adoptive and biological families of children and adolescents with ADHD. *Journal of the American Academy of Child and Adolescent Psychiatry, 39*, 1432−1437.

Stensrud, R. (2006). Moral hazards and disenfranchisement: Why do so many kids with disabilities end up going nowhere? *Guidance and Counseling, 21*(2), 97−106.

Swaim, K. F., & Morgan, S. B. (2001). Children's attitudes and behavioral intentions toward a peer with autistic behaviors: Does a brief educational intervention have an effect? *Journal of Autism and Developmental Disorders, 31*(2), 195−205.

Taub, D. J. (2006). Understanding the concerns of parents of students with disabilities: Challenges and roles for school counselors. *Professional School Counseling, 10*(1), 52−57.

Terpstra, J. E., & Temura, R. (2008). Effective social interaction strategies for inclusive settings. *Early Childhood Education, 35*, 405−411.

Thapar, A. (2003). Attention deficit hyperactivity disorder: New genetic findings, new directions. In R. Plomin, J. C. Defries, I. W. Craig, & P. McGuffin (Eds.), *Behavioral genetics in the postgenetic era*. American Psychological Association.

U.S. Office of Education. (1977). Assistance to states for education of handicapped children: Procedures for evluating specific learning disabilities. *Federal Register, 432*(250), 65082–65085.

Van der Klift, E., & Kunc, N. (1994). Beyond benevolence: Friendship and politics of help. In J. S. Thousand, R. A., Villa & A. Nevin (Eds.), *Creativity and collaborative learning: A practical guide to empowering students and teachers*. Paul H. Brookes.

Vaughn, J. R. (2007). Empowerment for Americans with disabilities: Breaking barriers to careers and full employment. Retrieved May 5, 2023, from http://www.ncd.gov/newsroom/publications/2007NCDEmployment_20071001.html

Vespi, L., & Yewchuk, C. (1992). A phenomenological study of the social/emotional characteristics of gifted learning disabled children. *Journal for the Education of the Gifted, 16*, 55–72.

Webb, J. T., & Latimer, D. (1993). *ADHD and children who are gifted* (ERIC Document No. EDO–EC–93–5). Council for Exceptional Children.

Webb, J. T., Meckstroth, E. A., & Tolan, S. S. (1982). *Guiding the gifted child: A practical source for parents and teachers*. Ohio pYchology Publication Company.

Webster-Stratton, C., & Reid, M. (2010). The incredible years parents, teachers and children training series: A multifaceted treatment approach for young children with conduct disorders. In J. R. Weisz & A. E. Kazdin (Eds.), *Evidence-based psychotherapies for children and adolescents* (2nd ed., pp. 194–210). Guilford Press.

Wehmeyer, M. L., Kelchner, K., & Richards, S. (1996). Essential characteristics of self-determined behaviors of adults with mental retardation and developmental disabilities. *American Journal on Mental Retardation, 100*, 632–642.

Wenz-Gross, M., & Siperstein, G. N. (1998). Students with learning problems at risk in middle school: Stress, social support, and adjustment. *Exceptional Children, 65*(1), 91–100.

Whidden, E. (2008). Accommodation and compliance series: Employees with cerebral palsy. Retrieved March 9, 2023, from http://www.jan.wvu.edu/media/Cp.html

Whitmore, J. R., & Maker, C. T. (1985). *Intellectual giftedness in disabled persons*. Aspen.

Whitmore, J. R. (1981). *Giftedness, conflict and underachievement*. Allyn & Bacon.

Wiegerink, D., Roebroeck, M., Donkervooort, M., Stam, H., & Cohen-Kettenis, P. (2006). Social and sexual relationships of adolescenets and young adults with cerebral palsy: A review. *Clinical Rehabilitation, 20*, 1023−1031.

Zion, E., & Jenvey, V. B. (2006). Temperament and social behavior at home and school among typically developing children with an intellectual disability. *Journal of Intellectual Disability Research, 50*(6), 445−456.

Zisser, A., & Eyberg, S. m. (2010). Parent-child interaction therapy and the treatment of disruptive behavior disorders. In J. R. Weisz & A. E. Kazdin (Eds.), *Evidence-based psychotherapies for children and adolescents* (2nd ed., pp. 179−193). Guilford Press.

찾아보기

저자 소개

강진령(姜鎭靈 / Jin-ryung Kang, Ph.D. in Counseling Psychology)

미국 인디애나 대학교 상담심리학 석사(M.S.) · 박사(Ph.D.)

미국 일리노이 주립대학교 임상인턴

한국청소년상담원 상담교수

미국 플로리다 대학교 초빙교수 역임

현 경희대학교 교수

〈주요 저서〉

쉽게 풀어 쓴 상담이론과 실제(학지사, 2023)

쉽게 풀어 쓴 심리학개론(학지사, 2023)

학생 생활지도와 상담(학지사, 2022)

상담연습: 치료적 대화 기술(2판, 학지사, 2022)

상담과 심리치료: 이론과 실제(학지사, 2021)

상담심리학(학지사, 2020)

집단상담과 치료: 이론과 실제(학지사, 2019)

집단상담의 실제(3판, 학지사, 2019)

상담연습: 치료적 의사소통 기술(학지사, 2016)

학교상담과 생활지도: 이론과 실제(학지사, 2015)

학교집단상담(학지사, 2012)

상담자 윤리(공저, 학지사, 2009)

상담심리 용어사전(양서원, 2008) 외 다수

〈주요 역서〉

APA 논문작성법(7판, 학지사, 2022)

DSM-5 아동 · 청소년 정신건강 가이드북(학지사, 2018)

DSM-5 노인 정신건강 가이드북(학지사, 2018)

DSM-5 진단사례집(학지사, 2018)

DSM-5 가이드북(학지사, 2018)

학교상담 핸드북(학지사, 2017)

상담심리치료 수퍼비전(학지사, 2017)

DSM-5 Selections(전 6권, 학지사, 2017)

학교에서의 DSM-5 진단(시그마프레스, 2017)

DSM-5 임상사례집(학지사, 2016)

APA 논문작성법(6판, 학지사, 2013)

간편 정신장애진단통계편람/DSM-IV-TR: Mini-D(학지사, 2008) 외 다수

특수아 상담

Counseling Children with Special Needs

2023년 8월 25일 1판 1쇄 인쇄
2023년 8월 30일 1판 1쇄 발행

지은이 • 강진령
펴낸이 • 김진환
펴낸곳 • (주) **학지사**

04031 서울특별시 마포구 양화로 15길 20 마인드월드빌딩 4층
대 표 전 화 • 02)330-5114 팩스 • 02)324-2345
등 록 번 호 • 제313-2006-000265호

홈 페 이 지 • http://www.hakjisa.co.kr
인스타그램 • https://www.instagram.com/hakjisabook/

ISBN 978-89-997-2957-7 93180

정가 24,000원

출판미디어기업 학지사

간호보건의학출판 **학지사메디컬** www.hakjisamd.co.kr
심리검사연구소 **인싸이트** www.inpsyt.co.kr
학술논문서비스 **뉴논문** www.newnonmun.com
교육연수원 **카운피아** www.counpia.com